俄国皇帝

心 理 写 照

[俄罗斯] 格奥尔吉·丘尔科夫◎著

鲁民◎译

中国大百科全书出版社

知识出版社

图书在版编目（CIP）数据

俄国皇帝：心理写照 /（俄罗斯）格奥尔吉·丘尔科夫著；鲁民译. -- 北京：中国大百科全书出版社，2021.8

ISBN 978-7-5202-1028-7

Ⅰ.①俄… Ⅱ.①格… ②鲁… Ⅲ.①皇帝 — 传记 — 俄罗斯 Ⅳ.① K835.127

中国版本图书馆 CIP 数据核字（2021）第 170066 号

俄国皇帝：心理写照

（俄罗斯）格奥尔吉·丘尔科夫 著　　鲁民 译

出 版 人	刘国辉
图书策划	李默耘
责任编辑	程　园
责任印制	吴永星
版式设计	仙境设计
出版发行	中国大百科全书出版社
地　　址	北京市西城区阜成门北大街 17 号
邮　　编	100037
网　　址	http://www.ecph.com.cn
电　　话	010-88390739
印　　刷	太原日报传媒集团有限公司
开　　本	710mm×1000mm　1/32
印　　张	11.125
字　　数	333 千字
版　　次	2021 年 8 月第 1 版
印　　次	2021 年 9 月第 1 次印刷
书　　号	ISBN 978-7-5202-1028-7
定　　价	78.00 元

目录

作者前言

当路易十六的人头掉进断头台筐子的时候①，俄国的专制女皇叶卡捷琳娜二世还在平安地度过自己的盛世年华。1774 年被镇压的伏尔加河一带农民哥萨克起义②几乎被遗忘了。失宠但觊觎皇位的皇太子不愿相信他的命运会与不幸皇帝的命运相似。然而他也被可耻地杀害了，像他的已登基的"兄弟"那样，当然不是公开的，是在自己的宫廷卧室里被醉酒的近卫军动手杀死的。

在这本提请读者关注的书里，我的有关皇帝的故事之所以从保罗讲起，是因为这位君主开启了罗曼诺夫王朝的最后一百年，在它存续的各个阶段都带有覆灭的印记。彼得堡的君主政体如此巨大和复杂，在十年前并非偶然地倾覆了：多种条件预先决定了它的灭亡——有经济的、社会的和政治的。通过冷静地分析来揭示那些导致帝国灭亡的内部溃疡，是社会学家的事。我的任务是另外一种。

我想给五位沙皇画像。由于历史上诸多势力的捉弄，他们处在酝酿旧制度崩溃的各种事件的中心。这一腐朽制度的某些拥护者以为，他们是在捍卫沙皇的专制，并将这种思想与均产主义的民主政治相提并论。实际上，在俄国历史上，彼得堡时期并不存在任何专制。沙皇本身不过是统治阶级

① 法国国王路易十六于 1793 年 1 月 21 日被国民公会处死。

② 指普加乔夫领导的农民起义。

掌上的玩物。理想主义者们不应没有根据地用"平民子孙"和"天皇老子"等幻想来自我安慰。

保罗皇帝相信自己凭天意不仅会成为国家的君主,而且会成为教会的首领。当他还是皇位继承人的时候,普鲁士的共济会人士便向他灌输这种思想,并希望强大的俄国皇帝对实现他们的目的有所裨益。但是,这位神经错乱的君主没有做成什么事。不过,怎么不令人奇怪呢,他那种来源不明的病态幻想,似乎成为一种"思想",后来竟然成了俄国君主制的官方学说。

如果说这一思想对客观的历史进程没有什么影响,那么,它对于君主自身的心理却起着相当重要的作用。我在故事里力图揭示这一垮台的君主制的内在悲喜剧。正因为如此,在对事实的如实叙述中,我有时似乎要利用沙皇本人的观点。

写照作者和心理学家的任务就是这样。

我以为时候到了,我们不仅可以记述对于被推翻皇帝的强烈抨击,也需要平心静气地描写他们的个性。事实和人物本身是最有说服力的。

格奥尔吉·丘尔科夫

1927 年 9 月

保罗皇帝

保罗

1

房间里闷热，散发着熏香气味，还有——应该是人的身体气味。窗幔是垂下来的，灯光明灭不定，尽管是白天，但在昏暗中很难看清楚穿着硬布衬裙的驼背妇人的身影，这些面色暗淡的一动不动的老妇人，很像晚间入睡的大鸟在安静地休息。她们无精打采，围坐在一个豪华的摇篮边。那里堆放着被褥和衣物，有深褐色的狐皮、绸面棉被、绒被，以及别的被褥。在这大堆的东西下面，一个用羽毛被裹得严实的婴儿在喘息。

曾经是安霍尔特-策尔布斯特公主，索菲娅-奥古斯塔-弗里德里卡，现今名为叶卡捷琳娜的年轻的大公夫人，被领进这个房间的时候，她差点被窒闷的空气和醉人的气味熏得失去知觉。有人递给她一支蜡烛，当大公夫人揭开摇篮上的薄纱时，她看见一张粉红色的小脸，两只全然不像婴儿的阴沉的暗色眼睛望着她。婴儿的鼻子挺可笑，像只纽扣。

这个可怜的小生命就是未来的"全俄罗斯的专制君主，爱沙尼亚、利夫兰、库尔兰的大公，格鲁吉亚诸王的统帅和君主，挪威的继位人，石勒苏益格-荷尔斯泰因和奥尔登堡的公爵，圣约翰耶路撒冷最高骑士团首领"① 等等。

自出生之日起，这个专制君主便不得不体验皇帝卧寝难忍的窒闷。伊丽莎白女皇②、宫廷女官和奶娘们，似乎想给他捆上围巾，用被褥憋闷这个婴儿，

---

① 此处是指保罗的身份，他于1754年9月20日出生在彼得堡的夏宫。

② 伊丽莎白（1709—1762），彼得一世和叶卡捷琳娜一世的女儿，是保罗的姨祖母，1741—1762年的俄国女皇。

就像 1807 年 3 月 11 日，喝醉的近卫军准备用腰带紧勒他的脖子。

　　这个婴儿是谁？他是谁的儿子？至今无人知晓。他本人相信，那个在俄国皇位上矫揉造作地混了一年、后来被 1762 年的肇事者勒死的荷尔斯泰因－戈托尔普家族的公爵、倒霉的彼得三世[①]，是他真正的父亲。另外，有人对此持怀疑态度，宁肯相信保罗的父亲是叶卡捷琳娜的情人萨尔蒂科夫。[②] 还有人断言，美男子萨尔蒂科夫不可能生个翻鼻孔的男孩，认为叶卡捷琳娜生下的是死胎，被考特拉乡下一个芬兰新生儿替换了，那里离奥拉宁包姆[③] 不远。

　　保罗的一生看来比他的出生更为神秘和怪异。

　　那个他后来认为是自己母亲的女人很少出现在他的摇篮旁。不过，伊丽莎白女皇却一天两次看望这个婴儿，有时她半夜起床来看这个未来的皇帝。保罗幼年时已习惯了与女官和保姆等女人相处，却害怕男人。1760 年，保罗还不足六岁，伊丽莎白·彼得罗夫娜指定宫廷高级侍从尼基塔·伊万诺维奇·帕宁[④] 为保罗的皇室侍从长，帕宁当时四十二岁。不知何故，在小太子看来，他却是个阴郁可怕的老头子。他那头假发和装饰着黄绒袖口的蓝长衫，让孩子感到莫名其妙的厌恶。他用眼泪来迎接这位导师，以为如今他将会失去奶娘和一切"乐趣"。不过，他应该很快就产生了新的印象，这种印象给他带来的乐趣也不亚于和奶娘们的玩耍。他参演戏剧，有法国演员朗读美妙的独白，年轻的少女翩翩起舞，演出博得观众一片喝彩。满六岁时，他被郑重介绍给

---

① 彼得三世，即彼得·费奥多罗维奇（1728—1762），彼得大帝的外孙。安娜·彼得罗夫娜与荷尔斯泰因－戈托尔普公爵卡尔·弗里德里希之子。他是伊丽莎白女皇的外甥，也是她在位时的皇储，后与叶卡捷琳娜结婚。1761 年彼得三世继位为俄国皇帝，次年被杀，其妻叶卡捷琳娜登基，俄国由此开始进入叶卡捷琳娜二世时代。

② 谢尔盖·萨尔蒂科夫，彼得三世的宫廷侍从，18 世纪 50 年代是叶卡捷琳娜的主要宠臣，被认为是保罗的生父。另据文献记载，保罗和彼得三世性格相似，按照遗传学的原理，保罗身上应有他的半疯父亲彼得三世的血脉。总之，保罗的父亲是谁说法不一，但母亲是叶卡捷琳娜二世。

③ 奥拉宁包姆，今罗蒙诺索夫城。

④ 尼基塔·伊万诺维奇·帕宁（1718—1783），伯爵、俄国外交官，18 世纪 40 年代曾出使丹麦和瑞典。

外国使者。这有点可怕，但他已感觉到自己的命运非同寻常，他命定会被立为君主。可是，未来的皇帝应当学习知识。1758 年他已经开始接受文化教育，当时他穿着时髦的长衫，戴上假发，保姆还颇为细心地在上面洒了圣水。

自幼年起，奇怪的恐惧感就伴随着保罗。他经常觉得存在某种危险。门砰地一响，他便哆嗦着钻到桌子下边；帕乍偶尔走进来，他也要躲到角落里。吃饭时经常掉眼泪，因为值班的男士对他不怎么和蔼，却又不见奶娘和保姆在场：她们被打发走了，因为她们净讲些妖魔鬼怪故事，唱奇怪的小调，一般来说她们是迷信的，而对皇太子应当进行理性的培养。要知道那时是伏尔泰和弗里德里希大帝①的时代。当时，保罗对这位加冕的普鲁士自由思想家还不感兴趣，讲述老妖婆的故事倒是适合他的口味。然而，这并不妨碍这个男孩表现出科学方面的才能和机敏。有一次，历史课之后，教师历数了三十位不好的君主，保罗认真思索起来。这时女皇派人送来五个西瓜，其中只有一个是好的，于是皇太子说："这五个西瓜中有一个是好的，三十位君主中却没有一个好的！"

伊丽莎白女王于 1761 年驾崩，当时保罗七岁。彼得·费奥多罗维奇由于性情轻浮古怪，不可能教育小保罗。荷尔斯泰因的亲戚有一次逼着他去看看皇太子上课的情况。离开课堂时他却大声说："我看，这小东西理解课业比咱们都强。"他立即赐予保罗近卫军军士的称号，以示关怀。

1762 年夏天发生的事让保罗永生难忘。6 月 28 日清晨，保罗尚未漱洗完毕，激动不已的尼基塔·伊万诺维奇·帕宁来到彼得堡夏宫他的住处，命令值班侍从赶快给皇太子穿好衣服。大家在慌乱中随手找来一件背心给他穿上，把他推上一辆两套马拉的马车。马匹拉着帕宁和他的学生向冬宫飞驰而去。小保罗吓得像发疟疾似的瑟瑟发抖，或许，这次让他胆战心惊确实有重要的原因。这天夜里，叶卡捷琳娜被拥立为女皇。保罗被领到大阳台上，面对广大群众。广场上聚集着平民、商人和贵族。来来往往的近卫军散开了队

① 弗里德里希大帝，指弗里德里希二世(1712—1786)，1740—1786 年的普鲁士国王，他爱好历史、哲学和诗歌，享有自由思想家的名声，与伏尔泰及其他当代学者和作家保持友好往来。

列，大声呼喊乌拉。这喊声吓坏了孩子，不知为什么他想起那个他认为是自己父亲的人。冬宫里一片混乱。廷臣和军官们都戴好帽子三三两两聚在一起，保罗听见有人说"咱们那小混混儿""咱们那傻瓜"，有个侍从发现了保罗，便扯了扯谈话人的袖口。他们在说谁呢？什么混混儿？什么傻瓜？

后来，保罗全都明白了。他知道，叶卡捷琳娜完成了以近卫军为首的向彼得戈夫①的胜利进军，并把她那失去皇位、束手无策的丈夫送到了罗普沙。叶卡捷琳娜死后，保罗还在她的文件里找到了阿列克塞·奥尔洛夫②的来信："小妈妈，请饶恕我吧！咱们的傻瓜想反抗，我们把他解决了……"

然而，保罗并不认为彼得·费奥多罗维奇是傻瓜，甚至还喜欢他。这个人还没来得及欺负一个孩子。保罗很快习惯了尼基塔·伊万诺维奇·帕宁，后者故意给他灌输一些有关女皇的奇怪而骇人的想法。也有另一些人对这孩子解释说，彼得三世死后本应由他保罗当皇帝，在他成人之前，被废黜君主的夫人只能当摄政王或主政人。保罗将这些议论铭记在心。三十四年来他日夜思考这个问题，同时，对那个阿纳里特–柴尔布公主的惧怕已然融化在心间，她拥有俄罗斯的皇位，绝不怀疑自己具有对千百万人民实行专制的大权。

于是，应当对继承人进行教育了。叶卡捷琳娜决定采取有力措施。作为西方文明的崇拜者，她决定聘请达朗白③那里的教师。但此事没有办成。达朗白像回绝厚待他的弗里德里希大帝一样，婉言谢绝了女皇的聘请。这位著名的百科全书学者，利用官方所谓彼得三世死于"痔疮"的说法作为暗示，在给伏尔泰的信中写道："我被痔疮折磨得痛苦不堪，而它在这个国家是非常危险的。"

不得不聘请俄国国内的教师。不过，在这些人当中，以《札记》一书闻名的谢明·安德烈耶维奇·波罗申④却是一位颇受尊敬的饱学之士。此外，埃

---

① 彼得戈夫，即彼得堡夏宫。

② 阿列克塞·奥尔洛夫，近卫军军官，叶卡捷琳娜二世的情夫。此信写于1762年7月6日，罗普沙。

③ 达朗白，又译达朗贝尔（1717—1783），法国数学家和启蒙哲学家，彼得堡科学院名誉院士，曾和狄德罗共同编辑《百科全书》。

④ 谢明·安德烈耶维奇·波罗申（1741—1769），当时最具启蒙思想的人物之一，1762—1766年任保罗的老师。他的日记（1764—1765）可能是后来他离开宫廷的原因。

皮努斯·弗兰茨[①]也教过皇太子。保罗学过历史、地理、数学、俄语、德语和法语，也懂一点拉丁文。在其他几位教师执教之后，后来成为都主教的修士大司祭普拉东[②]也被请来当讲师。在确定这位僧人任教之前，女皇曾请他进宫用膳，并亲自同他交谈，试图摸清这位未来皇帝的教师是不是迷信，众所周知，作为伏尔泰的学生，女皇最担心的是受迷信的影响。看来，普拉东诚实地通过了考试，受到信任，并准予接近皇位继承人。然而，他的处境是困难的。著名的《论俄国风俗之败坏》一书的作者谢尔巴托夫公爵[③]写道："其实，叶卡捷琳娜丝毫不尊重基督教教规（尽管伪装得非常虔诚……）。"谢尔巴托夫进一步解释，"可以说，她在位时期，她的坚不可摧的善良和美德的支柱已开始倾倒……"普鲁士的自由思想家弗里德里希，对叶卡捷琳娜也持有这样的观点，他认为她是伪装虔诚，实则根本不信宗教。不过，普拉东这位严谨的僧人在坚守信仰的同时，却以自己的辩才和学养令怀疑者为之惊讶。他的著作享誉欧洲。伏尔泰对他的传道风格颇为赞赏。不幸的保罗并不具有各类教师的缺点。著名的谚语"奶娘多的孩子不长眼"最能说明他的命运。实际上，是什么人经常在保罗周围呢？是有教养、懒惰、并非始终忠诚的帕宁；是模仿路易十六时代子爵和侯爵的叶卡捷琳娜的达官贵人，是那些在其沙皇保护人蒙羞死亡之后仍滞留在俄国的荷尔斯泰因人和普鲁士人——这些人在年幼继承人在场的情况下，坐在帕宁每天准备好的午餐桌旁也不太觉得难为情，保罗偶尔会听到一些十分含混的、令孩子的头脑困惑不安的谈话。这些还在贪图享乐的人，酒后总是谈论情爱怪事，而发育较早的保罗对当时叫作"晃动"的情爱话题也开始感兴趣。午饭时还谈论一些政治性的话题，这孩子从中揣测到，并非所有的人都对叶卡捷琳娜的政策表示满意。他时常听到伏尔泰《奥尔良少女》[④]中的一些引用语，这些引用语经过宫廷

---

① 埃皮努斯·弗兰茨（1724—1802），德意志人，物理学家、院士，自1765年担任保罗的老师。

② 列夫申·普拉东（1737—1812），莫斯科都主教，1763年起为保罗的老师。

③ 米·米·谢尔巴托夫（1733—1790），俄国历史学家，彼得堡科学院名誉院士，著有《俄罗斯远古史》等。

④ 《奥尔良少女》，又译《圣女贞德》，法国作家伏尔泰（1694—1778）所著的史诗作品。

自由思想者的阐释之后，不由得让这孩子摸不清头脑，并将它们与自己导师普拉东的严格教诲相提并论。从他的老师波罗申的日记中可以了解少年保罗的宫廷生活和个性。日记恰好是从 1764 年 9 月 20 日皇太子生日这天开始，当时他年满十岁。修士大司祭普拉东曾在日祷之后布道，以训导这个孩子，旨在"要耐心约束您的灵魂"。那天举办过正式的庆典，之后"殿下和舞者格兰热跳三人小步舞"，晚上举办舞会并设晚宴。这就是促使皇太子性格形成的环境。他还是一个十岁的男孩，就出席隆重庆典，参加舞会，不仅与格兰热跳舞，而且和女皇的女官们共舞。这一切并不妨碍他有时像小娃娃似的哭闹，而帕宁也会对学生"严厉数落几句"。波罗申还发现这个男孩喜好无常。原来他有一颗"极富仁爱之心"，会突然"几乎热恋他所喜欢的人"，但很快又会变得扫兴。当时所有的宫廷日常生活他都经历过，我们见到小保罗时而上物理课，时而参加芭蕾舞《受罚卖俏女》①的表演，时而又接待外国的外交官……在学业上，特别是数学，他尽管精力不集中，但成绩优良，因此波罗申指出："如果殿下为一般人士，只要他完全致力于一门数学的学习，就其敏锐性判断，他极有可能成为我们俄罗斯的帕斯卡②。"

保罗读书广博而且专注。如果他的议论有时显得轻率，他往往能承认自己的错误，有次在谈论罗蒙诺索夫时发生过此类情况。当然，他不仅熟悉苏马罗柯夫、杰尔查文和其他俄国作家，也熟悉一些西方作家。他非常了解拉辛、高乃伊和莫里哀的戏剧，能背诵《菲德拉》和《阿达莉》③以及古典主义法国喜剧中的独白。他熟知伏尔泰，也知道卢梭。他贪婪地阅读那位西班牙作家奇特而引人入胜的书，描写那位了不起的骑士是那么慷慨、善良、聪明、勇敢、高尚和可笑……小保罗想离开宫廷，在这里，宫内侍从总是像影子似的跟随着他，精明但过分关心的、虚荣和世俗的帕宁，像监护人似的支配着他的命运，在这里是那么不舒服和可怕。他希望像怪人堂吉诃德一样

---

① 法国作家加斯东·勒胡（1868—1927）的作品。

② 帕斯卡·弗列兹（1623—1662），法国数学家、物理学家、宗教哲学家、作家。

③ 此处指法国作家拉辛的著作：悲剧《菲德拉》和宗教－政治剧《阿达莉》。

出走，不怕耻笑，去寻找美丽的杜尔西尼娅。①在盛大的午宴上，特别是女皇在场时，保罗心里开始有一种说不明白的忧伤，他哭泣，让外国的外交官感到为难，让叶卡捷琳娜愤怒，也惹得尼基塔·伊万诺维奇生气。这些宫廷的午宴好像在故意拖长时间，长得让人难以理解。保罗总想尽快做完一件事，以便去做另一件事。不知为什么他总觉得应当加快，后边有更重要的事要做，时不我待：要尽早睡觉，黎明即起。如果晚餐拖延一刻钟，保罗便会痛心地抱怨。他早晨起得很早，未睡醒的侍从打着呵欠笨拙地给他穿袜子，有时一不小心摔了台灯，打碎了器皿，皇太子便责怪他疏忽大意。为什么保罗这么急急忙忙过日子呢？莫非因为生活可怕，特别是宫内经常有人谈起可怕的事？有时，尼基塔·伊万诺维奇谈到安娜·约翰诺夫娜（又译伊万诺夫娜）女皇执政时期沃伦斯基②被处死的事，这段历史以及有关酷刑和折磨一类的事，听起来令人毛骨悚然；有时，皇太子听到那个快活的、从小被伊丽莎白女皇囚禁在城堡密室的少年皇上约翰·安东诺维奇③的事，有时，波罗申还闲聊米罗维奇少尉④的案件，此人于1764年试图释放上述秘密的囚徒，待他回到监狱之后，却发现一具断了气的尸体，遵照叶卡捷琳娜的命令，他为此胆大妄为付出了生命的代价……什么是秘密议事厅？"证言和案子"是什么意思？"不用细说，"波罗申讲着，"我禀告殿下，之前有许多正直的人因秘密议事厅而受难，案子里有些事由于这个议事厅而被搁置不问。大公听后又问：'现在这秘密议事厅在哪里？'我回答说已经撤销。又问撤销很久了吗？是谁撤销的？我禀告说是彼得三世皇帝撤销的。对此皇太子对我说，那

---

① 保罗读的小说《堂吉诃德》，可能是法文译本，俄文译本在 1784 年才问世。

② 沃伦斯基·阿尔捷米·彼得罗维奇（1689—1740），俄国国务活动家和外交家，1738 年起为安娜·伊万诺夫娜女皇的内阁大臣，后因反对"比伦苛政"计划发动政变，于 1740 年 6 月 20 日被处死。

③ 此处指伊凡六世，又译伊凡·安东诺维奇（1740—1764），俄国皇帝，1740—1741 年在位，安娜女皇的外甥女列奥波里多夫娜的幼子。他幼年继位，因年幼，先后由比伦和母亲执政，1741 年被推翻，并与父母一起流放，后关押在施里瑟尔堡要塞，不久被杀害。

④ 米罗维奇·瓦西里·雅科夫列维奇（1740—1764），斯莫棱斯克步兵团少尉。1764 年 7 月 5 日夜，试图释放约翰·安东诺维奇，宣称要拥立他为皇帝，因而被女皇处死。

么说，已故的君主做了件好事，撤销了它，是吧？"口风不严的波罗申的通报使小保罗产生了一些未必令女皇高兴的想法。

不过，宫里不是净说可怕的事，还爱讲笑话。但不知何故，可笑的事也让人担惊受怕，难以理解的是，这惧怕和可笑从何而来？尼基塔·伊万诺维奇大人讲到米罗维奇对上帝的仆人所做的可笑而荒诞的诺言，说如果他的计划能成功实现将会如何。这时，大人讲到一位法国神父在巴黎被处死的事。刽子手把神父推上绞刑架并套上绞套之后，便把脚下的垫台踢开，那神父却用脚钩住台子，不愿被悬吊起来，刽子手再次使劲踢开台子，说道，您走吧，神父大人，您不是小孩子了。这场景引起众人的讥笑。可是保罗没有笑，而且夜里在梦中喊叫：他梦见了这个神父瞪大眼睛，嘴唇发白，像纸一样。

关于处死、受刑、拷问的谈话也会改为谈论情爱、快活事和"晃动"一类话题。保罗诚心诚意地对波罗申谈起自己的情感经历。他时而喜欢一个宫廷女官，时而又喜欢另一个。他还写过诗，献给一个诱人的女子，可能是在波罗申帮助下写的：

> 我认定思想和敏锐高于一切，
> 对我而言，世上没有比这更美，
> 亲爱的，为此我崇拜你，
> 因为你融合美与敏锐，散发光辉。

有一次，叶卡捷琳娜带保罗参观女修道院，那里有些身份高贵的少女在接受教育，她突然想到要开个善意的玩笑。她问保罗，是否愿意和这些少女住在一起。殿下回答："不……"不过，与男性圈子比较起来，他显然更想和女人交往，并且很想做"晃动"的事，尽管他还不到十二岁。

这一切都激发起保罗的性欲。奇怪的是，虽然存在这些情爱的诱惑，他却保持着些许羞涩和纯真。而且，他的导师颇有洞见地预言："在彼得堡这地方，他将来不会成为懒散的或者不听话的人。"

帕宁本人在道德缺陷方面做出了榜样，特别是在斯特罗加诺娃伯爵夫人令他神魂颠倒的时期，关于这位夫人，她的丈夫说，她自己享受快活也会让别人分享快活，而他却什么也得不到。

"大家开玩笑说，"波罗申在自己的《札记》里写道，"到时候了，大公殿下该娶妻了。他面色变得通红，羞得在屋里走来走去，最后说：'只要我结婚，便会非常爱妻子，也会吃醋。我很不愿戴绿帽子。不幸的是，我爱吃醋，我最近听说，戴绿帽子的人看不见也不觉得自己戴了这种绿帽子。'听到他惦记这些事，大家都笑了。"

叶卡捷琳娜宫的气氛懒散而沉闷。娇生惯养、受宠无忧的廷臣们热衷于巴黎沙龙那类轻浮的议论，他们在这里，在冬宫，继续过着散漫和放荡的生活，并不为自己孩子气的淫乱感到羞耻。

叶卡捷琳娜的宠臣戈里高利·奥尔洛夫有一次向保罗建议探访宫廷女官。女皇也乐于准许这种放纵行为。于是保罗穿行于各个房间，对少女们大加赞赏。在这些愉快的"探访"之后，他便"进入温柔之乡，慵懒舒坦地躺在了长榻上"。后来，他与波罗申谈及对某个他所"心爱的"感受时说，他"越来越迷恋她"。这天晚上他在法兰西百科全书里查过"爱情"这一词条。

大家终于知道了他所爱恋的宫廷女官的名字。这就是叶卡捷琳娜收养的失去双亲的孤女、后来成为宫廷女官的薇拉·尼古拉耶夫娜·奇克洛科娃。当时保罗外出要和叶卡捷琳娜同坐一辆马车，他对面便坐着这个他心爱的女子，他审视她的眼睛，遇到了倾慕的目光，兴奋愉悦之情油然而生。数天之后，在一次宫廷化装舞会上他和她跳舞，波罗申发现他的学生温存地握着那只小手。过了三天，大公的醋意大发。原来是在觐见日他这个恋人没有出现，仿佛是因为她的嘴唇出了毛病。可是在这个时期，觐见日也见不到年轻的库拉金公爵。由此让保罗得出想当然的结论。但嫉妒心很快消失了，因为亲爱的人嘴唇的毛病已痊愈，她又在化装舞会上与保罗相遇，跳波兰申舞时，他找机会对她说："如果合适的话，我愿吻一下您的小手。"当时她低垂目光说："这有点过分。"不过，他还是多次发作过疯狂的醋意。保罗觉得，他所爱的一个女人总是温柔地瞧着少年侍卫戴维耶。由于这类原因，一些被他热恋的女子都做过郑重的解释。

2

保罗长大了。如今，他不再由于害怕而钻到桌子下面，也不怕乞丐了。童年时，有一次他看见宫殿的窗外有一个身着破衣烂衫的人，此时殿下心里模糊地想象着此人可能是未来的长裤汉[①] ——将来对宫内人士的报应。现在，保罗能够将自幼危害其心灵的恐惧感掩饰起来了。然而现在他觉得，宫内的事并不顺遂。他受到严密的照管。十几个仆役为他服务。导师和讲师经常和他在一起。尼基塔·伊万诺维奇监护着他，同他一起吃饭。可是，在他的内室里却是无聊、烦人和寂寞的。原因何在？莫非因为皇太子没有母亲？难道这个被宠臣包围、如掌控自家领地一般快活着管理国家的、年轻丰满的四十二岁的女人，真的像保罗的生母？难道她对待他并不冷漠？难道她会找空闲来窥视他的内心？难道她知道这个爱激动且任性的怪男孩如今在干什么？她甚至没注意到，这个没有忘记1762年那个可怕的6月之夜的少年，有时在觐见日，又嫉妒又愤恨地观察自己微笑着的母亲。被勒死的彼得三世的幻影出现在小保罗的眼前。他没有将自己这种记忆告诉任何人，但有时他想找人问一问：为什么他要住在这个确实没人要住的陌生的宫殿里呢？如果那些杀死他父亲的人也准备那样除掉他呢？哦，如果不是原来那些人，那么也是与他们类似的人吧？昨天他偶尔看见厨师宰一只鸡。看来，杀死沙皇也是这么简单。粗心的谢明·安德烈耶维奇·波罗申曾给他送来一些书，小太子

---

① 长裤汉，法国18世纪对广大革命群众的流行称呼，他们身穿粗布长裤，有别于穿短套裤的贵族和资产阶级。

从中读到弑君的事。现在却突然让波罗申离开了保罗。这孩子可怜这个十分和善的谢明·安德烈耶维奇。有时他会爬到沙发上，向他坦言自己的一些想法和情爱隐私——说出一切，但有一件事不能谈。这唯一的隐秘对谁也不能说，甚至波罗申。当时，这个可怕的秘密，这个经常出现的有关父亲被杀的想法，却痛苦地折磨着保罗。他周围是些什么人？不是杀手吧？昨天送来的非常甜的汤，不会是毒药吧？保罗没有喝汤。而尼基塔·伊万诺维奇却十分生气，把皇太子从餐桌边领走了。皇太子有时感到苦闷。这时候他总是装样子，"向下点头"，的确像已故的彼得·费奥多罗维奇。但是这孩子很少做这样的怪事。通常他会掩饰自己的情感。他尊敬母亲，对他身边的人也很客气。不过，众人发现，母子间的关系并不能完全令人理解。这些甚至外国使节都看得出来，并且在给本国君主的报告里有所记述。

小保罗惧怕女皇的傲慢宠臣。他们狂妄蛮横。然而有时候，其中某人会突然对他表示亲近，比如，戈里高利·奥尔洛夫有一个时期就对他表示亲热，可是，这种关心也许比直截了当的粗暴更加令人难受。女皇的这个情人，恰好在叶卡捷琳娜为他生儿子，即后来的鲍布林斯基伯爵的时候，对保罗特别关心。这一点是瞒不过保罗的，他早就知道这个加冕的风流女人的奸情。敏感而纯洁的孩子已为自己淫乱的母亲感到羞耻了。

彼得三世到死都是个孩子。他的夫人不喜欢这样。保罗则相反，他成熟得早，有时甚至像个小老头。这也不讨女皇的欢心。彼得三世玩世不恭，爱开玩笑，甚至在伊丽莎白治丧期间也是如此。保罗对别人彬彬有礼，却总是用奇怪的、严苛和质疑的目光看着自己的母亲，但是很难挑剔他的毛病，因为他待人毕恭毕敬，连叶卡捷琳娜也不知如何对待他。

保罗年满十四岁时，开始学习治国的学问。这时波罗申已不在。奥斯特瓦尔德成了主要的教师。此外，尼科兰·拉菲尔米耶尔和列维克都给保罗讲过课——这些人都是外国人，保罗对他们不太适应。波罗申能够让自己的学生远离对军事的爱好，而德国人本身都崇拜普鲁士体制的传统，保罗也染上了与彼得三世同样的爱好。如今操练和检阅排在了首位。叶卡捷琳娜称此事为军事愚蠢。

不过，波罗申在的时候保罗就参加军事训练了——例如，1765年的红村演习。当时这个男孩算是胸甲骑兵团的指挥官。他非常兴奋，身戴护身甲，手持真正的两刃刀。但当时一切还都是天真无邪的。保罗"在会战场地，骑在马上吃甜面包"，在和蔼导师的陪伴下平静地骑马回家睡觉。现在，十四岁的保罗非常注意军事纪律问题。波罗申在的时候，他也只是想象着进行各种会战，把自己当成德–圣–克鲁的公爵在伊尔–德–弗朗斯布防军队。所有这些想象都具有虚幻性质，部分带有骑士色彩。他曾偶尔读过维尔妥著的《马耳他骑士团史》[①]。这更是火上浇油，这孩子把自己当成了骑士。不幸的是，将近十四年，这些幻想只适合当时的现实，保罗所表现出来的并不是对英雄主义和骑士精神的偏爱，而是对平庸和残酷的普鲁士募兵制的癖好。

这是政治局势促成的。1768年，俄国军队调到南方与奥斯曼帝国作战。波兰战役开始了，众所周知，它以瓜分波兰告终。有人给皇太子送来地图和将军们的战报。他对军事案例深感兴趣。他发现有些顾问大员在嘲笑那个加冕女人的政策规划。有人对他说，他保罗像个男子汉和君主，可能会更好地指导对外政策和军事战役。

那个时期，叶卡捷琳娜及其宠臣，以其奢华生活、精通法语和善于欣赏幸福维纳斯之美妙，而令欧洲为之惊奇，人民却在农奴制、兵役制和法官专横的压制下呻吟。保罗想必考虑到了这些情况，特别是在莫斯科发现鼠疫、后来开始暴乱的时候。保罗觉得，这些开心取乐的显贵会给他留下一份不良的遗产。这时他十六岁。

廷臣们同贵族和近卫军关系密切。借助于他们的力量，叶卡捷琳娜才获得了皇位。自夺得统治大权之日起，女皇意识到自己一生都将依附于这些有特权的圈子。然而，保罗仇视受宠的权贵和骄纵的近卫军。他视他们为谋害沙皇的杀手。他已习惯于批评叶卡捷琳娜的政策，他觉得这种政策是伪善的。

---

① 此处指法国骑士团历史学家维尔妥·德·奥贝封的法文著作，1726年在巴黎出版。

实际上，难道不是她女皇召集代表组成"新法典草案编制委员会"吗？不是她为他们写《训令》①，以其固有的自负在其中阐述孟德斯鸠和贝卡里亚②的思想吗？不是她幻想得到共同福祉和正义吗？然而，难道她的行为符合她给伏尔泰的信里所宣扬的思想吗？贵族从来没有像今天这样利用这些优势。叶卡捷琳娜似乎偿还了她在1762年获得效劳而欠下的债。保罗也痛恨贵族。他会关心公共福祉的，不，不是在口头上，而是实际上关心。不要任何特权！他是合法的皇位逐求者。他不需要谁的效劳。他也无须为了头衔的麻烦事而有所付出。

他的父亲彼得三世，未必像叶卡捷琳娜的宠臣所说的那么愚蠢和恶劣。难怪曾传说他的幽灵在乌拉尔某地出现过。传说有个自称彼得皇帝的乡下人来到西部，招募同党并袭击贵族的庄园。保罗怀着奇特的感情关注普加乔夫起义。女皇派出的军队吃了败仗，溃散了。农民和哥萨克的势力潮水般蔓延开来，占领了伏尔加河沿岸地区，并威胁要阻断广大地带与首都的联系。噢，这当然是蟊贼和强盗挡道。然而，在这场可怕的暴乱里，就没有对杀害"合法"沙皇的报复吗？就没有对彻底奴役人民，对堕落宠臣的挥霍无度所给予的报复吗？

这个时期，热心的共济会成员尼基塔·伊万诺维奇·帕宁让保罗读一本秘密传播的著作手稿，里面宣扬皇帝要像某种精神领袖那样守护人民的福祉，皇帝应当受到敬仰。他是涂过圣油的人。不是教会应当领导他，而是他领导教会。在保罗不幸的头脑里这些荒诞想法与孩子对天意的信仰搅在一起了，这种信念是他在幼年时代就从关怀他的伊丽莎白女皇、保姆和奶娘那里接受的。于是，保罗开始幻想一种能造福全体人民的真正的专制制度。只盼能快点行使自己的权力！

---

① 1765—1767年，叶卡捷琳娜二世准备召开各阶层代表委员会会议，讨论新法典，同时为它制定《训令》，俄国立法方案的基础是由她提出的，是孟德斯鸠和贝卡里亚著作里所强调的一些准则。

② 贝卡里亚（1738—1794），意大利启蒙思想家、法学家和政治家。

当然，有人告诉保罗，他的时刻来到了。1772年9月20日是他的成人日。很多人相信，叶卡捷琳娜会引导这位合法的继承人治理国家。当然这是子虚乌有的事。保罗只得忍受。他甚至向母亲承认，外交官萨里德勒曾诱导他快点行使皇太子的权力。叶卡捷琳娜非常生气。这个时期，保罗给自己狡猾的密友安德烈·拉祖莫夫斯基伯爵写过一些忏悔的信。叶卡捷琳娜有自己的密探紧盯着保罗，她非常明白，是何种有关专制的颇富幻想的谬论充斥在继承人的头脑里。清醒的女皇决定让保罗摆脱这些在她看来癫狂的想法。需要给这个年轻人娶妻了。叶卡捷琳娜选中了黑森－达姆施塔特伯爵夫人的女儿威廉敏纳。在这次说媒之前，出现过极其复杂的宫廷阴谋，运用了外交手腕。最终，伯爵夫人和威廉敏纳及其姐妹同意前来彼得堡。

　　阿瑟布格从达姆施塔特发给帕宁公爵的信中，对保罗未婚妻的性格有如下表述："威廉敏纳公主至今都无时无刻不故意端出命令式的脸色……让每个人难堪""娱乐、跳舞、检阅、朋友圈、游戏等，凡是通常能调动情绪的事都不能打动她……进行这些娱乐时，公主唯一专注的是自己……""是不是她也有受理智控制的私密恋情呢？我上千次对自己提出这个问题，总得承认，这是我的眼力所不及的……""据我对威廉敏纳的了解，她的心是高傲的、神经质的、冷酷的，也许在自己做决断时有些轻率从事……"

　　根本没让保罗参与有关他本人婚事的预先商谈。向吕贝克派出一个特别舰队，它应该是将黑森－达姆施塔特一家人接到我们首都的。其中一艘舰由拉祖莫夫斯基伯爵指挥。他仅仅比保罗大两岁，但是阅历已很丰富。起初他在彼得堡学习，师从施莱策，后来进入斯特拉斯堡大学学习，通过在英国舰队服务完成了自己的军事教育。从英国回来后，他博得了保罗的特别好感。保罗似乎并不了解拉祖莫夫斯基的一个特点。这位杰出的年轻伯爵，很会利用从夫人们那里获得的非凡的成功，他喜欢欣赏她们的美貌，并不顾及戒律清规。拉祖莫夫斯基用自己的船载着老伯爵夫人和她的女儿们，完成了从吕贝克到雷维尔①的旅行。显然，当时他给保罗的未婚妻威廉敏纳留下了强烈的

① 塔林的旧称。

印象。

保罗自己也喜欢这个预先指定为他妻子的少女。保罗的教师、修士大司祭普拉东为她讲授东正教教义。她取名纳塔丽娅·阿列克谢耶夫娜。8月，她和皇位继承人举行了订婚仪式。威廉敏纳皈依东正教这件事，让伏尔泰和弗里德里希二世有借口说两句俏皮话。叶卡捷琳娜也乐见他们高兴，不过，她本人坚持让公主接受宗教教义，因为她认为，从政治考虑这是必需的。

婚礼于1773年9月29日举行。在盛大的庆典和仪式上，保罗保持着彬彬有礼的样子，这一点是各国的外交官们亲眼所见。不过，某种郁闷的想法却让这个未婚夫和新婚男子颇为忧心，必须克服这可怕的情绪。保罗觉得有必要对别人述说自己的感受。他认定，最好先让拉祖莫夫斯基伯爵理解他。当时他在信中写道："您的友谊在我身上发生了奇迹：我要摆脱以前的疑心病，可是您要对抗十几年的习惯，除掉我身上根深蒂固的惧怕心理和平时的拘谨。现在我想把尽可能与人融洽相处作为常规。远离胡思乱想，远离忧心忡忡。"但是，摆脱这种幻想和忧心并非易事。有时，要弄明白现实始于何处，梦幻又是从哪里开始，都很困难。皇太子的新婚庆典刚结束，普加乔夫暴动的消息就传到了彼得堡。传闻极为诡秘，各种荒诞的传言借此机会不胫而走，其中不止一次提及保罗的名字。甚至安德烈·拉祖莫夫斯基也发觉，普通百姓对保罗深为同情，仿佛在这些真情实感的喷发中，打算和皇太子谈论他的继位权的问题，而保罗不得不以威严的目光迫使大胆妄为者闭嘴。

所有的事都让保罗担忧——有些是像普加乔夫暴动这样的大事，有些则是琐细小事，如殿下晚餐时偶尔在香肠盘子里发现玻璃碎片。气愤的保罗跑过来，向叶卡捷琳娜告状，说宫廷仆役危害他的生命。

一般说来，日子过得并不顺遂。这期间，在国家的天空中高高升起一颗波将金①明星。他并非"傻瓜"奥尔洛夫，也不像无名小辈瓦西里契科夫，而

---

① 格·亚·波将金（1739—1791），俄国军事活动家、陆军元帅。1762年宫廷政变的组织者，叶卡捷琳娜二世的宠臣和亲信。

是一个聪明、能干和高傲的宠臣，藐视无权的皇位继承人。

在保罗看来，这位波将金并不懂国家事务。保罗有自己的施政纲领。1774 年，他向女皇呈送陈情书《事关国家保卫一个地区及防御全部边疆所需部队的思考》，陈情书的主旨在于说明俄国不应采取进攻性政策，而应采取防御性的。俄国无须扩展疆界。必须缩减军队，为此要遵循军队的严格规章。首先要力求做到节俭。总而言之，这份陈情书尖锐地批评了叶卡捷琳娜的施政纲领。女皇立刻明白，她要和继承人彻底分道扬镳了。她并不那么对他掩饰自己的情感。而波将金却粗暴地蔑视这位竞争大位的年轻人。拥护叶卡捷琳娜的人们瞧不起保罗。普加乔夫暴动虽然被政府镇压下去了，它却以特殊方式让显贵们想起保罗提出的那些要求。暴动者仿佛与皇位继承人遥相呼应。普加乔夫和保罗触发了已故彼得的影子，人们把一些他可能根本没有的善行归功于他。的确，那个可怕的自称为王者的胜利让保罗陷于恐惧之中，然而他后来证明，自己对贵族的痛恨并不次于对那个亡命哥萨克的仇恨。

宫廷盛典的乐声、叶卡捷琳娜宫廷的喧嚣、高脚酒杯的碰击声以及颂诗的合唱——都没能遏止从乌拉尔荒原和伏尔加河流域平原传到首都的叛乱者的呼喊。贵族的庄园起火了。久经沙场的将军指挥的部队也都仓皇溃散。成千上万哥萨克、农民和市民变成了叛乱者。甚至神父、军官也发誓效忠普加乔夫，希望他能夺取叶卡捷琳娜的政权……有必要派遣彼得·帕宁和苏沃罗夫亲自去安抚几个燃烧起义怒火的省份。也许，保罗已揣测出这次声势浩大的暴动的意义。也可能，他明白普加乔夫本人对帕宁伯爵说过的话："我是个小乌鸦，但是老乌鸦还在飞。"1775 年 1 月 10 日，普希金称之为"光荣暴乱者"的人被斩首了。对他的怀念不仅永存于民间，而且留在了宫廷里。在结婚欢快之际，保罗似乎感觉到了被处决者的血淋淋的头颅。

保罗深爱自己的妻子。他盲目地相信她。有一次，被大公夫人的虚荣幻想所激怒的叶卡捷琳娜，极力要求保罗不要相信妻子，以及他和妻子共同的朋友安德烈·拉祖莫夫斯基，这种强求却毫无结果。在保罗看来，纳塔丽娅·阿列克谢耶夫娜是位无可指责的美人儿。他以为，她和拉祖莫夫斯基的友谊充满纯洁和率真的感情。只是到了 1776 年的 4 月，当她死于难产之后，不幸的保罗才相信，他的妻子是那个与他"肝胆相照"的拉祖莫夫斯基的情人。叶卡捷琳娜在死者的小盒子里找到了她情人的来信，并且没有对年轻的鳏夫隐瞒这件事。

3

皇太子和黑森－达姆施塔特的威廉敏纳结婚前不久，曾遇到一件怪事。[①]

有一次，保罗和朋友们抽着烟斗闲聊到深夜。皓月当空，他决定微服外出，去库拉金公爵[②]那边走一走。这是早春天气，投射到地面的影子又长又暗，空中弥漫着凉爽的清辉。

库拉金公爵没有察觉保罗精神抑郁，对夜晚驾临的客人说了些玩笑话。像往常一样，彼得堡是神秘而瑰丽的。拉斯特雷利和夸伦吉的宫殿[③]在这个月夜看上去好像是无可比拟的奇异的梦境。

通向一条街道的拐弯处有几面宽厚的石墙，但出乎意料，看上去却像透明的布景。保罗发现，一个又高又瘦的人站在一幢房子的台阶上，他披着斗篷，像个西班牙人，戴一顶遮住眼睛的军帽，仿佛在等候什么人。这些年轻人刚从他身边走过，他便从住处走出，这个年轻人便一声不响地从左边直奔保罗而来，看不清他的面孔，只有他走在便道上的脚步发出奇怪的声响，如

---

① 保罗前妻纳塔丽娅・阿列克谢耶夫娜的女友、奥贝尔吉尔赫男爵夫人的回忆录里有记载。见《回忆录》，巴黎，1853 年，第 357 页。

② 亚・鲍・库拉金（1752—1818），公爵、外交家，1796—1802 年任副首相，1808—1812 年任俄国驻法大使。

③ 拉斯特雷利（1700—1771）和夸伦吉（1744—1817），均为俄国建筑师，曾设计彼得堡的冬宫、斯莫尔尼宫以及皇村亚历山大宫、音乐厅等建筑。此处指他们设计的建筑物。

同石块撞击石块。保罗觉得这个同路人很不寻常。他在旁边走着，身体几乎触到了皇太子，保罗感觉到他的身子左侧冰凉，仿佛是紧挨着冰块似的。

保罗浑身发抖，转身对库拉金说：

"我们有个奇怪的同路人。"

"什么同路人？"库拉金问。

"从左边来的那个，脚后跟踏地发出响声。"

可是库拉金什么也没看见。

然而，保罗并不怀疑有人跟踪他。皇太子仔细瞧那个不相识的人，保罗向他帽子下面瞧了一眼，遇到一种令他震惊和迷惑的目光。

保罗浑身发抖，不是由于害怕，而是因为寒冷。一种奇怪的感觉遍布全身，渗透内心。他觉得血液都要凝固了。

突然从斗篷里发出喑哑、低沉的声音：

"保罗！"

皇太子不由得回应一声，令库拉金感到惊讶。

"你要干什么？"

"保罗，"那人又说，"可怜的保罗！可怜的君主！"

"你听见了吗？"皇太子问库拉金。

这次库拉金还是什么也没听见。

同路人接着对保罗说：

"不要留恋这个世界。你不会在这里待很久的，保罗。"

这伙年轻人来到参政院附近的广场。

"再见吧，保罗！"陌生人说，"在这里你会再次见到我……"

保罗立即认出了曾祖父那鹰隼般的目光、黝黑的额头和严肃的笑容。

他们所在的地点恰好是后来遵从叶卡捷琳娜的意愿由法尔孔建立彼得大帝纪念碑的地方。[①]

---

① 法尔孔（1716—1791），法国雕塑家，曾在俄国工作，彼得大帝纪念碑的创作者。彼得大帝纪念碑建于 1782 年。

保罗本人对自己的幻觉赋以特殊的意义，相信幻影不是病态想象的偶然表现。有一次他在国外谈到自己的幻觉，这个故事是 1782 年夏天由奥贝尔吉尔赫男爵夫人记述的。它给出一个重要的依据，可以预料这个可怜的继承人头脑不正常，早晚会有一个精神病人登上俄罗斯的皇位。

应该说，在彼得堡的月光下进行这次怪异的散步时，保罗已经参与共济会的秘密活动了。同他一起散步的库拉金也是共济会的成员。大公的迷信和他朋友的清醒头脑都容易顺应当时共济会的活动，共济会的结社没有严格的思想纪律，每个人都可以按自己的愿望表达思想。问题的实质只有一个——一方面否定唯物论，另一方面又与基督教教会竞争。显然，教士大司祭普拉东有意或无意地拿自己的学生对尼·伊·帕宁做了让步，众所周知，帕宁是位颇具影响力的共济会成员。И. B. 洛普欣甚至写诗赞扬帕宁伯爵，因为是他把保罗带进了反耶稣教派的结社①：

> 啊，所有兄弟们敬仰的老者，
>
> 多么荣耀，帕宁，你做到了：
>
> 以自己智慧之光将皇上的心
>
> 送进友谊之邦，
>
> 遵循你的榜样，作为共济会成员，
>
> 他幸福平安，一生美满……

除此之外，保罗以彼得三世为榜样，十分敬重曾庇护共济会成员的弗里德里希大帝。当时可以从普鲁士得到共济会的书籍和抄本。皇太子贪婪地阅读这些读物，希望了解真理。与此同时，共济会兄弟们也告诉这位幻想者，他未来的专制制度是天意赐予的，他作为一个接受天意的人，将来不仅要领导国家，而且要领导教会。这些想法在保罗看来并非微不足道的呓语。他惊

---

① 指 1776 年存在于德国的反耶稣教派的秘密结社。

恐地看着登上皇位的母亲，据他了解，她是通过亵渎神明的手腕取得皇位的。不信神的女人！她竟敢蔑视神圣。不，他保罗要在圣像前祈祷几个小时。他没有想到，共济会兄弟们只是暂时容忍他的迷信，他没有料到，不久的将来，正是在共济会的圈子里出现了后来被他视为人类仇敌的"雅各宾党人"[①]。

叶卡捷琳娜那种冷漠的清晰的嘲笑人的头脑不可能让她信任和同情共济会。她曾阅读过共济会的读物，并以共济会兄弟为题材写过三部讽刺喜剧。[②]然而，一旦时机成熟，她不得不以另外的方式，即逮捕和流放的方式，与她认为有害的社团进行斗争。迫害诺维科夫[③]是众所周知的。据共济会会员的说法，这一惩罚是因为，经审讯认定诺维科夫与皇太子有联系。在叶卡捷琳娜看来，保罗接近柏林的外交人员也加重了这些联系的罪行。在莫斯科的出版物《共济会会刊》上刊有如下写给保罗的歪诗：

> 愿幸福、和平、真理
>
> 同你一起登基，
>
> 愿乞丐和孤儿来到宝座前
>
> 不再心惊胆战，
>
> 你将成为众人之父，
>
> 头上戴着皇冠。

历史没有证实共济会的乐观主义是正确的。保罗不得不长久地等待登上皇位，他怀着已然暗淡的病态心理关注皇位四十二年。其实，共济会的热望并不比精神病君主的奇怪理想更好一些。

---

① 雅各宾党人在法国大革命时期反映资产阶级民主阶层的利益，但其中多数人又是共济会会员。后来在俄国，很多十二月党人参加过类似的组织。

② 叶卡捷琳娜怀疑共济会参与了助力保罗的阴谋，并与弗里德里希二世相勾结，于是她写了三部喜剧《骗子》《被诱惑的》《西伯利亚的萨满》来讥讽他们。

③ 尼·伊·诺维科夫（1744—1818），俄国教育家、作家、杂志主编。18世纪70年代加入共济会。1792—1796年按照叶卡捷琳娜命令被囚禁在施君瑟尔堡。

4

叶卡捷琳娜决定安抚这个被蒙蔽和受欺辱的鳏夫。

她以一贯的轻浮戏谑口吻写信给格里姆[1]说，她耍了手腕，要皇太子相信必须再婚。她为他寻找未婚妻，这就是威尔滕贝格公主索菲娅·多罗苔——弗里德里希二世的侄孙女，弗里德里希二世本人也同意这门婚事。索菲娅·多罗苔的正教名字为玛丽娅·费奥多罗夫娜，她命中注定在保罗一生中会起到不小的作用。

这位年轻美貌、多情、善感的公主是在卢梭精神的熏陶下长大的，她的性格随和而且温顺。保罗在柏林同她见面，弗里德里希二世尽管生性悭吝，在这里仍以格外的盛情向俄国皇位继承人表示祝贺。狡黠的国王准备给自己找一个未来的强大同盟者。保罗很满意，他喜欢自己的未婚妻。

"我选定了，"他给叶卡捷琳娜写信说，"托您的福，为我找未婚妻，请把她留给我吧。至于说到外貌，可以说我的选择不会让您丢脸。眼下有人对我讲她的坏话，可能是因为我有些偏袒，这位的嗓音是一般。至于说到她的内心，她具有极为敏感和温柔的一面，这是我从她和亲戚们相处的各种场面中看到的。她那广博的智慧，国王本人都注意到了，因为同她交谈过有关她的责任心的问题，此后也对我讲过她的看法；她没有放过任何机会谈论她对于陛下您的责任。她的知识非常渊博，昨天竟让我吃惊，她和我谈到几何学，说这门学科是必需的，要学会据理判断。她待人极为单纯，喜欢待在家里，练习朗读和音乐，用心学习俄语，知道这是必需的……"

---

① 格里姆·弗里德里希-梅里西奥（1723—1807），男爵、外交官、记者、评论家，叶卡捷琳娜的常务代理，经常与叶卡捷琳娜二世通信（从1774年至叶卡捷琳娜二世去世），多次去过彼得堡，曾任俄国驻哥达和汉堡的公使。

多情、善感的公主热恋保罗并不次于他对她的喜爱。像他一样，在写给亲戚和朋友的信里，她总是抒发兴奋不已的情感。至于那位著名的普鲁士国王，在讨取保罗及其强势母亲的欢心的同时，显然也没有放弃自己的审视和疑心。在他的历史试作中，对保罗有以下几行有趣的记述："他显得倔强、傲慢和尖刻（altier, haut et violent），这让了解俄罗斯的人担心他难以待在皇位上，这里的使命是管理粗野（dure et feroce）的人，况且他们是被几代女皇的软弱治理宠惯了的，他所遭遇的命运可能同他不幸父亲的命运是一样的。"

冷酷的民族主义者、内心和灵魂的敏锐观察者弗里德里希二世，仿佛猜对了保罗的命运。这一预见的精彩之处在于，皇太子根本不会给大家如此凄惨的印象，有些回忆录的作者还盛赞大公的外表和性格。玛丽娅·费奥多罗夫娜便属于称赞者之列："大公、最有诱惑力的丈夫向您致意。"她写信给童年时的女友说，"我非常高兴，您还不了解他，您不可能不喜欢他，我会嫉妒他的。我亲爱的丈夫是个天使。我发疯地爱他。"保罗·彼得罗维奇竟然让女人产生这样的感情。不过，他本人了解自己的性格特点。在他写给自己未婚妻的十分有趣的书面"训示"里，有如下提醒："她首先必须具备耐心和温顺，以便忍受我的急躁和情绪波动，同样还有我的偏执。"他可能还会添加自己性格上的某些怪脾气。显然他不久便这样做了。保罗向自己心爱的人承认，他的内心充斥着导致他恐惧的幻影。作为大公他待人亲切，彬彬有礼，在别人看来，他机敏而和善；他具有皇太子的自信和自己的风度；但在这个假面具后面隐藏着迷茫的令人苦恼的恐惧。他害怕什么呢？呵，他周边的幻象难道还少吗？！那个神秘的亡人彼得三世难道不是每天晚上都站在他面前，仿佛召唤他保罗去报仇吗？难道他没有隐约看见死去的大公夫人纳塔丽娅·阿列克谢耶夫娜那张美丽、冷漠而难以理解的面孔？他曾吻过她的脚，却没怀疑她会投入无耻狡诈的拉祖莫夫斯基的怀抱。难道叶卡捷琳娜女皇那张生动的，仿佛愉快的、开朗的、仁慈的脸庞不是可怕的吗？难道这个掌握他命运的专制的统治者，比起那些死去的人不是更加可怕吗？在她的头脑里，在这个辉煌的女皇身上有什么呢？像约翰·安东诺维奇或者彼得·费奥多罗维奇所遭遇的那样的命运，不会威胁到他保罗吧？

"天晓得，很快会属于您，这对我是何等幸福，"未婚妻写信给保罗说，"用我的温柔感情证明，我的一生将为您效劳，是的，深受崇敬的和极其珍贵的而亲爱的大公，我的一生就是为了向您表明，我的心会经常向您奉献眷恋和恩爱的。晚安，深受崇敬的和极其珍贵的而亲爱的大公，好好睡觉，不要被幻影搅得烦躁不安（n'ayez pas des fantomes），但要稍稍想到那个非常爱您的女人。"

"不要被幻影搅得烦躁不安！"提出这样的劝告很容易，但是怎么兑现呢？没有办法驱散那些幻影，它们总是追随病态的灵魂。不幸的人想摆脱这些幻影也是枉然，保罗所处的生活环境使他年复一年变得更加多心和猜疑。对他来说，怀疑乃是重要的依据。初次和玛丽娅·费奥多罗夫娜见面时，叶卡捷琳娜对她表示了自己的关心和好感。受这次见面最初印象的影响，权欲强烈的女皇表露出关爱和笼络这对年轻人的意愿。他们曾多次见面，叶卡捷琳娜当时的举止像个温柔的母亲。性情外露的保罗对女皇的亲切慈祥则立即给予回应。但这种融洽气氛没有持续多久。主要原因是，叶卡捷琳娜和保罗的志趣各不相同。彼得三世特有的那种兴趣和情绪在保罗身上复活了——这就是喜欢普鲁士，赞赏它的秩序和军事纪律。保罗的政治纲领就出自这些对普鲁士国家制度的虚假和谐的爱好。

保罗不想拓展俄罗斯帝国的疆域。他想集中全部力量，在现有领域的范围内封闭疆土，把堆积成山的纷繁混乱的事务和各种关系理顺。而叶卡捷琳娜则另有计划。她需要的是女战胜者帝国、女征服者帝国的雄伟壮观的疆域。据此，她的战争在南方，与土耳其政府和波兰作战，并被迫与瑞典打仗。与此同时，她还向欧洲卖弄自己的自由主义思想。她需要和格里姆、伏尔泰以及所有吸引欧洲沙龙想象力的名流保持通信。保罗则拥有另外一些联络人士。他从柏林、瑞典、莫斯科秘密获得共济会的书信和著作，他们都力图灌输给他一些特别的观念，就是他迟早都应把专制政权掌握在自己手里。叶卡捷琳娜对这些关系抱有疑虑。她明白，她死后，如果保罗登基，她的治国纲领自他掌权之初便会遭到破坏。她考虑过剥夺保罗的皇位继承权问题。关于这一点他也想到了。但是，女皇的这一决定和保罗被黜的时机似乎不是短时间酝酿成熟的。彼此将仇恨和蔑视隐匿起来的"好心"母亲和"孝敬"儿子，仿佛都在极力让自己和别人相信，他们还可以和睦相处，并能够调解好因新近的动荡带给国家的冲突。

保罗的一生庸庸碌碌，政治上无所作为，但并不缺乏用尖锐和敌视的眼光关注国家事务。他曾将自己对于叶卡捷琳娜政策的阴暗印象坦诚告知尼·伊·帕宁，他们一致谴责那个保罗称之为"害怕不可怕的、嘲笑不可笑的"大院。1777年春天，大公夫人怀孕了。冬天要离开叶卡捷琳娜送给这对年轻夫妇的帕夫洛夫斯克，搬到冬宫居住。离开时他们心情郁闷，似乎预感到彼得堡有不吉利的事在等着他们。事实上，这年秋季首都遇到了巨大灾难：大公两口子到来时，正赶上彼得堡有史以来最大的水患。迷信的保罗恐慌地望着，汹涌的波涛张开大嘴准备吞没道路上的一切。他觉得，这阴森的自然力在威胁这个不信神的城市，对皇室杀人犯的罪行进行报复。

涅瓦河难以驯服的汹涌波涛所带来的痛苦印象在保罗心里刚刚减退，便有新的考验落在他身上。他这次遭受屈辱，并非因为他是不肖之子，也不是因为他是有嫉妒心的情人或者皇位的觊觎者，而是因为他是丈夫、父亲和顾家的人。1777年12月12日，皇太子家里降生了他所期盼的儿子亚历山大，按照女皇的要求，这个婴儿应离开父母，交给叶卡捷琳娜指定的保育女官专门监护。允许玛丽娅·费奥多罗夫娜定期看望孩子，但是，无论是她或者保罗，都没有对未来的皇帝进行教育的权利。显然，叶卡捷琳娜当时已打算赋予这个孩子皇位继承人的命运。这样一来，他们所有的儿子，亚历山大、康斯坦丁、尼古拉都离开了父母。保罗的女儿们也遭遇到同样的命运。他只有遵命，咬紧牙关，把痛苦隐匿起来。仅此一事就足以令人失去内心的平衡。保罗也更加难以控制自己。

1780年，叶卡捷琳娜的政策已稳固地确定下来。俄国政府和普鲁士断交，与奥地利友好。保罗难以容忍这样的外交政策，但叶卡捷琳娜坚定不移。

1781 年末，鉴于新政治纲领的需要，叶卡捷琳娜宣布了大公夫妇出访国外的计划。按照她的计划，保罗应当访问奥地利、意大利和法国，而保罗想去的柏林并不在皇太子的行程之内。这次保罗表示服从，不敢坚持与弗里德里希二世见面。

保罗是以北方大公的名义出访的。欧洲的宫廷隆重接待他，这是他在俄国从未经受的礼遇。这让他无比欢欣，并且激发起他的自尊心。不过，在欧洲，许多人意识到大公的地位是奇怪而模糊的。维也纳皇家剧院要上演《哈姆雷特》，演员布洛克曼拒绝演出，说是按他的意见，当一个与丹麦王子相同命运的人在皇家包厢看戏时，他很难在舞台上演出《哈姆雷特》。约瑟夫皇帝十分赞同演员的原则，这部莎士比亚的悲剧未能上演。

保罗携妻子从维也纳到意大利。他到访过威尼斯、佛罗伦萨、帕多瓦、博洛尼亚、安科纳、罗马、那不勒斯。在那不勒斯他遇到了勾引自己前妻的人。拉祖莫夫斯基在那里是俄国的大使。这期间，他和那个那不勒斯王后有关系。据说，保罗看到污辱过自己的人，仿佛在拔剑，要同他决斗，但最终被随从阻止了。保罗在罗马数次会见庇护六世（当时的罗马教皇）。在佛罗伦萨，保罗在激怒之下忍不住尖锐地驳斥过叶卡捷琳娜的宠臣们。这群旅行者还造访过里窝那、帕尔马、米兰和都灵。北方大公和随从们从那里经里昂去了巴黎。

这是在法国大革命的前夕。

5

从里昂到巴黎出访时，未来的俄国皇帝不可能看不到农村生活的尖锐对立。贵族、主教、承包商的豪华别墅和农民、小农场主的茅草房雄辩地说明，在这个"美丽的法兰西"并非诸事顺利。诚然，这位未来统治者的眼睛可能看惯了当时俄国的类似差异，但那里的百万居民仍在瞌睡，仅仅是某些普加乔夫分子偶尔在噩梦中发出几声粗野的喊叫。这里，在法兰西，骚乱已是家常便饭，成了传统。诚如一位男士对保罗所说：仅在诺曼底一处，在1725年、1737年、1739年、1752年、1764年、1765年、1766年、1768年，连续多年因饥饿而发生暴动。越是接近温和的卡佩①纪念日，往往越会发生这种怒火，这怒火照亮了那片注定灭亡的腐朽国家制度的黄昏。

当保罗和随从们在城市和乡村逗留的时候，令他满意的是，他没有感觉到任何缺陷。他的日子过得舒适，这在农民的眼里便是不可饶恕的奢华和可耻的挥霍浪费。农民不可能有别的想法。恰好这一年在图鲁兹平原一带，他们除少量玉米之外没有什么吃的。在别的地方，农村居民的生活更差一些——甚至板栗和荞麦都被视为美食。在里姆森吃芜菁，在奥弗涅吃大麦和燕麦的混合面。农民几乎没见过好的小麦面包。

首先，对军队感兴趣的保罗不能不注意到，路易十六的国库有九千万用于供养军队，其中四千六百万是供给军官的，仅四千四百万用于士兵。如果注意到，每一位军官较之低军阶的军官都多得五十，那么，在国家财产的分配上显然是极为不公平的。保罗觉得这种体制和叶卡捷琳娜的制度类似。民间流行的传说有时也和我们俄罗斯关于民间沙皇的神话相似。发生暴乱时有人总爱利用这种传说，把责任推给国王，而在我们那里则是农民把责任推给沙皇。"农民总是说，我们这里是有掠夺和破坏，这些是他们干的，但符合国王的意愿。"

在奥弗涅，烧毁城堡的农民表现出他们十分厌恶那些对待"那么好的老爷"的恶劣做法：他们学着别人的话说，没有办法——"命令是坚决的，他们得到通知说，陛下想这样做。"经过十年左右，爱民国王的传说才被揭穿，但当时还有人利用它叫嚷："废除人头税和赋税！打倒有特权的人！""抢劫商店、市场、城堡，烧毁欠税人名册、账本、议会档案、地主的图书室、

---

① 指法国的卡佩王朝奠基人卡佩。

寺院的羊皮文稿——所有一切到处制造不幸者和被压迫者的文件。"

关于这些，与其说保罗确切了解，不如说可能是猜想的。辉煌壮观的贵族和宫廷生活画面扭曲了历史的前景。玛丽娅·安托瓦内特王后、德·阿图亚伯爵、德·朗巴里夫人、波林尼雅克① 以及公爵、侯爵和尊贵的男士们，是不会以血腥吸血鬼的面目出现在他面前的，而部分由那些在首都徒劳寻找幸福的外省失意者组成的一伙巴黎人，却是这样描写他们的。

然而，出访巴黎时，保罗不可能不发现，登上王位的大人物和显贵们金光闪烁的出行队列是那么豪华奢侈，而没有人行道的道路却显得贫瘠而肮脏，倒霉的步行者在拿生命冒险：贵族们喜欢疯狂驱赶马匹来冲撞平民。此刻在沙龙里却奢谈人权，津津有味地阅读伏尔泰的著作，和欢快的红衣主教一起嘲笑父辈的迷信，引用狄德罗的语言，怀念卢梭，朗诵拉封丹的下流的诗体故事。这个拥有特权的社会预感到自己的灭亡了吗？

五月初，大公夫妇来到巴黎。第一天保罗便隐名参加隆重的弥撒，见到了圣徒先生们的行进行列。他为凡尔赛的宏伟壮丽所倾倒。他向国王做自我介绍，言谈亲切和蔼，但不失尊严。羞怯的路易十六的应答却不太流畅。玛丽娅·安托瓦内特对保罗夫妇的来访非常高兴。

由于他们的到来，隆重的典礼和节庆都伴随着不可或缺的列队巡游。在凡尔赛剧场的魔幻厅听歌剧，在小圣三一剧场参加精彩的节日庆典，"北方大公夫人头上有一只几乎看不见的用宝石做的小鸟，是那么耀眼。它安在弹簧上摇摆着，在玫瑰花上扇动翅膀……"花园布置得奇妙无比。然后，在挂着勒·布朗② 绘画的凡尔赛明镜回廊里举办舞会。这种豪华场面非同寻常。保罗讲话俏皮而机敏，被人口口相传。第二天在练兵场检阅法国近卫军。然后乘车去桑齐里（孔代的城堡），孔代亲王盛情接待客人。伏尔泰信徒在这里不受欢迎。自由思想者总觉得在巴莱－罗雅尔（路易十六的王宫）更舒畅。在桑齐里演出之后，又在爱情岛设晚宴。次日去猎鹿。

---

① 奥·波林尼雅克（1780—1847），1829—1830 年为法国首相兼外交大臣。

② 勒·布朗（1619—1690），法国画家，路易十四宫廷画派创始人。

保罗和玛丽娅·费奥多罗夫娜从孔代的皇家贵族宫殿回来之后，便去埃尔蒙诺维里拜谒卢梭墓，显然，毫无疑问，他们非常崇敬这位罗伯斯比尔当时潜心阅读其著作的大哲学家。

德·阿图瓦伯爵和普罗旺斯伯爵每天都以盛宴和舞会款待保罗夫妇。无论保罗还是这些伯爵都没有预料到，他们将会遭遇迥然不同的情况：又过了几年，孔代亲王、德·阿图瓦伯爵和普罗旺斯伯爵外逃躲避革命的烈火，向保罗·彼得罗维奇寻求资助和保护，在俄国寻找避难所。

皇太子以通晓法语和法国文化令巴黎人为之惊奇。格里姆说，访问美术家工作室的时候，俄国皇太子显示出精深的趣味和丰富的知识。他参观了科学院、博物馆、图书馆和所有可以参观的机构，对这一切都感兴趣。当时，博马舍为他朗读尚未付印的《费加罗的婚礼》。诗人们给他献上许多情诗和颂诗。

正当这些庆典和成功搅得热火朝天的时候，保罗出乎意料地接到叶卡捷琳娜一封语气严厉的来信。原来是截获了保罗的挚友库拉金公爵与比比科夫①的通信，后者在自己的信里对叶卡捷琳娜及其宠臣表示颇为不敬。

路易十六得悉了有关女皇和皇位继承人彼此不睦的传闻。有一次国王问保罗，他这次出访期间有没有可以完全信赖的人。对此，保罗带着他固有的丰富表情答道："噢，身边哪怕有个小鬈毛狗盯上我，我也会非常不高兴的。在我们离开巴黎之前，我母亲会下命令把它扔进水里。"

6月8日保罗从法国首都出发。此后的行程路线是这样的：奥尔良、图尔、昂热、里尔、布鲁塞尔。保罗夫妇在蒙贝利亚尔附近的埃裴坡享受了一个多月的家庭幸福，这里是玛丽娅·费奥多罗夫娜的父母居住的地方。他们遵照女皇的指示，避开危险的柏林，经过维也纳回到了俄国。他们于1782年11月20日到达彼得堡。

女皇和保罗之间隐约的敌视仍在继续。比比科夫被流放。库拉金也遭此

---

① 德·加·比比科夫（1792—1870），俄国国务活动家、陆军上将、参政官，曾任内务大臣，曾迫害分裂派教徒和犹太人。

命运，但比较轻一些。尼基塔·伊万诺维奇·帕宁已去世。失去朋友和同情者的皇太子被敌视的阴谋所包围，有太多的理由使得他敏感多疑。1783 年 5 月 12 日，在兼并克里木之后，他有幸聆听叶卡捷琳娜有关国际政策问题的重要谈话，他甚至因此感到惊讶。保罗在日记中记述此事，好像这是"对他令人吃惊的高度信任"。

不久，玛丽娅·费奥多罗夫娜生下女儿亚历山德拉，因此，叶卡捷琳娜将"加特契纳庄园"赐予皇太子。这处庄园本是女皇前情夫的继承人购买的，此情夫就是那位以寻欢作乐出名的戈里高利·奥尔洛夫，不过，他像许多寻欢作乐者一样，因极度忧郁症发作不久前去世了。① 叶卡捷琳娜和保罗之间有关国际政策的谈话和恩赐加特契纳——这是她对儿子最后的赏赐。

保罗一生中十三年的"加特契纳"时期来到了。在这里，未来皇帝的政治思想最终成熟；在这里，确定了他的性格；在这里，他过着独特的郁郁不乐的日常生活；在这里，他的心灵已经受到毒害，渴望独揽大权，沾染了可怕的沉疴。

叶卡捷琳娜机警地关注着离开权力的保罗。在她可爱的孙子亚历山大身边安排了新的导师和教师。其中就有瑞士的自由思想家弗里德里希·拉阿尔普②，他和其他导师一样都是由女皇亲定的，并未事先告知保罗。显然也没有预先指定由保罗继承皇位。任何事情都没考虑到皇太子。保罗也不可能与这种做法妥协。在写给尼·彼·鲁缅采夫伯爵③ 的信里，他的愤怒像是在咆哮："三十年没有干什么事了！"要让自己做点事，保罗才能成为真正的加特契纳庄园的地主。然而做事要有自己的风格——"保罗风格"。加特契纳和巴甫洛夫斯克是大公夫妇的府邸，它们仍然是保罗时代的遗迹，一直保留至今，尽管实行过新的规划和改造。巴甫洛夫斯克具有玛丽娅·费奥多罗夫娜的风

---

① 奥尔洛夫死于 1783 年。

② 弗里德里希·拉阿尔普（1754—1838），瑞士政治活动家，启蒙思想的拥护者，1784—1795 年间任未来皇帝亚历山大一世的导师。

③ 尼·彼·鲁缅采夫（1754—1826），俄国国务活动家、外交家，曾任外交大臣。

格，加特契纳则有保罗的风格。不过，丈夫和妻子显然都寻求艺术上的接近。这表现为建筑和内部装饰上存在某种程度的折中。巴甫洛夫斯克是由著名的大师进行建筑和装饰的，如卡梅伦[①]、夸伦吉、布连纳[②]、斯克特、贡札戈[③]、巴热诺夫[④]……不过，当保罗要钱时，叶卡捷琳娜却十分吝啬。所以，建筑师和艺术家都受到经济上的局限。因而宏伟的构想也显得奇怪和可笑，例如，假浪漫主义的毕波城堡[⑤]。建筑师布连纳按保罗的意愿，在巴甫洛夫斯克建筑了带塔楼、尖塔等具有黩武时代各种吓人标志的中世纪城堡。可是，这一建筑由于规模不大，给人以儿戏和滑稽的印象。可怜的保罗！一个成年人，只能在自己的小地盘上起到专制君主的作用，用假城堡和假军队来取乐，像孩子做游戏似的。

保罗在加特契纳建立了自己的特种军队。起初总共只有八十人，由熟悉弗里德里希二世全部操练秘密和详情的施泰因维格大尉指挥。不过，由于保罗的坚持，这支游戏军队每年都在扩大。引进了普鲁士军队所采用的纪律。所有这些谋划，都让叶卡捷琳娜想起她的已故丈夫对军事的爱好，然而，她以为没有必要剥夺保罗的这种娱乐方式。女皇没有料到，在加特契纳军队里竟然存在一种长时间支配俄国国家命运的军事和政治思想。患有精神病的皇帝受到了这种思想的影响。死于1786年的弗里德里希大帝，是这种思想的鼓吹者，也深受其影响。保罗经常和他保持联系，直到后者去世。关于这些情况，叶卡捷琳娜的密探曾随时向她通报。

1788年是俄国经受考验的一年。俄国政府要进行两场战争——与奥斯曼帝国以及瑞典作战。保罗决定请求叶卡捷琳娜准许他奔赴战场。女皇担心保罗会和波将金发生冲突，不准他去南方军队。保罗去了北方，来到这里不久

---

① 卡梅伦（173？—1812），苏格兰人，俄国建筑师，古典主义的代表人物。

② 布连纳（1745—1820），俄国装饰画家和建筑师，意大利人。

③ 贡札戈（1751—1831），意大利美术家，1792年起在俄国工作。

④ 巴热诺夫（1737—1799），俄国建筑师，俄国古典主义的创始人之一。

⑤ 此处原来是一个堡垒，保罗时代改建成了附有天主教小教堂的城堡。

便和总指挥官穆欣－普希金吵架。有一次他竟然到达了敌军的炮火下。那次战役是以我们胜利而告终的。战事结束之前，保罗就被叶卡捷琳娜召回，因为他本人必须向女皇报告，说明敌方的将军为什么试图避开彼得堡政府和他保罗进行谈判。叶卡捷琳娜当然不可能容许这样做。

对于保罗的军事功绩，叶卡捷琳娜总是抱着嘲笑的态度，他甚至没有得到本应获得的乔治十字勋章。

保罗心怀不满，重新幽居在加特契纳，组织自己的小军队。如今他约有两千士兵，有武器，甚至拥有游戏舰队。当然，人是活生生的人，并非玩具，但他们行进起来却像上了发条似的。他们身穿普鲁士军服，头上戴着有小辫子并敷过粉的假发。加特契纳街上有普鲁士的条纹岗亭。禁闭室里体罚士兵完全和在柏林一样——残酷无情且墨守成规。不过，士兵的伙食很好。军官不敢违反纪律，不敢欺负下级。军官要想打擦边球——既严苛又不给士兵留下上诉的理由——也不容易。这就培养出一种特殊类型的加特契纳老军头——听话的皇家奴仆和残酷军人。这类军官的典型代表就是保罗的宠儿阿列克谢·安德烈耶维奇·阿拉克切耶夫[1]，他也是亚历山大一世的凶猛干将。

可以想象一下阿拉克切耶夫的面目或者嘴脸，如果没有这位同伴，就不可能完全理解和描述保罗本人。尼·阿·萨布卢科夫在自己的札记[2]里，为后代留下了这位未来佞臣的画像："其外貌像只穿制服的大猴子。"回忆录作者写道，"他又瘦又高，瘦骨嶙峋，青筋毕露，佝偻驼背，脖子细长，可以用来学习血管和肌肉的解剖。除此之外，下巴的皱纹形状奇特，他有一双肥厚的大耳朵，脑袋畸形且肥大，总向一旁歪斜。面色灰暗，脸颊塌陷，鼻子宽且尖，鼻孔翘起，大嘴巴，低额头。最后，他还有一对凹陷的灰色眼睛。

---

① 阿·安·阿拉克切耶夫（1769—1834），俄国伯爵、将军，亚历山大一世时权势极大的专横残暴的宠臣。曾任国务会议陆军部大臣。1815—1825 年是国家的实际领导人，军屯的组织者和首席长官。

② 尼·阿·萨布卢科夫：《关于保罗帝时代及其灭亡的札记》，载于《历史公报》，1906 年，第一期（最初发表于 1865 年的伦敦，英文）。

他的表情乃是智慧和狡黠的特别混合。他本是一个小地方的贵族子弟，曾进入士官武备学校当士官生，在那里他以干练和勤奋出众，因而很快晋升为军官，任几何学教员。可是，他对待学生专横霸道，不久便转到炮兵兵团……"

他从那里来到加特契纳。

保罗喜欢他，为什么？未来的皇帝之所以器重他，首先是因为，觉得这个忠实奴仆可以依靠。阿拉克切耶夫具有某种清醒的现实感，这是保罗所缺少的。而"现实感"对苦于和幻觉做徒劳搏斗的神经质的皇太子来说，却是需要的。几乎所有回忆录作者都曾提及保罗这种迷幻病。费·瓦·罗斯托普钦①在写给谢·罗·沃龙佐夫伯爵②的信中说，保罗经常情绪不佳，因为他头脑里"充满幻影"。外国人也注意到大公这一奇怪之处。例如，塞居尔③在自己的回忆录中写道："保罗愿意讨人喜欢，他有教养，头脑灵活，气质高贵……但是很快，无须长久观察，从他整个表情中，特别是当他谈及当前及未来地位的时候，就可以看出他的不安、骚动、疑惑和极度敏感，总而言之，这是由于他的错误、他的偏颇和他的不幸才出现的怪现象……""所有遭废黜或被杀的沙皇的故事总是和他不弃不离。正是这些回忆回转来，像幻影似的，不停地追逐他，打击他的头脑，损害他的理智。"这些是1785年之前的印象。四年之后，这位外交官回到了即将发生大革命的法国，在此期间他曾去过加特契纳，在皇太子那里待了两天。这位明眼的法国人在保罗身上发现了那些让其他同时代人为之惊讶的矛盾现象——客气、机智、有教养，同时还傲慢、轻率、专横，主要是类似精神病的多疑。这个法国人猜出了保罗这种精神失衡的原因，认为皇太子是由于恐惧而患病。"他父亲的悲惨命运让他害怕，他经常考虑这件事，这是他最主要的心病……"

---

① 费·瓦·罗斯托普钦（1763—1826），俄国伯爵，1812年卫国战争时期任莫斯科总督。

② 谢·罗·沃龙佐夫（1744—1832），俄国外交家，曾任驻威尼斯和伦敦的全权公使。

③ 塞居尔·路易-菲利浦（1753—1830），伯爵，1783年起为法国驻彼得堡大使，曾获得叶卡捷琳娜的好感，著有《回忆录》一书（1825—1826年有俄文译本）。

6

保罗十分关注法国发生的事。1789 年，他得知巴士底狱被砸毁，发表了"人权和公民宣言"，平民攻进凡尔赛宫，他的理智拒绝相信这些事件的真实性。这不是一场噩梦吧？不久前，他还在凡尔赛宫和路易及其妻子亲密地共进晚餐，而那些狂暴的巴黎人如今却称她是可耻的奥地利女人。保罗清楚地记得这个羞涩的、他以为是善良的女人：大大的鼻子，肥厚的双唇，短粗的脖子，如今一些演说的人说起她像是谈论暴君。这个玛丽娅·安托瓦内特！不知何故，他还记得，她说法语带点明显的德语口音……这个女人却成了全民族仇恨的对象。为什么是这样？诚然，保罗立即想到，有一次他在巴莱-罗雅尔附近看到一群衣衫褴褛的饥饿的人，在他看来，这群人又粗野又可怕，这些长裤汉之所以贫困，想必是由于自己的错误，他们多半是行为不端的酒鬼。无论如何，民间的贫困不能怪罪波旁家族的百合花。不过，保罗已不能透彻而清醒地判断事物了。他以为，原因不在于国家的破产，也不在于贫穷和特权，而是有某种别的原因。黑暗的凶恶势力爆发了，侵害了君主的神圣权力。有关这些上层政权的隐秘特权，在共济会的书籍里均有客观确切的描述，这些书是保罗从普列谢耶夫、帕宁、普鲁士的亨利王子、瑞典国王古斯塔夫三世以及其他骑士团首领和共济会兄弟们那里得到的。而现今，奇怪的消息传到保罗耳畔，让他发疯了。他得知，似乎可怕的雅各宾俱乐部就是由共济会策动组成的。这些岂有此理的矛盾，其意义和秘密何在呢？莫非他本人以及他的各位皇家朋友已成为这种险恶阴谋的牺牲品？也许，共济会以圣伊格纳季·洛伊奥拉[①]的门徒所遵循的那些规则为指导，他们不惜任何

---

① 伊格纳季·洛伊奥拉（1491—1556），耶稣会的创始人。

代价也要达到一己之目的。共济会会员告诉保罗，基督教会已落后于文明世纪，宗教的真谛存在于和时代精神相契合的秘密学说里，他保罗作为未来的专制君主，要凌驾于主教和教会之上。保罗喜欢这种思想。可是，万能的共济会成员却不能或者不愿拯救掌权的波旁家族。这就是说，无论是专制政权还是雅各宾党人当权，对他们来说都一样，只要能消灭可怕的对手——教会就好。或者必须从根本上消灭它，像雅各宾党人希望的那样，或者将它置于另一个专制皇权之下，剥夺它的自由。保罗如此这般胡思乱想。

叶卡捷琳娜完全用另一种方式思考问题。这位伏尔泰的信徒、冷酷的聪明女人，根本不赞同浪漫主义的幻想，对于事件的隐秘含义也不感兴趣。她未曾想过会从实质上否定革命。实际上，不正是女皇本人极为清醒而确切地谈论过人的权利吗？不仅将世间的神而且也将天上的神暂时束之高阁，这才是最高的制裁呢！这种思考方法，无论如何不会使叶卡捷琳娜将某种原则性的东西与革命思想相提并论。因而她从内心产生了在实践方面反对革命的重要论据。雅各宾党人的策略绝对不适合她的口味。她突然想到要用思想来对付思想。不过她喜欢一种说法："自己的衬衣最贴身。"总而言之，如果波旁王朝要垮台，那就让它垮台吧，而对她这位俄国女皇来说，统治还是有诱惑力的。她的异议是策略性的。据说，革命在一定的文明程度下才是适合的，比如，在专制变成不文明和顽固不化的条件下。但是，俄国却完全相反：政府非常开明，人民还不能阅读百科全书派的著作，对卢梭也不感兴趣。当初本应教他们学习法国，遗憾的是在这方面缺少巴黎人和资金。她把成千上万的这些无知的人分派给了自己的情夫。"我给了普加乔夫很好的教训，"她想，"他不会从坟墓里出来了，也许，我在位期间不会出现第二个。"

有一次，当她在场时，保罗一面读法国来的急报，一面愤怒地叫嚷："我早就想用大炮制止一切！"——叶卡捷琳娜却心平气和地指出："Vuos êtes une bête féroce！① 或者你不明白，大炮不能和思想开战吧？"

---

① 法语：您太残酷了！

很显然，说这些话完全是由衷的，充满自信。

像罗伯斯比尔一样，她坚信，大约在 18 世纪中叶之前，真理是完全公开的。他们的分歧仅在于这个真理的实际运用。叶卡捷琳娜清晰单纯的头脑，自然是厌恶一切模糊、不确定和神秘的事物。她不想探究马丁教派^①神秘教徒的深刻见解，她也不力图理解他们的目的，或许这目的已经离雅各宾党人的目的并不那么遥远，尽管他们当时的途径还不相同。她需要的是所有人都明白的清晰的说法。保罗对共济会的爱好已让她产生很大反感。她没有料到，她的宠儿、欲让其继承皇位的孙子亚历山大，后来也会将大部分生命奉献给曾诱惑过保罗并让叶卡捷琳娜在其喜剧中加以嘲讽的学说。亚历山大这个漂亮的善于学习的少年，并不缺乏大智慧，主要是自幼就会笼络人心，然而又必须在叶卡捷琳娜的宫殿和"加特契纳家庭"之间两面讨好——这个讨人欢心的少年正如普希金所说——"是面容上和生活里的丑角"^②。叶卡捷琳娜并没有发现亚历山大性格的双重性，这有时又表现为他固有的奇怪的奸诈。

1793 年，亚历山大结婚时，叶卡捷琳娜在一次御前高官参加的秘密会议上，断然提出剥夺保罗皇位继承权的问题。会上有几个固执己见者出面阻挠，致使这一难题没能顺利解决，她不得不将此事搁置下来。但女皇固执己见，丝毫没有动摇。在这件事发生之前，1792 年，诺维科夫及其共济会同志被捕。叶卡捷琳娜了解到，诺维科夫和保罗已于 1787 年开始有了朋友关系。她知道，著名的建筑师巴任诺夫受莫斯科马丁教派的委托，曾与保罗见过面，并且给了他一些书籍和文献。如果没有与保罗的这种关系，也许诺维科夫不至于蹲在施吕瑟尔堡要塞的地下囚室，约翰·安东诺维奇就是在那里死去的。在 1782 年 8 月 1 日有关诺维科夫与保罗关系的指令中写道："他们（共济会会员）利用各种手段……将其案卷中所列之著名人士引诱到自己的教派——在此类诱惑中，如在上述信札里，诺维科夫本人承认自己有罪。"至于保罗被诺维科夫

---

① 马丁教派，18 世纪创始于法国和俄国的神秘教派，以其创始者马丁内兹而得名。

② 这是普希金致亚历山大一世的短诗《致征服者雕像》中的最后一行诗句。

"诱惑"到何种程度，我们不得而知。我们甚至不知道保罗何时"献身"于此，然而未必能怀疑他是献身。顺便提及，在瑞典皇家城堡，在加冕的共济会成员的回廊里，有一幅用罗曾克雷茨派①徽记装饰的保罗的画像。

解除保罗的皇位继承权必须经亚历山大同意，叶卡捷琳娜力求得到这个同意。然而，这个模棱两可的年轻人的态度却让人难以捉摸，女皇也不完全相信自己的设想能够兑现。她将这一打算告诉了拉加尔普，可是这位心地善良的瑞士人却不愿充当女皇的工具。他于1795年年初退休。临行前他得以和保罗会面，保罗认为他是雅各宾党人。拉加尔普极力说服他要相信儿子。出乎叶卡捷琳娜所料，保罗和亚历山大之间却建立了惺惺相惜的关系。这个"天使"原来是加特契纳卫队中相当热心的老兵。甚至可以说，亚历山大不是两面派，而是多面派：青年时代他曾是雅各宾党人，加特契纳的士兵教练，多愁善感的幻想者和狡猾的外交官……

保罗觉得敌对势力的包围圈越来越小了，对他友善的人或者被支开，或者蹲在要塞里，或者在极力反对他。可爱的男孩亚历山大似乎觉得他是父亲，但是，在这个少年的眼里却含着某种难以理解的痛苦。如今六十岁的女皇和祖博夫同床共寝，这个坏蛋不具备像波将金那种如经营家务一般管理国家的本领。叶卡捷琳娜丝毫不掩饰要剥夺保罗皇位继承权的打算。她甚至让玛丽娅·费奥多罗夫娜去说服丈夫必须让权，并要求她签署文件，要保罗让出皇位继承权。不知所措的大公夫人甚至不敢对保罗公开这个在她看来非常可怕的意图。然而女皇死后，保罗在母亲的文档里找到了这份文件，并且怀疑自己的妻子背叛。

保罗像一只受伤的野兽，随时准备死去，却依然没有丧失取得权力的希望。实现这一希望的可能性越小，他越发痛苦地渴求得到正从他身边滑脱的专制政权。

———————

① 罗曾克雷茨派，接近共济会的秘密组织，成员多为宗教神秘主义者，以其传说中的创始人、生活于14—15世纪的罗曾克雷茨命名。罗曾克雷茨派的徽记是蔷薇和十字。

7

1796 年 11 月 4 日至 5 日的夜间，保罗频繁地做梦，这撩起了他的迷信心情。他梦见一股看不见的超自然的力量带着他腾升，他每次都在慌乱中惊醒。他发现玛丽娅·费奥多罗夫娜没有入睡，就把自己做的梦告诉了她，她也承认，自己也多次做过这样的梦。

午饭前，保罗在饭桌旁向普列谢耶夫和其他人讲述这场他以为意味深长的梦。大家知道保罗行为奇特，想象怪异，便沉默不语。

三点钟，祖博夫伯爵乘车来到加特契纳。见到保罗时他面色苍白，惊恐不安，一副奴才模样。叶卡捷琳娜中风了。已有预感的Н. И. 萨尔蒂科夫伯爵，更早些时候曾派军官来向保罗报告女皇患中风的消息，祖博夫的到来让他确信无疑了。四点钟，皇太子乘车去彼得堡冬宫。这里正由萨尔蒂科夫指挥一切，不放任何人到弥留的女皇身边，她已经不能说话，也未必能够做什么紧急指示。

保罗晚上来到彼得堡，沿途遇到许多信使陆续策马前来加特契纳，他们全都向保罗急切地禀报有关他今后命运的大事。

他在索菲亚教堂遇到了费·瓦·罗斯托普钦，这令他感到高兴。在切斯敏斯基宫（皇帝行宫）附近，保罗下了马车。他又从坏的方面思考这件事的意义，在加特契纳，当有人通报祖博夫伯爵突然到来时，他心乱如麻，预料那人是来逮捕他的。保罗曾听到传闻，叶卡捷琳娜打算把他囚禁在洛德要塞。现在得知叶卡捷琳娜将要死去时，他却害怕这个决定其命运的消息是真的。那是一个寒意料峭的宁静的月夜，保罗仰望浮动的云彩，那云时而将月亮遮住，时而又飘向别处，不再遮掩明净而神秘的月亮。

罗斯托普钦看见保罗在哭。可笑的翻鼻孔和疯子般的眼睛直盯着月亮。

这个四十二岁的男人突然觉得自己既可怜又渺小，而这月夜的天空、遍地白雪和静谧——一切都深奥莫测，他保罗从来都猜不透这种隐秘。罗斯托普钦顾不得礼仪，抓住保罗的手低声说："陛下，这一时刻对您是多么重要啊！"保罗这才醒悟过来。他进入了准备接受权力的皇太子的角色，说了几句适宜时机的郑重的话。随后他们坐进马车，继续行驶。

保罗在冬宫遇到了孩子们——亚历山大和康斯坦丁。他们身着加特契纳制服，这让保罗感到高兴。他立即来到女皇卧榻前。她体胖笨重，躺在那里纹丝不动，那对眼睛看上去是忍受着折磨的，从老婆子的胸腔里发出罕见的呼噜声。大家很久都没能把女皇抬上卧榻，因为不想让旁人进入卧室，而侍从又没有力气把这个肥大沉重的躯体从地面抬起来。

保罗待在拐角的一间小书房里，紧挨着女皇的卧室，要找他的人必须经过躺着躯体的卧室。

阿拉克切耶夫是最早一批到达的人。他身上弄得很脏，亚历山大把他叫到自己身边，把自己的衬衫给了他，这个奴才将此衬衫一直珍藏到死。在宫内接待室里聚集着加特契纳的人。矫情的高官显贵、受宠的近卫军军官时不时低声说几句法语，交头接耳议论着由这些身穿普鲁士制服的不相识的人所产生的印象，他们脚踏长靴，像占领军似的在厅堂里走来走去。

11 月 6 日黎明，保罗走进叶卡捷琳娜的卧室，询问值班医生她是否有希望恢复健康。没有希望了。专制的女皇濒临死亡。罗斯托普钦把知晓皇位继承机密的别兹博罗德科伯爵[①]带到保罗这里。有传闻说，好像这位狡黠的伯爵同保罗一起翻检过叶卡捷琳娜的文档，他暗中指出一个用带子捆扎的纸袋。过了一会儿，这个纸袋便在壁炉里化为灰烬了。保罗成了皇帝。不久，别兹博罗德科得到了极为丰厚的恩赐。

当保罗在壁炉焚烧有关剥夺其皇位继承权的文件时，女皇还没有断气。

---

① 亚历山大·安德烈耶维奇·别兹博罗德科（1747—1799），俄国一等文官、外交家，1775 年任叶卡捷琳娜二世的秘书。随着保罗登基，他被委任为大臣，授公爵头衔，并被赐予拥有数千俄亩土地的奥尔洛夫世袭领地。

据官署勤务杂志称，女皇陛下痛苦不止——"胸腔起伏不定，发出呼哧声，从喉咙里吐黑痰……"终于，从她的喉咙里发出最后的惨叫，她死了。据罗斯托普钦说，大家立刻投身于"疯狂抽取那极度幸福的彩票了"。

与某些历史学家的看法相反，农民对待叶卡捷琳娜之死表现得冷静淡漠，这也不奇怪，在她那个年代，农民的生活能用一句谚语恰当地表达："赤贫挂起，饥寒入库。"在她统治期间，农奴制达到了自身发展的限度。

但是，受女皇恩宠的显要和贵族们却真心痛悼死者，令他们感到奇怪的是，保罗在对她追怀的同时，却命令将彼得三世的遗骸从坟墓挖出，将他们一起从亚历山大-涅夫斯基修道院转移到大教堂的彼得保罗教堂。那具含冤死去的沙皇的遗体从腐朽的棺木里取出来，放进了豪华的新棺椁里。保罗吻了吻父亲的朽骨，并吩咐自己的孩子们也这么做。11月25日，皇帝给亡者加冕。他本人走进圣障，从宝座取下皇冠，先戴在自己头上，随后把它转戴在彼得三世的骨骸上。12月2日，棺椁从涅夫斯基修道院向冬宫运送时，全体近卫军列队迎送，保罗还巧妙而严厉地戏弄阿列克塞·奥尔洛夫，命令他跟在沙皇棺椁后边，用手捧着被他杀害的皇帝的皇冠。

新皇帝最初的指示和命令涉及叶卡捷琳娜在位时遭迫害的共济会。还在女皇没有断气时，保罗已派信使去寻找离开宫廷的亚·鲍·库拉金。取得政权之后，保罗立即命令将诺维科夫从要塞释放，将 И.В. 洛普欣解除监视。H.H. 特鲁别茨科伊和 H.H. 屠格涅夫回到了首都。拉吉舍夫也从西伯利亚归来。在保罗当权后第三天，尼·瓦·列普宁公爵[①] 被授予元帅衔。

看来，保罗不相信共济会参与发动了法国革命。加冕的罗曾克雷茨分子显然也不知悉巴留埃尔[②]说的那些计划，如果他说的事值得相信的话。无论如何我们不能怀疑保罗对雅各宾党人的痛恨。他似乎觉得他们是弑君者。卡佩及其妻子的命运让他难以入眠。他甚至厌恶法国式的摩登，急忙禁止戴圆形

---

① 尼·瓦·列普宁（1734—1801），俄国陆军元帅、外交官，曾任驻波兰大使。

② 巴留埃尔（1741—1820），法国天主教神父，共济会成员，法国大革命之后曾著文称，法国共济会人士参与了大革命的准备工作。

帽和穿燕尾服。阿尔哈罗夫市长似乎希望看保罗的笑话，竟派出两百名警官在彼得堡硬让过路人脱下雅各宾党人的衣服。命令所有的人，甚至是夫人们，遇到皇上时要下车。这让全体首都居民感到可怕。新的专制者居于首位的事是卫兵的换岗仪式。

所有这些奇闻怪事，几乎所有这样或那样受到新统治者污辱的回忆录作者均有详细记述。为期四年的保罗统治时期开始了。

回忆录和日记的作者们所记述的都是他们的所见所闻，但都受自己好恶的支配。当你翻阅这些同时代人对保罗的冗长指责时，会为这个专制者的残酷怪癖而感到惊讶。可是，国家的生活并不取决于一个人，甚至是拥有无限权力的人。多疑的专制者还是要屈从于事件不可避免的进程，并没发觉命运像儿时玩球似的捉弄他。千百种看不见的力量在影响保罗，他却徒劳地试图让自己相信，他是靠专制来管理民众的。有时候，某些人会遵从他的怪脾气，但他不可能阻止或者按另外的航道来任意引导公众的生活潮流。

保罗让人相信，他这个专制者不和任何党派及阶层发生关系。与叶卡捷琳娜的传统相反，他不依靠贵族和近卫军。在他看来，各个阶层都是平等的，不存在特权人物。有一次他说："在俄罗斯，只有我与其说话的人，只有当我与他说话的时候，才是伟大的。"保罗做到了剥夺贵族的某些法律上的特权。在他当政时，地方贵族自治受到限制。同时，农奴制的进一步发展有所停顿，他甚至尝试要削弱它。劳役限制在每周三天。这是第一次缩小地主的权力，是根本性的重要的一步，但没有产生实际的效果。保罗当政时期，禁止拍卖家仆和不带土地的农民。不过，他本人却将不少农民分送给自己的宠臣，认为私有农民较之国有农民更容易生活下去。他的对外政策完全取决于复杂的国际关系。有时，他不得不丧失自己的尊严而服于客观形势的需要。他做出姿态，仿佛自己愿意也能够依照规定的航向为国家的大船掌舵。而实际上，这只船是按照莫名其妙的动力航行的。

保罗想实行不干涉欧洲事务的政策，但是，1799年他被迫参加了反对法国的英国、奥地利、土耳其、那不勒斯联盟。他不喜欢苏沃罗夫①，却不得不召唤这位天才的统帅去同法国人作战。

保罗登基时立即表露出对叶卡捷琳娜征战时代的英雄人物没有好感。苏沃罗夫当时定居在下诺夫哥罗德自己的领地，并受到安置在身边的一个六品文官的监督。1798年2月，保罗召苏沃罗夫到彼得堡，显然是想同他和好，但没有得到什么好结果……倔强的老头儿并不急于去见国君：他沿乡村小路出行，途中耽误了不少时间，最后才得以和皇帝会面。保罗向他暗示，自己并不反对采纳他的军事谋略，但也无济于事。苏沃罗夫讲述伊兹梅尔和布拉格的事，做出一副样子，表示他并不理解保罗提出的建议。在阅兵式上还开玩笑，并且行为古怪，尽管保罗极力要他注意他所推行的纪律。苏沃罗夫却对将军们说："我不行了，肚子痛。"他不顾及礼仪，离开了现场。他百般嘲笑新式的军服。他当着保罗的面装模作样，堵住马车车门，让人以为，这是按普鲁士方式佩带的长剑妨碍了他。仿佛他没能戴好平顶圆帽，就把它扔到了皇帝的脚边。他在行进的仪仗队中间跑来跑去，忙个不停，让保罗心里郁闷发火。最终，这位元帅被允许再次离开首都。

大约过了一年，在联盟的维也纳办事署坚持下，保罗又将苏沃罗夫从乡下召唤回来，委以统率军队的重任。他宣布赐予苏沃罗夫大元帅诸多恩惠，同时保罗本人通过相应仪式授予他圣约翰·耶路撒冷大十字勋章。不久，苏沃罗夫奔赴战场。

令人惊叹的行军开始了。苏沃罗夫三个月内在整个北部意大利赶走了法国军队。阿达河之战和特列比亚河岸的三天战斗，以金光闪闪的大字载入史册。虽然奥地利背叛了，苏沃罗夫仍进入瑞士，在圣-戈塔尔德击溃法军，以其突袭战术令欧洲为之惊讶。

保罗对奥地利和英国不满，被迫与联盟决裂。他开始和拿破仑谈判，并

---

① 阿·瓦·苏沃罗夫（1729—1800），俄国统帅、大元帅，曾参加七年战争并多次获胜，保罗执政时失宠被黜。后来完成了意大利和瑞士远征，有军事理论著作，提出一系列独特先进的作战方法，提倡进攻战略，反对教条主义，未曾吃过败仗。

亲笔写信给拿破仑，却忘记后者是雅各宾党人和僭位者。1800 年，保罗召回俄国驻伦敦大使，不满英国人以轻慢和阴险的态度对待俄国军团在荷兰对法国采取的行动。保罗甚至打算根据与拿破仑的协议，进行反大不列颠的军事对抗，威胁到它对印度的占领。顿河的哥萨克军队转移到了奥伦堡。很多人认为，这次行军是这个独裁疯子的怪癖行为。[①]

8

1785 年，保罗还是皇位继承人的时候就已经失宠，周围尽是政敌，他害怕所有的人，最怕自己的母亲，他夫人的宫廷女官叶卡捷琳娜·伊万诺夫娜·涅丽多娃却引起了他的注意。她当时二十六岁，保罗三十岁。涅丽多娃并不漂亮，不过在斯莫尔尼的结业考试中，却以自己的诸多才干引人关注，她机敏，活泼，舞姿优雅。叶卡捷琳娜甚至传旨要列维茨基[②]画下她跳小步舞时整个身体的姿态。根据著名的画像和其他材料，我们知道也容易想象得出，这个富有魅力的丑女孩长着日本人的眯缝小眼，唇边露出讥讽与温柔兼而有之的微笑。未来的皇帝爱上了这个长着一对小脚的不起眼的女子。

玛丽娅·费奥多罗夫娜这位体态丰满、相当聪明、富有教养、和善而且虔诚的漂亮夫人，身边突然出现一个与自己竞争的女人，这让大公夫妇的家庭生活变得黯然无光。玛丽娅·费奥多罗夫娜甚至曾哭着向叶卡捷琳娜抱怨

---

① 1801 年 1 月，保罗打算进军印度，并将顿河哥萨克转移到奥伦堡，但是给养、车辆、医疗方面没有准备好，而且没有制定详细的行军路线，后来到了伏尔加河东岸地区不得不停止进军。

② 列维茨基（约 1735—1822），俄国画家，善绘盛装肖像，1773—1776 年曾给斯莫尔尼贵族女子中学学生画肖像群画。

保罗变了心。她知道，自己的丈夫对这个"小女人"的关系带有柏拉图性质，但不知如何收场。经验丰富的情场老手叶卡捷琳娜将大公夫人叫到一面镜子前说："瞧瞧你自己，那个可笑的丑女人能和这么漂亮的夫人竞争吗？"不过，玛丽娅·费奥多罗夫娜很久都难以平静下来。

保罗奔赴北方战场时，给涅丽多娃留下一张便条："您要知道，我临死也会惦记着您。"这份没有因粗俗欲念而失色的温馨情意，持续了十四年。有几次，由于受到玛丽娅·费奥多罗夫娜的嫉妒，以及为宫廷流言所迫，涅丽多娃离开了宫廷，回到自己的斯莫尔尼。可是，这些离别时间不是很久，因为皇太子若不见自己的娇小女子便感到寂寞。这种温情的秘密，不仅在于保罗欣赏涅丽多娃的机敏活泼的性格，也因为这个女子无私忘我地热恋着保罗。涅丽多娃清楚地知道这位蛮横皇太子的所有缺点和恶习，而正是这种严谨、坦诚而敏锐的爱，使保罗信任他所热恋的这个小女子。他被这个善于掌控他而又不在他的情欲面前退却的女子所俘获。她深知自己的力量，所以丝毫不惧怕保罗，不害怕这个在许多人看来是暴君的人。有一次，当时保罗已被拥立为皇上，一个在宫里值班的近卫军军官看见，威严的皇上打开女官办事房间的门，从里边匆匆走了出来，随后从他头上扔过来一只女靴，落在近卫军军官的脚边。过一会儿，涅丽多娃走出来，非常平静地捡起在盛怒之下扔过来的靴子。

尽管出现过类似场面，涅丽多娃和保罗之间纯真的关系却未受到损害，但宫廷的好事之徒却急忙对这种关系做出厚颜无耻的解释。

1790 年，保罗患重病，想到自己大限将至，他写给叶卡捷琳娜这样一封信："我必须在陛下、在您的面前做郑重的声明，也是在女皇和我的母亲面前申明，是我的良心要我在上帝和人们面前做出的声明：我必须为一个无辜的可能遭到伤害的人洗刷清白，虽然是暗中伤害，但也是因为我。我看见凶恶势力把自己装扮成法官，想对涅丽多娃小姐与我之间发生的极为友好的关系做出虚假的解释。至于这种关系，我向我们应面对的法庭起誓，在它面前我们是心地坦然的，不会因自己或另一人而受到任何责备。为什么我不能用自己的鲜血为代价来证明这些呢？！在与生命诀别时，我要做出证明。再一次向所有神明发誓，我郑重发誓并证明，是神圣和温情的、纯真又清白的友谊把我们联系在一起的。上帝做证。"

不难想象，当这位加冕的风流女人读保罗来信时面部会有何种表情。在她看来，这种痴情的哀号乃是多愁善感的愚蠢。大概在她的头脑里已经构思好一部新的喜剧，剧名或者叫什么自以为俏皮的名字——"童贞守卫者"或类似的名字。这类骑士的呓语并没有触及她的意识。她觉得一连几个小时和自己所爱的人厮守在一起，大谈帕斯卡和福马·凯姆宾斯基，却连她的手也不摸一下，这是反常的。她微笑着回忆起一连串自己那些健壮的情夫，那些不必浪费时间与其说废话的人。保罗·彼得罗维奇在这方面根本不是有病之人或者无力之辈。他已生下多个身体健康的后代，一般说来，他是一位好丈夫，从未受到过非禁欲癖的玛丽娅·费奥多罗夫娜的抱怨。

涅丽多娃对保罗是有影响的，但她并没有任何国事方面的算计，当事情涉及个别人或者某些宫廷事务的时候，作为一个爱恋中的女人，她想保护保罗，不让他做出莽撞和乖戾行为，但是，她不可能用任何独立的想法来抗衡保罗的政治思想。保罗的浪漫作风令这位斯莫尔尼出身的性感的女官印象深刻。

玛丽娅·费奥多罗夫娜终于认识到，和涅丽多娃争斗是不明智的。受保罗宠爱的女官也乐于接纳这个失去夫妇特权的女人。两个真心爱恋保罗的女人结成了同盟，力求控制他那仿佛随时会受到迫害的疑神疑鬼的毛病。涅丽多娃是失宠者的始终不渝的监护人。她对待皇上的行为方式往往是可笑的。她使用正常的亲昵办法，当感觉到保罗要说气话或者蛮不讲理时，便扯扯他的制服，让他想到必须克制自己的冲动。

然而，涅丽多娃的影响是有限的。看来，保罗不喜欢她和玛丽娅·费奥多罗夫娜接近。在他得知叶卡捷琳娜诱导其妻参与剥夺其皇位继承权的事件时，他和妻子在道义上的联系便中断了。有谗言者告诉皇上说，玛丽娅·费奥多罗夫娜并非没有虚荣心。在此之前他们的夫妻关系已中断：政敌们禁止大公夫人与丈夫保持亲近，并告知，若再怀孕对她是致命的。

已习惯于夫妻情爱的保罗颇受孤单之苦。宫廷的阴谋家们却极力利用他这个弱点。在登基盛典上，有人向他指出似乎已在热恋他的十九岁的安娜·彼得罗夫娜·洛普欣娜。从鲍罗维科夫斯基为她绘制的画像看，她是一个漂亮的黑发女子。显然，她并不具备涅丽多娃那种精巧和机敏的魅力。大概这是一个满怀激情的女子，也许多少带有那种倦懒和迷蒙的性感，它不会立即勃发，然而，一旦激起便会永远令人倾倒。

　　撮合者是皇上过去的理发师库塔伊索夫伯爵，他和这位美女的父亲洛甫欣参政员商定全家迁居彼得堡，以博得多愁善感且好色的沙皇的欢心。

　　这一次保罗不打算建立柏拉图式的关系，这个黑眼睛的美女激起了他的欲念，有一次他大献殷勤，她却哭了。窘迫的保罗问及落泪原因，洛普欣娜向他坦白承认，她有个未婚夫——П. Г. 加加林公爵，当时他在苏沃罗夫的军队服役。保罗很有骑士风度，立即传旨令苏沃罗夫以某种借口将加加林派回彼得堡。公爵被派回，带来了苏沃罗夫又一次胜利的消息。在宫内隆重举行了加加林和安娜·彼得罗夫娜·洛普欣娜的结婚盛典。不过，保罗的骑士情结并不牢固。显然，加加林对于自己作为丈夫的荣誉也不太在意。保罗死前不久，这位美女成了他的情妇。他还为她在宫里专设了一套房间。

9

　　当皇帝难！当君主可怕！保罗有时想忘记他是数百万人的主宰，自己对他们却不具有任何权力。可是怎么能忘记！难道要去找加加林公爵夫人，她单纯，太单纯，似乎没有办法弄明白，由上帝帮助登基的某人为何要与她共榻同寝。对她而言，保罗不过是热恋中的人，但不幸，却是别人的丈夫。她亲吻他，她自己却掉眼泪，因为他是私通者，而她是私通的女人。她在考虑这些事，至于保罗要为俄罗斯命运负责的事，她根本不会去考虑。他只有独自一人思考这个问题，没有什么人可以交流想法。实际上，君主也不可能有朋友。这些想法导致皇帝发疯。他从字面上理解君主专制。他想，一个人可以管理国家。他处于中心，沿着半径的范围由他发布命令。所有部门的长官都执行他的旨意。他们的助手将上面的一切命令继续传达到下级。在此情况下，一切都应立刻做到，尽快，尽快！让全世界知道，君主专政是多么富有成效。不应耽搁一点时间。因此要执行铁的纪律。有一次他这么说："必须用铁杖进行管理。"阅兵之后——会对游手好闲者和懒汉进行体罚。士兵对这些制度怨声载道，但仍然可以容忍。因为会得到安抚——吃得好，穿得好，重要的是，纪律的全部重负都由军官承受。他们这些人是"波将金分子""雅各宾党人"，在各方面都会犯错误。首先应当问责的是他们，那些叶卡捷琳娜年代的宠儿。曾经实施过独特的平等——没有法治的平等。

对俄国公民来说，越是离皇位远一些，日子过得越平静。如果皇上发现滥用权力，是绝对不会留情的。人们害怕贿赂，执法的拖拉作风有所转变，官员对居民的敲诈勒索减少了。可是首都的居民，特别是那些属于宫廷和近卫军的人，却生活在不停地严格问责的惧怕氛围中。国家是属于他、属于皇帝的。最高权力委托他监护俄罗斯，他要像父亲一样规定制度、道德和日常生活。任何人不得按自己的喜好着装，不可迟于规定时间接待客人；每天晚上街道有警察巡逻，检查居住证。城市像是陷落的，检查是粗野的。有一段时间完全禁止引进外国书籍。从宫廷旁走过时要脱帽，因为头上不戴帽子耐不住冬天凛冽的寒风，居民都是一路小跑通过广场。在所有这些警察巡查的措施中，那些狂热执行沙皇旨意的人所犯的错误，并不比保罗少。所做的事有时是违背皇上旨意的。保罗反对死刑，却在顿河附近处决了背叛保罗的格鲁津诺夫团长①。仿佛帕连②伯爵曾对此事予以关注；彼得堡城内也发生过

---

① 此处所指可能是近卫军团长叶夫格拉夫和彼得·奥西波维奇·格鲁津诺夫兄弟案件，他们利用保罗一世的特别信任，由于无端怀疑和诬告他人、欺骗法庭而被执法处决。

② 帕·阿·帕连（1745—1826），俄国骑兵上将，1789—1801 年任彼得堡总督，预谋杀害保罗的组织者和参加者。

一些糟糕的事件。例如，阿基莫夫中尉因讽刺伊萨基辅大教堂的建筑而被流放到西伯利亚，在此之前还被割了舌头。传教士泽伊德尔因自己书库里存有禁书而受到鞭笞。某上尉基尔皮契尼科夫，于1880年5月受列队鞭笞上千鞭。不过，评论这些事实的时候，应注意时代风气和一般的历史景况。在保罗之前和以后，都存在过鞭笞，在弗里德里希大帝的"文明专制政体"下也曾有过鞭笞。而且一般说来，掌权者推行西方政策并不戴白手套。精神错乱的皇帝并不比一些头脑健全的国王坏多少。

保罗在向近卫军引进加特契纳军纪的同时，也无情地打击了执法不公的军官，有时直接从阅兵式上把他们送去流放。军官们参加阅兵时会随身带上钱，以防突然被捕。有数千人受过保罗的迫害。在记述有关保罗执行纪律的故事里，难免存在倾向性的夸大，例如，传说有整个军团被流放，似乎是从阅兵式被直接送到西伯利亚。然而，即便没有这些逸闻，保罗的年代也不像安乐的田园诗，尽管君主和他热恋的人都是多愁善感的。

保罗统治下的生活令人恐惧，保罗本人也生活在恐惧中。八年前在巴黎，路易十六人头落地，保罗曾梦见那颗血淋淋的头颅。这是骇人的。实际上国王们拥有的特权是那么奇怪：他们往往是被处决的第一候选人。公开的重大的极刑只会落在幸运者的头上。他们往往被秘密杀害，在痛苦的折磨中死去，没有忏悔……怎么办？谁能理解他保罗的苦难？以前他没有比妻子玛丽娅·费奥多罗夫娜更亲近的朋友。现在他知道，这个女人对他隐瞒了叶卡捷琳娜剥夺其皇位继承权的打算。莫非她像故去的女皇一样奢望夺取丈夫的皇位？帕连伯爵，这个外省人，甚至可说是地道的外省人，曾两次暗示这一情况。他——保罗，可能被毒害。那双软润的女人的手，似乎是用来向酒杯里投毒的。万幸的是，如今他有一个看来可以信任的英国厨娘，不过还是要谨慎小心。孩子们呢？温和的亚历山大和蛮横的康斯坦丁？他们都对人尊敬。保罗记得，亚历山大幼年时就讲究穿戴，在三色制服上佩戴蝴蝶花饰。雅各宾党！思想轻浮的祖母向自己的爱孙灌输无神论、无视权威和某些随便怀疑的荒谬思想……怎能知道这个谦和的人不是个爱慕虚荣的？难道在这个自由思想者的心里没有隐匿着夺取皇位的卑鄙可耻的想法？要知道，叶卡捷琳娜就喜欢这样。

这些醉生梦死、荒淫无耻、备受宠爱的近卫军军官，他们习惯于视自己的国君如同自己安插的傀儡吧？难道能相信他们对严苛的皇帝忠贞不贰吗？而接近沙皇的显贵们呢？他们至今都没学会穿加特契纳式制服，却念念不忘挥霍无度的女皇所慷慨赋予的特权。他们每个人都憎恨保罗。伪君子！还有一个可怕的想法。他们都以为他——保罗，是个疯子。当时按照他的旨意，在冬宫放置一个小箱子，任何人都可以向里面投放呈送皇帝本人的呈文，保罗亲自审阅这些普通人的投诉，他在这可怕的箱子里发现了什么呢？除了哀叹受损害的公平之外，他不是还发现有对自己的丑化吗？他在那里不是还找到许多言辞刻薄的来信吗？称他是疯子暴君、可怜的白痴、卑劣的楚赫纳人（指芬兰人），暗示他根本不是彼得三世的儿子，是私生子，甚至不是叶卡捷琳娜生的儿子，而是降生后被调换的某个来路不明的孩子。难道这不是一场可怕的噩梦吗？这也许真的会让人发疯！真是奇怪：凡是保罗以为美好、明智、和善、高尚的东西，却引起那伙聚在皇位周边并暗中嘲笑君主的宫廷小民的模棱两可的微笑。他——保罗，于1789年自己加冕，并接受马耳他骑士团①大首领的权杖。幻觉本身告诉他要将约翰·耶路撒冷的骑士们置于自己的保护之下。自法国的雅各宾党人控制马耳他开始，把骑士传统和基督教的忠实捍卫者联合起来，对俄国君主来说不是很合适吗？可是，所有的人都嘲笑他。甚至若尔热里神父也加以嘲讽，因为俄国皇上，一个明显的分裂派，突然成了承认神父是教会首脑的骑士团的首领。不过耶稣会的神父格鲁别尔②理解君主的心思。他们共同

---

① 马耳他骑士团是在叶卡捷琳娜当政时，被逐出法国之后才与俄国建立联系的。波拿巴夺取马耳他之后，保罗被推举为大首领，他将骑士团作为与革命的法国进行斗争的工具。

② 格鲁别尔·加夫里尔（1740—1805）和另外的耶稣会教徒一起来到俄国，利用叶卡捷琳娜二世的支持，在保罗一世时期定居彼得堡，获准可直接与宫廷联系，并于1802年在俄国恢复耶稣会骑士团，格鲁别尔被推选为将军。

谋划了一项与革命进行斗争的大计划。庇护七世通过自己的密探告知俄罗斯的加冕者，他不反对与他建立友好和宗教团结的同盟。多么具有世界意义的前景！多么天才的构想！然而，周围却有一些对伟大思想丝毫不理解的小集团。除此之外，这些人还嫉妒他……他们不可能原谅他所达到的精神高度。他们准备报复他。他们要杀死他。

10

米哈伊洛夫城堡耸立在俄国的北方首都，是一处独立的建筑，像马德里的埃斯科里亚尔[①]，从未有过与它类似风格的建筑物，显示出如此独特的沉郁之美。城堡的规划图由共济会成员、建筑师巴任诺夫设计，建筑师布连纳对规划进行过修改并建成了令保罗满意的宫殿。皇帝本人对建筑师的成果施加过影响。这一建筑满含他的感伤情调。奇异的巴洛克形式充溢着爆发力和严峻之美。城堡和城市被草地和沟壕隔离开来。皇帝催促建筑师和工匠们加快施工。他要为自己建造一处宏伟的茔地。

城堡里有一处阴森的迷宫式大厅。不过，在那些豪华房间的尽头，才是皇帝的书房和卧室。这里摆放着无神论者弗里德里希二世的雕像，在一张狭窄行军床的上方，挂着戈维多·雷尼[②]画的情意缠绵的天使。这小屋里其余的一切都显得枯燥无趣而且森严。只有办公桌是华丽的，桌子安放在伊奥尼亚式象牙雕刻的圆柱上，圆柱带有青铜的基脚和柱头。卧室有数个屋门。一个门不久被保罗加了锁，是通向皇后内室的。还有一个暗门，经旋梯向下通往

---

① 埃斯科里亚尔，指腓力二世（16 世纪）所建西班牙国王的离宫，在马德里附近。

② 戈维多·雷尼（1575—1642），意大利波伦亚画派画家，作品构思优美，形象具有冷静的理想化色彩，绘有名画《屠杀婴儿》。

皇帝的情妇加加林娜的内室。

　　墙壁还没有干透，皇帝就命令宫廷迁到他喜爱的宫殿里。"没有什么地方比这个住处更危害健康了，"柯策布[①]在描述这个宫殿时说，"到处都是潮湿的痕迹，大厅里挂着历史题材的大幅绘画，我亲眼看见，尽管两个房间里经常生火，各个角落仍有一寸厚的几个巴掌宽的大冰柱从上面垂下来。"黑暗的楼梯和阴森的廊道经常点着灯，使宫殿变得神秘而且可怕。在里面很容易迷失。平台上总有不明的寒风吹过。到处有穿堂风。屋门突然砰地一响，便会引起惊恐。

　　二月一日，皇上一家迁居到米哈伊洛夫城堡，次日举办假面舞会，三千人应邀前往。客人们小心谨慎地漫步在各个厅堂里，他们为这里不同寻常的环境而感到错愕，却难以赞赏那些陈设的豪华和壮丽。由于寒冷、潮湿和冒烟的火炉，厅堂充斥着蓝色雾霭，虽然点了许多蜡烛，人们仍能从半明半暗中发现类似幻影的东西。

　　皇帝举止怪异，往往以突然宣告的方式吓唬廷臣。其实他本人也不明白他周围发生的事。他到底是什么人？是那些看不见的敌对势力的君主呢，还是傀儡？主要的是——孤独，痛苦的可怕的孤独。没有可以信任的人。全都是敌人。不得不把曾与他保持亲近的尼基塔·帕宁送到莫斯科去。当他亲自听到这个人与儿子亚历山大谈话时用过"摄政"一词的时候，难道说他不能打发他走人吗？诚然，他没有听到更多。但当时的谈话涉及什么摄政呢？他们认为保罗是疯子，他们想把他关在城堡里，他们想宣布摄政！而这个温顺的自由思想者亚历山大，老祖母宠爱的孙子，可能会带着惨笑把他保罗关进拘禁室。这个帕宁与英国大使维尔特沃尔特的友谊更为可疑。他甚至公然企图反对皇上拒绝与大不列颠结盟的政策。这个人不理解第一执政者的伟大思

---

① 柯策布·奥古斯特·弗里德里希·菲尔金南特·封（1761—1819），德国戏剧家，他创作的喜剧和戏剧在欧洲影响广泛。他长期在俄国供职，1800 年被捕并流放西伯利亚。保罗读过他的剧本《彼得大帝的宫廷御者》后，不久便把他从流放地召回，并任命他为彼得堡德国剧院院长。当时曾委托他负责去米哈伊洛夫城堡绘图，图画收录在《保罗一世皇帝》一书内。

想，后者曾经说过，俄国与法国结盟就是为了管理欧洲。外交官帕宁那可怜平庸的头脑不重视波拿巴的天才。可是保罗要向这位不同寻常的雅各宾党人伸过手去，因为这一次事关奇妙地安抚整个欧洲。他们——波拿巴和保罗要瓜分世界。他们将像两兄弟似的管理地球，帕宁伯爵被逐出了彼得堡。

多么遗憾，不得不放逐阿拉克切耶夫这个忠实的奴仆。遗憾，非常遗憾！这条忠实的走狗，准备扑向任何怀着敌意靠近皇帝宫殿的人。然而最终还是要放逐阿拉克切耶夫：他玩忽职守，极力援救自己卑劣的亲戚，却把错误推到另一个无辜者身上。阿拉克切耶夫枯坐在格鲁济诺的自己家里，不敢请求宽恕。[①] 而如今是多么需要这个忠实奴仆啊！

现在能和谁交心呢？那就是维尔茨堡亲王、少年王子叶甫根尼[②]。当时他在彼得堡做客。保罗嘲笑合法的王位继承人，却数次提及，他作为皇帝，可以把这个年轻人推向君临天下的高处。保罗并不知道，他的情妇加加林娜还没有下决心告诉他大难将要临头，可是，她却将此事预先告诉了年轻的维尔茨堡王子。她甚至向他提出，如果发生可怕的事件，王子可以躲到她加加林娜的家里。加加林娜猜想可能发生政变，这不足为奇，因为她母亲的情夫就是谋叛者之一。

全彼得堡都知道酝酿着密谋叛乱。必须挑选一个聪明、有力、细心、大胆和机警的人，赋予他护卫国家和皇室安全的权力。保罗为此选用了帕连伯爵。

帕连伯爵手里绝对掌握着管理国家的全部资源，主要是，彼得堡的卫戍军队和邮局是由他掌控的。他可以检查信件，他无处不在，拥有无限权力。如果他不情愿，密谋便不可能实现。而他是愿意的。他记得，四年前保罗申斥过他，指责他行为卑鄙。他明白，无法保证在某个倒霉的时候不再遭到侮辱。他成了密谋的头子。很多人参与了这次密谋，其中有奥尔洛夫、契切林、

---

① 1799 年，阿·安·阿拉克切耶夫被解职，返回自己的家乡格鲁济诺，因为有人向保罗提供不实的报告，说他袒护渎职的兄弟。

② 维尔茨堡王子叶甫根尼（1788—1857），皇后玛丽娅·费奥多罗夫娜的侄子，幼年时便来到俄国宫廷，保罗一世很喜欢他。

塔塔林诺夫、戈利岑公爵、塔雷金、曼苏罗夫、乌瓦罗夫、亚什维里公爵、贝尼格森和祖博夫兄弟。

这还不够。还需要亚历山大参与。尼基塔·帕宁已经和他谈过，当时帕宁还没被赶走。这个老奸巨猾的家伙告诉亚历山大事关摄政。要知道，当乔治三世生病时，是由大不列颠王子威尔士掌管一切的；要知道，在丹麦，克里斯蒂安七世也曾摄政。俄罗斯危在旦夕，因为君主有精神病。亚历山大对此深信不疑。

作为摄政王，他要把父亲喜爱的米哈伊洛夫城堡送给他，保罗不会觉得这就是囚禁。在那里可能还要建造赛马场。他将在花园里骑行，剧场里将为他的娱乐而上演剧目，也会有一个由他支配的漂亮的图书室……亚历山大本人也同意他这样隐居。

3月7日早晨，帕连带着一份有关首都形势的报告走进保罗的书房。皇上心不在焉地听了报告。随后他问：

"帕连老爷，1762年您在哪里？"

"我在彼得堡，陛下。"

"是吗？您是在这里吗？"

"是的，陛下。您想说什么呢，陛下？"

"当剥夺我父亲皇位和杀害他时，您参加了革命吧？"

"陛下，我只是见证，我本人没参加。我当时还年轻，是近卫团少尉……您为什么向我提这个问题，陛下？"

"为什么？因为有人想再重复一次1762年……"

于是，帕连的眼睛与皇帝的目光相遇。

"是啊，陛下，有人在想这个……而我本人也在密谋中。"

保罗有些吃惊，似乎又不太惊讶。一切都是那么奇怪和不可思议。还有某种猜不透的可怕的新情况稍稍刺激着保罗的想象。也许，必须让那些阴谋家立即向受害人宣布要杀害他的打算。保罗横下决心要问一问：

"您也在密谋中？这是什么意思？帕连老爷？"

帕连开始详细地向郁闷的皇上解释说，他帕连已将所有的密谋线索集中在自己手里，不久一切都会被揭穿，他要逮捕所有的人。但愿皇上不要干涉他执行这项缜密的计划。

　　保罗看着这个身份显赫的奸细，心想，首先应当把这个坏蛋抓起来。他保罗知道什么人能逮捕这个权力无限的廷臣。有这样的人，那就是阿拉克切耶夫。应该给他写信，命令他立即返回京城。保罗并不知道，信件会被帕连检查，帕连命令将阿拉克切耶夫阻拦在关卡。

　　"您去吧，帕连老爷，去做准备吧。"

　　伯爵走的时候，保罗惊恐地环视自己的书房。通向皇后的屋门是加了锁的。这个背叛的女人不可能手持短剑潜入他身边。其他的房门都有忠诚的卫兵把守。院子里有岗哨。到处都是警卫，这些警卫可靠吗？不知道他们的头脑在想什么，这些雅各宾党。近几天他到儿子亚历山大那里去过。皇太子在读伏尔泰的《布鲁图斯》。啊！伏尔泰的门徒！啊！雅各宾党！你喜欢恺撒被杀。没用的家伙，你忘记了皇子阿列克谢·彼得罗维奇的命运。[①]恺撒们未必都会被杀害。有时被杀的倒是那些没有加冕的人，他们反对被上帝涂过圣油的人。3月10日星期天，城堡里举办音乐会。保罗心情迷乱，郁郁寡欢。大家沉默不语，也不敢抬头。晚茶之前，出口的大门打开了，保罗喘着气朝皇后走来，停在她面前，双臂交叉胸前，露出冷冷微笑。随后带着同样表情向亚历山大和康斯坦丁走过去。饮茶时大家一声不吭，死一般的寂静。然后皇上不辞而别。

　　彼得堡的街上也是阴森恐怖。人们彼此视为间谍。大家都是低声交谈。晚霞过后，晚上九点钟，街道上摆放拒马，只对医生和助产士放行。

　　事件发生前几天，保罗曾在花园骑马。天气阴沉。彼得堡已很久不见太阳了。保罗蓦地转身，向陪伴他的御马长姆汉诺夫抱怨天气闷热。

---

① 阿列克谢·彼得罗维奇（1690—1718），彼得大帝之子，反对彼得一世进行改革，曾逃往国外，回国后被判刑，死于监狱。

"好像有人在勒我，"皇帝说，"我几乎喘不过气来。我觉得我要死了。"

"这是因为天气潮湿，"姆汉诺夫说，不知为何，浑身在颤抖，"陛下，有雾的时候经常是这样……"

3月11日早晨，格鲁贝尔神父带来了自己写的有关教会联合的方案，唯有他见皇上不必事先请示。这个方案是应由保罗审定的最后一稿。帕连伯爵拦住了格鲁贝尔，威严地要求神父等一等。他走进保罗书房后，冗长的报告搅得保罗非常疲惫，以至于推迟了接见这位耶稣会会士。保罗还要外出巡视换岗。教会的联合不得不推迟很久。

这一天，亚历山大和康斯坦丁再次发誓效忠皇帝。他们受到被逮捕的威胁，而且不知道今后自己的命运如何。不过，傍晚他们应邀去皇上身边吃饭，保罗心情舒畅。他高谈阔论，还开玩笑。他有几次和儿子亚历山大交谈。后者坐在那里面色苍白，沉默不语，目光低垂。

皇帝朝镜子看了一眼，对库图佐夫说：

"多么可笑的镜子，我看见自己在里面，旁边有条蛇。"

晚饭之后，保罗没有像通常那样告辞，却突然开口说：

"在劫难逃啊！"

3月11日晚，密谋者召开最后一次会议。主持会议的帕连和贝尼格森[①]头脑清醒，知道要做什么。但是，他们情愿以美酒佳肴款待近卫军。在这次阴森可怕的酒宴上，酒沫飞溅，畅饮无度。预料暴君会签署退位文书，有人还写了立宪"要点"。但这些并未特别引人注意。大家希望能顺利与亚历山大沟通。看来，并非所有的人都了解准备的情况。仇恨集中在专制的皇帝身上，他曾口出狂言，说他保罗和谁谈过话，而且现在正和谁谈话，谁就是俄罗斯的显贵。酒宴上有个年轻人突然大声问道："如果暴君反抗怎么办？"帕连立即用法国谚语回答："你要做蛋饼，就得打碎鸡蛋。"于是大家笑起来，

---

① 列·昂季·贝尼格森（1745—1826），俄国伯爵，骑兵上将，谋杀保罗的组织参与者之一。1812年任俄军代总参谋长。

然而并不是太快活。

谢苗诺夫兵团和骑兵近卫团的指挥官把自己的士兵带来了。塔雷金带来普列奥布拉任斯基兵团的一个营。士兵们不确切知道要带他们去哪里，干什么，但也不那么难以揣测。

帕连提议军队分为两部分，从两翼逼近城堡。一支军队由贝尼格森和祖博夫率领，另一支由帕连本人率领。

夜晚天气凛冽，飘着细雨。当密谋者来到夏花园时，从老椴树上飞起数百只乌鸦，凶险地咯咯鸣叫，响彻雾蒙蒙的黑夜。

近卫军士兵停了下来，不敢继续前行。祖博夫羞辱士兵，说他们是去保护遭难的皇太子亚历山大。士兵们喜欢性格温顺的亚历山大。队伍继续推进，越过了结冰的沟壑。

守卫城堡的普列奥布拉任斯基兵团的副官，对密谋者做了简单的查验。当他们来到皇帝内室前面的时候，值班的侍卫骑兵试图阻拦闯入的暴徒。其中一人受了伤，另一个逃跑并发出警报。守卫的士兵惊慌不安，但密谋的军官们举刀示威，巴甫洛夫斯克的纪律占了上风：士兵要服从长官的命令。队伍经过城堡的长廊和楼梯时，有些密谋者没跟上来，他们在宫廷迷宫里迷了路，只有少数人闯进了皇上的卧室。其中有普拉东和尼古拉·祖博夫兄弟二人以及贝尼格森。帕连带着自己的队伍却不知去向。这一狡黠行为和诡谲的迟到，自然绝非偶然。

当密谋者进入沙皇卧室时，普拉东·祖博夫疾步走到床前，见床上空无一人。大家疑惑地环顾四周。有人走到窗帘前面，掀开窗帘。皇上身穿睡衣竟赤脚站在那里。一对恐惧闪亮的眼睛直盯着这些他现在弄不明白的人，他们身佩绶带和勋章，手里拿着短剑。贝尼格森极力不看保罗那张小丑似的白色面孔，说道：

"陛下，您不再称帝了。亚历山大——是皇帝。按照他的命令，我们要逮捕您。"

这时，另一批迟到的军官来到了卧室。当时保罗站在那里不动，没有人敢动他。祖博夫的一位兄弟醉醺醺的，决定要和他谈一谈。他口齿不清地开始数落保罗什么，称他是暴君。保罗打断了他的话，突然说道：

"你们要干什么？为什么？"

他的声音触怒了军官们，这种阅兵时所听到的熟悉声音，立即引起众怒。军官们彼此推搡着把皇上围拢起来。有人动了一下他的手，保罗嫌恶地将那手推开。这是毙命的开始。尼古拉·祖博夫用沉重的鼻烟壶猛击皇上的太阳穴。保罗冲到一个角落，要取武器。喝醉的雅什维利公爵凶狠地向他扑了过去。保罗自我防卫，开始大喊大叫。于是所有的人在酒劲发作下将皇上推倒在地。有人找来一条带子，做个套结勒住了专制君主的脖子。当保罗停止呼吸时，贝尼格森才走到他跟前。皇上躺在那里一动不动，有一张伤残的血污的脸。

当皇帝保罗的死讯在全城传开的时候，日常生活瞬间发生了变化。各处的拒马撤除了，出现了一些先生，头戴被禁止的圆帽，身上穿着背心。街道上行驶的是跟随侍从的纵列驾驶的豪华马车。高官和贵族在狂欢。大家都觉得，与死去的皇帝相对立的波将金和叶卡捷琳娜的精神复活了。

有些回忆录的作者写道，所有的阶层和阶级都在狂欢，事实上并非如此。狂热的是那些拥有特权的人。人民大众和农民群众对保罗之死并不关心。无论在保罗时期还是在叶卡捷琳娜时期，农民的生活同样艰难，后来在亚历山大和尼古拉时期同样如此。当时农民生活不好，但是不比保罗之前或以后更差。农民的俄罗斯时钟还没有敲响。贵族统治着历史舞台。贵族们把有关皇帝的偏颇的记事留给了我们，当时农民还没有写自己的日记，我们只能凭偶尔得到的故事和生动传说来了解他们的意见。

我们知道，农奴对沙皇寄托着特别的希望，不过这确实是徒劳的。农民明知保罗对贵族没有好感，这样，就有根据指望改变农奴的依附关系，但这种指望是不对的。

保罗在对待特权阶层方面展示出自己和叶卡捷琳娜政策的不同，但是他不敢或者不能依靠农民。他本人尽量对他们表示同情，在这方面有众多文件可以做证，但是保罗这种"爱民"行动没有超越局部场合。在饥馑年代，他采取的措施仅限于向饥民省份派去参政员，"让饥民吃上饭"。他派医生到外地去，尝试让农民恢复健康。他不止一次处理地主"施暴"的案子，并惩处施暴者以利农民……但是在所有这些行动中缺乏统一的贯彻始终的计划。

普加乔夫时期民间流行一种想法，认为保罗将是农民的沙皇。他登基时，破天荒第一次降旨要农民宣誓，强调他们首先是公民，从那时起这种想法得以固定下来。他取消了叶卡捷琳娜死前不久颁布的募集新兵的办法，在农民中唤起了改善其命运的新希望。甚至有传闻说，保罗皇上并不反对解放农民，而是地主们加以阻拦。1797年夏天，弗拉基米尔省的农民瓦西里·伊万诺夫说："当初，咱们的皇上争吵过，可是又不吵了。显然是老爷们制服了他。"这样的表达有一定的道理。皇帝没有能力完成社会和法治的改革，因为农奴制经济虽然达到了自身发展的限度，不可避免地走向衰亡，但是，那个时代的客观的经济和文化条件仍然维持它的存在，当时尚未准备好新的土地使用形式。

在保罗四年的统治时期，颁布了几项旨在保障农民足以得到份地的立法条例和指令，但是这些尝试根本没有具体改善农民的生活，或者说没有达到自己的目的。经济和社会的进程又经过六十年，才最终迫使政府解放农民，但在当时仅仅是开始。

在彼得堡，有一次巡视岗哨时，农奴们向保罗呈送请愿书，他们要求脱离地主。请愿者因"聚众闹事"受到残酷惩处。这次镇压并没有阻止有关废除农奴制的传闻。在伏龙芝、特维尔、普士科夫、诺夫哥罗德、奔萨、奥尔洛夫、加卢日和诺夫哥罗德-谢维尔省，都曾发生农民报复和反抗地主的事件。暴动被轻易地平定下去了，少见的例外是，并没有施行严厉的迫害。不过，有一次不得不派列普宁元帅去镇压暴乱。农民把各种错误的责任都推给了贵族而不是保罗。他们没有理由对他抱同情心，但他们也没有理由直接发泄仇恨。人民对保罗之死抱着平常的心态，这通过一个近卫军的话可以说明。此人走到死去的沙皇前，确认其是否死亡时说道："是啊，确实死了，亚历山大不会比父亲更好。不过，对我们来说，叫教士或者叫神父都一个样。"

人民对保罗无所谓爱或者恨。但在保罗时期的诉讼案卷里，对皇帝的反应是极其不恭的。农民有时叫他"秃头傻瓜"或者"翻鼻孔沙皇"，最后不知为什么叫他"淫棍屁蛋"。

在保罗统治时期，农民的法权及经济状况和叶卡捷琳娜时代比起来，几乎没有改变。自然，中等水平的农民大众对这四年的统治根本没有感觉。保罗的死对大多数农民没有任何影响。

然而，那些偏好宗教问题和思考宗教课题的农民，不知为什么却按照自己的方式来认识保罗的精神面貌。尽管保罗对分裂派①抱着一定的容忍态度，但他们对皇帝的反应仍是不可调和的愤怒，"那个统治人的人，生来就没有基督教的血脉，而是出自基督的敌人"，"保罗沙皇是真正的魔鬼"，"我们的皇上是真正反基督的"……

---

① 分裂派是俄国拒绝 17 世纪尼康教会改革的宗教团体和教会的统称。他们是官方正教的反对派。17—18 世纪的分裂运动是反对封建和反动派运动的思想旗帜。

亚历山大一世

亚历山大一世

1

  这一夜亚历山大永远不会忘记。[①]他甚至有时梦见位于城堡下层的伊丽莎白[②]的一个房间，那里有一座白色大理石的玩鸽子姑娘的雕像，时钟发出嘀嗒响声，上面画着酒神坐在桶上的图样。当时，亚历山大不想一个人独自待着，从自己的房间走出来。可是，伊丽莎白却纹丝不动地坐在那里，默不作声，时钟单调的嘀嗒声不知何故显得阴森可怕。死一般的静寂！

  顷刻间，亚历山大的眼睛与这个难以理解的美女的冷漠的蓝眼睛相遇了，八年前她遵照女皇祖母的旨意和他结了婚[③]。如今，她不得已同他分担这一夜的恐惧。

  亚历山大弯着腰坐在圈椅里，仿佛有只看不见的手搭在他的肩头，他想起，前几天他曾劝说米哈伊洛夫宫练兵场的少校阿尔格马科夫参与预谋，当那人表现犹豫时，他责怪他说："不是为自己，是为了俄罗斯。"于是阿尔格马科夫同意了。命运就是如此。如今一切都结束了。今天，马上就会做出决定。帕连会把预谋者带过来，他们要迫使神经质的父亲退位。莫非他会固执己见？摆脱权力的重负难道不是最大的幸福吗？亚历山大会善待他的。保罗·彼得罗维奇很快就会相信，儿子根本不需要皇位。应当让俄罗斯得到自由，像英国那样，给它以基本法律，随后让出皇位，离开

---

① 指 1801 年 3 月 11 日夜至 12 日凌晨，当夜保罗一世被杀害。

② 指伊丽莎白·阿列克谢耶夫娜（1779—1826），亚历山大一世的妻子。

③ 伊丽莎白·阿列克谢耶夫娜和亚历山大在 1793 年 9 月 28 日结婚。

这个令人讨厌的、实际上是假的专制政权……亚历山大同意发动政变不是为自己,而是为俄罗斯。他忽然想起,今晚八点钟,值勤的萨布卢科夫[①]团长带着报告来找弟弟康斯坦丁,萨布卢科夫是那个可耻场面的见证人,他在那里遇见了亚历山大。突然传来皇帝的熟悉的脚步声,房门砰地打开了,马刺鸣响,保罗走了进来。萨布卢科夫丝毫没有表露出害怕的神色,可是亚历山大,这位皇位继承人,也许是明天的皇帝,举止却像惊慌的兔子……这个萨布卢科夫恐怕会在自己的回忆里写下,皇太子浑身哆嗦,又羞愧,又害怕。这位未来的历史学家不会忘记向后代述说这一可耻行为。今天,奥鲍里雅宁诺夫领两个兄弟来教堂做第二次宣誓。亚历山大曾经在圣十字和福音书前向君主宣誓效忠。那么,这意味着他亚历山大是违背誓约吗?他应该做什么呢?要赢得时间。帕连说皇帝已准备处决或终身监禁妻子和孩子们。可是,为什么今天晚饭时父亲如此和善地看着他。为什么当亚历山大打喷嚏时,父亲却笑着说:"费神啦,先生……"

这些回忆令人揪心。楼上突然传来奇怪的脚步声。亚历山大甚至觉得有喊叫声。也许密谋者逃跑了,或者被捕了。那么,一切都完了,保罗要处决儿子……

正好在十二点半钟,房门砰地打开,帕连走进来。但亚历山大没有认出他来。不,这不是彼得·阿列克谢耶维奇。他那对又可笑又快活的眼睛到哪里去了?他那讽刺的冷笑又在哪里呢?他的目光是那么奇怪和冷酷。他说了什么令人不解的可怕的话。死了!怎么死的?为什么?要知道,是对他亚历山大承诺,要保住父亲性命的。那么说,保罗皇帝被杀了!他想象着那张熟悉的被推倒的苍白面孔,如今带着一对僵死的眼睛。亚历山大嚷道:"大家会说是我杀的……"一切都被蓝色的雾霭遮住了,摆着大理石少女像和时钟的房间、帕连伯爵和蓝眼睛的妻子消逝了……亚历山大转过神来,他面前又是帕连那张残酷的面孔。伯爵推了推他的肩膀,在他耳畔嚷道:

---

① 萨布卢科夫著有关于保罗之死的札记,见第33页注②。

"别闹孩子脾气了！敬请君临天下……"

然而，亚历山大却倒在卧榻上号啕大哭。伊丽莎白朝他走来。当他看到她那双冷漠的眼睛，感觉到她用手触碰时，他觉得羞愧难当。

应当到宫廷的台阶去，谢苗诺夫兵团和普列奥布拉任斯基兵团的士兵已在那里黯然肃立。两点钟时，亚历山大被引进冬宫。伊丽莎白留下来安抚母后，士兵不让皇后去见已经毁容的皇帝的躯体。

新的统治就这样开始了。这个夜晚，亚历山大永远不会忘记。

2

宣告亚历山大为皇帝时，他二十四岁。人口数百万的俄罗斯现在似乎在他的全权控制之下，不受任何限制。然而，自统治的第一天起他便相信，这个权力实际上是虚假的，甚至在个人生活上他也根本不自由，任何俄国公民属于自己的或自己能支配的自由，都比他这位君主要多。他不自由，因为各个方面都坚持向他提出矛盾的方案和计划，他经常觉得自己被困在罗网中。对于他的见解，有一些人高兴，另一些人则感到窘迫，他不能将自己的想法付诸实施，他觉得宫廷里似乎有堵透明的墙，大家都能看见他，仿佛他站在舞台上。他不能随便讲话，举止像个蹩脚演员，要把自己的心思隐藏起来，他之所以不自由还由于，如今他本人突然明白了，他根本没有准备好充当君主的角色。他的幼年是怎么度过的？他如何度过了自己的少年时代？难道他没有觉得，自己时而是叶卡捷琳娜显贵生活的俘虏，时而又是加特契纳兵营的囚徒吗？他从来不会像康斯坦丁弟弟那样鲁莽，必须同女皇和父亲和睦相处。但是他怎么也不能理解，例如，弟弟竟敢当着叶卡捷琳娜及其情夫的面，嬉笑着，躲在父亲背后模仿他的样子，而后来，在加特契纳，却嘲笑君主专制政体的缺陷。

不，他亚历山大要保护自己，他想出了另外的办法以取得祖母和父亲对自己的信任。他喜欢奉承人，滥用温顺坦诚，善于以柔克刚，对所有人的言谈都能洗耳恭听，表示赞同。诚如后来米·米·斯佩兰斯基[①] 所说，把自己的真面目用"真正迷人精"的假面具遮挡起来。

还是在 1779 年秋天，那时亚历山大不到三岁，女皇写信给格里姆说："哦，他会讨人喜欢的，这一点我不会看走眼。他是那么快活、听话，自打现在起就尽力讨人喜欢。"

他还是八岁男孩的时候，就十分精彩地表演了喜剧《骗子》中的一场[②]，令叶卡捷琳娜为之惊讶。他年满十八岁时，女皇就写信给自己的代理说："今年冬天，亚历山大先生征服了所有人的心。"这并不奇怪。

他是怎么受教育的？又被教了些什么呢？

他的第一位教师和训导者是叶卡捷琳娜本人。她按照当时的教育章程为他编写教科书，向他灌输她认为是健康的有关人和世界的观念。这一切都是抽象的、理性的和表面的，可是女皇对自己和自己的学生都非常满意。在写给格里姆的信里，她夸赞他学习成绩好，说那孩子学什么都毫不费力。比如英语，他学会说英语比俄语还要早，因为从小有一个英国女子跟着他。她还指定了一位爱做鬼脸、喜欢调皮、阅历丰富的廷臣尼古拉·萨尔特科夫伯爵做他的老师。此人个头不高，大脑袋，他根据某种卫生观点决定不扎裤带，总是不停地用手提起往下滑脱的裤子，这让他的学生觉得很好玩。他的教育活动微不足道，尽管他享有最具远见的高官的声誉。亚历山大的另一位教师是普罗塔索夫将军。他的任务主要是监督男孩的日常行为。这位将军对自己的学生总是善意地唠叨个没完。普罗塔索夫给我们留下一本日记，我们从中可以找到对于未来皇帝学习成绩的评述。应该说，这些记

---

① 米·米·斯佩兰斯基（1772—1839），伯爵，1808 年起为亚历山大的亲信，曾制订自由主义改革计划，建议建立国务会议，曾任西伯利亚总督，主持编纂俄罗斯帝国国家基本法。

② 叶卡捷琳娜的喜剧《骗子》，于 1886 年 1 月 4 日首次搬上舞台。

述远远不像女皇本人评论的那么好。

　　米·尼·穆拉维约夫[①] 教授亚历山大俄国历史和文学，他是18世纪俄国最著名的作家之一，但作为教师却过于胆小怕事，不够决断。马松给未来的沙皇教数学，著名的帕拉斯[②] 教地理和自然。克拉弗特[③] 教物理。甚至还需要给这位皇位继承人讲授神学，叶卡捷琳娜担心这孩子受到某种迷信的影响，便在这方面给他找了一位最可靠的大司祭。这位叫索姆鲍尔斯基的人在英国居住多年，娶了英国女子为妻，剃去了大胡子，爱穿浅色的欧式名牌服装。在这位离教转俗的大司祭的指导下，亚历山大在英语方面有所长进，但这位神学教师未必能教授自己子弟有关宗教的真谛。这位英国人大司祭写给阿姆弗罗希都主教的信很有意思。看来，写这封信是由于责怪他索姆鲍尔斯基退出正教所引起的。大司祭并不羞于做如下声明：“尊贵人物的赞同和公平证据，现在应当给予其他各种不同解释一致而明确的意义。”换句话说，索姆鲍尔斯基自己承认，加冕的风流女皇叶卡捷琳娜是绝对的精神权威，她有意让这个狡猾的外交官成为亚历山大的神学老师。诚然，叶卡捷琳娜没有达到自己的目的，众所周知，亚历山大最终显示出极为爱好神秘的特点，而远远不是正教。不过，所有这些教师在亚历山大的教育事务中只起到次要的作用。未来皇帝的主要教师和训导者是瑞士人拉阿尔普。许多亚历山大的传记和回忆录作者都称赞此人的品德，他是典型的十八世纪教条理论家。他扁额头，尖鼻子，薄嘴唇，有点像罗伯斯比尔。类似于著名的雅各宾党人，他喜欢不停地重复众人皆知的道德和政治的规则，仿佛这些是神的启示，而不是极其枯燥和抽象的思维结果。看来，拉阿尔普对欧洲民众的真实生活了解有限，更不用说对俄国人民生

---

① 米·尼·穆拉维约夫（1757—1807），著名作家、社会活动家，俄国启蒙运动人物，莫斯科大学督学。

② 彼·西·帕拉斯（1741—1811），德国人，自然科学家，彼得堡科学院院士，著有动物学、植物学及民族学方面的著作。

③ 格·沃·克拉弗特（1701—1754），德国人，物理学家、数学家，彼得堡科学院院士。

活有什么认识了。不过，他刚正不阿的性格对他的学生颇有吸引力，学生大概感觉到了自己老师的廉洁。在叶卡捷琳娜宫殿的那些放荡和自私的显贵当中，拉阿尔普确实给人一种天使般的崇高印象，亚历山大尊重他也就不奇怪了。拉阿尔普的道德威望，迫使这个少年毫无批判地接受他相当平庸的感伤主义哲学。拉阿尔普本人完全满足于吉本、马布利和卢梭的思想和理论。[①] 这当然是符合时代精神的。

读一读拉阿尔普呈交叶卡捷琳娜有关教学的笔记，便可以评价他的历史知识水平和对历史的理解。例如他写道："永远不要忘记，富有美好天才和卓越品格的亚历山大·马其顿，仅仅由于希望模仿荷马的英雄，便让亚洲变成了废墟，并制造了那么多恐怖。与此相似，尤利·凯撒由于模仿这个亚历山大·马其顿，也破坏了自己祖国的自由而犯下罪行。"

叶卡捷琳娜的孙子显然喜欢这种崇高而善良的思想。他大概也相信，亚洲文明的衰落是由于亚历山大·马其顿想"模仿荷马的英雄"所导致的。在这个少年的头脑里已产生一种牢固的想法，认为存在着某种"理想的人"，如果世界具有让-雅克（卢梭）式的天然美德，一切都会非常美好。祖母本人曾向他阐释"人权和公民宣言"，为拉阿尔普的授课做了铺垫。诚然，在这一宣言公布后，法国大革命中发生了一些令俄国女皇为之震撼的大事件，但她仍然信任拉阿尔普，认为卡佩的人头落到断头台的筐里是偶然发生的错误，美德仍不受质疑。共和主义者拉阿尔普后来对本国瑞士的小民主感到茫然，但当时他仍相信伏尔泰使帕格罗斯[②]丧失乐观主义是徒劳的，相信只要避开雅各宾党的极端行为，这个世界的一切就可以变得更好。

失意的皇太子保罗在加特契纳信奉另一种哲学。他不喜欢雅各宾党人。在这个问题上，青年人亚历山大站在自由主义的老师一边，甚至劝说自己的弟弟康斯坦丁在自己制服上佩戴三色徽章。

---

① 吉本（1737—1794），英国历史学家，著有《罗马帝国兴衰史》。马布利（1709—1785），法国空想共产主义者，提出平均主义，限制需求，杜绝奢侈等。

② 帕格罗斯，指伏尔泰哲理小说《老实人或乐观主义》中的主人公。

有一次，保罗得知断头台上又杀人的消息之后，便对他的儿子们说："孩子们，你们看到了吧，对待人应该像对待狗一样。"保罗尽量不去理会拉阿尔普。有时他问亚历山大："为什么这个雅各宾党人总是待在你们身边？"

现在，成为皇帝之后，亚历山大总是想起这句话。他有时对拉阿尔普哲学的正确性产生怀疑，而当时他是毫不怀疑的，他坚信"人和公民的权利"。可是，尽管保罗和亚历山大在哲学思想上各不相同，但他们却有某种共同之处。他们俩都爱好军事纪律、阅兵的"齐整之美"以及普鲁士国家的严密体制。伟大的女皇仍然是个"老婆婆"。男孩子心里虽然充满温情，但有时会流露出男子汉的自尊感。

自 1791 年起，叶卡捷琳娜不再对她亲近的人隐瞒其剥夺保罗皇位继承权的计划，而知悉这一计划的亚历山大，由于揭去假面后最终宣布自己身份的那一刻即将来临，却处于恐惧之中。他少年时，所有人都密探似的监视他，他不得不一直戴着假面具。只有一个人不监视他，这就是心地善良的拉阿尔普。尽管自己师父的学说狭隘而枯燥，但亚历山大当时似乎是真心实意地喜欢他。

年轻的亚历山大赞同拉阿尔普关于有可能理智而公平地建立未来国家制度的思想，同时他认为，如果另有他人从事这方面的研究，让他——喜欢过平静个人生活的亚历山大落得清闲，不用在风暴中充当国家"大船"的舵手角色，不是也很好吗？

不过，他暂时要动动脑筋，把自己厌恶权力的想法隐蔽起来。当叶卡捷琳娜告诉他打算剥夺保罗的皇位继承权并扶他登基的时候，这位居心叵测、等待登上俄国皇位的亚历山大，给祖母写了一封信，此信足以说明他堪称塔列兰和梅特涅未来的对手。[1] 在这封信里，亚历山大似乎对什么都赞成，同时又无论如何不愿此信成为证据，证明亚历山大有争夺父亲最高

---

[1] 塔列兰（1754—1838），法国外交家，曾任法国外交大臣，是权变多诈、不讲原则的政客。梅特涅（1773—1859），奥地利首相，公爵，实际上的政府首脑，反对德意志统一，阻挠俄国在欧洲巩固地位。

权力的打算。与此同时，他还给保罗写了封信，称父亲为"陛下"，似乎以此说明皇权继承问题已预先确定：亚历山大相信，皇太子绝不会将此信拿给凶狠的祖母过目。

青年人亚历山大把当时的俄国想象得很差。著名的"波将金农村"掩盖了俄国生活的真实情景，更不必说经常炫耀叶卡捷琳娜宫殿的豪华和壮丽了。置身于尘世的奢华，就难以集中力量考虑自身责任的重要。叶卡捷琳娜的政策规模不小。这是在波将金、鲁缅采夫、苏沃罗夫以及其他热心追求俄国军事和国务荣誉的人士帮助下，由叶卡捷琳娜推行的大国战无不胜的政策，它使得国家和人民的付出过于沉重。俄国按照彼得一世的计划扩大了疆界，但是，这种强势追求扩大自然边界的行为，比如占领黑海沿岸，并没有令俄国无垠的后方得以巩固。我们的财政不稳定，经营无序，在自身发展中，国家内部力量落后于对外占领计划，外部取得胜利后没有随之进行国内的法制和社会改革。农奴深受无权和贫困的危害，干活很差而且懒散。众所周知，当普加乔夫推动热爱自由的农民攻击地主的时候，叶卡捷琳娜的将军们才深切感到不安。

但是，叶卡捷琳娜并不十分在意亚历山大是否了解真正的农民的俄罗斯。她竭力让他相信，她的政策是优越的，而普加乔夫事件不过是小小的误解而已，没有什么大不了的。似乎，她本人相信百科全书学者对她的阿谀奉承，他们让这位女皇相信，她是值得赞美和敬仰的人民的恩人。这个爱奉承的年轻人亚历山大也赞扬她，而女皇则娇宠自己的孙子。她在巴甫洛夫斯克和皇村之间为亚历山大建了一所别墅，并在那里开辟了一处花园。未来的皇帝和自己的教导者沿着其中的林荫小路散步，倾听着有关西方文明民族安定富裕生活的谈话。拉阿尔普劝说自己的学生，应当对不开化的俄国人进行启蒙教育，向他们灌输比如善良的瑞士人所具有的理念和情感。亚历山大的别墅便成了此类情景和对话的恰当的布景。大公的房子如绘画一般建在湖畔，一切都非常具有寓意性。花园里有类似军事胜利纪念碑的建筑，亭子上装饰着富丽和博爱的象征图案。为表示对人民的爱，盖了一处舒适的茅屋，对面立着一块大石，上书"金石长存"，也就是著名的叶卡捷琳娜的"训示"。不过众所周知，粗野的俄国人不喜欢这些，他们宁肯获得自由和土地以代替训示。震慑这些顽固的庶民是必要的，可是叶卡捷琳娜做出一副模样，表示她要宽恕这些忘恩负义的人，镇压普加乔夫起义之后，生活便会恢复安宁，万事顺遂。为纪念这一安定局面，建立了"无刺玫瑰"教堂，其圆顶由一组圆柱支撑，天花板上绘有彼得一世的画像，从高空俯视"幸福的俄罗斯"。这一富有寓意的人像紧靠着弗里采盾牌，也就是叶卡捷琳娜盾牌，因为上面画着她的像。另外还建了一些教堂，如采列拉、弗罗拉和博蒙旁纳……

后来不知何故，这处亚历山大别墅成了 Н.И. 萨尔蒂科夫伯爵的私产。后来，亚历山大被拥立为皇帝时，就完全荒废了，没有人怜惜这个"无刺玫瑰"教堂——显然这种违背自然的理念已被抛弃了。

3

亚历山大很聪明，他非常了解，无刺的玫瑰不存在。他害怕那些密探，为国务操劳在他看来是不堪的重负，是可怕的。需要了解那么多东西，什么都要学习，而遗忘才是愉快的。对一切都甩手不管却是那么诱人。1791 年，亚历山大十四岁时，他的训导者普罗塔科夫写道："亚历山大·巴甫洛维奇具有许多机智和才干，但十分懒散，对事物疏于了解，不仅不想知晓事物的内在情况，似乎须施加某种强制他才愿了解，而且不爱阅读公报，不知道欧洲发生的事。就是说，他自身存在一种过闲散快乐日子的愿望。他的这种状况乃是人的最差状态。我竭尽全力促使其具有某种爱好。有一段时间，无论谈话或梦中呓语里，都显示亚历山大·巴甫洛维奇有强烈的情欲，特别是在与漂亮女子私人谈话次数越来越多的时候。"

心地单纯的将军在日记中记述的有关年轻人的"强烈情欲"，想必对性事经验丰富的叶卡捷琳娜没有隐瞒。所以她想让亚历山大尽快进入成年人的状态，她希望所有人习惯于看待她喜爱的孙子就像对待未来的皇帝。必须尽快让这个年轻人娶妻。叶卡捷琳娜垂询自己的驻外使节，她要在巴登①的公主当中挑选。在巴登①不乏这类女子，但按照知情者的说法，一个比另一个更好。1792 年 10 月，路易莎和弗里德里卡两位公主来到彼得堡。弗里德里卡还是个孩子。年龄大的路易莎十四岁，于是她成了亚历山大的未婚妻。

起初，两个年轻人彼此躲避——亚历山大特别害羞，有两天根本没有和为他指定的少女谈过话。但是，公主的美貌最终征服了年轻人的心。亚历山大·雅可夫列维奇·普罗塔索夫在 1792 年 1 月 15 日的日记中有以下关于亚历山大的记述："他对我坦言，他很喜欢公主；他曾经热恋过我们这里的女子，他对她们的感情曾充满激情之火和某种莫名的欲望，急切想见面，极度不安，但没有明确的打算，唯一的安慰就是见见面，聊一聊。而与此相反，他在公主身上感觉到某种特殊的东西，充满尊重和柔情，以及难以言传的与之交往的愉悦——是一种比他以前的行为更加惬意、镇定的，甚为或极其愉快的感觉。最后，在他看来，较之这里所有女子，她的被爱是当之无愧的。从这些谈话里我注意到，他开始对公主具有恩爱的直接感受，而以前那些感情——并不是爱，而是年轻人眼见漂亮女人所产生的并非触动心灵的性的渴望。"

"根据这种情况，"普罗塔索夫接着通报，"我对殿下解释此类感情说，凡符合规矩的直白的爱情，通常与敬重相结合，具有某种神圣感，既然此类爱恋中柔情丰盈，则更多依附于精神之品格，而非肉体的，因而也就没有那种因色欲产生的兴奋。这种爱情通常是永恒的，它表达得越是缓

---

① 巴登，11 世纪为德意志的一个封疆伯国，1535 年分裂为巴登巴登和巴登 - 杜尔拉赫，1771
　年又合并，1806—1918 年为大公国，后为德国一个州，属巴登 - 符腾堡州。

慢，将来越会牢固。”

叶卡捷琳娜自然不赞同这位慈善将军的贞节哲理。女皇并不羞于托付一位夫人为亚历山大准备合欢之床，私下教他"性欲产生之快感"。不知这种放荡之诱惑对这个年轻人是否有效。但这些试验对亚历山大并非没有留下烙印。年轻人心里曾经存在的温柔情感，如今因为在风流女皇指使下受到教唆而被毒害和败坏了。亚历山大和如今被称为伊丽莎白的路易莎之间的爱情，在其产生之初，对他们而言便是不小的苦难和内心痛楚的根源。

伊丽莎白的外貌和品行使许多人对她产生好感。身材匀称、温柔可爱、长着淡蓝眼睛的美女，以其身段和才智令众人折服。她很有教养，尽管只有十四岁，但通晓历史和文学。亚历山大虽然比她大一岁，但与她交往却像个孩子。看来，这位巴登的公主喜欢这个俄罗斯的漂亮皇子，但她并不对他怀有热恋未婚夫的未婚妻所固有的尊重和倾慕之情。无论如何，她心里根本不存在那种在圣贤看来妻子对丈夫应有的"敬畏"。自尊的年轻人敏锐地感觉到，他的未婚妻把他看成了大男孩，他感到痛苦。还有另外一些情况也令他内心羞愧。不过，1793年9月23日，亚历山大和伊丽莎白举行了婚礼。叶卡捷琳娜十分高兴，直称两个年轻人为阿穆尔和普绪克。①心地善良的普罗塔索夫却另有别样的印象。"在十月和十一月期间，亚历山大的行为和我们所料想的恰好相反，"他写道，"他贪恋小孩子玩的琐事，特别是军事方面，和从前一样，效仿兄弟，总是在自己的书房里和侍者极其猥亵地戏耍。所有这些与其年龄相应但与其地位不符的猥亵行为，夫人都是看见的。在她的言谈中，殿下的行为竟然也是小孩子脾气：诸多依恋缠绵，有时行为又很粗暴，却又与她的女性温柔不适应。他以为，待人处事必须没有官架子，温柔而随和的礼貌似乎并不恰当，会毁掉爱情。"他当时生活的另外一位见证人——费·瓦·罗斯托普钦也不

---

① 阿穆尔，即丘比特，罗马神话中的爱神。普绪克，是丘比特的妻子，希腊神话中人类灵魂的化身，以蝴蝶式少女的形象出现。

满意亚历山大的行为，他在写给谢·罗·沃龙佐夫伯爵①的信里抱怨大公懒散，不学习，不阅读。罗斯托普钦指出，伊丽莎白"虽然喜欢自己的丈夫，但对她而言他还是太年轻了"，"寂寞会害死她"。这时意外出现了一位博得伊丽莎白好感的人，这就是时年六十岁的叶卡捷琳娜的宠臣——普拉东·祖博夫。他忽然爱上了亚历山大夫人，并且执意追求她。据一位回忆录作者记述，此人没有得到爱情，便整天躺在沙发上，承受欲念折磨之苦。为寻找安慰，他要自己的农奴吹奏横笛。如他所期望的那样，伤感和淫荡的声响应当会治疗他那颗受伤的心。

自然，像舒瓦洛娃公爵夫人和其他造谣生事的宫廷贵妇，都在津津有味地关注着年轻大公夫人的行为。

1795年11月15日，亚历山大给科丘别伊伯爵写信说："当我和妻子两人独处，舒瓦洛娃伯爵夫人不在的时候，我们俩非常幸福。遗憾的是，她总是缠着我的妻子。"亚历山大看到宫里的坏人在编造阴谋，对他并不隐瞒祖博夫的垂涎。"已经有一年零几个月了，"他在一封信里说，"祖博夫伯爵爱上了我的妻子。您想想看，品行如天使般的我的妻子是处于何等难堪的地位。"

描写当时宫廷生活的戈洛维纳伯爵夫人却是这样记述的："欢乐没完没了。女皇极力要把皇村变成极乐之乡……""普拉东·祖博夫也参与其中作乐。大公夫人之优美身材及美貌，很快让他产生强烈的印象。有天晚上，在玩耍当口，亚历山大大公朝我们走来，抓住我的手，也同样握住大公夫人的手说道：'祖博夫爱上了我的妻子。'当面说这些话，让我感到格外痛心。我说，这种想法不会有任何根据，还说，如果祖博夫干出如此发疯的事，应当藐视他，丝毫不必介意。但是已经太迟了。这些不吉利的话已经让大公心情不安了。"

"玩乐之后，我通常要和殿下他们共进晚餐。大公的坦言一直在我头

---

① 谢·罗·沃龙佐夫（1744—1832），伯爵，曾任俄国驻伦敦公使（1784—1806）。

脑里挥之不去。第二天，我们应当在索菲亚的康斯坦丁大公宫里共进午餐，我去找大公夫人以便陪她前往。大公夫人对我说：'咱们躲开别人，我有话对您说。'我表示遵命，她把手递给我，当时我们走到远处，没有人会听到我们说话。她对我说：'今天早晨普罗托普钦伯爵来大公这里，向他证实有关祖博夫的传言。大公向我转述了他们的谈话，他当时焦躁不安，差点和我翻脸。我极为羞愧，不知应该怎么办，大概祖博夫的行为会让我难堪……'

"晚上我们去女皇那边。我碰见祖博夫正处于想入非非的状态。那陶然心醉的目光不停地向我投来，之后又转向大公夫人。不久，祖博夫不幸的疯狂行为在整个皇村都传开了。"

女皇仿佛最后一个知道自己情夫有了新的欲念。看来，她有办法医治他的这种病。她的苦药对他所起的疗效胜过淫猥的伤感笛声。不过有传言说，叶卡捷琳娜在这段不愉快的故事里起到了拉皮条的作用。

伊丽莎白爱自己的丈夫吗？有一次她用法文写在一片纸上："我一生的幸福都握在他的手里，如果他不再爱我，我将是永远不幸的。我将忍受一切，一切，不过，不是这样……"

1793 年 1 月，她给自己的母亲、巴登的侯爵夫人写信：

"您问我是否真的喜欢大公。是的，我喜欢他。有一阵子，我喜欢他达到了疯狂的地步，可是，如今我开始贴近了解他（不是由于了解，他会失去什么，而是完全相反），可是当我们彼此更加了解时，便发觉一些微不足道的琐事，可能是兴之所至脱口而出的真正的琐碎事，他的这些琐事中有些是我不感兴趣的，有些也削弱了我过分的情爱感受。这些琐事不在于他的性格，我相信，在这方面他无可指责，但是，在于他的做派，某种外在的东西……"

4

1795 年拉阿尔普被解职，亚历山大完全停止了学习和工作，同时代的人都说，他丢开书籍，变得慵懒散漫，耽于享乐。未来的皇帝似乎只继续参与加特契纳的军事操练，也许这都是真实情况。但是，亚历山大未必无所事事，虚度光阴。他关注周围发生的事。如果说，他还未能了解远离他的真正的人民的俄罗斯，却能憎恨祖母的专权和宫廷生活的鄙俗。作为未来的君主，他对于当时追求无限权力的疯狂感到羞耻，并希望无论如何要摆脱这种状况。

1796 年 2 月 21 日，亚历山大给拉阿尔普写信说："亲爱的朋友，我时常想到您，以及您同我相处时对我讲的一切。但这并不能改变我的决心，即拒绝以后给予我的尊位。从围绕我所发生的事来看，这种状况对我来说变得越来越难以忍受了。发生这种事是让人难以理解的：大家都在勒索，几乎遇不到好人……"接着，亚历山大抱怨宫廷生活妨碍他学习。但是，他希望克服这些不利条件，再次按照拉阿尔普临走时为他提供的书目读书。弟弟康斯坦丁过分喜好军事纪律，甚至让亚历山大感到害怕："军事行当萦绕在他的头脑里，他对待自己连队的士兵有时非常残酷……""我虽是一名军人，"他在信的末尾写道，"却只期待和平和安定，愿意让出自己的头衔，在您的近旁，或起码在附近，办个农场。妻子和我有同感，我非常高兴她支持我的想法。"

同年春天，亚历山大写信给自己的朋友、当时在君士坦丁堡当大使的维克多·巴甫洛维奇·科丘别伊[①]："我的地位全然不让我满意。对我的性格来说它过于煊赫，我的性格是特别喜欢宁静和安逸的。宫廷生活不是

[①] 维克多·巴甫洛维奇·科丘别伊（1768—1834），亚历山大一世身边的国务活动家，彼得堡科学院名誉院士，机密委员会成员，拥护温和改革。亚历山大一世在位时几乎一直任内务大臣。

为我准备的。当我应该在宫廷抛头露面时，每次都觉得是受罪，每逢看到有人为获得依我看来分文不值的外表体面而做出低劣行为时，我身上的血液都要变坏了。和这些人交往我觉得自己是不幸的，我不希望自己身边有这些像仆人似的人，然而他们在这里却身居高位，比如祖博夫公爵、帕谢克、巴里亚京斯基公爵、两位萨尔蒂科夫、米亚特列夫[1]，还有许多不值一提的人，他们对下级傲慢无理，却曲意逢迎他们所敬畏的人。总而言之，敬爱的朋友，我意识到，我生来不是为了现在我拥有的高位，更不想得到将来要给我的，我发誓要千方百计予以回绝。亲爱的朋友，这就是我很早就想对您说的重大秘密。我以为，再次求您不将此事告诉任何人是多余的，因为您自己会明白，这是我能够为之做出重大牺牲的事。"

看来，亚历山大在精神上已经成熟，并且知道反抗。这已不是那个和自己的侍从玩"淫秽"游戏的男孩子了。他已经形成自己的观点和信念。如果说其中有许多伤感幻想成分，那么，其中也含有折磨这个皇帝一生的痛苦的真实。亚历山大靠专制统治了二十五年，征战和治理国家二十五年，自己时而释放善意，时而倾泻愤恨，但是，他内心却越发经常产生退位的纠结想法，在这方面他苦于自我斗争。1817 年，有一次到南方出访，他当着几个人的面说："若某人有幸领导人民，如我国人民，在危机时刻他就应第一个站出来迎接困难，他应该站在自己的岗位上，直到体力不支。这一时期过去之后就应当离开……至于我，"他富有表情地笑着说，"我目前身体还好，再过十年或十五年，我就五十岁了……"在座的人打断了君主的话。然而，在见证这次谈话的人当中，不是只有一位米哈伊洛夫斯基－达尼列夫斯基会产生有关戴克里先[2] 命运的想法。又过两年，在红村和弟弟尼古拉午餐时，亚历山大对弟弟和弟媳亚历山德拉·费奥多罗夫娜说，康斯坦丁拒绝皇位继承权，尼古拉应准备继位，而且"此事发生的时间可能比预料要提前很多，因为这会

---

① 伊·彼·米亚特列夫（1796—1844），俄国诗人，著有幽默长诗、即兴谐趣诗等。

② 戴克里先（243—313 或 316），公元 284—305 年的罗马皇帝，实行过稳定帝国局势的改革，推行多米那特制，303—304 年开始迫害基督教徒。

发生在他亚历山大在世的时候"。皇帝说："我决定卸下我的职责……远离尘世。"同年秋，亚历山大在华沙对弟弟康斯坦丁说，他下决心"禅让"。1824 年，他对瓦西里契柯夫[①] 说："我愿卸下皇权的重负，它压得我透不过气来……"1825 年春天，他对访问彼得堡的奥兰斯基王子也有类似的表白。最后，在 1826 年 8 月 15 日，尼古拉·巴甫洛维奇加冕前夕，亚历山德拉·费奥多罗夫娜在日记里写道："确实，看到众人时我会想到，已故的皇上有一次曾对我们说自己要让位。他说：'我看见你们从我身边走过，我该是多么高兴呀。我消散在人群里，会向你们高喊乌拉。'"

如此看来，亚历山大一生都在酝酿一种期望。如果说青年时他浪漫地为自己描绘一个未来，"和妻子在莱茵河畔"度过平凡生活，希望得到"与朋友交往和研究大自然的幸福"。那么，在生命的最后时期，他已经不把躲避权力想象成幸福的田园生活了。但是，在这最后的艰难年代，他的思想维系在一个希望上……抛弃一切，无论如何要远离尘世……然而，这种希望每次都变得模糊并消失殆尽，因为弃绝皇位并不是那么容易。亚历山大明白，即位时应当做点什么，保证国家不会瓦解和毁灭。要把政权交给某人，但做到这一点也并非易事。于是，他渐渐认识到，起初必须建立某种制度，让俄罗斯拥有法律和公民权，之后，当自由成为国家的财富时再离开，让别人继续进行他所开创的事业。

当这些想法像某种严整的、他所肯定的东西在他内心形成的时候，命运引导他和一个人走在了一起，此人在他一生中所起的作用并非微不足道。这就是来彼得堡充当人质的年轻的波兰贵族亚当·尤里·查尔托雷斯基公爵[②]。他比亚历山大年长七岁。就是说，1796 年亚历山大十九岁，查尔托雷斯基二十六

---

① 亚·伊·瓦西里契柯夫（1818—1881），俄国公爵，经济学家、政论家，接近斯拉夫派，著有俄国村社史和农民改革后的俄国土地制度方面的著作。

② 亚当·尤里·查尔托雷斯基（1770—1861），波兰世家公爵成员之一，波兰和俄罗斯的政治活动家、文学家，他用法文写的回忆录，是俄国、波兰和法国历史的重要文献。他从1795年起住在彼得堡，是亚历山大一世最亲近的政治顾问之一。长期担任外交官职务，1806年之前为外交大臣。波兰1830年起义时任国民政府首脑，1831年侨居巴黎，他在巴黎的公馆是保守派侨民的中心。

岁。这位年轻的波兰贵族风度优雅，聪明俊美而且有教养，在叶卡捷琳娜宫内显得超群出众，难怪亚历山大要找上门来与他接近。亚当·查尔托雷斯基也不难以自己的仪表吸引年轻的大公及其美丽的妻子。查尔托雷斯基还是十六岁孩子的时候，便结识同时代的一些杰出人物。他认识德国许多哲学家和作家，认识维兰德、赫尔德[①]和歌德。1793年他住在英国。1794年他站在科斯丘什科[②]旗帜下反对俄罗斯，那时，按照叶卡捷琳娜的旨意，科斯丘什科作为俘虏囚禁在彼得堡。

有一次——这是1796年春天，亚历山大邀请查尔托雷斯基来塔弗宫自己家里，他们来到花园，亚历山大和客人散步三个小时，他的率直言谈和自由思想让这个外国人感到惊讶。

"大公对我说，"查尔托雷斯基在回忆录中写道，"他和宫廷办公厅意见不合，却要进行管理，他很不赞成自己祖母的政策和作为，他否定她的原则，他的全部愿望是站在波兰一边的，目的是让它的光荣斗争获得成功。他为它的衰落而悲伤，在他看来，科斯丘什科是富有美德的伟人，因为他捍卫人类的和正义的事业。他对我承认，他仇视专制，在它表现出来的所有地方都仇视；他热爱自由，所有人都同样有权拥有的自由；他抱着深切的同情心关注法国革命……"

"在花园里走来走去，"查尔托雷斯基继续写道，"我们遇到独自散步的大公夫人。大公对我说，他的夫人相信他的一切想法，只有她了解他，并且与他抱有同感，除她之外就是我——我也是自从他的老师离开后，他决定倾诉这些话的第一个人。他绝不可能再让任何人相信这些，因为俄罗斯还没有人能和他抱有同感，或者是理解……"

"不难想象，这次谈话，从他那方面讲是不断展现友谊，从我这方面

---

① 维兰德（1733—1813），德国启蒙运动时期的作家。赫尔德（1744—1803），德国哲学家、评论家、美学家，歌德的朋友，"狂飙突进派"理论家。

② 科斯丘什科（1746—1817），曾参加北美独立战争，是1794年波兰起义的领袖，在战斗中负伤，被俄军俘虏，1796年释放。

讲则是表示惊奇和感激，并保证忠诚……我同他告别时，承认自己情不自禁，深深为之激动，不知道这是做梦还是真的……"

然而，我们现在知道，亚当·查尔托雷斯基当时之所以激动不已，原因不仅仅是由于大公的谈话，也因为他的妻子、未来的皇后伊丽莎白·阿列克谢耶夫娜的迷人的美貌。

5

当时有谁围绕在亚历山大周边？除亚当·查尔托雷斯基之外，谁是他的亲信？首先应当提及当时的年轻仕官侍从亚·尼·戈利岑[①]，此人后来在君主的一生中起过不小的作用。当时，无论他还是亚历山大都没有预见到这一点。那时他刚从贵族子弟军校毕业，个头矮小，滑稽可笑，具有惊人的模仿别人的技巧，是位无与伦比的滑稽人物。在宫廷里他善于钻营，拜倒在名声不佳的宫廷皮条匠、老妇人玛丽娅·萨维什纳·别列库欣希娜的裙下。亚历山大视他为朋友。当时还年轻的戈利岑并不喜欢虔诚派[②]，似乎爱将体力和精力耗费在道德极为可疑的冒险行为上。查尔托雷斯基在回忆录中写到他时说："小个子戈利岑，我们相识时是个坚定的伊壁鸠鲁主义者，自己精于算计，并能够想出一些极其特别的行乐方法。"

1796 年，一对年轻的夫妇——帕·亚·斯特罗加诺夫伯爵[③] 和他的

---

① 亚历山大·尼古拉耶维奇·戈利岑（1773—1848），亚历山大一世时期著名的国务活动家，亚历山大童年时代的好友，崇尚神秘主义，亚历山大一世登基后任俄国圣经会会长、国民教育和宗教事务大臣。

② 德国基督教路德教会中的一派。

③ 帕维尔·亚历山大罗维奇·斯特罗加诺夫（1772—1817），俄国伯爵，中将，参政员，亚历山大一世的亲近顾问，成立俄国机密委员会的倡导者之一，主张自由主义的改良。

妻子索菲娅·弗拉基米罗夫娜来到彼得堡。这个聪明漂亮的女子，尽管身材矮小，有点驼背，后来随着年龄增长变成了佝偻女人，但当时却具有征服众多人心的魅力。有一个时期，亚历山大受到她的诱惑而不能自已，至死都对她十分尊重，抱有好感。她的丈夫推崇英国宪政，年轻时按照其父亲、一位文艺保护人和共济会成员的怪癖，被专门的教养者热里贝·罗姆[1]所掌控。罗姆陪伴这个青年人到国外旅行，并于1789年将其引进巴黎的雅各宾俱乐部。当时，年轻的斯特罗加诺夫与著名的交际花特鲁万达–梅里库尔有关系，此女子身着男装，曾把一些叛逆者带到凡尔赛，要取国王的脑袋。后来斯·弗·斯特罗加诺娃得到伊丽莎白皇后的忠实宠信，而伯爵本人成了亚历山大统治初期的左右手。在亚历山大当时的朋友中，最著名的还有一个人——尼·尼·诺沃西利采夫[2]，亦即斯特罗加诺夫伯爵的亲戚。他比亚历山大的年龄大很多，依靠自己的聪明才智、文化教养和能力，以及善于精准表达自己的想法，对亚历山大有很大的影响。不过，就其极为偏爱淫乐而言，这位杰出人物在道德方面并不是好榜样。关于未来沙皇的另一位好友维克多·巴甫洛维奇·柯丘别伊，可以借用尖酸刻薄的维格尔的嘴来说："在国内一些人面前，他总是炫耀他比别人都了解议会的组成及其成员的权力，他读过所有英国政论家的文章，好像克雷洛夫寓言中的小狮崽儿打算教野兽筑巢似的。俊美的外貌、有时默思的神态、审慎的目光、高傲的礼貌，不过是一面亮丽的帷幕，他巧妙地将自己的缺点藏在它后面，他还没有为国家服务，国家大人物的名声已属于他了……"

　　1796年11月初，叶卡捷琳娜猝然驾崩，保罗登基。一切都立刻改变了。几乎在同一天，亚历山大不得不换上老式的普鲁士军服，在宫廷周围

---

① 热里贝·罗姆，将军，参加过拿破仑战争，雅各宾党人。

② 尼古拉·尼古拉耶维奇·诺沃西利采夫（1761—1836），俄国伯爵，亚历山大一世时期的国务活动家。亚历山大一世对他十分信任并特别有好感，他住在宫里，是机密委员会成员，1813年起实际掌握波兰事务，以残酷著称。曾任国务会议主席和大臣会议主席。

设置了像加特契纳那样的彩条岗亭。保罗没有立即驱赶亚历山大那些自由主义的朋友。他甚至授予查尔托雷斯基兄弟勋章。新沙皇和亚历山大一起拜访了囚禁在大理石宫内某房间的科斯丘什科。大家知道，保罗立即释放了这位波兰起义的领袖。然而保罗亲波兰的情感不太稳定。过了一年，他突然宣布亚当·查尔托雷斯基为撒丁岛公使，将他驱离，而迫使他的兄弟退休，并送出国外。在保罗统治末期，当时在彼得堡，亚历山大时期的自由思想者只剩下帕·亚·斯特罗加诺夫一个人了。因而，皇太子身边现在就只有另类气质的可靠朋友和忠实奴仆——阿列克谢·安德烈耶维奇·阿拉克切耶夫了……不过，这位保罗的宠儿又两次失宠，一次是由于遭佞臣侮辱后被枪杀的列普团长[1]，一次是由于兵器库被盗的虚假告密。亚历山大需要这样一个粗鲁的半开化的加特契纳伍长作为贴身仆人，皇太子就藏在他这个仆役背后躲避刚愎自用的保罗。诚然，很难评价阿拉克切耶夫的执行纪律手段，而且也让人感到沉重，但没有其他办法。"阿列克谢·安德烈耶维奇，"1796年亚历山大写道，"我很高兴收到您的来信。非常遗憾，我的少校和军官在那么点事上受到了惩罚。我希望，今后我会更加关心……"阿拉克切耶夫像位大叔，是亚历山大所需要的。为了帮助未来的皇帝摆脱必须早起签署向保罗呈送的晨报，阿拉克切耶夫每天早晨都带着准备好的文件来见皇太子，当时皇太子还和妻子伊丽莎白躺在床上呢。在这位加特契纳的将军和亚历山大交谈时，伊丽莎白·阿列克谢耶夫娜就把肩膀藏在被子下面。 亚历山大很重视他的忠诚。"我的朋友，阿列克谢·安德烈耶维奇，"他写道，"我无法向你表达，我是多么高兴你将和我在一起，这对我是巨大的安慰，在某种程度上安抚了我与妻子分开的悲伤，坦率地说，离开她让我感到遗憾。"顺便提及，这封1797年从莫斯科寄来的信，虽然能证明亚历山大跟妻子的关系良好，但它未必能完全满足

---

[1] 此处大概指叶甫戈罗夫和彼得·奥西波维奇·格鲁津诺夫两位近卫军团长的案件，他们利用保罗一世的特别信任，因无端怀疑、造假诬告他人和欺骗法庭而被处决。

夫人的自尊心。大概她所期望的是，任何加特契纳的仆人无论如何都不能代替她。

不过很难想象，亚历山大这个并不粗俗而且没有丧失道德情感的人，会看不出阿拉克切耶夫性格中低俗和阴暗的特点。有一次进行阅兵操练时，保罗迫使阿拉克切耶夫呈请退伍，皇太子就此消息询问陆军少将 П. А. 图契科夫，称这个未来的宠臣为"坏蛋"。不过，这个"坏蛋"是亚历山大所需要的。所以，大家可能都喜欢懒洋洋守着老爷财产的名贵的看门狗。然而，亚历山大不是保罗和阿拉克切耶夫那套制度的盲目拥护者。1797 年，他秘密写信给拉阿尔普，信中写道："国家的繁荣在事业治理上不起任何作用。只存在不受限制的可以完全逆转的政权。无法表达在这里存在的所有轻率行为。还要加上缺失些微公道的严厉、相当的偏颇以及办事缺乏经验。选用执行者建立在宠爱之上，在这里，有没有功劳倒无所谓，总之，我的不幸祖国的处境无法描述。农耕者受污辱，经商者被排挤，自由和个人福利遭到破坏。这就是当前俄罗斯的情景，据此情况您想想，我该多么揪心。我本人，必须服从于军务琐事，耗费全部时间去完成下级军官的任务，绝无可能埋头做学问，那是我所喜欢度过的时光……我现在成了最不幸的人。"

6

亚历山大自己终于掌握了政权。如今他本人可以专断地支配千百万人民的命运。保罗曾在自己的一次圣谕中宣称，在法兰西共和国，"腐败的法规和智力的膨胀"践踏了道德规范……亚历山大相信，他也得写这类消极的圣谕。他的朋友帕·亚·斯特罗加诺夫曾告诉他，攻陷巴士底监狱时法国人民是何等兴高采烈。诚然，那个热里贝·洛姆坦教会了斯特罗加诺夫雅各宾人的快活哲理，后来也用匕首自杀了，因为他本人也受到上断头台的威胁，不过，类似的情节却更加彰显共和政体拥护者的健康理念。亚历山大和他那些立即被召至彼得堡的亲近朋友，都是些"拥护共和政体的人"。1801年5月，斯特罗加诺夫建议年轻的沙皇成立机密委员会①，通过该会来讨论国家改革规划。亚历山大乐于接受这一建议，朋友们诙谐地称自己的机密委员会为社会拯救委员会。当时还匆忙颁布了自由敕令。

还在3月17日，当时，保罗的伤残躯体上盖着紫袍，躺在米哈伊洛夫城堡的金銮殿里。好奇的人可以看见皇帝马靴的靴底和遮住面孔的宽帽檐。那时已颁布一系列使日常生活大为缓和的敕令。密案部②被取缔，我们的彼得堡巴士底监狱——彼得保罗要塞——已空无一人：许多关押在那里的人被释放了。流放犯人开始回到不久前还不准他们返回的京城。亚历山大·尼古拉耶维奇·拉吉舍夫也从农村回到了彼得堡。在保罗时期被剥夺权利、如今又予以平反的人大约有一万两千人。3月15日公布流亡者特赦书。出版了一本给警察总监的特别指令，其中规定警察"不得侮辱任何人"，允许从国外进口图书，这是故去的皇帝所禁止的。保罗时期封闭的私人印刷所又开始工作。像市政自治条例一样，贵族勋位颁发制也恢复了。4月，广场上刻有罪犯姓名的绞刑台被拆除。更换了军服，虽然新军服领子太高太硬，穿着很不方便，但仍然受到称赞，因为讨厌的普鲁士款式服装被取缔了。

需要考虑比较重大的改革，并进行切实的探讨。主要是应当了解国内形势。年轻的皇帝对于一些首要的事情还缺乏清晰的认识。例如，当他没有戴上皇冠时，农民问题对他而言是轻而易举的。如今，一切曾经是简单的事物，都突然变成困难和复杂的了。除此之外，有些事皇帝根本不了解。

---

① 机密委员会，1801—1803年亚历山大设立的非正式机构，由亲信斯特罗加诺夫、查尔托雷斯基、科丘别伊、诺沃西里采夫组成。该机构制订了设立新部门、改革参政院等改革方案。

② 此处指参政院密案部，是1762—1801年间俄国最高政治监督和侦查机关。

5月，以他的名义颁布旨令——在官方的公报上禁止刊登地主出卖不带土地农民的广告。是皇帝忘记了这一旨令呢，还是他本人没注意该旨令的执行？只是后来才发现，亚历山大根本不知道贵族拥有这样的权力——像对待牲口似的，把妻子、丈夫和孩子分开出售。沙皇当时在国外，他愤怒地否认俄国存在这样的权力。不过，从这一偶然的抱怨中可以确认，俄国的奴役身份实际上就是奴隶制，而不是农村田园生活，沙皇竟在国务会议上提出这个问题，因自己对当时俄国制度的天真无知使得高级政府机构的高官大为惊讶。拉阿尔普的学生不得不很晚才去了解某些以前就应考虑的问题。

机密委员会由维·巴·科丘别伊伯爵、帕·亚·斯特罗加诺夫、尼·尼·诺沃西利采夫和亚当·查尔托雷斯基公爵组成。亚历山大年龄最小。自由思想者和共和主义者一旦从事现实的政治活动，便突然变成谨小慎微和办事迟缓的人。他们决定从研究俄罗斯开始，然后再进行改革。不过，有的事情要快点办。拉阿尔普关于法律应当高于君主的思想，已被亚历山大牢记。因此，他夏天降旨成立法规编制特别委员会。亚历山大在当时一封私人信件里写道："我要是很快让自己破坏法规，那么谁还会遵从守法的义务呢？如果我能够，也会置身其上，当然我不愿这样，因为我不认为世上有不依据法律产生的公正权力……"不过，所有这些善意的言论，并非全部都能和年轻君主的实际行动联系起来。蜗牛在爬动，将来还会爬，当时需要自己决定一切，因为连模糊的法律也没有，人们从四面八方赶来，在追求什么，尽力效劳，可是，不能相信任何人，因为，他亚历山大甚至不想让这些人来当奴仆。

诚然，拉阿尔普从瑞士来了。但是，亚历山大觉得，如今他不像从前那样有威信了。这位讲话爱教训人的四十岁的男人有点可笑。作为瑞士海尔维第[①]执政内阁的成员，他经常穿符合自己身份的制服。大衣外面的腰间挂一柄大军刀。看见自己和气的老师穿这样的军服，亚历山大觉得滑稽可笑。

---

① 海尔维第共和国，拿破仑入侵后在瑞士建立的政权，存在五年。

没有邀请拉阿尔普参加机密委员会。这类机密会议每周进行两三次。喝过咖啡并进行一般的交谈之后，皇帝离开，与此同时，应邀的全体人员也散去，四个人像密谋者似的，从走廊悄悄走进亚历山大在那里等待他们的一间内室，俄罗斯的命运就在这里决定，但当时还非常抽象，也不是完全意见一致。执行权还掌握在老一辈的显贵们手里，大臣对新国家纲领的拥护者抱着怀疑的态度。在他们眼里，年轻皇帝的朋友是"一帮雅各宾党"。亚历山大不喜欢叶卡捷琳娜时代的显要。他对其中某些人的厌恶难以遏制。某伯爵亚·罗·沃龙佐夫那种拖长的鼻音，以及那些谄媚奉承和阴险狡黠的廷臣做派，一般说来，都让沙皇觉得讨厌。但在当时的事务中，他们都是精通的内行，不得不和Д.П.特罗萨斯基、А.А.别克列肖夫、札瓦多夫斯基伯爵、马尔科夫伯爵以及其他人打交道。亚历山大很容易地摆脱了那些杀害保罗的人，甚至无所不能的帕连伯爵也于1801年夏天离开了宫廷，没有任何反抗。也就是说，亚历山大仅仅让这个傲慢且有权势的人在自己身边待了三个半月。

有时，甚至陛下在场，显贵们也彼此争吵。"他们之间有妒忌心，"有一次亚历山大对自己的副官柯马罗夫斯基说，"我发现了这一点，因为他们当中有一人解释，似乎某件事不能办得更好了，只要他在办事中牵涉到另一人，这个人便会完全否定前一人的意见，似乎也有很明确的证据。因为我处理事务缺乏经验，我的处境很困难，也不知道他们当中谁提的意见是正确的；我指示，但凡涉及总检察长的事务，他们要两个人一起向我报告，我让他们当着我的面随便争论，从中吸收对自己有用的东西。"

这样，亚历山大便不由自主地学习治理国家，至于在莱茵河畔度过美好田园生活的梦想，亦即作为普通公民过平和日子的梦想，不得不放弃了。亚历山大实际上做了什么呢？把权力转交给谁？当然，可能会找到一些廷臣，他们同意承担理政的职责，但这种显贵的寡头政治会毁掉俄罗斯。可能干这事的恰好是一些最不称职的人和贪图私利者。顺便说一下，经过一年多已停止活动的机密委员也不敢考虑顶层的权力问题。此外，他们中间也没有统一的意见。例如，亚当·查尔托雷斯基尽管受到皇上的青睐，也感觉到自己孤立。"虽然我和非官方委员会的同志有亲密的关系，"他在自己的回忆录中写道，"我仍不能完全相信他们：他们的情感，他们经常表现出的纯俄罗斯的思想方式，与我内心深处产生的想法大不相同……"不过，亚历山大却授权他指导对外政策！时任驻俄国宫廷的撒丁岛公使约瑟夫-德-梅斯特[①]，具有敏锐的目光，那一时期，他在自己的札记中写道："查尔托雷斯基将会拥有大权。他高傲，阴险，给人以相当反感的印象。我怀疑，一个追逐王位的波兰人能成为一个好的俄国人。"

众多俄国的爱国者赞同这个法国侨民的意见。对亚历山大来说，这不是秘密，但是，他已经学会了无视自己臣民的意见。

机密委员会干了什么？它的成员中没有谁提出过任何重要的宪法草案。大家都认为应该等一等——甚至热里贝·洛姆的学生斯特罗加诺夫也这样想。当时，宪法可能仅仅是属于阶层的和受监查的，贵族占明显优势。亚历山大和他的朋友意识到，这样的宪法对他们的博爱纲领是直接的威胁。显要们和富裕的贵族像"一群贪婪者"包围着御座，他们不想进行根本性的社会改革，镇压普加乔夫起义之后，他们认为还没有错过和民众沟通的时机。可是从另一方面看，不止一次受到机密委员会关注的农民问题，则要求某些有政策水平的人参与它的决策，这样的人根本没有，而那些对这个问题并非无私心的人，却明显对此感兴趣。

亚历山大时而向一位国务活动家，时而又向另一位国务活动家提出，要他们编写农民改革的方案，但每次都遇到难以克服的阻力。不过，有些老活动家在这一问题上表现得比年轻的改革者更加自由。例如，亚·罗·沃龙佐夫提出一个农民拥有不动产的方案——这似乎是当时从农奴依附关系初步走向解放农民的方案。具有英国保守党观点的莫尔德维诺

---

① 约瑟夫-德-梅斯特（1753—1821），法国哲学家、作家，积极反对法国资产阶级革命。1802—1817 年，他在彼得堡任职期间接近亚历山大一世和他身边的人。

夫，支持商人、小市民和国家农民拥有不动产的思想，但他坚持一种观点，即只有贵族自己愿意，才能从农奴依附关系中解放农民。作为自由主义者，他想解放农民，他希望，随着相当数量拥有雇佣工的农场和农场主的形成，附有耕地农奴的地主经济便会受到排挤，这样就能毫无损害地完成农民的解放。所有方案很快遭到了恶意的抨击。亚历山大无法选定任何一个纲要，因为他到处遇到冷漠和阴暗的反抗。不能把解放农民的事交到他的敌对者手里。不过，后来亚历山大经常回到取缔农奴制的问题上来。他甚至授权阿拉克切耶夫给他提出相应方案，而阿拉克切耶夫制订了以两俄亩份地逐步从地主那里赎买农民的计划，但是，即便在阿拉克切耶夫粗放改革的可怜限度内，亚历山大也无力把事情进行到底。在这个问题上皇帝没有得到任何支持。拉阿尔普甚至发现，在农民文明水平如此低下的时候解放农民，也不是没有危险的。开始时应对他们进行教育和再教育，然后再解放。

不妨对贵族老爷们进行再教育，对显贵们也同样，但缺少人才。亚历山大很久都找不到合适的人出任彼得堡军事总督的职位。被派到这一职位的卡敏斯基元帅，初到这里工作便大发脾气，有次竟对自己的办公厅主任施以拳脚，打得这个不幸的人"像山羊似的冲天直叫"，回到家便病倒了。

亚历山大同这些人相处感到非常无聊，叶卡捷琳娜一度以宫廷的辉煌和豪华掩盖了时代的黑暗道德；保罗喜欢帝王的庄重奢华，但大家由于害怕这个疯子的专横怪癖，都不由自主地尽可能躲避起来；亚历山大不喜欢奢饰和豪华，他想和普通人接近，寻找他们，但他的寻求几乎经常是徒劳的。人们批评他有过分的民主主义。他的衣着和行为像个普通的近卫军军官，并因自己讨厌换岗仪式而令所有人吃惊。

1801年9月15日，加冕典礼不得不在莫斯科进行。亚历山大由于规定的繁缛礼仪而感到身体不适。一有可能，他便离开宫廷那群人，带着忧郁和呆滞的目光，一个人默默独处几个小时。他匆忙离开了莫斯科，虽然到处都隆重欢迎他，有一次他却说："当人们发生幻觉时，这种事不应做得太久，因为它可能破灭。"

7

加冕时曾宣布颁发各种赏赐，然而，许多显贵没有得到他们估计能够得到的农民，都表示不满。亚历山大对其中一位不满者说："俄罗斯大部分农民是奴隶：我认为，扩散对人类的侮辱和此类阶层的不幸，是不必要的。我发过誓，不扩大他们的人数，因而制定一项规则，不出卖农民成为私有财产。"

这些想法未必能安抚显贵高官，这并不奇怪，因为，当时即使受过启蒙思想影响的文学家，也不十分倾向于解放农民。例如，卡拉姆津喜欢在自己的《欧洲通报》上刊登一些感伤主义的中篇小说，其中农奴的生活和地主的日常活动被描绘得像幸福的田园诗一般。要知道，卡拉姆津乃是那时最有教养的人。在《文明之友》①上经常登载杰尔查文和希施科夫的札记，其中会涉及对于皇帝的"雅各宾式"纲领的不友好的暗示。亚历山大就是在这种环境里开始生活的。甚至有些似乎支持青年派自由思想的刊物，也绝不可能脱离阶层和阶级的利害关系。例如，伊·伊·马尔特诺夫出版的《北方通报》曾得到政府的资助，并捍卫宪法纲领，却热心维护地主贵族的特权。

亚历山大登上皇位时，真的打算限制独裁专制，但在实践中他不得不专断地利用自己的权力，而压缩这一权力的企图，又受到他这方面的愤

① 《文明之友》是1804—1806年在莫斯科出版的文艺刊物，发表政论和文学作品，宣传保守观点，其中有些文章涉及亚历山大所思考的改革。

怒回击。众所周知，例如他和参政院的冲突，当时参政院的老爷们试图取消有关取得贵族称号需先担任下等军官的法律。当时，惊慌失措的总检查长、诗人加·罗·杰尔查文毫无诗兴地哆嗦着冲沙皇跑过来说："陛下！整个参政院都反对您……"于是亚历山大脸色大变，冷冷回答这件事由他处理。过了几个月得到的解释是，参政院提高了自己的权限，这样，问题才得以解决。

亚历山大让帕连、帕宁和祖博夫离开了御前官职，但是，他非常清楚，一旦他紧急转动国家航船的舵向，便会出现像杀死保罗一样的伯爵和公爵来杀害他。要知道，他本人——亚历山大已处在密谋中。等待他的不会是公正的报复吧？他对周围所有的人都是颇有礼貌地以笑脸相迎，只要他一人独处便心情郁闷。亚当·查尔托雷斯基公爵和其他了解其幕后生活的人证明，他们往往能观察到陛下令人惊讶的变化：他的欢笑包藏着可怕的忧郁，语言的亲切掩盖了愤怒和藐视。

亚历山大能在哪里找到证据，说明自己的生活是正常的呢？他在哪里能找到自身所处各种矛盾的意义呢？他的训导者的博爱思想绝对解释不了什么。这一切都很抽象和善良，但亚历山大感觉到，需要更重要的东西。剃了胡子的大司祭，像拉阿尔普一样，也很少让他接近真实情况。那些年，亚历山大对宗教也漠然视之。他根本不了解民间的教会，对于走进密林和荒原的苦行者更是闻所未闻。然而，他认识一些出席宗教事务院会议的主教，这些官方的表面的教会，未必能得到他的尊重。十九世纪初，宗教界的地位是被贬低的。神职人员根本无权。1801 年 5 月 22 日，亚历山大颁布了一项关于神父和辅祭不受体罚的告示。需要颁布这种告示说明，当时僧侣们是在何种难以忍受的条件下生存的。法庭经常判处牧师在广场受鞭答。不难想象，在居民眼里，不幸的教士是多么威信扫地。

用于学院、教会学校和神学院的经费预算非常少。学生的生活条件真的恶劣。不过在学业方面，当时的神学院往往并不差，严苛到残酷的制度锻炼了性格。从神学院毕业的有斯佩兰斯基，莫斯科的菲拉列特①和其他著名人物。

亚历山大统治初期，主教公会委员会主席是叶卡捷琳娜的宠儿都主教阿姆夫罗西。这位主教生活奢华，善于结交，与女皇及其显贵们的兴味相投。他以主持礼拜的华丽和在主教别墅欢宴宾客而闻名。他是知名的艺术品爱好者，收藏大量的绘画。然而是谁围绕在这位上流社会主教的身边呢？多数主教是沉默寡言的，往往很守本分，例如，不懂俄语的格鲁吉亚的瓦尔拉姆，坐在主教公会里像个"不说话的玩偶"，不审阅便签署所有文件；陛下的大神父彼得罗维奇，照总监雅科夫列夫的话说，是个"热衷酗酒的和善笨伯"。"陆海军大神父"保罗·奥杰列茨科夫斯基名声不好，被称为自私、专横和狡猾的神父；普斯科夫的主教伊利涅伊是著名学者，通晓希腊语，是博戈斯洛夫②和其他基督教思想重要人物著作的译者和注释者，他对公共事业根本没有兴趣，学业空闲时间的爱好和沙皇的大神父所好相同，喜欢服务于绝非基督教的巴克斯神（指酗酒）；亚罗斯拉夫的主教保罗，是个有教养的聪明人，却把自己的才干耗费在施展各种阴谋和作恶上，他多疑而且贪婪。而抵制主教们这些不良特点的检察长雅科夫列夫本人，是由诺沃西里采夫推荐，亚历山大任命的。这个雅科夫列夫是典型的官僚和形式主义者。他称自己是"这伙掠夺者和强盗中唯一诚实的人"。但是，这个"诚实的人"自然也不能真正促使教士们道德革新。这种自彼得一世确定的教士对国家关系的虚假地位，乃是根深蒂固的罪恶。事实上，如果没有教会，当时我们的宗教管理是处于明显瘫痪状态的。

不难理解，为什么亚历山大登基后大约经过两年，在混沌中寻找完整的世界观时，竟然对共济会发生了兴趣，而不是试图去研究正教的经验

---

① 菲拉列特（1782—1867），曾任莫斯科都主教，参与制定 1861 年关于废除农奴制的宣言。

② 博戈斯洛夫（约 330—约 390），又名格列高利（纳西盎的），希腊诗人、散文作家，教父学派代表人物，小亚细亚纳西盎城主教。写有自传体长诗《我的一生》《我的命运》《我灵魂的痛苦》。

和教义。1803年，大名鼎鼎的共济会成员别别尔拜访年轻的君主。他向亚历山大阐述共济会宗旨的实质，并请求取消对于共济会的禁令。看来亚历山大被来访者的甜言蜜语感动了，不仅自己同意解禁共济会的活动，而且他本人也希望对共济会有所贡献。不知亚历山大是不是自愿的共济会成员，但毫无疑问，在他统治早期，共济会已把他视为自己人，这一点在许多为歌颂俄国皇帝而写的共济会赞美诗里就可以证明。他们颂扬他，是因为"他是——臣民幸福的关怀者，他是——沙皇也是普通人"。他的肖像挂在共济会会所最荣耀的地方。一个立陶宛共济会组织在通信中提及亚历山大时，像对待共济会的同志一样。想必，亚历山大最亲近的朋友们也是共济会会员。例如，斯特罗甘诺夫老爷子就是著名的高级共济会员，自然会想到，他的儿子也参加了具有这种思想和理念的小组。亚当·查尔托雷斯基在自己的回忆录中指出，整个机密委员会都是由共济会成员组成的。可能亚·尼戈利岑公爵也是共济会成员，根据他在主教公会初期活动的特性，他被亚历山大任命为该会的总监。后来戈利岑似乎离开了共济会，在独特的神秘主义和十九世纪前二十年特有的虔诚主义中寻求安慰。这位宠儿、小公爵、少年亚历山大的亲信，又充当至圣主教公会总监的角色——这种景象当然是极其令人称奇的。只有对待教会的态度十分冷淡的时候，才能任命这种人占据类似的岗位。亚历山大也不可能预见到，他这位快活的交谈者，有朝一日会对宗教问题感兴趣。当然，如果这个色鬼仅仅是轻浮的无耻之徒，不把鼻子伸到他所陌生的方面，也许会好些，可是，看来历史的宿命就是如此。起码在1803年10月，戈利岑不懂正教，也不懂基督教，然而，他彬彬有礼，谦恭和善，与自己的前任雅科夫列夫有所不同。

在统治初期，亚历山大把传教视为大众启蒙的一种形式。他不曾涉及宗教的实质，但是，他想利用教士在民间传播某些知识，并确立某些道德原则。所以，在亚历山大看来，路德派牧师和天主教神父，作为有教养的上流社会人士，比我们的正教僧侣有更多受尊重的权力。当时波兰的神父和波罗的海沿岸的牧师很容易得到这样的特权，而这些特权却是俄国教士梦寐以求的。

这些关于有必要进行"启蒙"的考虑，迫使亚历山大善待耶稣会教徒们，他们让皇帝相信，他们准备大公无私地把西方文明移植到荒蛮的俄罗斯。归根结底，这还不是等于让小孩子去啃宗教问答吗？在所有的信仰中有不少是迷信，但在每一种里面又有部分的真理。耶稣会教徒们，起码会在自己的寄宿学校里很好地教授语言、数学、历史。况且他们都是行家。已故保罗·彼得罗维奇的宠儿——格鲁别尔神父，按照疯子沙皇的旨意，几乎做到了"各教会的联合"。格鲁别尔神父劝告戴皇冠者必须采取这种行动。他不仅仅用自己的论辩影响保罗。这个小人物有一个上部尖尖的大脑袋，眼睛经常是谦逊地低垂着目光，不过能看到一切，巨大的才干被隐藏起来了。他治好了皇后玛丽娅·费奥多罗夫娜难忍的牙痛，还亲手为皇上制作受到君主称赞的巧克力。当然，是在这样做之后，才可能指望让沙皇颁发旨令，将所有正教徒联合在罗马教皇的治下。

格鲁别尔神父是宫内最有影响力的人，第一执政波拿巴本人曾讨好并写信给这个耶稣教徒。这位雅各宾党人将军很清楚，神父不会嫌弃和他结盟，因为"对善良的目的而言，一切手段都是好的"。当保罗被害时，罗耀拉①的学生们一点也不感到惊慌。他们知道，亚历山大可能对他们有利，新皇帝登基后格鲁别尔神父立即给他写信，这一点可以证明，基础已经打好了。狡猾的神父没有特别费劲便让上流社会的夫人们信教了，而通过这些官僚家庭的闺房，就可以进入那些对显要、大臣以及皇帝本人有影响的沙龙。以美貌迷住陛下、娘家姓契特维尔钦斯基的玛·阿·纳雷什金娜本人，就是一个耶稣会教士的忏悔者②。布图林娜、戈里津娜、托尔斯塔娅、罗斯托普钦娜、舒瓦洛娃、加加林娜、库拉金娜都乐于施加自己的影响，以便让这些热心的人获得勋章。巨大的积款集中在耶稣会教士手里。他们不仅有力地支配着西部边

---

① 罗耀拉（1491？—1556），耶稣会的创始人。

② 这里是指向神父做忏悔的教徒。

区，而且在帝国全部境域都有影响。天主教神父担心自己在这些有特权的僧侣那里得不到赏识。于是，一些不屈从授勋旨令的倔强的天主教徒，常常因为耶稣会教士的阴险计谋而被流放，甚至坐牢。

这样，亚历山大对所有人都怀有善意，似乎是在所有人那里寻求对自己谋略的支持，但是没有人给予他帮助，每个人都在追求自己的目的，根本不考虑年轻皇帝关于"公共福祉"的幻想。亚历山大有时觉得，他绝对是孤单的，他仿佛处在荒原，他的周围是迷景和幻影。说他是全俄罗斯的专制者，是做梦吧？于是他又想起加冕时他脱口而出的一句话："当人们出现幻觉时，这不会持续太久，因为它会破灭。"

8

亚历山大十分多疑。他那无根据的怀疑让许多人感到惊讶。但是，俄国皇帝的皇位很高，沿着被鲜血弄得湿滑的台阶攀登上去是困难的……应当惊讶的，不是亚历山大多疑，而是他处在那个时代诸多疯狂和幻想的事件当中，却保持着某种精神的平衡，没有像他不幸的父亲那样发疯。亚历山大常常不得不相信忠臣的虚伪和背叛。他不再信任本应信任的人，这也就不足为奇了。在统治初期，那位期待新皇帝做出博爱事迹的弗·尼·卡拉姆津感人的来信令他激动不已。沙皇情不自禁地拥抱他。怎么样呢？后来他得知，这个受他宠爱的公民，他以为是有益的启蒙的拥护者，却大肆宣扬沙皇的私密书信。卡拉姆津徒劳地发誓，他没有把皇帝的书信告诉任何人。亚历山大没想到，书信是经警察检查泄露出来的，根本不是由于不幸的卡拉姆津的过失才变成了公共财富。

类似的误会还不少。有一次，有人报告亚历山大，《旅行记》的作者、著名的拉吉舍夫服毒自杀了，就是那个他好心从农村召回并推荐到法律编制委员会工作的拉吉舍夫。这是怎么回事？这个倔强的人有什么不满呢？原来，在与委员会主席札瓦多夫斯基伯爵的几次交谈中，这位老自由思想者无所顾忌地发挥自己的想法，大谈有必要进行农民解放和其他梦寐以求的改革。针对他激情冲动的讲话，阅历丰富的札瓦多夫斯基说："唉，亚历山大·尼古拉耶维奇，你和从前一样喜欢空谈。恐怕把你流放到西伯利亚还不够吧？"只是，可能这时拉吉舍夫联想到了什么事，他的这些新想法的结果便是精神错乱，导致他在1802年9月11日清晨喝了一杯毒药。皇帝急派御医维里耶赶到自杀者那里，试图抢救他的性命，但已是徒劳。

拉吉舍夫！卡拉姆津！[1] 愚蠢！他们不明白，亚历山大自己也想尽快消灭奴役，确保建立立宪制度，而且自己要离开这个可恨的宝座，可是怎么办呢？难道他作为君主不能试一试加快推行改革？1804年，亚历山大又提出立宪问题。诺沃西里采夫从利弗兰招来那位洛津康姆弗男爵[2]，并授权这位受宠若惊、慌张失措的男爵尽快起草宪法。草案由诺沃西里采夫和查尔托雷斯基编写并改定。不过这个人造矮人[3]一直待在炉子里了。亚历山大注意到另外一个人。这个该当挽救俄罗斯的新人，就是曾在检察长办公室工作、后来任国务秘书的米·米·斯佩兰斯基。他以观点的新颖和独到的思维方法征服了亚历山大。这个三十岁的人，奶白色的面孔，有一对"死牛犊"似的眼睛。据一位回忆录作者描述，他可以用自己那种轻微的拖长音调，让皇上进入催眠状态。当他用那双有权势的白手，捧着厚厚一摞手稿递给沙皇，单调而动人地叙述它的内容时，亚历山大相信，这个斯佩兰斯基——应该就是最终实现他亚历山大所规

---

① 瓦西里·纳札罗维奇·卡拉姆津（1773—1842），社会活动家、启蒙学者，对年轻皇帝很有影响力，虽然只有三年的时间。

② 洛津康姆弗男爵（1762—1832），1803年参加编制宪法的委员会，并制订了改编这个委员会的方案，亲自任秘书长。

③ 人造矮人，指中世纪炼丹士幻想能炼出的人工人。此处指没有实现原来的设想。

划的理想的国家纲领的人。

太好啦，斯佩兰斯基不像叶卡捷琳娜时代的高官。亚历山大讨厌那些显贵，连同他们那慵懒而疑惑的诮笑，以及那些宫廷常客的狎昵礼仪。亚历山大觉得，在自己的青年朋友当中，那种适宜于沙龙的贵族式轻率作风，对于国务是有害的。改革需要清醒和干练的人——不是贵族少爷，不是受宠的廷臣，也不是自我欣赏的官僚……

令亚历山大高兴的是，斯佩兰斯基是教会学校的毕业生。据传，仿佛他还是学生的时候，经总主教加甫利洛的推荐，曾邀请他给亚·鲍·库拉金公爵当老师，他因此而大为惊讶，弄得手足无措；当带徽记的纵列套马的四座马车开到他身后时，仆役似乎费了好大劲儿才把他安顿到马车里，因为他试图站在仆役后座，不敢坐进车里。

可是，这个受教育程度不高的教会中学生很快告别了窘态。他娶了英国女子为妻，并在家里过着英国式生活。显贵们嘲笑他那匹修剪尾巴的瘦马，他每天总是一成不变地穿着英国燕尾服骑马散步，不过这种嘲笑是偷偷进行的，因为这位神父的儿子和民主主义者神气高傲，可以让自己处于独立的地位，对这种平民只能是当面恭维逢迎，私下里却瞧不起他。

1803年，斯佩兰斯基向亚历山大呈交国务改革备忘录。这个民主主义者向沙皇推荐什么呢？原来，他不敢采取坚决的措施来限制专制制度。于是出现一个怪圈：在农奴制下立宪是不可思议的，又不能在专制制度下解放农民。斯佩兰斯基提出，暂时保留君主的绝对特权，与此同时建立一个机构体系，为将来可能进行的改革培养人才。

这个官僚极其聪明而且才华横溢，他的倔强信念有时让亚历山大感到吃惊，他认为新的机构能够造就新人。在自己参与国务活动的最初几年，对斯佩兰斯基来说，个人自身是无谓的。他对个人的评价只能看他在何等程度上参与了这段或那段国家法典的制定。

尽管日常生活中英国派头十足，斯佩兰斯基在自己的国家规划里却根本不遵循大不列颠的思想传统。英国宪章的有机发展是他这个出众的教会中学生的头脑难以理解的。在他的青年时代，他尊崇法兰西法学家和教条学者的抽象唯理论。最初他崇拜法兰西共和国宪法，后来崇拜拿破仑法典。也不应忘记，他是共济会成员。在亚历山大看来，这诱人的光晕萦绕着他。当时，他们俩都相信，秘密结社会给人类带来多方面的福祉。尽管他们有关国家、人民和权力的思想具有理论的抽象性，他们的内心深处当时却隐匿着奇特和冷酷的神秘主义。后来他们两人必然会受到共济会伪真理的迷惑。不过，当时他们就是共济会会员。斯佩兰斯基的倨傲冷酷令人怀疑，他这个无情的人是不是受魔力的支配？一位回忆录作者甚至说，他和斯佩兰斯基交往时，经常闻到硫黄气味，在他的眼里看见了地下世界可怕的淡蓝火星。可是，亚历山大和这个斯佩兰斯基"公民"谈话时并没有闻出硫黄味。皇帝在思想上经常称他为公民。这个标志着共和制自由的表述，让俄罗斯的君主听起来悦耳。他羡慕那个和雅各宾时代的巴黎局势有牵连的斯特罗加诺夫伯爵。他并不反对马上见到那个显示其全部共和国色彩的巴黎人。虽然这个时期巴黎完全由波拿巴掌控，皇帝仍认为法兰西是共和国。因此，由于保罗之死以及俄国与英国恢复和睦而有所不安的总领事，把自己信任的副官杜洛克派到这里的时候，亚历山大急切地等待着他的到来。他终于见到了一个活生生的共和主义者。杜洛克来了。皇帝极力向这个法国人展现魅力，表示殷勤。他总想让他觉得愉快，称他为西图阿因①。当杜洛克相当冷淡地指出，如今在巴黎不喜欢彼此称公民的时候，皇帝竟然是那么惊讶。

9

1801年，在巴黎，有些不太重视雅各宾党隐语的人围绕在第一执政

---

① 法语读音，意为公民。

波拿巴的周围。亚历山大对于法国事务还不甚了解。那里发生了什么事呢？他相信，波拿巴——是大公无私的"革命之子"，在忘我地"拯救法兰西"。他知道，波拿巴手持武器保卫国民公会，但是他不知道，在那个葡月的 12 日，在获得自己的共和国功绩五个小时之前，波拿巴曾大言不惭地说："如果各组织推举我为首领，我敢说，两小时后我们到达杜伊勒利宫①，就让国民公会滚蛋。"

不过，鲁莽的佣兵队长很快便摊牌了。1802 年春天，亚历山大已不怀疑波拿巴在追逐无限的权力。亚历山大甚至明白，这个科西嘉人的暴政威胁整个欧洲。"帷幕落下了，"他写信给拉阿尔普说，"波拿巴让自己失去了凡人所能给予的和他已赢得的好声誉——证明他没有个人杂念，一心为自己祖国的福利和荣誉工作，忠实于他本人宣誓的宪法，经过十年之后放弃他所掌握的权力。然而，取而代之的是，他却选择仿效贵族，同时破坏自己国家的宪法。以后，这就是我们在历史上能够找到的最著名的暴君。"

不过，波拿巴要许多人相信，他根本不是暴君，而是重大革命的体现。根据他的命令，一队龙骑兵在巴登领地内逮捕了孔代家族最后一个后裔当吉安公爵②。当时，即在 1804 年 3 月，公爵在温赛斯城堡被枪决。这件事被理解为所谓的欧洲公论，如同暴君向所有的法制拥护者发出挑战。亚历山大授权我们的巴黎代办向塔列兰送交抗议照会。俄国办事处很快收到复照，声称俄罗斯干涉法兰西内部事务其实是白费心机。照会的作者提请俄国政府注意，当保罗皇帝因英国阴谋被害时，凶手没有受到惩处，法兰西并没有干涉俄国的事务。亚历山大绝不会原谅波拿巴这一可怕的暗示。

5 月 5 日，从俄国召回法国大使，次日法兰西宣布为帝国。波拿巴将军变成了拿破仑皇帝。

---

① 杜伊勒利宫，巴黎的王宫，巴黎公社时期大部分被焚毁，遗址今为公园。

② 当吉安公爵（1772—1804），法国王子，波旁王朝旁系最后一个代表，法国大革命后流亡国外。拿破仑·波拿巴怀疑他企图篡夺王位，1804 年派龙骑将其押回法国，被控参与卡拉达尔密谋而被枪决。

现在，俄国的内部事务在亚历山大看来不是那么重要了。他并不觉得自己与这个他根本不了解的、拥有数百万农民的国家有什么关系。他是个几乎没有俄罗斯血统的外国人的后裔，只是作为一个自由思想者和卢梭感伤主义的崇拜者，他才关心农奴制农民的命运，但这种抽象的同情心对他来说不过是"意识形态"，而不是生死问题。

拿破仑皇帝——是另一回事。在这里提出一个世界性的课题。即将发生的事件的规模对亚历山大皇帝颇有诱惑力，他希望起到他应在欧洲发挥的那种作用。鲜花盛开的莱茵河畔如今对亚历山大·巴甫罗维奇·罗曼诺夫及其夫人伊丽莎白·阿列克谢耶夫娜来说，已不可能是宁静的居处了。不过，亚历山大觉得，对于准备上演悲剧而言德国的景色，较之他感到陌生的俄罗斯的荒原和丘陵，却是更为合适的漂亮布景。此外，他怀念与普鲁士国王两口子的会见。激发其骑士自尊心的路易莎王后的微笑、日耳曼外交官的恭维奉承，指望反拿破仑的政党能恢复波兰疆界到1772年国界（同时俄国失去沃伦和波多尔）的亚当·查尔托雷斯基的煽动——这一切令年轻的君主为之激动，并不可抗拒地吸引他建立反拿破仑联盟。

当然，发动这场准备就绪的战争，有更加深刻的客观原因。亚历山大本人是那些注定引起冲突的巨大自发力量的玩偶。但是，他当时并未察觉这些力量，而是生活在幻想中，以为他本人靠自己的意愿就能决定历史事件的进程。

虽说如此，在亚历山大心里还是存在着加特契纳的传统，弗里德里希大帝在他看来仍是理想的君主，日耳曼文化令人肃然起敬……在亚历山大和弗里德里希－威廉（三世）波茨坦会见的最后一天，在延长时间的晚餐之后，俄国皇帝提出去拜谒安葬弗里德里希大帝遗骸的地下坟墓。

国王和王后表示乐意前往。他们没有带随从。他们三人站在那个加冕的伏尔泰主义者和共济会会员的棺木旁。亚历山大用嘴唇吻一吻这个加特契纳偶像的棺材盖，当着路易莎的面，皇帝和国王在棺木旁宣誓永远保持友好。在摇曳的烛光下，亚历山大看见美貌的路易莎那热恋的目光紧紧盯着他。

这时，拿破仑与任何浪漫主义格格不入，在击溃并俘获马克将军的奥地利军队之后，以不可阻挡之势长驱直入维也纳。奥地利首都陷落。多瑙河桥被拿破仑占领。

库图佐夫对奥地利人表示气愤，调集自己的部队与布克斯切夫金伯爵的军队会合。库图佐夫巧妙的机动达到了目的，将大约八万人集中在奥里梅茨附近。亚历山大为波茨坦陵前的场景所激动，并受其鼓舞，要对其视为自由和文明之敌的拿破仑进行斗争，他出现在库图佐夫的军队中，我们的老兵们却以冷漠的沉默来迎接这位年轻的君主。这也不难理解——因为战事不受欢迎；奥地利的军需不供应粮秣和靴子；人们疲于复杂地转移行军，有关奥地利人背叛的流言也广为传播。

敌方的士气和最初遇到的不信任，让亚历山大颇感惊讶。怎么啦？不久前还隆重欢迎过他。不久前这伙人还准备套马，想亲自去送他——亚历山大皇帝。如今这些人却郁郁寡欢，沉默无言！

他亚历山大不喜欢这个米哈伊尔·伊拉利昂诺维奇·戈列尼舍-库图佐夫。他的表情就像这些士兵，不知为什么总不相信自己的皇上。这个库图佐夫似乎也经常在狡猾地眨眼睛。这是怎么回事？噢，他在阿卢什塔受过伤，致使一只眼睛失明。仿佛更早些，是在1785年围攻奥哈科沃的时候。他亚历山大当然不会怀疑这位将军个人的勇敢。苏沃洛夫曾打趣说："进攻伊兹迈伊尔时，库图佐夫处在我的左翼，但他是我的右手。"但是，这些叶卡捷琳娜时代的英雄都不理解：军事科学前进了，现在需要的是奥地利人韦罗特这样的战略家。为讨好俄罗斯的爱国者，就让这老头子作为总司令待在自己的荣誉岗位上吧，但是，他亚历山大自己，将和韦罗特一起指挥军事行动。在阻击傲慢的波拿巴时，不知为何，库图佐夫总是行动迟缓，喜欢后撤。

11月16日，亚历山大初次来到战场。这是在维沙乌的先头部队的一次战役，我们战胜了。皇帝和进攻部队一起骑马行进，听得见子弹呼啸而过的声音。后来他勒住战马，当时射击已停止，他默默无言地行走在旷野里，仔细观察一个戴长柄眼镜的死者，并为之深深叹息。这一天他没吃任何东西。

在奥斯特利茨战役之前几天，波拿巴派萨瓦里将军来见亚历山大，应该是告知俄国君主，说拿破仑希望媾和。亚历山大又派 П. П. 多尔戈鲁科夫公爵去见波拿巴。拿破仑来到战地前哨见他，并粗暴地打断这个办公厅官员的话说：“我们要打很久吗？想要我怎么样？亚历山大皇帝为何要同我作战？他需要什么？他想扩大俄罗斯的边界应当去找土耳其人。”年轻的多尔戈鲁科夫让波拿巴知道，俄国皇帝不希望打仗。正相反，事关正义和民族的自由。拿破仑觉得可笑，这个年轻人滔滔不绝的议论像是要教训他什么。奥斯特利茨战役之后过了三天，拿破仑写信给符腾堡的选帝侯说，亚历山大派一个鲁莽的轻浮小子来谈判，和他谈话时，好像他拿破仑是个可能被流放西伯利亚的俄国贵族。

这样的轻浮后生还有不少围绕在亚历山大周边。他们涉足战略部署，并想和那些不顾及总司令意见而自行制定作战命令的德国和奥地利的军事学究们分享荣誉。库图佐夫对一切都不过问。没有统一的计划，指挥官不能及时收到明确的作战命令。11 月 20 日黎明，亚历山大和库图佐夫一起到军队各处视察时，注意到有些军队里士兵没有给武器装弹药。士兵并不怀疑战役已经开始，他们却在篝火旁取暖。

“您怎么看，事情进行得还好吗？”战役开始之前，亚历山大问库图佐夫。

狡猾的老头儿笑着回答：

“在陛下统率之下，有谁能怀疑会取得胜利！”

亚历山大皱起眉头，嘟哝着说：

“不，这里是您在指挥，我不过是观众。”

库图佐夫恭顺地低下头。他毫不掩饰，不相信会战能取胜，与作战部署相反，他力图用全部火力守住普拉岑高地，拿破仑认为这里是有利地形，而以自己的计划断送了俄国军队的韦罗特却根本不明白这一点。后来回忆起奥斯特利茨战役时，亚历山大说："我那时年轻，没有经验。库图佐夫告诉我，我们应当采取另一种行动方式，而他本来应该更顽强地坚持自己的意见。"

奥斯特利茨战役持续时间不长。与敌军初次遭遇后，经过一个半小时联军便动摇了。俄军丢失的普拉岑高地被法国人占领，如库图佐夫预见的那样，这是结局的开始。

根据随从先生们的窘迫不安和茫然的表情，亚历山大猜到战役输掉了。他跟随第四纵队到达敌人火线内。在离他几步远的地方，御医维里耶的马被霰弹击伤了。十一月的寒风呼啸与子弹的嘶鸣混杂在一起。步兵营背向敌军从皇帝身边跑过去。亚历山大环顾四周——随从们散开了。只有维里耶换了马，和调马师伊恩内在他后面跟随骑行。皇帝勒住马，身上立即落满了土。这是近旁有敌人的炮弹落下。已不能再往前行。散乱奔逃的人群引起陛下注意，他处在被尸体覆盖的荒原。天色暗下来，马匹数次踏在死人身上。不料想，一条小沟阻断了去路，亚历山大骑术不佳，怎么也不能按调马师的示范跳过去。最后，伊恩内重击一下亚历山大的马，他们才得以到达小沟的对面。

不知何故，亚历山大回忆起，他曾希望和当时心爱的伊丽莎白住到莱茵河畔宁静的小房子里。如今他面前却立着一棵秃树，像黑暗中的绞刑架。皇帝翻身下马，坐在地上，用双手捂住了脸。

10

众所周知，奥斯特利茨残杀的结果是，签订了羞辱奥地利的普列斯堡和约，普鲁士和拿破仑签订条约，以及俄国军队退到我国的边境。亚历山大不能容忍这种贬低俄罗斯大国的状况。按照他的计划，除招募新兵之外，还建立了由六万人组成的民兵，不过，这个组织的五分之四民兵，国库根本没有武器。离乡背井的不幸的农民是用长枪武装起来的。国家因招募新兵而变得空虚，几近破产，而对这个完全无益于战事、有名无实的军团的供应，也成了国家在预算上的沉重负担。

不久前，在亚历山大的想象中拿破仑还是个雅各宾党人，现在却成了粗暴的篡夺者。顺便提及，正教圣教公会遵照皇帝的最新旨意曾发出告民众书，其中对拿破仑有几句十分明确的话。"全世界都知道他渎神的图谋和作为，是用来修正法规和真理的，"主教公会写道，"还在法兰西国内民众愤怒爆发时期，在人类受苦受难并招致上天诅咒其肇事者的渎神的革命年代，他就放弃了基督教信仰，在民众集会上隆重举行由伪证的叛教者组织的偶像崇拜的庆典，在自己的狡诈同谋的集会上，祭祀唯一的至高无上的神，这祭祀对一些蠢货、坏蛋和荡妇以及为他们服务的白痴来说却是应分的事……"，诸如此类。在号召书最后，则宣称拿破仑是反基督教的："他摒弃神权思想，妄图借助于打着基督名义的仇恨者及其邪恶干将、犹太人，在狂暴中劫取弥赛亚的神圣名字（对此每个人想起来都觉得可怕！）：让他看看——他是丧尽天良、必遭鄙视的坏蛋。"

亚历山大反复阅读这篇号召书，脸色变得通红，皱起了眉头。他的面孔像患牙痛病般扭曲变形。他真的相信，拿破仑——是人类的敌人，但是为什么他不喜欢这篇主教公会的号召书呢！"这一切应当用别的措辞来表达。"他想。主教公会对法国革命像对待万恶之源。要知道，他亚历山大曾和自己的朋友一起称赞过起义的法兰西人民的激情。波旁王朝的覆灭并非偶然。他们的方针也不是没有错误，自然是，命运最终惩罚了拥有特权的腐败者。但是事情已过去了，主教公会的号召书对人民也许会有说服力。对于经常遭受内心道德矛盾之苦的亚历山大来说，这些不过是小小的安慰。但丝毫不应怀疑的是，无论如何也要行动起来，和不知疲倦的敌人进行斗争。应当说服弗里德里希－威廉和法国决裂。这样，亚历山大首先要利用受他诱惑的路易莎的影响力来达到自己的目的。不幸的是，普鲁士与法国之间的决裂在亚历山大算计之前已经发生了。俄国军队没来得及援助弗里德里希－威廉，拿破仑在耶拿彻底打败了普鲁士人。整个普鲁士被法国人占领，国王夫妇就栖身在临近俄国边境的梅梅尔。

亚历山大的不幸接踵而来。俄国军队在卡缅斯基元帅率领下向波兰进军。看来，这位老将军是发疯了，他疯狂的命令差点葬送了我们的军队。不过，这位半疯将军的解职只是推迟了我们的失败。诚然，贝尼格森在东普鲁士的艾劳村光荣地坚持着与拿破仑战斗。但又过了五个月，法军却在弗里德兰击溃了俄国军队。亚历山大看不到能获得任何人的支持。他的兄弟康斯坦丁、这位加特契纳近卫军的倔强老兵，像吓人的阿拉克切耶夫一样，原来也是害怕战争的十足的胆小鬼。弗里德兰战败后，康斯坦丁·巴甫洛维奇写信给亚历山大说："陛下！如果您不想和法国讲和，那会怎么样？就把上了子弹的枪发给您的每个士兵，命令他们照自己的脑门开枪吧。"

弗里德兰悲剧之后又上演蒂尔西特喜剧，不得不和拿破仑签订和约。若是继续战争，胜利者也感觉不出自己多么强大。波拿巴用巨大的代价取得了自己的胜利，情愿在缔结和约时迎接亚历山大。两位皇帝在涅曼河上著名的会见实际上是重大事件，因为，当时在蒂尔西特的木筏上相遇的，不仅是两种不同文化的代表，而且是直接对立文化的代表。

拿破仑竭尽全力把蒂尔西特这场戏装扮得漂亮。一些回忆录作者，他们之后则是历史学家们，客观地描述亚历山大是那么"迷人"，"身穿朴素的略嫌沉重的普列奥布拉任斯基兵团的制服，披一件带金穗的大翻领黑色大氅，穿白色马裤，佩绶带，头戴饰有黑白羽毛的大三角帽"。对拿破仑的马裤和三角帽也有类似描写，还说两个皇帝拥抱过，走进木筏上的大帐篷里，他们在这里单独停留将近两个小时，深信他们是在决定世界的命运。这两位皇帝当时似乎没有明确意识到，他们只是这场和解喜剧的演员，在表演角色，而不是编剧。他们似乎觉得，历史的车轮转向何方取决于他们。

亚历山大和拿破仑当时彼此耍诡计，并且也向为他们悄悄提词的历史老婆婆耍诡计，最终，他们每个人自己对自己耍了诡计。关于自己这位新"朋友"，拿破仑从蒂尔西特写信给约瑟芬①说："这是——一位极其和善的年轻皇帝。他比人们对他料想的要聪明得多。"后来，拿破仑肯定亚历山大具有外交才干，称他为"北方的塔尔玛②"和"拜占庭的希腊人"。

当时待在帐篷里的两位皇帝彼此相信他们是"朋友"，他们通过兄弟般的努力可以保证全世界幸福昌盛。未被拿破仑邀请的亚历山大的另外一个朋友——弗德里希－威廉，悲伤地回想起在弗里德里希大帝棺木旁的波茨坦誓言。这位不幸的普鲁士国王沿着涅曼河边骑行，放马走进水里，神情茫然，差一点淹死。

应为亚历山大说句公道话，他在拿破仑面前曾为失去王位的波茨坦朋友进行过斡旋。但是拿破仑坚拒与普鲁士结盟。对他来说，与俄国结盟已经足够。"我通常是两个人一块睡觉，"他说，"但从来不三个人一起。"

众所周知，蒂尔西特会议以什么告终。普鲁士归还了它占有的一半领土；恢复了华沙大公国；亚历山大赞成由拿破仑构想的、旨在反对英国的大陆体系；俄国和法国缔结了秘密的同盟条约……

北方的塔尔玛、亚历山大对萨瓦里③这样议论拿破仑："我对谁也没有像对他那样保持警惕，可是经过四十五分钟的谈话以后，这警惕像梦一般消失了。"亚历山大对法国外交官雷赛布说："我为什么没有早一点见到他！……眼罩去掉了，谬误时期过去了。"

拿破仑以为他愚弄了狡猾的"拜占庭人"亚历山大。俄国皇帝准备暂

---

① 约瑟芬（1763—1814），拿破仑的第一任妻子。

② 塔尔玛（1763—1826），法国演员，法国大革命时期曾参加创办共和国剧院工作。古典主义和现实主义表演艺术的杰出代表，演出服装和化妆的改革者。

③ 萨瓦里·勒奈（1774—1852），法国将军，拿破仑的副官。

时支持拿破仑幻想。

1807年6月17日，亚历山大从蒂尔西特写信给自己的密友、妹妹叶卡捷琳娜·巴甫洛夫娜说："上帝救了我们！我们甚至会带着某种荣光退出战斗，而不是牺牲。关于这些事件您能说些什么呢？我一连几天陪着波拿巴，几个小时和他单独待在一起。您会有同感，这些像是做梦。昨天午夜他从我这里走了。噢，我多么想让您成为这里所发生一切的隐蔽的见证人。"

实际上，俄国"最虔诚"的君主受到"基督教敌人"的拥抱，诚如主教公会号召书所说，是受到"应被鄙视的坏蛋"的拥抱——对于当代人和后代来说，这真是令人惊讶的景象。

于是，两位皇帝像朋友似的分别了。亚历山大回到彼得堡才清楚地意识到，在那里等待他的是人们的困惑和忧虑。同时代人很难理解亚历山大玩的这出奇怪的把戏。当时他把一切——俄罗斯和自己的荣誉，都押作了赌注。当时，他无论如何要赢得时间。弗里德兰溃败之后，已不可能和拿破仑再战，亚历山大咬紧牙关，忍受着不被信任和失望的郁闷气氛，不得不将自己的最终想法和目的对所有的人藏匿起来，在这种氛围里过日子。

这一时期，拿破仑也有自己不愉快的事。他远征葡萄牙和意大利似乎取得了成功。他迫使波旁家族退出自己的统治权力，扶植自己的兄弟成为西班牙国王。但是，在那里发生了一件料想不到的事。发生了反对占领者的人民战争。和自发势力进行斗争是非常困难的，在实现自己意志的道路上，拿破仑遇到了他从未料到的阻力。西班牙人把法国人赶出了马德里。

拿破仑的这次失败鼓舞了奥地利，它开始准备参战。必须把俄罗斯引进法国的政策中来，迫使亚历山大履行在蒂尔西特条约中规定的同盟义务。

这就是爱尔富特[①]会见的原因。

---

① 爱尔富特，德国小城，1808年10月俄法在此地签订爱尔富特同盟专约，重申蒂尔西特和约（1807），拿破仑承认了俄国对芬兰、摩尔达维亚和瓦拉几亚的权利。

亚历山大不愿意参加这次会见。皇后伊丽莎白·阿列克谢耶夫娜也不掩饰自己的担心。由于波拿巴背信弃义，什么事都可能发生。她担心再次发生巴约讷事件①，让亚历山大遭到西班牙波旁家族的命运。但是，爱福尔特所发生的事不完全像在巴约讷那样。

　　自蒂尔西特会见以来大约过了一年。现在拿破仑当面看出：亚历山大已不像亲切拥抱时那么顺从了。俄国经过几次失败的远征后已恢复过来，法国却由于西班牙的突然反抗而有所削弱。

　　拿破仑以隆重、豪华的礼仪迎接自己的盟友。到处欢歌起舞。在爱尔福特，顶尖的巴黎演员上演高乃伊、拉辛和伏尔泰的戏剧。看来，拿破仑的优秀侍从都交由这位北方君主支配了。但亚历山大却谨慎而克制。有一次拿破仑对科兰古②说："您那位皇帝倔强得像头骡子，对不愿意听的话充耳不闻。"

　　谈判中拿破仑提出一项要求：亚历山大应与他共同迫使奥地利解除武装。亚历山大不赞同这样。拿破仑觉得俄国皇帝要摆脱他的影响。

　　有一次拿破仑勃然大怒。这是他常有的一种残忍的疯狂发作。在这种情况下他可能令人致残，例如，他对参议员沃里内就是这样，后者竟敢说："法兰西有求于波旁家族。"为此他被波拿巴踹肚子。再一次是对贝蒂耶③下手，为一句说错的恭维话竟把他推得紧靠墙壁，用拳头击打他的脸。这一次，波拿巴的愤怒表现是：把自己的三角帽摔在地上，恶狠狠地喘着粗气，长时间用脚踩踏。

　　亚历山大却笑而不言，看着这幕戏，沉默一会儿之后，他平静地说：

---

① 巴约讷事件，1808 年 6 月至 7 月，拿破仑为掩盖对西班牙实际上的统治，由西班牙贵族和高级政府代表组成议会，通过宪法，宣布西班牙为君主立宪国家，选其弟约瑟夫·波拿巴为国王。

② 科兰古（1773—1827），法国侯爵，拥护拿破仑的贵族，1806—1811 年出使彼得堡，百日王朝时任外交部部长，著有颂扬拿破仑的回忆录。

③ 贝蒂耶（1753—1815），法国元帅，参加过法国大革命和拿破仑战争。曾任拿破仑的陆军部长、军队参谋长。

"您太激动了，而我坚持认为，对我愤怒是无济于事的。我们还是要谈一谈，讨论一下，或者是，我离开。"拿破仑不得不容忍自己这位冷静的谈判对手，后者竟然起身要离开这个发怒的科西嘉人。改变腔调，再次变得客气，对拿破仑来说是轻而易举的：这种转换他做得迅速而且毫无困难。

爱尔福特的喜剧和蒂尔西特的一样，都包含着建立在精巧欺骗上的阴谋。是谁欺骗了谁呢？大概，拿破仑也好，亚历山大也好，两个人都在说谎。无论如何俄国皇帝不相信拿破仑的忠诚，尽管他总在诱惑人。但是亚历山大也明白，他不会很快有机会摊牌。他必须发挥拿破仑作为真正同盟者的作用，这引起俄国爱国者的愤怒和疑虑，这些人怎么也弄不明白他的外交政策的真实意图。亚历山大背负着沉重的十字架。他甚至在冒险，会永远丧失与当时俄国社会一些社交圈的道义联系，他们都在自觉地关心政治事件的发展趋势。北方的塔尔玛承担着艰难的角色。这个时期他只有一个密友——妹妹叶卡捷琳娜·巴甫洛夫娜。当时他写信给她："波拿巴以为我不过是个笨蛋。可是，谁笑到最后谁笑得最好。"俄国政治家们并不知道这些隐秘的书信。当谢·罗·沃罗佐夫向奉旨签署蒂尔西特和约的人建议骑驴回京时，大家都会心地笑了。在莫斯科和彼得堡，奥泽罗夫的爱国主义悲剧和克雷洛夫的喜剧成了公众喜爱的剧目。社会舆论是反对亚历山大的。类似于加·罗·杰尔查文、阿·谢·希施科夫和С. И. 格林卡的爱国者们及其刊物《俄国通报》，表现得特别愤怒。反对派以皇太后为核心人物。对拿破仑来说这些不是秘密，而亚历山大却要安抚法国大使。广大群众中也充斥着对亚历山大的不满。所有人都觉得本民族的尊严受到了侮辱。毕竟，不久前神父还在圣坛向他们宣讲号召书，把拿破仑定名为恶棍和基督教的敌人，而如今俄国沙皇却称他是自己的兄弟。斯特金格公爵向古斯塔夫四世国王报告说："对亚历山大的不满越来越多，在这方面，人们说了一些听起来可怕的话。"亚历山大本人被迫向萨瓦里宣称，虽然他本人受到威胁，但在自己的对外政策上他是不动摇的。他说："让那些指望我到另一世界的人去忙活吧，以为他们能迫使我做出让步或者败坏名誉，那是妄想。"

赫尔岑称亚历山大是"加冕的哈姆雷特"。如果这是指他所固有的道德和精神的摇摆不定，那是对的。但是在实际政策上，亚历山大往往表现出丹麦王子根本不具备的那种坚定。

11

俄国驻巴黎大使库拉金公爵重金收买外交部的官员，得到一份很重要的机密文件。这就是杜洛克的报告，他在报告里阐述自己有关法国政策想法的同时，向拿破仑指出亚历山大的一些诡秘计谋。按杜洛克的话说，爱尔福特协议只对俄罗斯一方有利。还是在蒂尔西特的时候，拿破仑就对俄国皇帝，应当做到"不让瑞典的炮火恐吓彼得堡的美女"。波拿巴的话意味着："我丝毫不反对俄国占领芬兰。"亚历山大自然是利用了这个实用的劝告。

不仅如此。当时国人认为蒂尔西特–爱尔福特协议是对俄国的侮辱，法国的爱国者对这件事有另外的理解。杜洛克在自己的报告里写道："亚历山大皇帝在爱尔福特将占领普鲁士地区的法国军队驱离自己的边境之后，便有可能加强反奥斯曼帝国的军队。他不出一兵一卒，就统治塞尔维亚……土耳其北部已在俄国人的掌控之下（sous le canon des russes）；希腊屈服于他们的政策，并且以同一信仰和他们连成一气；法国人在达尔马提亚的统治并不稳固；再走一步，意大利也危险。庞然大物俄罗斯向南方转移，威胁着要驱逐法国对地中海的统治，地中海对于法国的强大是如此重要，对于它南方地区的富庶也同样是必需的。一旦失去它，法国军团只有在亚得里亚海的平原地带和危险的同盟者展开一场血战，才能把它收回来。"

心生恐惧才睁大眼睛，说"俄罗斯庞然大物"吓坏了法国外交官的想象力是缺乏根据的。这时亚历山大还没有那么广泛的计划，但是他意识到，迟早要和拿破仑发生摩擦，并做好了斗争的准备。

可是，他还要考虑另外一种危险。他明白，他失去了他在俄罗斯得到的同情，当时，保罗被杀之后，他亚历山大发布了自由文告。需要着手治理内部事务，以便找回统治国人的权力。他现在进行这一迫切需要的事业，并不抱有近期可实现"公共福祉"的那种年轻人的天真信念。他现在已认识到，"现实的政策"意味着什么。生活给了他严峻的教训。

如果说拿破仑没能征服亚历山大的心，他却不费力气地俘获了一个当时随皇帝去爱尔福特的人——斯佩兰斯基。波拿巴的古罗马智慧，令这位将自我设定的法规建立在严格体系上的法学家的心灵为之震撼。当斯佩兰斯基在亚历山大面前大肆吹捧天才的拿破仑时，亚历山大没有反驳他。他当时还不得不将自己对敌人的态度隐藏起来。让斯佩兰斯基赞扬波拿巴去吧，甚至可以把这一切有关国家改革的复杂而必须做的事，都交给这个聪明人去做。让他模仿拿破仑的法典，为俄国编制一套机构体系。当时斯佩兰斯基坚信，人完全是由权力和社会制度决定的，后来这一信念却有所动摇。他说，必须给予国家应有的公民机构和国家机构，坏人才会变成好人。尽管亚历山大赋予斯佩兰斯基大权，并向他提供一切可能来推行改革，但他在这方面仍然是非常怀疑的。

众所周知，斯佩兰斯基编定了宪法。这一宪法是建立在沙堆上的，因为规定农奴制仍然起作用。然而亚历山大支持这个计划。他曾决定并不立即实行宪法，而是逐步推进，公布部分有关新机构的法律。斯佩兰斯基仅实现了两项改革——建立国务委员会和各部的机关。但这种局部改革也引起了旧制度拥护者的愤怒。他们的思想鼓动者就是卡拉姆津。亚历山大读着通过妹妹叶卡捷琳娜·巴甫洛夫娜呈送给他的充满激情的动人书信《论述古老和新近的俄罗斯》，心想这大概是在谈自己奇特的命运。不是他经常想要弃绝权力吗？而现在他却要专断地使用权力。这不奇怪吗？他这个专制者命令限制专制，而那些自以为是专制制度捍卫者的人，却侵犯他的最高权力，并事先向他指出，他们认为什么对俄罗斯来说是最好的。于是亚历山大怀疑这里有某种可怕的谎言，在论述"登基君主"权力的文句后面，隐匿着另外一种、似乎全然并非无私的东西。亚历山大并不怀疑卡拉姆津本人像小孩子一般纯洁，但是，当他想到，如此贪婪的一群农奴主，找到了一个掌握笔杆子、没有道德污点、毫无疑问能捍卫他们直接利益的人，并因此而高兴欢呼时，他亚历山大的心里，仿佛伤口破裂，简直不想活了。

应该在卡拉姆津和斯佩兰斯基之间做出选择。卡拉姆津坚信，机构本身没有任何问题：问题在于人。要是拥有精神方面能达到应有高度的人——国家将会昌盛繁荣。要是他们因循守旧、积习难改——那么任何共和国，甚至最理想的，也不能把他们改变成优秀的人。考虑到卡拉姆津的这些想法，亚历山大倾向于赞成这位空想家的意见。可是斯佩兰斯基来了，并且表达了完全不同的想法。于是，亚历山大似乎觉得，拉阿尔普的崇高思想也可以实现。一切都是协调的，公正和明智的。谁也不能比米哈伊尔·米哈伊洛维奇更好地阐述权和法、国家和社会之间的关系。他以惊人的毅力推行巨大的立宪工程。还没有人知道，这些正在准备中的改革的目的，是把民族从专制独裁中解放出来。亚历山大明白，当保罗用专制制度管理俄国时，它是如何崩溃的。应当保证它将来不会重蹈覆辙。这个斯佩兰斯基是多么大公无私！他满脑子只有一种思想。他没有朋友，没有同党。他只孤身一人。然而，亚历山大把他捧到了他不必害怕任何敌手和任何反对者的高度。

不过情况不完全是这样。亚历山大没发现，专制制度仍在完全发挥作用，高傲的斯佩兰斯基目前尚无任何保障，以确保他个人能摆脱全俄罗斯专制者的痼疾。

然而，所有的高官，无论年老或是年轻，都仇视这位教会中学生暴发户。阿拉克切耶夫最恨他。亚历山大的这位加特契纳老朋友无法和斯佩兰斯基竞争，因为他意识到自己没有文化，而且他也没有什么东西可用来对抗改革者政治的和国务的计划。他只有一项未予反击——就是亚历山大对斯佩兰斯基私下的亲近。只有他阿拉克切耶夫一个人应该算是宠臣，无论如何，必须断绝亚历山大对这个傲慢家伙的偏爱。

1809年春天的旨令中，根据斯佩兰斯基的意见，宫廷称号应当与国家职务联系起来；同年秋天的旨令中，有关获得某种官衔的考试，这两项法令在廷臣和官员中引起了公愤。不过，当时要扳倒斯佩兰斯基还是困难的。1810年1月1日国务会议隆重召开——这个机构对当时的一些保守者来说乃是危险的革新。这一事件之后两年，斯佩兰斯基继续利用亚历山大的信任，准备制定宪法草案。他的命运在1812年春天才有结果。

有一些人，他们让亚历山大睁开眼睛正视斯佩兰斯基的个性。皇帝以为这个法治拥护者真的赞同君主的计划，但这是枉费心机。斯佩兰斯基是个伪君子。他只考虑自己的荣誉，他甚至不愿和任何人分享这种荣誉。他瞧不起皇帝本人。警务大臣巴拉肖夫报告，有一次斯佩兰斯基同他谈话时说："您要了解陛下的多疑性格。凡他做的事他只做一半。要管事他太软弱，当被管理者倒是有能力。"还有另外一些告发者。斯佩兰斯基倾向于建立共和国。他幻想成为独裁者。他竟敢骑在自己国君头上。陛下不相信。那么，请看一封信，果然是出自斯佩兰斯基的手笔。信里写道，为了视察工事，"我们的沃布朗克，我们的沃布朗克（veau blanc）[1]要到西部边境去"。

斯佩兰斯基的命运已定。不过，他的倒台也有相当客观的原因。从爱尔福特会见起又过了三年多。考验的时期来到了。可能要摘下假面具，面临与波拿巴的战斗。

拿破仑的崇拜者斯佩兰斯基像是眼中钉。需要采取一次行动，以强调我们的爱国纲领。必须牺牲斯佩兰斯基。很快有人制造传言说，斯佩兰斯基叛变了。大家都知道斯佩兰斯基和涅谢尔罗德[2]的书信往来，其中通信

---

[1] 法语译音，意为"小白脸"，暗示亚历山大皇帝缺乏资历。

[2] 卡尔·瓦西利耶维奇·涅谢尔罗德（1780—1862），德国出生，长期任俄罗斯帝国外交大臣，主张俄国与奥地利和普鲁士联合，反对革命运动和自由主义改革，是神圣同盟的组织者之一。

人使用暗语和绰号。塔列兰名叫"亨利朋友"，亚历山大叫"路易莎"。说这些就够了。

斯佩兰斯基当面受到亚历山大的质问。这好像不忠者背叛之后两个情人的表白。陛下哭了。第二天亚历山大对 A. N. 戈洛温公爵说："如果砍下你的手，你大约会喊叫，抱怨你疼得很。昨天夜里我失掉了斯佩兰斯基，他就是我的右手。"也是这个亚历山大，后来提及斯佩兰斯基时说："他从来没有背叛俄罗斯，但背叛了我个人。"

斯佩兰斯基被解职，并流放到彼尔姆①。

12

亚历山大年轻时就想放弃权力，在某个寂静的峡谷过上自己的私人生活，而命运却难以遏止地吸引他攀登风暴肆虐的历史高峰，放眼广阔的天地。亚历山大不喜欢这种吓人的高峰。身在顶峰头脑会眩晕。类似于一个缺乏经验的旅行者爬山，攀爬到顶峰才突然相信，上山容易下山难。不管情愿与否，都要呼吸阿尔卑斯山的冷空气。几乎所有当代的著名人物，都在这些高处和亚历山大相遇了。俄国皇帝能亲眼见到像梅特涅或塔列兰那样狡猾的大人物，像拿破仑那样的征服者和荣誉之骄子，再有，像容克·施齐林格或克吕德内夫人那样的探索隐秘的人，以及像列卡梅耶夫人、斯塔尔夫人和路易莎王后那样的女人……②

① 斯佩兰斯基被流放到西伯利亚的彼尔姆，对他来说，作为皇帝的近臣和国内政治方向的领军人物，他的仕途结束了。1814 年，允许他迁居到诺沃哥罗得的领地，他 1816 年任奔萨省总督，1819 年任西伯利亚总督，1822 年重返彼得堡，但已无望担任要职，不再对国内外事务施加影响。

② 容克·施齐林格（1740—1817），德国神秘主义作家。克吕德内夫人（1808—1888），19世纪欧洲上层社会的名媛。列卡梅耶夫人，即列卡梅耶·尤丽-阿德兰达（1777—1849），著名美女，她的沙龙在欧洲很有名。

但是，这些五花八门的历史假面具令人厌倦，亚历山大不止一次转回自己的幻想——躲到某个不明的去处。

拿破仑没有私人生活。他仿佛是为了身处高峰、为历史、为宇宙而生。他根本不需要这种私人生活和安逸的谷地。雇佣兵队长的使命决定他讨厌任何家庭的闲适。雇佣兵队长对待妇女如同获取猎物。亚历山大却不是这样。他幻想得到安静，他需要和妇女交往，就像被风暴搅得疲惫的船长需要码头一样。

"我并不淫逸堕落"（Je n, ai pas été libertin），他曾说。这种自白很可能不是谎言，尽管严肃的道学家可能指出他一生有几件损毁名誉的事。就本质而言，他似乎实际上也并非淫逸堕落。假如他的生活比较美满，也许他根本不会找机会与漂亮女人见面，不会急于去征服她们的心，据了解他私密生活的人做证，这是他利用本身的魅力不费吹灰之力就可以做到的。

但是，有个美人对他的魅力甚为冷淡，这就是她自己的合法妻子、漂亮的伊丽莎白·阿列克谢耶夫娜。诚然，做新娘的时候，她曾被年轻的大公吸引，但是，她的浪漫幻想不久便由一种感情所取代，这种情感虽说是温存的，但根本不是激烈的，主要是失去了幸福婚姻不可或缺的性爱倾向。亚历山大感觉到了这一点。他的内心经常痛苦不堪。他觉得，那位普拉东·祖博夫，他的追求当然让年轻的公主受到了侮辱，然而在她看来，他还是比她十七岁的丈夫亚历山大更像男子汉，后者还喜欢儿时的戏耍，并没意识到自己作为一家之主的责任。当亚历山大发现，他的朋友亚当·查尔托雷斯基也爱上了伊丽莎白时，他才明白，他的这位蓝眼睛的女友，维护或者不维护自己的夫妻忠诚都是一样，反正这位优雅、热情的波兰人在她眼里会是位骑士。查尔托雷斯基当时二十四岁，他具有浪漫的过去。他有教养，会写诗，适应欧洲的生活。这一切让年轻的大公夫人感觉到的不仅仅是好奇。亚当·查尔托雷斯基在当时的宫廷环境里是非常引人注目的。

不过，在这个巴甫洛夫斯克时期，亚历山大和伊丽莎白似乎还保持着亲密的夫妻关系，1799 年 5 月，大公夫人生下女儿玛丽娅，女孩却在

1800 年夏天夭折了。可能这是亚历山大的女儿。不过有人说，当伊丽莎白生下女儿，把她抱给保罗看的时候，保罗却对宫廷女官里温说："夫人，黄头发丈夫和金发妻子生下一个黑头发婴儿，这可能吗？"宫廷女官里温对这个发现回答得极为得当："陛下！上帝是万能的。"

亚历山大发现自己妻子冷淡而受到的内心伤痛没有得到修复。显而易见，年轻的丈夫想以追求漂亮夫人来安慰自己，这样便加剧了彼此的冷淡。最终，这对年轻夫妇相互给予了自由。不过，伊丽莎白并非完全不关心自己丈夫的行为。1804 年，年轻的皇帝迷上了娘家姓契特维尔钦斯卡娅的公主、爱卖弄风情的大美人玛丽娅·安东诺夫娜·纳雷什金娜。不久，伊丽莎白·阿列克谢耶夫娜在一封写给母亲的信里，痛苦地怨诉自己的情敌，后者在一次舞会上颇不客气地通知皇后说她怀孕了。"对我说这些，她长了什么脑袋！"伊丽莎白愤怒地嚷道，"毕竟她非常清楚，知道我明白她是怎么怀上的。我不知道由此会发生什么，又如何了结！"

可是，玛丽娅·费奥多罗夫娜（即太后）有次谈起自己的儿媳说："她自己有错。如果她愿意顺应他，她就能够阻断这种联系，甚至马上把自己的丈夫拉回来，可是她对他怄气，当他表示亲近，要亲吻或爱抚她时，她却粗暴地对待他。"

"当然，她很聪明，可是她的缺点在于，她反复无常，像冰一样冷。"她说。

不过，伊丽莎白很快证实，她也可以不像对待丈夫那样冷淡。有一次她注意到骑兵团的一个年轻的上尉。这就是那位阿列克谢·雅科夫列维奇·奥豪特尼科夫。他出现在宫廷舞会上，目不转睛地看着美丽的伊丽莎白。她却让他接近自己。4 月，皇后感觉有怀孕的征兆。11 月，她生下第二个女儿伊丽莎白，像第一个女儿一样，这个女儿也活了很短时间。这个小孩死于 1808 年春天，小孩的父亲就是奥豪特尼科夫上尉。

大约在这个女孩出生前一个月，皇后的情夫从剧院出来时被短剑刺伤了。杀手似乎是康斯坦丁大公派去的，这是由于伊丽莎白·阿列克谢耶夫娜没有注意到大公的感情，而让他受到了侮辱。大约受伤后三个星期，奥豪特尼科夫死了，死之前伊丽莎白去探视过他。

玛丽娅·费奥多罗夫娜谈到年轻皇后所生的第二个女儿时，对她的一个亲信说："我永远不能理解我儿子与这个小孩的关系，这孩子对他和他的母亲都缺乏亲情。只是在小姑娘死后，他才把这个秘密告诉了我，说他妻子向他承认，自己怀孕之后想出走等等。我儿子对待她是宽宏大量的。"

亚历山大原谅自己的妻子并不是那么困难的事。他自己也完全被一个波兰美女迷住了。"我并非淫逸放荡，"他后来说，"尽管我爱，全身心地爱纳雷什金娜，对此我也从内心感到悔恨。"

亚历山大与契特维尔钦斯卡娅－纳雷什金娜生有一个女儿，他们的关系延续了十四年。但是这个被爱的女人背叛了他。他和她断绝关系，是遇见她和自己的副官奥热罗夫斯基在床上抱在一起之后。奇怪的是，他没有向自己的情敌和背叛者报复。奥热罗夫斯基后来像往常一样留在宫里，仍然任副官，而且还得到过相应的奖励。

女人们都迷恋亚历山大。和她们相处时，他善于表现得有趣、温柔，但是，他显然不是那种激情奔放的人，也不滥施自己的情感。

当他在普鲁士王室城堡做客的时候，白天里他乐于追求热恋他的路易莎，夜晚则仔细地锁上接待他的寓所里所有的门，担心那位迷恋他的王后一时冲动来找他。1814年在伦敦也是如此，他没能满足著名的美女珍茜女士的情爱渴求而令她受辱。不过可以设想，在某些场合，亚历山大也会有某种欲念的敏感，甚至在他对亲妹妹叶卡捷琳娜·帕夫洛夫娜的关系中，也有某些不全是兄妹的成分。在写给她的一封信里，他回忆起某些神秘的属于他的权力，可以让他在她的床上特别温存地亲吻她的脚。

13

　　亚历山大对于无情的历史摆在他面前的任务深感沉重，他心力交瘁，受到良心的谴责，不明白生活的意义，根本不相信自己拥有专制的权力，最后，还要继承这份沉重的国家遗产。他被宫廷阴谋、贪婪的显贵和官僚制度的厚墙所包围，感到俄罗斯连同它的农奴制和数百万神秘的农村居民，会不可避免地很快面对一个由拿破仑向东方推进的欧洲，拿破仑傲慢地希望推翻并扼杀他所梦想的那个全世界帝国的最后一个对手和仇敌。他，亚历山大皇帝，能拿什么和拿破仑的思想对抗呢？当时在俄国，所有的人都称这个大胆的科西嘉人是自由的暴君和敌人。但是亚历山大明白，在当时的俄罗斯谈论自由却有点奇怪和令人尴尬。这如同在吊死人的屋里不便谈论绳索一样。在俄罗斯存在奴役制，人口可以批发或零售。亚历山大在自己统治时期也未能解开这个扣结，绞索却让国家窒息。尽管存在这种可怕的溃疡，但在亚历山大看来，俄罗斯仍然是反对拿破仑危险野心的唯一屏障。拿破仑希望恢复查理大帝[①]的帝国，但是，他能将什么内容塞进这个宏大的政治制度里？拿破仑的崇拜者们断言，他——是革命的体现，他镇压了暴动力量之后，把这些力量引向主要的民主航道，他似乎把革命的实际事务从"雅各宾党的疯狂"中挽救出来了。但是，亚历山大对此表示怀疑。诚然，现今已不存在波旁家族统治，但存在着闻所未闻的波拿巴本人的专制：旧的特权没有了，但帝国行政人员拥有的大权比宫廷特权更加令人痛心；国王的审查没有了，但是有大兵式粗暴的不客气的皇家审查。全部放弃 1789 年的原则是为了什么？这一切唯一的目的——是建立一个以

---

① 查理大帝（742—814），法兰克国王，加洛林王朝皇帝，曾征服意大利的伦巴第王国和撒克逊人，建立幅员广大的帝国。查理大帝庇护教会，进行司法和军事改革。

"非天赐"皇帝为首的世界帝国。所有人都服从他，所有人都像梦游者似的跟随在这个奇怪的科西嘉人后面，其秘密就在于，他从来不怀疑自己有资格承受无限的人类大屠杀。然而，也许亚历山大错了？也许拿破仑根本不渴望世界性的统治？要知道，五年前，在一次午餐时，他对 H. Г. 沃尔孔斯基公爵[①] 说："请转告您的国君，我是他的朋友，但是，他要警惕，有人在极力唆使我们争吵。如果我们联合，世界就是我们的。宇宙就像我手里的苹果。我们可以把它切成两半，我们每人各得一半。为此，我们只需要和睦相处，事情便能做成。"

当沃尔孔斯基报告这个关于苹果的趣话时，亚历山大笑着指出："一开始他会满足于半个苹果，随后一定想夺取另外半个。"

拿破仑的幻影挡住了亚历山大对历史环境全部复杂性的认识。亚历山大当然知道，将停泊英国船的全部港口覆盖起来的所谓大陆封锁，对俄罗斯来说是致命的，因为在这种大陆封锁中，在俄国境内迅猛发展的经济过程遇到了人为的障碍，俄国的出口事业受阻，与此同时，俄国所有的物质和文化事业的自然发展也受到了阻碍。和拿破仑结盟以及捆绑俄罗斯的经济政策，不仅对于大地主和新生资产阶级没有好处，而且对于中产阶级以及间接地对广大农民群众也没有好处，因为农奴制的衰落在很大程度上取决于居民生产能力的总的发展。法国和英国为争夺政治和经济的主导权进行斗争，而俄罗斯自签订蒂尔西特和约以来，衰落到了处于法国附庸的地位。这一切都是欧洲的西方和欧洲的东方发生冲突的充分根据。但是，亚历山大在认识到这一点的同时，仍然像那个时代的人似的，不能摆脱一种想法，即那个时代的全部人类历史都集中在拿破仑的个性上。他还这样说过："要么拿破仑，要么我，我们不能一起统治。"如果拿破仑对俄国取得决定性胜利，欧洲就会变成统一的帝国。分成两半的苹果便合而为一了。

---

① H. Г. 沃尔孔斯基（1778—1852），拿破仑战争时期的俄国侍从将军（1813），骑兵将军（1828），驻西班牙和威斯特法伦大使。

也许，拿破仑没有这种特殊的目的，但是，他根本不想占领欧洲吗？对此现今也难以怀疑。此外，全欧洲的地域对拿破仑来说也显得狭小。"欧洲——不过是小洞穴，"他说，"只有在东方才存在伟大的帝国和伟大的革命，那里居住着七亿人。"这是拿破仑在进军西班牙时说的话。那些年他不害羞，把自己的幻想说了出来："我要把整个叙利亚托起并武装起来……我去大马士革，去阿勒颇，随着前进的运动，我的军队会因为不满者的涌入而壮大。我向人民宣布消灭奴役和总督的暴力管治。我要以武装的群众为首到达君士坦丁堡；我要推翻土耳其帝国；在东方建立新的伟大帝国，它会在后代巩固我的地位，也许，我要先摧毁奥地利的房屋，通过阿德利安堡或者维也纳回到都灵。"

类似的自白拿破仑说过不少。他在推行实际政策并征服欧洲的同时，暂时放弃了有关亚洲的幻想，但是他根本没有否定它。在欧洲和亚洲之间横亘着一望无垠的俄罗斯。1811年11月拿破仑对德－柏拉图神父说："再过五年我会成为全世界的统治者。只剩下俄罗斯，但我会压垮它。"

不，拿破仑从未放弃统治全世界的幻想。在他大举进军俄国之前数个月，曾对纳尔旁[①]说："亲爱的，不管怎样，这个长途道路就是去印度之路。到亚历山大那里，就像从莫斯科到恒河那么远。这话我当着圣－桑－德阿尔克就说过……当前，我应当从欧洲边界方面向亚洲后方挺进，以便在那里与英国遭遇……试设想，莫斯科被占领，俄国垮台，沙皇会乞求和平，或者因某种宫廷阴谋而亡故。请告诉我，对法国军队和盟友来说，难道不可能从梯弗利斯到达恒河吗？在那里挥起法国利剑，足以在整个印度毁灭这个松散的贸易大国。那才是巨大的远征，我同意，按19世纪的方式，但是会完成的。"

在蒂尔西特和爱尔福特，拿破仑陶醉于自己的成功，也瞧不起亚历山

----

① 纳尔旁·路易·德（1755—1813），伯爵，法国政治活动家，1800年起为拿破仑的副官，自1813年起为驻维也纳大使，不久去世。

大，经常唠叨一些废话。亚历山大的洞察力比他的天才对谈者所料想的要强一些。他们相互拥抱时，就已经在思想上准备进行可怕的决斗了。

有一次，拿破仑对梅特涅谈到亚历山大："除了他那出色的智慧和善于吸引周围人的特质之外，在他身上还有一种我难以确定的东西。这是——难以捉摸的东西（un je ne sais quoi），我可以解释它，只能说，在各方面他总有什么不能满足。"

亚历山大身上让人难以捉摸的是什么呢？莫非是普希金轻蔑地称其为"丑角"，而赫尔岑却稍带同情地称其为"加冕的哈姆雷特"那种因素？这不是拿破仑所不理解的精神双重性吧，这是神秘的矛盾性吗？用一般的意志薄弱或者渺小性格，未必能解释亚历山大这种奇怪的精神特性。不，1812年以后，这个"表里不一"的人证明，他有意志，他的性格并不那么渺小。但是，拿破仑身上那种最本质的东西——坚信自己有权利掌权，他从来没有足够的信心。亚历山大永远怀疑自己有这种权利。这就是他的戏剧——这戏看来不是悲剧，因为历史至今没有猜出他的"结局"。我们确实不那么了解，在他的心里是否完成了某种疏导，对那些他所遭遇的苦难和罪孽的某种洗刷和辩护。这就是拿破仑对梅特涅说的那种"难以捉摸的东西"。

这个哈姆雷特必定要和战无不胜军团的钢铁首领进行斗争！亚历山大和拿破仑作为两个对立者是完全恰当的。在他们的性格里似乎没有任何共同点。例如，不止一次背叛自由原则的亚历山大，却从来没有停止对自由的信任，视其为理想和必需品——甚至在极为反动的年代也是如此。自由思想本身对他来说显然是神圣的。他从来不会说出这样的话，像拿破仑对自己的一位将军说的那样："难道您属于相信自由的白痴？"

亚历山大害怕政权，并感受到它的压力。拿破仑却说："我的情人——政权。我花昂贵高价买了它，为的是让人从我这里把它偷走，或者让某人眼馋地看着它。"

亚历山大派军队出征时哭了，尸横遍野的战场给他带来沉痛的悲伤。

而拿破仑派军团出击时却大言不惭地说："士兵们，我需要你们的生命，你们一定要把它交给我。"有一次，他对戴尔森将军和他的近卫军军官宣称："听说，你们发牢骚想回巴黎找你们的情人。请不要想入非非。我要你们在炮火下待到八十岁。你们生在野营，你们也要死在那里。"

亚历山大对人客气，彬彬有礼。他在场时人们会感到轻松随意。拿破仑则粗鲁，没礼貌。他的宫廷沉寂无言，是冷漠的，与其说带有高傲尊严的印记，不如说是忧伤和寂寞的痕迹。每个人脸上都带着隐隐不安的表情。到处都是强制行为和消极沉默。

在对待妇女方面，亚历山大经常被认为是无可非议的骑士。拿破仑对待她们却不讲究礼仪。如果他有机会通过自己的警察了解到某位已婚女士的情史，他便会立即将此新闻告诉她的丈夫。和自己的情人分手之后，他并不怜惜他们的谦恭和声誉。他喜欢把自己偷情的私密细节告诉让娜·约瑟芬，对于她的斥责，他愤怒地大声喊叫："我有权用一个字回答您所有的抱怨。这就是——我。"

由于意识到要为疯子保罗的流血负责任，亚历山大常常感受到内心的压力。拿破仑从不因为流血而内疚，讲到自己时他曾说："像我这样的人，无论如何不会看重百万人的生命。"

但是，拿破仑是个天才，在他有关世界帝国的疯狂而威严的幻想里，应该有某种予以对抗的东西。在1812年战争开始之前，亚历山大在精神上没有任何东西具有拿破仑思想那样的重大意义。亚历山大对于自己的作用理解很差，又不得不登上历史的舞台。不过有些人认为，他当时有个优秀的提词人——俄罗斯人民。

14

　　1811 年末，亚历山大已明白与拿破仑发生冲突是不可避免的，但是，那时他本人和他周围所有的人都觉得，政府和军队还没有对这次考验做好准备。诚然，11 月库图佐夫对土耳其取得的胜利以及与瑞典结盟，可以保证我们有采取行动的某些自由，但是，如亚历山大所想，和军队两倍于我们的敌人作战，这还是不够的。实际上，这种考量并不准确。拿破仑向俄罗斯用兵大约六十万人，而我们总共有二十万。看来，与拥有如此精良装备的大部队并有千余辆辎重车随军的天才的军事统帅进行战斗，是不可能取得成功的。看来，任何爱国热情都无法挽救国家不惨遭失败。拿破仑也相信这一点。他嘲笑我们缺乏统一的军事和政治计划。"俄罗斯拥有天才人物，"他对库拉金说，"但是，那里做的事证明，你们或者是张皇失措，或者是别有用心。当初，你们像脑袋中了霰弹的兔子，头晕目眩，一会儿这里，一会儿那里，不知按什么方向跑，跑到哪里去。"

　　无须多叙大家都很清楚的事。我们都知道，亚历山大想当我国军队的首领，而意识到对国家的责任，他对此又有些胆怯。1812 年 4 月，在维尔诺有一大群外国人围绕着他。施泰因、弗里、贝尼格森、季比奇、托里、魏尔松、帕鲁奇、米梭、圣 - 普利和其他一些人，不断地向亚历山大呈送自己的方案和计划。信任谁呢？把作战的命运交付给谁？有时真想抛弃一切，躲开这些可怕的疑虑和恐怖事务。但是无处可逃，还要和善地微笑着接待波兰显贵和波兰美女，极力让他们对于在俄国皇权庇护下的美好未来抱有希望。舞会和晚会与研究战略的会议占有同样多的时间。最后一次盛况是在贝尼格森将军的郊外城堡扎克列特举行的舞会。为跳舞的人匆忙建起一处大厅，但它凶险地倒塌了，亚历山大极力克服迷信的感觉，命令不要取消舞会，要清理厅内碎物并在露天跳舞。在这次舞会进行时，向他呈送报告说，拿破仑越过了涅曼河，不宣而战。亚历山大知晓这一严重事件后，丝毫不露声色，并继续诱惑那些夫人和高官。那天夜晚余下的时间，他用来处理急办的事务。第二天拟定圣谕，亚历山大顺便提及："只要敌方有一个军人留在我的帝国，我就不会放下武器。"

以后的事件大家都知道了。我们的军队——北部巴克莱-德-托利和南部巴格拉齐昂——由于存在被波拿巴大军一个个拦腰斩断的危险而撤退。亚历山大不得不离开大本营。大家都明白，他在那里对军务是不利的。希施科夫①必须劝说阿拉克切耶夫对亚历山大施加影响。希施科夫证明，"为了祖国的利益"，君主应当去莫斯科。然而，这位宠臣乃是另类的爱国者。"祖国对我有什么相干？"他说，"请您告诉我，陛下长久待在军队里是不是危险？"最后，阿拉克切耶夫同意劝说皇帝。

沙皇去莫斯科了。据回忆录作者说，贵族和商人在那里极其热情地欢迎他。然而，这一次并没有躲过政治上的担忧。罗斯托普钦②听说，好像马丁派神秘教徒③和自由思想者打算向君主质问军队状况、军队数量以及有关我们的军事态势。质询并没有进行。不过，著名的伪爱国呼吁书的作者罗斯托普钦伯爵，却在亚历山大接见贵族的宫院附近，安排两辆套有邮政马匹的马车以及警察官员，准备将头一个自由思想的演讲者立即抓捕。罗斯托普钦后来解释说，这些威严的车辆防止了反对派可能发表的演讲。显然，罗斯托普钦有点头脑混乱。当时可称为巨额的捐助没有停止过。入秋时共集资达一亿卢布。隆重集会和演讲，街头群众欢呼、祈祷和敲钟——所有这些像骚乱似的塞满了心灵，令人心情沉重，很难揣测事件的真实意义。不过，亚历山大明白，俄罗斯的命运现在首先取决于农民。他们手里有武器。拿破仑明白这点并不比亚历山大差。他不仅带来了假的俄

---

① 阿·谢·希施科夫（1754—1841），俄国作家、军事家、海军上将，1812 年卫国战争时期的主要思想家之一。曾任国务秘书和民众教育大臣，倾向复古保守。

② 见第 34 页注①。

③ 马丁教派是 18 世纪建立于法国和俄国的神秘教派，以创始人法国人马丁路兹而得名。

国纸币，而且有整捆的允诺解放农奴的传单。农民阅读传单，有的地方发生过惩治地主的情况，但总的说来，拿破仑的传单没有取得成功。不过对贵族来说，到处都隐约出现了大暴动的危险。

著名的波兹杰耶夫当时写道："农民由于普加乔夫和其他人物种下的根深蒂固的希望，期待着得到某种自由；虽然也看到完全破产了，然而诱惑人的言论'自由'令他们晕头转向。"不过，农民习惯于相信事实而不信言论。国际大军的进军伴随着抢劫、掠夺、残酷镇压，这一切不可能令人相信占领者。俄国政府一方没有明确允诺什么，可是农民却表现出希望终结农奴制。大家懂得保卫俄罗斯的不是奴隶，而是公民，奇怪的是，今天沙皇本人召唤其表现爱国主义的人，却是明天遭鞭笞并被出卖的人。现在我们知道，极其美好的亚历山大终归没能解放农民。需要用去整整半个世纪，才能最终完成这一解放——而这也不是彻底的。

因而，尽管存在可恨的农奴制依附关系，农民也不承认拿破仑是自己的解放者，如果说在各处发生过暴乱，那么，令人吃惊的并非这些事件的发生，而是觉得其规模较小，我们的农民的军队，当时没有掉转枪口对准地主。俄国士兵——不仅是随苏沃罗夫和库图佐夫远征的老兵，而且还有来自索哈①的民军——他们都以非凡的英勇气概进行过战斗。亚历山大明白，应当退守到国内腹地，进行"野蛮"战争。他这样说过，如果敌方具有军事才干优势和巨大的活力优势，那么在俄罗斯方面——则是有时间和空间。他借助希施科夫爱国主义的口才谈及事件的道义方面，俄国农民未必能听到此人的官方雄辩，但他们能够以自己的方式理解这种不可幸免之事的意义。亚历山大以为借希施科夫的嘴来说为好，因为他本人还不清楚，为了什么现在人类要流血。每天都传来消息，一个比一个可怕。需要做决定、下命令，同意某人、反对某人的意见；数十或上百个人要求接见……"不善奉承而忠诚的"阿拉克切耶夫和康斯坦丁·巴甫洛维奇大公——这

---

① 索哈，13—18世纪俄国实行索哈税制的村庄。

两位对待俄国士兵严厉、恶劣而残酷——却在法国人面前可耻地表示胆怯，央求亚历山大放下武器议和。但是，亚历山大比起自己的忠实走狗阿拉克切耶夫和躲在大后方如此勇敢的兄弟，要聪明得难以估量。亚历山大明白，事情已走得很远了，作为俄国的皇帝，他不应依自己所好来行动，而要依照历史本身的愿望，依从俄罗斯农民的所想来行动，他们意识到自己是一股力量，全部土地和全部自由将最终归属于它。在 1812 年，农民们明显证实了他们对时代有认识，也有正确的政治意识，如果没有这种历史经验，十二月党人不可能在 1825 年将团队开到参政院广场。

亚历山大明白，必须退守到国内腹地进行"野蛮"战争，但谁也不知道必须退却到何种地步。巴尔克莱–德–托利和巴格拉齐昂的军队最终在斯摩棱斯克城下会合，很多人希望在这里阻止敌人的去路。然而，尽管俄国士兵以惊人的顽强进行战斗，却不得不放弃斯摩棱斯克。这不足为奇——因为每个俄国士兵要对付三个法国人。"空间和时间"、我们的忠实同盟者都还来不及增援我们。试设想，当副官们带着我们确实退守的消息从部队来向亚历山大报告时，他在考虑什么，有什么感受？奇怪的是，实际上谁也不想这样退却——不论士兵还是统帅。某种健全的本能迫使军队一边战斗，一边不失勇气地诱引拿破仑的大军跟随自己一步步进入国内腹地，拿破仑的军队正行进在肮脏的烧焦的道路上，一路上丢失人员、马匹和辎重，但尚未预感到自己的灭亡。

大家知道，只有在"神圣"的莫斯科，在它发生不明的火灾期间，拿破仑和他的士兵以为最终会胜利的这一信念才发生了动摇。

15

　　向俄罗斯推进的可怕事件吓坏了想象力，内心感到窘迫不安。在拿破仑的大军侵入我国边境前不久，亚历山大心里又产生了幻觉和各种想法，总是驱之不去。他一次又一次隐约看见保罗那张僵死、残缺的面孔，他觉得，杀死父亲——是他个人的错，也许，俄罗斯遭受攻击的不幸——就是对他的罪孽的报应。活着真可怕，无人可以对之敞开心扉。迷信控制了头脑和心灵，整个世界看来都是阴森可怕的。这宏伟的彼得堡阴沉而神秘，花岗石海岸挡不住时刻准备冲垮帝都的黑暗的自然力。奇异的宫殿、寺院、广场和纪念碑雄伟而庄严，然而它们仿佛是梦中之物，似乎这仅仅是奇妙的布景，它的后面便是俄罗斯一望无垠的黑暗地带。亚历山大总是想离开这里，不想再看见这些彼得堡的幻影。他寄希望于"时间和空间"，以为借此可以战胜那个战无不胜的拿破仑，但有时他想，让它们把他本人也吞没了吧，把短暂的过去隐匿在它们的海市蜃楼里。

　　祖母叶卡捷琳娜没少花力气让自己可爱的孙子破除迷信——这是从疯子父亲那里遗传的坏习惯，也属于古时的不良传统，但是，她的努力看来是徒劳的。无论是剃须的大司祭导师，还是共和主义者拉阿尔普，无论她那些显贵厚颜无耻的享乐，还是一大堆嘲笑宗教偏见的法国图书——一切努力都无济于事，三十五岁的亚历山大突然觉得自己受到神秘力量的控制。亚历山大羞于承认这突如其来的迷信感觉，也不可能理解这是从何而来。他不羞于相信上帝，但这是无风险的、抽象的、像代数公式一样的法国宗教戏里的上帝。如今在亚历山大内心存在某种迷信的恐惧，这却是百科全书派学者的学生不应该有的。

　　当宿命吸引着拿破仑的时候，他正在难以遏止地向莫斯科行进，我们的统帅们不理解自己战略的最终目的，总是退却再退却，大家觉得一切都不是稳固的，大家都相信会发生最出乎意料的怪事。人们担心敌人向彼得堡进攻，政府下令逐步将国宝运出北方首都。彼得堡的居民觉得一切都不稳定，准备离开。越是接近宫廷、接近君主个人的彼得堡人，他们越发忧心忡忡，心神不安。没有人会想到要在彼得堡过安稳日子。但是有一个接近皇帝的人，此人恰好这时想起在首都给自己盖一处新宫院。这人就是亚·尼·戈利岑公爵。有人对皇帝悄悄耳语，说戈利岑——是叛徒，在等待拿破仑的到来，所以并不担心自己新的不动产。亚历山大不相信这些流言，但有一次还是造访了自己的老朋友，并问他，在这样混乱的时期，他怎么会想起着手兴建这种复杂的建筑。

戈利岑公爵，曾经是快活的滑稽家和造孽的渔色者，现今以神秘主义者闻名，他在阅读《圣经》以取代淫秽的法国书，并从中寻求喻世的明言。这一次戈利岑对亚历山大说，他不怕拿破仑，因为他相信神的天意。小公爵伸手去取放在桌子上的《圣经》，那本很重的书却掉在了地板上，恰好打开的一页是第九十首圣歌。戈利岑向亚历山大解释说，这一页打开并非偶然，而是上天的旨意，于是，亚历山大很感兴趣地读了这首当时他尚不知晓的圣歌。大司祭萨姆鲍尔斯基忘记了让自己的学生了解激情洋溢的大卫的创作；后来亚历山大曾一度接触过类似的东西。但是在教堂里颂诗者读起来鼻音很重，对于从这些斯拉夫文的朗读中理解什么东西，亚历山大早就不抱希望了，通常在教堂里只思考当前的平常事务。不过，这段逸闻并非由掉在地上的《圣经》这一情节引起。通过最贴身的教会服务，皇上如今又听到了熟悉的斯拉夫文字，这一次却让他有所领悟。于是他认定，这次重读圣歌是凭天意。他想读完至今未读过的《圣经》，但是在宫廷图书馆的书架上堆满了伏尔泰、卢梭、狄德罗、孟德斯鸠、马布里等人的多卷本著作。手头能找到的是拉封丹的淫秽书、帕尔尼的戏谑诗《我从威尼斯监狱出逃》，以及其他一些18世纪极为无聊的历险记，却没有《圣经》。

当时亚历山大想起，他的妻子伊丽莎白·阿列克谢耶夫娜似乎对宗教感兴趣。果然是从这位被丈夫遗忘的皇后那里找到了他想要的书。自然，这不是斯拉夫文的《圣经》，而是天主教的通俗法文译本。

后来亚历山大说："我嗜读《圣经》，发现它的话将那从未体验过的新的世界注入我的心田，满足我精神上的渴求。上帝仁爱为怀，以自己的神灵赐予我，让我理解所读的内容。我将阅读神谕所得到的全部精神财富，归功于这种内心的教导和启示。"

这一时期不仅亚历山大一个人对《圣经》感兴趣，充满激情的希施科夫也在阅读圣典。"我请求陛下，"希施科夫写道，"给他读一些摘录。他表示同意，我满怀热情、含着眼泪读给他听。他也流泪了，我们两人一起哭了很久。"这是什么摘录呢？皇帝和可敬的亚历山大·谢苗诺维奇为什么要哭呢？这些是引用先知——耶利米、以赛亚、以西结的众多引文。原来，犹太的先知们已预见到，一个法国的小伍长会入侵正教的俄罗斯。这些引文精准地描绘了波拿巴："他铁石心肠，嘴吐恶言，双眼睁开如炭火……"难道这不是他吗？还有一个科西嘉人的画像呢："他脑袋在想，要上天，登上比天上的星辰还高的宝座，我要坐在高山上，面朝北方，在云端之上，我应是至高无上的……"引文的末尾却完全令人信服："我是王中之王。瞧我来到露斯，带来众多部落，让大海起波涛，冲塌你们的城墙。"特别令人吃惊的是"王中之王"。显然，正是拿破仑带来"众多部落"，正是到"露斯"，也就是罗斯（指俄罗斯）。诚然，原来文字中根本没有"露斯"，而是"索尔"，出于自己的爱国激情，亚历山大·谢苗诺维奇禁不住要改换文字，求得更大的效果。但是，亚历山大没注意这些细节。近期事件的威严景象令他吃惊。数千年内，某些非凡人物曾激烈地预言，将出现一位忘记上帝和良心，并渴望奴役所有民族的不信神的统治者。不信上帝的统治者自己却想成为上帝。他践踏一切圣物，以便以自己的名义建立新的圣物。这个真理之敌高傲而放肆，像魔鬼一样。他要说明自己是上帝的儿子。显然，亚历山大不知道，在他登基后的第二天拿破仑就说："我出生太晚。如今很难完成某种伟业。当然，我做出了光辉的业绩，这不可否认，我走过的是正确的道路。然而，这和古代有什么区别呢！例如亚历山大·马其顿：征服亚洲后，他宣称自己是宙斯之子，整个东方都相信这一点，除了奥林匹亚，当然，在这方面它有自己特别的见解……那么，即使我打算宣称自己为永恒之父的儿子，任何一个女商贩都敢于当面羞辱我。"

当然，雅各宾党人波拿巴完全出自真心地抱怨巴黎女商贩对他的不当怀疑，这一事实是极富深意的。实际上，曾给加冕的卡佩戴上红色圆帽的那些集市上的太太，当然不可能相信波拿巴有神的威力。但是要知道，全部实质就在于他的"神威"。拿破仑将自己的大军带到"神圣"的莫斯科时，这样说："即使上帝想亲自阻止我前进，它也办不到。"

亚历山大阅读《圣经》，越来越相信自己在精神上是软弱和贫乏的。面对一些极其伟大的事件，他意味着什么呢？他敢于占据俄罗斯军队领袖的位子吗？必须谦和地倾听人民的声音。大家都说，需要一位受士兵拥戴、有俄国名字的最高统帅。这就是——库图佐夫，苏沃罗夫的小战友。亚历山大想起了这个笨手笨脚的胖胖的人，有一只狡猾的眼睛，一定得任命这个奥斯特里茨受辱的见证人，他心里不痛快。但是没办法。于是亚历山大任命库图佐夫为最高统帅。

有人告诉亚历山大说，库图佐夫来到军队之后似乎说过："那么，难道说，能够带着这些好样的战士撤退？"大家都相信，我们的退却要结束了。然而，真是可怕的事——这个我们的士兵所喜欢的人，却像诚实的德国人巴尔克莱-德-托利一样，带着军队一步步后撤，令全俄罗斯为之震惊。

波罗金诺的战斗终于到来了。四万俄国人倒在战场上，法国人和盟军也死了这么多人。亚历山大双手颤抖着接过库图佐夫的战报。这是一份奇怪的报告。它过于简洁，含混不清且枯燥无味。仿佛报告撰写人懒得写它，似乎库图佐夫忙于其他的、比发生在距莫斯科三十俄里的这场战斗更重要的事。报告写得没有文采而且草率，语句不通：

"战斗是通常规模的，继续到深夜；双方损失都大。敌军损失，据对我固守阵地之强攻来看，应大大超过我们的。皇帝陛下的军队战斗无比勇敢：炮垒一再转手，最终敌人力量优势，却没有得到一块土地。皇帝陛下料会认同，经过流血的十五小时不断战斗后，我军和敌军都不能不涣散，因那天损失，以前占领的阵地自然扩大了，军队不适应，因为问题不在于夺炮垒的光荣，全部目的集中在歼灭法军，战场过夜后，我打算后退六俄里，到莫热伊斯克后面，集合会战失散军队后，重整我炮兵，用莫斯科民防加强自己，热切希望援助上述，并期待我军发挥不可思议的勇气，我懂得，我能着手反击敌人。"

亚历山大把库图佐夫的模糊不清、模棱两可的战报理解为报告俄军失败的消息，但改变指挥权为时已晚。不过库图佐夫本人丝毫不怀疑，波罗金诺战役会把我们引向真正的胜利。战役之后又过几天，他写信给妻子说："谢天谢地，我还健在，我的朋友，没被打败，战胜了波拿巴。祝福孩子们。忠实的朋友。"这段短信写得比送呈亚历山大一世的战报要好多了。很显然，库图佐夫对亚历山大的精神状态不太感兴趣，认为没有必要让他保持振奋。9月7日，亚历山大从雅罗斯拉夫尔得到罗斯托普钦伯爵的简报，说库图佐夫决定放弃莫斯科。皇上躲在自己书房里，侍从一整夜都听到他的脚步声。早晨他从书房出来，大家发现皇上头上已有几缕灰发。皇太后和弟弟康斯坦丁歇斯底里地指责皇上不着急与波拿巴议和。爱国人士是另一种愤怒。亚历山大到处都遇到困惑不解的、凶狠的或窘迫的目光。和他保持亲密友情的叶卡捷琳娜·帕夫洛夫娜，从雅罗斯拉夫尔亲自给他写信说："法国人占领莫斯科致使人心极为绝望，不满情绪高度蔓延，大家绝对不惜谴责您本人……人们会大声怪罪您让您的帝国招致灾难，社会和私人破产——一句话，丧失国家和您自己的荣誉……"米索上校[1]给皇帝带来一份有关法国人占领莫斯科的官方消息，亚历山大对他说："耗尽我掌握的资源以后，我要留须，我会适应和我的最后一个农民同吃土豆，也比为我的祖国和我所珍惜的可爱臣民签

---

[1] 米索，法国人，库图佐夫从前线派来的使者。

署耻辱条约要好。"次日，他就拿破仑占领莫斯科写信给瑞典王储说："招致这一创伤之后，其他的都微不足道。现今比任何时候都重要，我和人民，我有幸站在他们之首，下决心挺住，宁愿在帝国的废墟下暖身，也不与新时代的阿提拉①媾和。"

"不善奉承且忠诚"的阿拉克切耶夫，祈求自己的主子接受拿破仑的议和建议，也是枉费心机。在这个宠臣决心论述有关高层政策时，亚历山大通常只是漫不经心地听他说说而已。

16

波拿巴在莫斯科停留五个星期，对亚历山大来说，这是 1801 年 3 月 11 日之后最可怕的体验。皇上觉得，他的豪言壮语，什么留须和农民同吃土豆等，对当代人没有任何影响。9 月 15 日加冕日那天，街上的民众以阴郁的沉默来迎接皇上。"我一辈子也忘不了那个时刻，"艾得琳伯爵夫人写道，"当我们登上教堂的台阶时，注意到人群的动静；没听见一次祝贺声。只能听到我们的脚步声，我毫不怀疑，只要有小小星火，就能将周围点燃起来。我看了一眼陛下，知道他心里在想什么，我似乎觉得，我双膝发软快要跪下了。"

亚历山大皇帝的处境真的是困难的。他尽可能少见人，躲在自己的书房里，并且时常忘记签署急件，他在读法文《圣经》，力图揣测其中的含义。现在，他看上去比以往有些驼背，他固有的魅人的微笑也很少出现在

---

① 阿提拉（？—453），公元 434 年为匈奴人领袖，曾对东罗马帝国、高卢、北意大利进行毁灭性征伐。

他的脸上。

从莫斯科传来一些可怕的消息。京城失火，整片房屋已变成冒烟的瓦砾。①法国人无耻地抢劫。留下的居民遭受暴力和侮辱。然而，士兵这种肆无忌惮的行为却孕育着军队的毁灭。

众所周知，10月6日发生塔鲁季诺之战②。缪拉③溃败，尽管俄国没有利用自己有利的态势。那天夜里，拿破仑破坏克里姆林宫没有完全得逞，随之弃城逃走。亚历山大获悉拿破仑离开莫斯科之后，便知道危险过去了。库图佐夫恭请皇帝领导军事行动，但是，有关奥斯特利茨和弗里德兰的回忆令亚历山大感到窘迫，他对从军队派来见他的米索上校说，他不想获得他不应得到的桂冠。

过了一周，传来小雅罗斯拉韦茨战斗的消息。拿破仑的军队仍然力量强大，尽管它的老兵勇敢，统帅坚毅，却注定要灭亡。亚历山大激动地阅读着有关波拿巴大军行动的消息。这支军队虽然屡遭失败，但仍然是庞大的，它拖着数不胜数的装载掠夺财物的大车，而这种占领者的贪婪对拿破仑来说无疑如同苦役犯脚上的锁链。都是抢劫兵，上起元帅下至小鼓手。将军们坐在四轮马车里，每辆马车又随从数十甚至上百辆大篷货车，满载金银、皮货、瓷器、丝绸、镜子……人类面对死亡的贪婪景象是令人厌恶和郁闷的。法国人进行凶狠顽强的厮杀，保护着抢来的东西，似乎这就是对莫斯科军事远征的全部意义。

以赛亚的话出现在亚历山大的心里，有启发，而且是隐秘的，全能的耶和华在惩罚叛神的沙皇："它对大公视如草芥，会令其成为无足轻重的地方官……""它要让他们倒毙，他们便枯竭，旋风卷走他们，像卷起

① 波拿巴占领莫斯科期间发生了一次火灾，大火延续四天，方圆三俄里之内都能看见火光，城里九千余幢建筑物被毁，仅剩下两千座完整房屋。起火原因不详，一说是莫斯科原总督罗斯托普钦故意所为，又说是法国士兵酿成的火灾。可能两种原因都成立。

② 塔鲁季诺，俄国卡卢加州茹可夫斯基区的村庄，1812年莫斯科弃守后，俄军准备反攻，于10月6日和拿破仑在该村以北发生激战。

③ 缪拉（1767—1857），拿破仑的近臣和妹夫，法兰西元帅，1808年起为那不勒斯国王。

野草似的……" "不想服从你的民族和王国，必毁灭，这样的民族将遭灭绝……"

亚历山大觉得他悟到了真理。他醉心于《圣经》中的文字。他梦见以西结想象中的宏大画面。他在蒂尔西特拥抱过并与之称兄道弟的拿破仑，如今在他看来是可怕的野兽。上帝拯救他亚历山大，摆脱了那些被众神之神的铁掌所惩罚的无神统治者的命运。软弱和罪孽的亚历山大被天意选中，为的是摧毁一个最傲慢者的无限强大的力量。应当加快步伐。必须打垮这个有可能再抬头的祸害。为什么这个狡猾的老头库图佐夫不快点消灭敌人呢？难道他不明白，现在不仅仅事关俄罗斯？全世界都受这魔鬼的锁链的束缚，如果今天不能消灭敌人，他会再次统治欧洲，然后亚洲。全世界都会心怀恐惧看着这个神秘阴险的人。

库图佐夫似乎什么也不明白。他懒散，无忧无虑。他甚至不顾自尊。他笑着说："没有我，这一切都要完蛋。"他总是一连几夜和一个漂亮的情妇厮混，参加军事会议时睡觉。士兵为什么如此爱戴他呢？他不想让拿破仑灭亡。他只是想把他赶出俄罗斯，至于世界的命运，却与他无关。"我根本不相信，"有一次他对威尔逊将军[1]宣称，"彻底消灭拿破仑皇帝和他的军队，对全世界来说会是伟大的善行。俄罗斯或者另外某个大陆的大国不会接受它的遗产，而现在已统治海上的大国会的，到时候它的优势将难以承受。"再早些时候，在塔鲁季诺，他对一位俄国将军说："亲爱的，无论如何我不能同意你的意见，你只考虑英国的利益，在我看来，如果这个岛今天沉入海底，我也不会叹一口气的。"

库图佐夫像所有俄国人那样懒散，没有好奇心。他不想高瞻未来，只想生活在今天，他没有意识到无论如何也要切断拿破仑和西方的联系，并把他俘虏。如果拿破仑从天寒地冻的俄罗斯荒原毫发无损地回到自己温暖

---

① 威尔逊·罗伯特·托马斯（1777—1849），英国将军，为亚历山大一世赏识，1812 年来俄国，1813—1814 年曾参加库图佐夫大本营作战。

的法兰西，在那里，热情的民族会再次用凯旋仪式迎接他，他又会带领军团去破坏各民族的独立。

但是，亚历山大没有下决心剥夺这位波罗金诺英雄的权力。拿破仑像头狮子，怒吼着离开紧随在他后面的俄国人，走了。库图佐夫眼看着法国军队消失了。

敌军的灭亡让亚历山大悟出一个道理，有某些看不见的力量在挽救俄罗斯。拿破仑的军团实际上一个接一个跑到哪里去了？当俄国人遭遇法国人时，很难说在这些冲突中谁占军事优势。不过法国军队似乎倒在了俄罗斯一望无垠的辽阔大地上。秋天是温暖的，加上十月的寒冷来得迟一些，还不算太冷，但一种白色雾霭已围住了艰难跋涉的士兵队列。法国的、波兰的、意大利的、德国的队伍，时常在这神秘的白雪覆盖的墓地迷路，身陷在千百哥萨克和那些甚至用镰刀长枪武装的庄稼汉和农妇的手里，自己匆匆去迎接死亡。

亚历山大终于得到在斯图嘉扬卡进行的别列津诺著名战役的战报。在这里最后击溃了拿破仑的军队，不过，为什么波拿巴只带着些许残兵败将，只身跑到西方去了？俄国将军怎么能容许这种逃跑？缪拉带着疲惫不堪的禁卫军逃到维尔诺①，皇帝本人丢弃了自己的老兵，急忙回到巴黎招募新兵。法国人把数千名伤病员丢在维尔诺不管，急忙逃窜，俄国的先头部队畅通无阻地进入城市。

亚历山大本人在军队中行进。他要在这里，在维尔诺，郑重地当众拥抱库图佐夫。他要授予老头子一级乔治勋章。然而，库图佐夫仍然用狡猾的农民的眼睛瞧着自己的君主。像从前一样，他们彼此并不理解。

如果相信威尔逊的话，亚历山大似乎对这位将军这样说过："我得知，元帅根本没完成本应做到的事，没有采取任何非形势真正所迫而采取的对敌措施。他经常是违背意愿而取胜的；他和我们玩过上千种土耳其式的把

---

① 今维尔纽斯市，维尔诺是该城 1939 年前的名称。

戏。不过贵族支持他，一般说来，人们坚持要他作为这次战役的民族荣誉的化身。今后我不会离开我的军队，也不会让它遭到比类似的统帅所遭遇的更大的危险。"

他写信给萨尔蒂科夫伯爵说："上帝保佑，我们这里一切都好，但是，从这里赶走元帅有点困难，这又是非常必要的。"

库图佐夫一如既往，坚决直谏君主，是"放弃武力"的时候了。欧洲不关我们什么事。那里的事自然会顺遂的。亚历山大在这方面有不同看法，但也难以说服老头子和许多同情他的人，让他们相信为了解放欧洲必须对西方进行新的征程。亚历山大有时因对抗某些僵化自发势力而感到苦恼，他认为这一势力的体现就是库图佐夫。着手进行 1813 年战役时，他不能不考虑俄罗斯面临的道义责任，因此，对这次新征程必要性的每一次怀疑，对他就像绞心的刀子。"应当站在我的位置上，"他对帅朱泽－胡菲耶[①]说，"自身要有君主的责任观念，要认识到，一旦想到有朝一日我向上帝报告事关我的每个士兵的生命时，我会有什么感受。不，皇位不是我的使命，如果我有幸能改变我的生活条件，我乐于这样做……老实说，有时我打算用头撞墙。"

事实上，"用头撞墙"是有原因的。在斯摩棱斯克大道上躺着近十万具未收拾的尸体，已腐烂发臭。尽管为宽慰亚历山大敏感的心灵，匆忙与旧路平行修了一条通向维尔诺的专道，但皇上还是看到了但丁地狱般的景象。雪橇的滑木常被死人的骨头硌坏。遇到了大群大群的俘虏，他们被庄稼汉和农妇用棍棒驱赶着，冻得脸色发青，双腿几乎走不动。货车上载着成堆躺在那里的伤病员，其中有些人一旦停止呼吸便被扔在路旁。马匹嗅出成堆尸体的气味便扬起前蹄，打出响鼻。另一些地方，冻僵的死人躯体靠着树木站立不动。野狼吼叫着在过路人眼前撕裂尸骨。疫病流行蔓延。

---

① 帅朱泽－胡菲耶（1752—1817），法国外交官，1784 年为法兰西驻奥斯曼帝国大使，法兰西科学院院士，古希腊罗马文化的研究者。

一年的战争需要上百万农民为战事服役。居民破产了。许多省份被战火和强盗洗劫一空。在这艰难时期，亚历山大却着手进行新的战役。

拿破仑还没有来得及离开俄国边境，又产生了极为尖锐的波兰问题。亚历山大作为最富激情的波兰爱国者亚当·查尔托雷斯基的朋友，又处在娘家姓纳雷什金的波兰女子契特维尔钦斯卡娅的温柔怀抱里，他倾听了十四年的甜言蜜语，对这个拉丁化的斯拉夫民族往往有特别的偏爱。但是，事件表明是对波兰人不利的，亚历山大知道，尽管他向波兰社会许诺支持他们独立，但波兰人仍满怀激情地欢迎拿破仑，并参加向莫斯科的进军，其残酷和贪婪与法国人相比有过之而无不及。

现今，在俄国军队把拿破仑从俄罗斯赶走之后进入波兰的时候，居民以冷淡和阴沉的心情迎接亚历山大，有些过去不太相信我们政府的犹太人，隆重欢迎我们的军队，表现出俄罗斯的爱国精神。亚历山大惊讶地瞧着一群群老年的和年轻的犹太人，他们手持写有花体字的五颜六色的小旗子来欢迎他，敲着锣，打着鼓，吹管笛，高唱犹太诗人写的向俄国人致敬的某些颂歌，无论如何他们感受到了与后者的联系。

在维尔诺逗留之后不久，亚历山大收到一封亚当·查尔托雷斯基的来信，他曾期待1812年的战争快点结束。现在，确信法国军队溃败之后，他急忙和亚历山大恢复联系，劝说战胜者建立独立的波兰王国。这次亚历山大回答得十分友好："波兰和波兰人无论如何也不必担心我会报复。我对他们的打算仍然是那些……成功没有改变我对您的祖国的想法，一般说来，也不会改变我的原则，您会发现我始终是您了解的那样的人。"

亚当·查尔托雷斯基受到亚历山大答复的鼓舞，来到皇帝的大本营，要陪同他出征，并为波兰的利益对他施加影响。一些外国人大概又包围了亚历山大。库图佐夫生病了。皇帝本人去他那里参加会议，很想向他表示敬意，在俄国人民眼里他是位英雄。但这件事很难为亚历山大。他忙着转移行动向易北河彼岸进攻，而库图佐夫却认为，军队尚未准备好出征。"现在过易北河是最容易的事，"有一次他说，"可是我们怎么回来？要满脸带着血。"

然而，发生了这位苏沃罗夫将军的老帮手不能阻止的事件。普鲁士动员军队与俄国联合了。弗里德里希－威廉把军队交由库图佐夫指挥。在西里西亚，德国居民举行盛大狂欢迎接这位统帅。亚历山大赐予老头子一顶曾在斯泰因诺赐予他的桂冠。但这已是墓碑上的花冠。众所周知，米哈伊尔·伊拉里奥诺维奇·库图佐夫于1813年4月16日去世了。

随着库图佐夫的辞世，所谓的"卫国战争"宣告结束。另外的新战事开始了。库图佐夫和亚历山大是两种对立心理的代表。库图佐夫是所谓本土人。他和俄罗斯的土地、居民、传统有着天然的联系。他本身具有这类人的优点和缺点。士兵爱戴他，因为他身上有朴实但又稍带狡猾的农民气质。他有野兽般的嗅觉，能像野兽那样嗅出敌人。他像头熊，吃饱时并不可怕。但不幸在于，有人从洞穴把他撵了出来。他不想，也不能按照那么遥远的目标去寻找敌人。当波拿巴进攻莫斯科时，他同意直接保卫俄罗斯，但是，为了他不理解的那些泛欧洲利益而让农民流血，他认为这是疯狂行为。

亚历山大不是这样。他与人民群众格格不入。他根本不了解农民，不理解他们。他的悲剧在于与这种地气的隔绝，这导致他的悲惨结局。但是，历史上没有无意义的事件。俄罗斯站在了1813—1814年战役之首，这有其客观的意义。

17

"在欧洲十二年，我以平庸之人著称，我们倒要看看，他们现在说什么。"亚历山大1814年在巴黎这样说。事实上，亚历山大的自尊心现在可以得到满足了。所谓的欧洲社会，是把他作为战胜拿破仑的凯旋统帅来欢迎的。所有人都赞颂他，称他是新伊利亚特的阿伽门农，可是，围绕他名字的光芒越是辉煌，他越怀疑自己是否有资格处于这种特殊的地位。当一人独处时，他力图为自己总结这一年发生的事，然而，回忆总是堆在一起，杂乱无章，难以对完成的事下结论。

亚历山大似乎觉得那是个晴朗的天，当时他和普鲁士国王在众多撒克逊人的欢呼声中，隆重地进入德累斯顿；他回忆起，他在德累斯顿街上散步，一群人簇拥在他的周围，随后——是有关卢塞恩野外的令人痛苦的回忆，拿破仑带领新的军队在那里出现，宣称如今他不是作为皇帝开战，而是按老办法——作为波拿巴将军而战。同盟国被这个将军分裂了。亚历山大回想起那难忍的一夜，当时，他在伤员和尸体中间借助灯光艰难地转入军队后方；他想起，他不得不在天亮之前叫醒弗里德里希-威廉，向他宣告必须退却的不幸消息，这个倒霉的国王却胆怯地嘟囔："这个我知道……我又要在梅梅尔待着了。"亚历山大想起，有人向他报告说，4月30日，拿破仑在炮声隆隆和车铃叮当声中开进了德累斯顿，人们欢迎他和此前不久欢迎亚历山大完全一样。后来——同盟军在包岑战败。不得不再次安慰这个难以安抚的普鲁士君主。这一切令人苦恼，而且可耻。而德累斯顿的会战呢！那是一个可怕的暴风雨的夜晚，当时冰冷的雨水似乎想把军队淹没，这一天，8月15日，在距亚历山大几步远的地方，莫罗将军① 被炮弹炸死了——这一切都多么可怕！亚历山大以为，胜败不仅取决于统帅的战术，还在于影响军队士气的看不见的神秘力量。而回忆却令人百感交集，难以承受。在库尔姆② 胜利了！亚历山大回想着，会战之后数千俘虏从他身旁走过，最终，旺达姆将军出现了。是的，这是不会忘记的场景。想起弟弟康斯坦丁的粗暴和自己的易怒，亚历山大的脸色涨红了。这位将军做

---

① 莫罗·让－维克多（1763—1813），法国将军，因谋反拿破仑被流放到美洲。回来后，于1812年应亚历山大之邀到俄国，作为大本营顾问参加1813—1814年战役，1813年8月在德累斯顿前线阵亡。

② 库尔姆，今赫卢麦茨，捷克居民点，俄国、普鲁士和奥地利军队于1813年8月30日在托利将军率领下，在库尔姆附近击溃了旺达姆将军指挥的法国军团。

了一个共济会的暗示，亚历山大只得改变对这个共济会兄弟的腔调。这位被俘将军的荣誉和方便得到了保障。同盟国的君主们并不是亚历山大的得力助手。弗兰茨皇帝较之战斗更加喜欢音乐。库尔姆胜利之后，当时他在特普利采的宫廷，应该是被列奥波德王子的司令部占据着的，这位音乐痴迷者对于同盟军的胜利并不在意，十分客气地让出了自己的住处，还说："好得很，咱们可以在楼下接着演奏。"这时他手里拿着一把小提琴。他和朋友们在演奏什么三重奏。

亚历山大羡慕这位音乐爱好者。他本人甚至不敢奢望个人的生活。他觉得自己受到事件的掌控，而且还要不幸地屈从于这种势力。他内心处于奇怪的平静。现在他自己觉得，他在莱比锡城郊表现出的冷静沉着是惊人的。当时，一切都发生了动摇。将军们窘迫不安，准备后撤，如果亚历山大张皇失措，会战就会输掉。大家第一次承认亚历山大为统帅，并自愿服从他。但他本人觉得，引导他的是他本人还不完全理解的东西。正如他所相信的，这种"上苍之助"保证了他的成功。三天的"多民族会战"和同盟国的胜利——这难道不是事件的光荣结局吗？其意义后代们是会明白的。在这次会战中亚历山大有可能死去：榴弹曾在他的马匹腿边爆炸。当时他坚信，他已经不那么惧怕死亡了。于是，拿破仑带着自己的军队越过莱茵河。亚历山大回忆起自己在法兰克福逗留的情况。现在他是欧洲的统治者。国王和王子们聚集在他的接待处，为自己的王位和特权而心惊胆战。亚历山大处在自己荣誉的顶峰，但是他知道，这一切都是"尘世的空虚"。他亚历山大没忘记征途中带着《圣经》，躺在自己的硬板床上，头下枕着硬的圆筒代替枕头，常常阅读这部对所有人——穷人和富人，奴隶和皇帝——都有教益的奇书。

不过，读这部神秘的书，丝毫没有让亚历山大动摇拉阿尔普灌输给他的那些"日内瓦"思想。1813年末，皇帝得闲给自己的导师写了封表示友好的书信，顺便提及，他在信中写道："在写完此信之前我要告诉您，如果说借助于神启，两年间我有机会锻炼出来的某种坚毅和力量，可能对成就欧洲独立事业有益，对此，我应感谢您的栽培。在我度过的艰难时期，对您的回忆一直没有离开我的思想，我希望自己无愧于您的关怀，也希望报答您给予的尊重，这是鼓舞我的力量。一两天之内，我们就要跨越莱茵河，从莫斯科河岸到达它的岸边。”

把战争转移到法国领土，众所周知，这是亚历山大坚持的结果。同盟国不希望这样。甚至英国也认为，最好在法国保留拿破仑政府。但亚历山大记得波拿巴在蒂尔西特给予他的那些教训。亚历山大记得，这个科西嘉人曾对他说明自己的神圣信念——对他拿破仑来说，统治意味着战争和征服。拿破仑不可能做一个和平的君主，否则是不可思议的。但是，俄国的君主有另外的想法：“将运用其法制和机构的权力全部和完整地归还给每一个民族，将所有民族以及我们本民族置于共同联盟的保护下，保护自己并保卫它们不受占领者对自尊心的伤害——这就是我们希望凭借神的帮助确立新制度所依据的本质。神启推动我们走上直达目标的道路。我们已经走了一半路程。而摆在我们面前的另一半路程布满艰辛。必须将其消除。”

亚历山大以为是“新制度”的“制度”，实际上并不是那么新。这种理想主义乌托邦的结果如何，今天我们是知道的。关于所有民族和平相处的甜言蜜语成了美丽的辞藻。而当时，亚历山大真的相信，为了各民族的福祉必须恢复“欧洲制度”。

于是到了1814年1月，同盟军进军巴黎。这次战役是那么不同寻常的征战！亚历山大皇帝首先关心的似乎是引诱和迷惑敌人。军队的命令时常强调，士兵应当对法国宽宏大量。不仅和平的公民，而且俘虏的士兵——都是这位君主特别关怀的对象。卡斯尔里①向利物浦伯爵报告了他眼中俄国君主的奇怪行为。“当前，对我们最危险的是亚历山大皇帝的骑士情怀。”他写道，“他在对待巴黎方面，个人的观点不带任何政治的和军事的考虑。看来，俄国皇帝仅仅是寻找机会，以处于自己的光荣军队之首的

---

① 卡斯尔里子爵（1769—1822），1812—1822年的英国外交大臣，托利党人，出席维也纳会议的英国代表，支持神圣同盟。

地位进入巴黎，这样做大概是为了将自己的宽宏大量与他自己的首都遭到的破坏加以对比。"不过，亚历山大所关心的不仅仅是博爱。他十分注意而且执着地关注战役的计划和行动。他力求协调统帅和国王们的意见。他在默默无言中被承认是征战的主帅，他自己的顽强精神令所有人为之惊奇。有时，他得到重要情报后，会半夜起床，叫醒国王和将军们，坐在睡意蒙眬的同盟者的床上，向他们解释自己的这些或那些推测，并取得必要的一致意见。

他把这些同盟国军队带到巴黎干什么？推翻波拿巴吗？他需要什么？他不想把波旁家族推上法兰西的王位吗？复辟王朝的代理人维特罗尔①来到亚历山大的指挥部。他是保皇党，是满怀希望来见亚历山大的，但他和俄国君主会见之后却非常失望。

亚历山大对他说："按理智组织的共和国比较符合法兰西精神。自由思想在类似您的祖国的国家里，不可能如此长久地不受制裁地发展下去。"

"我的天，我们等到的竟是这个，"沮丧的维特罗尔在自己的札记里嚷道，"亚历山大皇帝，这位为全球谋福祉而联合起来的诸位皇帝的帝王，竟对我谈到了共和国。"

军事行动是如何发展的，同盟国和波拿巴如何进行的战争——在奥布地区的尚波贝尔、蒙梅赖伊、夏托－蒂耶利、阿尔西②进行的战斗，大家都知道，1814年3月19日同盟军进入巴黎。

亚历山大皇帝后来向戈里岑述说他在占领巴黎之前的心情："在我的内心深处，藏匿着某种模糊不清的期待感，某种难以遏止的愿望，就是将这一事业完全交由上帝支配。磋商在继续进行，我却暂时离开会议，匆忙躲到自己的房间。在那里我不由自主地跪下，在上帝面前倾诉我的全部心情。"很显然，1812年亚历山大具有的那种神秘感，现在还没有离开他。

---

① 法国男爵维特罗尔，是法国正统主义者的代表，当时他持有本尼凡托亲王塔列兰授意写的表示友好的信件秘密会见了亚历山大，试图复辟波旁王朝。

② 以上几个地名指1814年2月拿破仑在法国与同盟军进行的所谓六天战争的地方。

但是，很多人未必关注俄国皇帝的这种心情。他的内心与任何人无关。对街上的群众来说，他是身穿骑兵团制服、骑着拿破仑赠送的灰色大马的漂亮的年轻人；就君主而言，他是个幸运的竞争者；就外交官而言，他是施展手腕的外交官；就战略家而言，他是军事行当的成功的业余爱好者……但是，在大多数人眼里，他首先是以自己的自由思想令巴黎人为之惊讶的自由主义的君主。在斯达尔夫人的沙龙里，他议论取缔奴隶身份和农奴制。"借上帝助力——他说——在我治理期间，农奴制就会消灭。（Avec l'aide De dieu, le servage sera aboli sous mon gouvernement me me …）"

他很不情愿地接受波旁王朝的君主制，这种制度在歪曲民意后，似乎想复辟。"波旁王朝，"他说，"是没有改正过的，也不会被改正（non corriges et incorrigibles），充斥着旧制度的偏见。"若没有亚历山大，法兰西就不会接受它已收到的那部可怜的宪法。亚历山大的自由主义没得到任何支持。他住在圣－弗洛仑森街一处受严密阴谋网包围的塔列兰的房子里。为了和拿破仑谈判，他必须付出不少精力并慎重思考，拿破仑正在枫丹白露等待着决定自己的命运。亚历山大极为关心的是，拿破仑去厄尔巴岛时，在途中不要遭受任何侮辱，或者哪怕甚至是不方便。他还关心，要让法国军官在各方面都得到最好的生活保障。

至于俄国士兵就不能这样说了。亚历山大皇帝陶醉于自己在欧洲出了名，以及在巴黎的成功，却在奇怪的不经心中忘记了俄国农民的命运，是他带领他们穿过欧洲，在他们的帮助下战胜了自己可怕的对手。现在大功告成，胜利者却被锁在兵营里。他们的伙食不好，服装破旧。偶尔和法国人发生冲突时，有错的一方往往是俄国人。军官们也不满亚历山大这种对外国人的偏爱。不过，尽管不幸，士兵也好，军官也好，还是在巴黎学到了一些东西，现在，他们对自己的皇帝刮目相看。

18

  亚历山大在巴黎庆祝自己对拿破仑的胜利。在他的回忆中，宏大的会战布景从他面前通过。国王和王子、老皇帝弗兰茨和他狡诈的外交官，统帅和大臣们——这个欧洲特权者的光彩夺目的大聚会，呈现在亚历山大面前，像是剧场里壮丽的尾声。然而，绚丽的幻景不可能挡住亚历山大的眼睛，他看到了幕后的黑洞。那里完全是另一番景象。例如，在莱比锡战后，施泰因男爵给他看一份《报告》。"一路上我遇到无数拉伤员的大车，"著名的德国医生雷伊尔写道，"用敞篷的大车运载他们。他们成堆地躺在那里，没有鞋穿，没有任何遮盖，真像屠夫拉着牛犊去屠宰场。跟在大车后面行走的是一些没有找到地方安置的受难者，其中很多是中弹和失去肢体的重伤员。这一天，也就是恰好在永远值得纪念的多民族会战之后又过去一个星期，在会战的旷野还找到了一些人，他们难以断绝的生命力尚未被伤病、夜寒和饥饿摧毁。在莱比锡，我找到大约两万个各民族的伤病军人。最随性的幻想也画不出展现在我眼前的景象，最坚强的人也不可能静观这幅可怕的全景图。我提供给您的仅仅是可怕景象中不多的几处，是我亲眼看见的。我们的伤员安置在连病狗我都不会安置的地方。他们或者躺在不透气的地下室，那里空气的含氧量不足以供给众人，或者躺在断壁残垣的学校，躺在寒冷的教堂，那里随着空气变差而越来越冷，或者是，最终，像某些法国人似的，直接躺在院子里，以天当被，以地当床，从那里传来哀声哭号和牙齿打战的声音。在一个伤员集聚点，窒闷空气伤害他们，在另一地点——严寒逼迫他们。尽管公共房屋不足，但从不考虑挪出几间私人住房作为医院。没有一个民族的处境是好的。所有的人都同样贫困……甚至连可以安置伤员的茅草房也没有……他们当中一部分人死去了，另外一部分大概也快死了。他们的肢体肿得吓人，好像中毒或感染了坏疽病。伤口由于自身不清洁而在溃烂……"

他写道："我要用一幅可怕景象结束我的报告，想起来就令人毛骨悚然。在一处城市中学的开放的院子里，我看见小山似的一堆东西，那是各种各样的垃圾和惨不忍睹的我国军人的光裸尸体。他们被扔在那里像是罪犯和强盗的残骸。乌鸦和狗当众吞食他们。为祖国捐躯的英雄们竟然遭到这样的侮辱。"

拿破仑喜欢观察战场。尸体的阴森样子和恶臭气味丝毫不会让他感到窘迫，甚至，这似乎会给他带来某种奇怪的满足感。亚历山大却向来不可能习惯于观看这种景象。他的性格从来没有拿破仑式的完整。

除了这些可怕的战争创伤、鄙劣的明显不公平之外，让亚历山大感到不安的还有那种惊人的伪善和可耻的自私，通常各等级和各民族的领导人都有这些特点。从俄罗斯边境到巴黎，不仅是一条同波拿巴进行军事战斗的灾难深重之路，而且是与同盟者和阴谋家做痛苦斗争的道路。站在这些阴谋之首的是梅特涅和奥地利的统帅们。由于他们而吃了多少败仗啊！葬送了多少性命！在个人处事上永远无可非议的、骑士般矜持的、柔和温存的皇帝，在远征的末期精神上变得非常疲惫，以致周围的人已认不出他是以前那个亚历山大了。极小的矛盾便会导致他狂怒。他变得性情急躁，没有耐性。沃尔康斯基公爵给科·费·托里写信说，和皇上一起生活如同"服苦役"。大家每时每刻都由于怕他发火而战战兢兢。

在巴黎，亚历山大又能够控制自己了。富有魅力的微笑又出现在"北方塔里曼"的脸上。但在他心灵深处似乎永远留下了对人的蔑视。有一次他本人曾说："我不相信任何人。我只相信，所有的人——都是坏蛋。"这种信念自然也适用于和梅特涅、塔列兰以及数百个其他坏蛋有关系的人。和狼一起生活就要学狼叫。俄国皇帝本人表现出，他具有不小的"外交"才能。拿破仑在圣赫勒拿岛谈起他时说："亚历山大聪明、和蔼、有教养。但是他不可信。他不真诚。这是个——真正的拜占庭人，巧妙的伪装者、滑头。"用夏多布里安的话说："作为一个普通人，亚历山大是真诚的，在政治方面则像希腊人那样机敏灵活。"瑞典驻巴黎大使拉赫尔毕耶内说，在政治方面亚历山大"像针尖那样精细，像剃刀那样锐利，像海浪泡沫那样虚伪"。

这样，1814 年秋，上演了一出欧洲外交官的大戏——维也纳会议。亚历山大在这些舞台上与梅特涅和塔列兰较量，但没有起到决定性的作用。

维也纳宫廷和国际外交圈的显赫是不同寻常的。奥地利政府为了在这次会议中显示"体面"，花费了数百万卢布，并不得不加倍征收营业税，这样一来，王室要员、上流社会的夫人和外交官们在城郊卖弄作态地散步时，总是炫耀奢华，向公众展示自己，工人和匠人们对这些高级政策的决策者侧目而视，好像在侮辱他们。

不过，会议是快活的。就此有人曾说："会议在跳舞，但是原地不动。（le congres danse，mais ne marche pas.）"亚历山大也在跳舞，勾引维也纳的美女。不过，国际的阴谋倾轧却在紧张进行中。

过去的大主教、六十岁的塔列兰，谈到自己时曾说，"他拖着一条瘸腿，像追赶兔子的乌龟"，却在会议上操纵和愚弄了对手，尽管他是战败方的代表。他接受国王和王子们的贿赂，自己允诺协助对手。更加无耻的是梅特涅。奥地利帝国是当时存在的帝国中最虚伪的帝国，完全丧失了独立的精神文明，是由多种民族特性组合而成的，也是唯一由于自己彻底的专制官僚主义制度而强大的帝国，梅特涅堪称它的代表。此人除了千方百计保留曾经是他的那个制度之外，别无所求。他接受的教育是百科全书派思想，但是他却从这种思想中做出了初看起来令人出乎意料的结论，不过，如果深入观察，较之任何一种自由主义，它又是比较符合这种思想的。梅特涅懂得，18 世纪的自由思想家们把人从各种权威中解放出来，如果有人宣称自己拥护符合他口吻的那种制度，不以所谓"公共福祉"的想象作为指导，那么他们无论如何不会见怪。奥地利制度是符合梅特涅口味的。这个无与伦比的反动政客希望在各处推行奥地利的制度，因为他觉得，反动政策只有所有强国都掌握在手，才能得以稳固。

亚历山大不得不同这些人打交道。实际上只有三个人——梅特涅、塔列兰和亚历山大，当时一切事情由他们做主。俄国皇帝觉得自己处于世界事件的中心。他因此曾被搅得头昏脑涨。当然，和塔列兰或梅特涅这样的人打交道，自己也变得狡猾了。年轻时代的经验，那种对祖母和父亲被迫做出的狡猾策略，现在对亚历山大来说却是适用的。不友好的人送给他的另一特点是虚伪。法国大使拉菲龙伯爵谈到亚历山大时说："他最本质的特点是虚伪和狡猾，或者伪装。如果给他穿上女人衣服，他会变成一位苗条淑女。"

亚历山大的狡猾实际上具有女性因素。可能他本人也意识到自己这一特点。有一次谈话说到他和妹妹叶卡捷琳娜·巴甫洛夫娜有相似之处，于是亚历山大离开了半个小时，返回时却穿着女人衣服。这样的换装打扮让他很开心。他非常像女人。在维也纳会议之初和梅特涅斗争所采取的狡猾手段，就是女人式的狡猾。他想试探这位狡猾外交官的秘密，最初便以好感拉拢曾经是梅特涅情人的巴格拉齐昂公爵夫人，后来又对萨甘男爵夫人表示好感，恰好在会议期间，那位好色的奥地利公爵（指梅特涅）对她表示特别的温存。众所周知，神圣同盟未来的创立者们，那时以最丑陋的争吵成为彼此关系的标记，在自己的回忆录中不过是最掺假的回忆，梅特涅甚至断言，亚历山大曾提出和他决斗。

就确切意义而言，进行数月的维也纳会议并不是政治性会议。所有事务都是在舞会、晚宴以及夫人们的沙龙里决定的，甚至是在可疑的有诱惑力女人的闺房里决定的。如果说像梅特涅和塔列兰这样当时的杰出活动家如此品行不端，那么，对那些"多少加冕过的人"的其他琐细小事还能说什么呢？后来丘特切夫谈及此事时曾这么说。这里聚集着欧洲各地的授过勋位的大人物。他们尽情取乐，淫乱放荡，表现出失而复得、重享欢乐的勃勃兴致。那还用说！拿破仑用自己鲁莽大兵的手，如此无情地从那些一度充满自信的头颅上摘掉桂冠。这些被革命吓破胆的国王和男爵，那么长时间在第一执政面前、后来又在古怪皇帝面前胆战心惊，根本不像贵族出身的人。于是，现在他们要轻松喘口气了。人民不再沉默，有特权的人却幻想恢复封建—贵族制度，急忙瓜分波拿巴的遗产。

　　也许，亚历山大在这种贪得无厌的瓜分方面显得不那么可耻。国际劫掠者们已相当成功地瓜分了领土和人口。大臣和外交官从不那么狡猾的男爵和国王那里所得到的百万贿赂，有助于做成这件事。最困难的是协调波兰事务。亚历山大坚持将拥有独立宪法的华沙大公国并入俄国。然而，他没能将所有波兰土地归于自己的皇权属下。奥地利和普鲁士给自己保留了部分土地：前者是加里西亚，后者是波兹南。还有其他的困难。所有的君主反对通过特别宪法瓜分波兰王国。对被奴役的民族而言，这是一个恶劣的范例，但亚历山大在这一点上是不可动摇的。结果，俄罗斯相比其他大国承受战争灾难最重，但得到的报酬最少。奥地利得到带有千万人口的领土，普鲁士得到有五百万居民的领土，俄罗斯却得到三百万新公民，而且是对他们的国家利益持极其怀疑态度的人。但是，贪婪的胜利者的这次瓜分，可能根本无法实现。欧洲地图几乎又要以新的方式划界。

　　当政治和道德的堕落正在蔓延之际，在维也纳传出了惊人的消息：拿破仑离开了厄尔巴岛，并带领一撮勇敢分子落脚在法兰西的南海岸。应该想到，维也纳的英雄们听到这个消息应该是什么样子。他们脸上有何表情？毕竟那里不仅有哈姆雷特和麦克白，那里还有可疑的人物：大腹便便的符腾堡的某位国王，或者黑森的选侯，他不仅脸上有溃疡，而且还保留一些奇怪的恶习令所有人感到可怕；或者还有带着典型白化皮肤外貌的丹麦国王，他总是以自己外省人的方式嘲笑维也纳社会……在所有这些加冕的蹩脚演员的脸上都露出了令人可笑的恐惧神色。仿佛是刚刚将一个富豪埋进坟墓的继承人，忽然发现大地裂开了，死人从棺材里钻了出来，用自己骨瘦如柴的手威胁着他们。

　　亚历山大讨厌这些天生就有勋位的大人物，这时他在追求那些外貌优雅、举止端庄、俊俏漂亮的维也纳美女，仿佛他是个人物，而不是欧洲君主中最强有力的人。突然有消息说，波拿巴在大喊大叫："士兵们！手持国旗的雄鹰，要从一个钟楼飞向另一个，一直飞到巴黎的圣母大教堂的塔楼。"受惊的梅特涅曾有几个星期做出样子，似乎他没发现沙皇的存在，如今却忘记了萨甘侯爵夫人[①]的美丽，径直奔他而来。

面对凶残的科西嘉人的恐惧，所有的人重新联合起来了，竞争对手变成了同盟者。路易十八不久前还对将其送上王位的亚历山大趾高气扬，并且抱怨他，因为他作为本国的专制君主、波旁家族一员，却被逼签署《宪章》，如今得知拿破仑前来巴黎，并受到军队热烈欢迎之后，便可耻地从杜伊勒里宫逃跑了。这个受过登基涂油的人，匆忙中将一份他与英国和奥地利签订的旨在反对俄国的秘密条约忘在了自己的桌子上。当然，拿破仑急忙将这份文件交给了亚历山大，并寄希望于俄国皇帝得知梅特涅从他背后捅刀之后，会很快断绝与奥地利背叛者的关系。然而亚历山大却把梅特涅请过来，给他看过这份文件，并将它投进壁炉里。从这时起，他们力图彼此不再争吵。

众所周知，当时无情的克利俄[②]记载了这些事件，亚历山大再次进入巴黎。这次进入并不像第一次那样开心，俄国皇帝埋怨巴黎人人心无常，这一次，他并不那么卖力保护城市免受愤怒的德国人的涂炭和屈辱。而英国人则把拿破仑送到圣·赫勒纳岛，让他在那里空闲时口授自己的回忆录。

19

拿破仑战败了，欧洲得到解放。亚历山大头戴桂冠凯旋，返回俄罗

---

① 侯爵夫人萨甘·多罗苔娅（1793—1862），库尔兰和谢米加尔的公主，当时是众多知名人物的倾慕者，她知道欧洲外交界的许多机密，特别在结婚之后，此联姻又使她和塔列兰有了亲戚关系。

② 克利俄，希腊神话中九位缪斯之一，司历史女神。

斯。但奇怪的是——这些桂冠和这次胜利却让亚历山大高兴不起来。相反，他变得更加抑郁和严肃了。在家人当中，过去都叫他"温顺的杠头"（le doux entêté），如今未必有谁能说他是温顺的。

君主身边的米哈伊洛夫斯基-达尼列夫斯基，在1816年的日记里记载："早晨十点钟，陛下在花园里散步，从我们的窗户边走过七次。他看上去很开心，他的目光流露出温和慈祥，然而，我越是把他视为不同寻常的丈夫，便越发怀疑这个结论。例如，怎么能将他脸上现在显示的内心平静和刚才有人告诉我的消息联系起来呢？就是说，他下旨将两个农民拘禁起来了，他们唯一的错误是向他请愿。"

十二月党人伊·德·亚库什金在自己的札记里述及，1814年，当近卫军远征返回彼得堡时，他看到了——沙皇的隆重进城仪式。"最后，"他写道，"率领近卫军团队的亚历山大出现了，他骑一匹棕色的高头大马，手持出鞘的佩剑，正准备在皇后面前收剑入鞘……我们都在欣赏他的英姿。就在此刻，有一男子横穿街道，在他的马匹前面奔跑。于是，皇上用马刺猛击自己的马，手持出鞘的佩剑向那奔跑的人冲去。警察用棍棒拦住了这个男子。我们难以相信自己的眼睛，便转过脸去，为我们爱戴的沙皇感到羞耻。这是我第一次对他感到失望。我不由得想起变成美女的猫，不过，它已不可能看见老鼠，不能扑过去了。"

当时，并非亚库什金一个人对亚历山大皇帝感到失望。亚历山大自己对众人和理想也感到失望。这并不是说他不再相信由拉阿尔普和其他法国百科全书派拥护者给他自幼灌输的理想，但是，这种信念现在变成某种抽象的和枯燥无味的东西了。亚历山大现在以为，极受崇敬的理想本身没有什么，而实质问题在于现实生活是如何形成的，而这往往不取决于我们的善良意愿。比如，亚历山大早就认为，共和国比君主制好，所有专制制度都应受宪法的制约，他现在也不怀疑这一点，但现在他很清楚，实现这些自由思想并不那么简单。"我喜欢立宪的机构，"他曾对拉菲龙说，"我以为，任何一个正常人都应喜欢它。但是，所有的民族都能毫无区别地建立这种机构吗？并非所有民族都准备同样采纳这些机构。"

显然，亚历山大认为，西方民族对于推行法律秩序是成熟的民族，但是他怀疑俄罗斯民族在这方面是否成熟。那种众多历史学家确信含有1812年君主精神的爱国主义，乃是一种特殊的爱国主义。对亚历山大来说，热爱俄罗斯并不等同于爱俄罗斯人民，俄罗斯人民——就是那个经常不合时宜地出现在大路上的愚蠢农民，严重妨碍他在皇后的金色马车前举剑施礼。警察用棍棒击打这个农民。该当如此，不然就无法训练他适应自由的宪法。

一般说来，具备公民权、秩序、文明和良好的道德，宪法才是适宜的。他——亚历山大本想着手实行这一切，但是坏蛋拿破仑干扰了他。美好的青春年华都用来和这荒谬革命的荒谬产物斗争了。

但是，毕竟革命不是国家的和平自由的发展。难道亚历山大不是用自己的事业证明，他不是自由的敌人吗？难道他不是坚持要路易十八给国家一部宪法吗？而他本人不是保证给芬兰以自由和自治吗？而波兰呢？波兰的宪法比法国的更加自由。诚然，这部宪法规定，所有权力都集中在波兰小贵族手里，贫穷的农民大众仍然无权，但实际上，问题也不可能"一下子"解决。无论如何，波兰现在不比欧洲差，多多少少是这样。

显然，亚历山大并没有放弃最终在全俄国实现法治的打算。亚历山大同基谢廖夫议论行政当局滥用职权时说："凡事不可能立即做成，当前的状况不容许进行曾经想做的内部事务，但是，我们现在要着手建立新的机关……军队、民政部门，都不是像我希望的那样，可是怎么办呢？没有助手，立即做什么都不成。"

1818年，亚历山大主持召开华沙会议，在自己的国王演说中明确宣布，他打算在俄罗斯全境限制君主政体，而不仅仅在它的周围。"你们国内已存在的体制，允许我遵循自由机构的准则，尽快交出给予你们的礼物，自由机构法已不断成为我所关注的对象，我希望，借助上苍之力，此类关注的良好影响能在神明托付予我的所有国家得以传播。这样，你们也给我提供一种方法，来向我的祖国展现很久以前就为它准备的并为它所运用的事业，不过，此事关系重大，须到时机成熟才能开始进行。"

有鉴于这些声明，卡拉姆津写信给自己的一位朋友说："华沙演讲在青年人心里反响强烈，他们睡觉都梦见宪法，又诉说，又议论，开始在《祖国之子》上写文章，在乌瓦罗夫的演讲里出现了另一种，还有一种在准备。又好笑，又可怜……"

显然，这些华沙演讲让有些人感到高兴，而另一些人觉得可怕，这并非开玩笑。这种害怕是有根据的。现在我们知道，1818年，诺沃西里采夫制订了一份得到亚历山大赞同的俄罗斯宪政机构方案。不过地主们觉得，在我们这里，宪制不会如在波兰推行得那么顺利，在这里，农民大众比绵羊还要温顺。这样，一部分人做梦都梦见"宪法"，另一部分人却想起叶卡捷琳娜时代震惊全俄罗斯的普加乔夫起义，对它感到害怕。所有这些传闻和担心，亚历山大都有所耳闻。当时从流放地回来担任奔萨省总督的斯佩兰斯基，显然也理解很多人的担心。"无疑，您知道，"他写道，"所有恐惧和担心的发作，与华沙演说同样吓坏了莫斯科居民的头脑……虽然现在这里还算平静，但不能担保长久平静……"危险在于，"平民中形成了一种见解，即政府不仅想赐予自由，而且它已经施行，只是一些地主不允许，或者要延滞它的宣布……此后怎么样，想起来都可怕，但是所有人都明白……"

如果像斯佩兰斯基和卡拉姆津这样有教养的人士都看不到限制专制制度有什么好处，对于因当时道德影响而心情极为郁闷的君主本身，又能期待什么呢？从欧洲返回之后，亚历山大发现，国内行政机构和经济事务惊人地解体了。他亲眼看到官员无耻地掠夺居民，五十二个总督中连五个诚实和正派的官员都没有。帝国所有的政府、学术和科学机构——好像是黑暗莽原里一小块绿洲。按趣味和教养自视为欧洲人的亚历山大，起码是这样认为的。亚历山大由此得出结论，在俄罗斯还没有适宜于享受公民权利的人。亚历山大没有意向，也没能力看到和感受到农民的俄罗斯。当然，这个拥有数百万人口的俄罗斯，在欧洲的意义上还是完全不文明的，不过，它已经形成了自己古老的文化。大概，亚历山大从未听过说唱的勇士歌，他不喜欢民歌，看不到环舞和民间舞，没有发现令人称奇的才华横溢的日常生活，而重要的是，他听不到那种话语，俄罗斯的话，那是充溢着美与和谐的极其丰富、独到的语言，是诗人普希金的奶娘阿里娜·罗吉昂诺夫娜作为俄罗斯伟大前程的保障精心传授给普希金的语言。诚然，亚历山大怀着好感读过青年诗人的诗《乡村》，抱有同感地回忆起如下几行：

> 在这里，
> 野蛮的贵族老爷——
> 命中注定给人们带来死难，
> 他们丧失感情，无视法律，看不到眼泪，
> 听不到抱怨，只知挥舞强制的皮鞭，
> 掠夺农夫的劳动、财富和时间，
> 在这里，
> 羸弱的农奴躬着背拖动别人的耕犁，
> 沿着黑心肠的地主的犁沟蠕蠕而动，
> 屈服于皮鞭。①

"感谢普希金，"他用法文写信给将这首诗呈送沙皇的伊·亚·瓦西里奇科夫说，"感谢他用自己的诗歌赋予的善良情感。"

不过，在书报审查条件下，这些诗在亚历山大在世时不能发表，诗人也无法将这"善良情感"传达给同胞。后来普希金写了另外一些诗。这些诗已不符合多愁善感的君主的胃口了，于是，他传旨将这个倔强的诗人流放到南方，离京城更远一些。

普希金不喜欢亚历山大。诗人是作为世界事件的参与者来颂扬皇帝

---

① 诗句引自普希金的诗《乡村》（1819）。

的，但是，他对于后者没有亲近感。这并不奇怪，因为很难找到比他们更对立的人了。普希金经常倾听民族自发的声音。亚历山大却在人民生活的喧闹中辨不出和谐之音。他喜欢莱茵河边金发德国人唱的感伤小调。他还想到那里去呢！他愿搬到那边住，远离这些令人厌恶的难以理解的俄罗斯农民，他们仿佛什么都干得出来——参与普加乔夫暴乱，进行波罗金诺战役。波罗金诺周年纪念时，亚历山大回忆起这件事，便皱着眉头转过脸去。回想起这次战役他就心中不快，那是想到了受德国军事科学批判的库图佐夫的农夫战略。

有些人称亚历山大为斯芬克斯。他的灵魂处在自我矛盾中，是不可理解的。用不足道的伪善和天生虚伪来解释他的模糊行为是很容易的，但这是——对非常复杂的事实做过于简单的解释。普希金对亚历山大的个性有过矛盾的评价。1829 年，在高加索，有一次他看见皇帝的大理石雕像。有人请他注意，沙皇皱着眉头，嘴边却露出笑容。这一提示让诗人写下一首著名的讽刺短诗：

> 看出这里有错误也是枉然：
> 艺术家的手笔，
> 在大理石上画出笑颜，
> 在冷光的额头刻出愤懑，
> 那伪善的嘴脸绝非偶然。
> 这位主宰如此尊容：
> 对矛盾的事物已觉坦然，
> 脸面和生活犹如丑角表演。[①]

是的，如果愿意也可这么说，亚历山大就是某种意义上的丑角。然

---

① 诗句引自普希金的诗《致征服者雕像》，但不准确。

而这又是多么可悲的丑角！他是个聪明人，明白自己的事业和意见的模糊性，但在当时皇权的客观条件下，有没有存在这种模糊性的原因呢？亚历山大真心想成为自由主义者，他周围很多人也不反对利用君主的这种情绪，不过在那种条件下，这种自由主义应不至于牵连到他们所关心的这些或那些社会派别。所以，甚至像科楚别伊这样的、他的"雅各宾"青年时期的朋友，也劝告皇帝不要急于解放农民。不过，毕竟还有像希什科夫那样的人，他在自己的札记里说，亚历山大曾降旨在1814年的诏书中删去一些句子，此处是一位著名的农奴主论述"建立在双方利益上"的地主与农民的关系。据希什科夫证实，亚历山大说："我不会违背心意签署我根本不赞同的文件。"

20

亚历山大非常认真，而且爱整洁。他的制服缝制精良，无可指责。他出现时从来没有衣着不整的情况，甚至在家里也是如此。他的办公桌上摆放有序，甚至完美。他签署的公文经常是同一种尺寸规格的。他喜欢对称几近怪癖。办公室的家具按照严格的方案摆设。对于军事检阅的"单一的美"，他往往表现出难以掩饰的喜爱。德国城市的风光比我们俄罗斯城市更符合他的口味，那里有更多的对称。不知何故，德国的景色比起我们开发很差的田野，或者昏暗的沉睡森林，显得更加整齐和端庄。那边，莱茵河两岸，一切都好像早已熟悉的图书中某些可爱的插图，那些图书是一位善良的瑞士人从国外专为少年亚历山大订购的。德国风景是那么纯净无邪！然而，难道有可能揣摩透我国蛮荒北方的阴郁梦境，或者南部草原的无垠金色吗？亚历山大不理解具有半亚洲风情的莫斯科。彼得堡是对称的，更像欧洲的首都，不过，在这里会勾起令人痛苦的可怕的回忆。亚历山大经过保罗建造的城堡时，总要闭上眼睛。不，住在这个严峻、高傲、具有帝国风格①的城市里是可怕的。在这座城市里有某种疯狂的、残忍的、冷酷的气氛。然而，却那么想得到和平和安宁！但愿根本不要想到这些过去的幻影……

应该有更多的印象——如果没有战争和会议，应该到某些地方去看看新事物，要快点外出。幸好，在俄罗斯，人们喜欢出行，不吝惜马匹和自己的财产。亚历山大漫游了全俄罗斯。辽阔多样的俄罗斯像长了翅膀，在绚丽多彩的全景中从他面前掠过。亚历山大没有长时间滞留在什么地方，他总是急急忙忙到哪里去，令人难以理解的是，这个奇怪的皇帝为什么自己去旅行。

亚历山大感到心情沉重的是，在俄罗斯，一切都不如欧洲安排得好。况且在欧洲也并非一切都做得足够好。所有政府都需要建立一种制度，使每个公民都能按此制度得到自己明确的地位。让他为自己工作一定的时间，但也要根据自己力量的大小，分配给国家必要的时间，而国家应当保障他的生活。应当有休息日，这样，公民才会愉快。但是愉快应当是得体的，并受到长官的监督。应当让公民的生活像军事生活一样。在团队里，每个士兵都知道自己的地位和自己的事。军队里一切都是协调的，准确无误的。难道不能将公民生活与这种良好的军事纪律结合起来吗？

1812年，亚历山大得到一本塞尔旺将军写的法文书，其中提出在帝国边境进行特别军屯的方案。亚历山大对这本书非常感兴趣。他认为，这位法国将军的思想应当加以利用。这位塞尔旺仿佛猜透了亚历山大本人的心思。到那个时候会有秩序！到那个时候将实行严整的军事制度，以代替不见成效的散漫的公民生活。

亚历山大降旨将塞尔旺的书译成俄文。问题在于阿拉克切耶夫不懂法

---

① 帝国风格，法国拿破仑一世时代兴起的一种仿古艺术风格。

文，而他却应当最先阅读这本书。谁能够以最好的方式将法国将军的计划推广到俄罗斯呢？当然是他，阿拉克切耶夫，沙皇的忠实"朋友"。沙皇通常都需要自己这位"朋友"。

是什么奇怪的"友谊"将这些人联系在一起的？看来，这个秘密还应从亚历山大病态的猜疑中去寻找。他的重耳更加突出了这一点。如果他坐在某人桌子对面，就难以听清楚此人的讲话。耳背的人往往是多疑的。但是，亚历山大的猜疑有比耳背更重要的根据。令人讶异的是，并非所有君主都是迫害狂热患者。不过，从来没有一个君主可以完全摆脱这种毛病。亚历山大在心理方面，在某种程度上也有这种毛病。

"他以为，谁也想不到的一些人似乎在嘲笑他，"大公夫人亚历山德拉·费奥多罗夫娜在自己的回忆录中写道，"仿佛听他讲话只是为了嘲笑他，仿佛我们彼此在做一些不想让他察觉的暗示。渐渐令人惋惜地看到，最终，这一切导致一个具有如此美好心灵和头脑的人，身上竟有那样的弱点。当他向我述说这类察觉和责怪时，我哭了，泣不成声。"

亚历山大敏感而多疑。有一次，基谢廖夫、奥尔洛夫和库图佐夫站在宫内一个窗户旁，彼此在说笑话，并且笑了起来。亚历山大从一旁走过。过了十分钟，便有人招呼基谢廖夫到他的书房去。这位将军看见亚历山大站在一面镜子前。皇帝正从四面八方仔细观察自己。他以为他们是在嘲笑他，笑他的外貌。"我身上有什么可笑的？为什么你和库图佐夫、奥尔洛夫嘲笑我？"多疑的皇上询问惊讶而茫然的基谢廖夫。将军颇费一番周折之后才让亚历山大相信，那是笑一件趣事，不是嘲笑亚历山大的外貌。类似的情况还不少。有个谣言说他似乎为了美观有一对用棉花做的人工大腿，这令皇上甚为不安。

"不善奉承而忠诚"的阿拉克切耶夫得以让亚历山大相信，是因为阿拉克切耶夫是他最为忠实的奴仆，所有人都准备对自己的国君效劳，唯独他，像爱自己一般爱亚历山大。亚历山大也相信。毕竟需要相信某个人。高官和显要们无一例外，都极力表现他们不比皇帝愚蠢。啊！不更加愚蠢吗？

那么就是说，他们背地里以为他们比他聪明……他们那些进言让人讨厌！他们都想控制国家。可是，在这方面谁又能向他们授权呢？因为现在还没有宪法……阿拉克切耶夫从来不想教训亚历山大。诚然，他会表达自己的意见，但只是谈个别问题。至于高层政策，他往往没有自己的见解。他比亚历山大年长八岁，但是，在亚历山大的面前他却胆战心惊，像孩子似的。走进办公室时，他面色发白，战战兢兢，手画十字，仿佛他不是得意的宠臣、大权在握的阿列克谢·安德烈耶维奇伯爵，在他的接见室，满头白发的国务人士还要等待三个小时呢，现在他倒像一个初次进宫的胆怯的求情者。

关于阿拉克切耶夫在反动时期是亚历山大的鼓动者的传言，已经被历史学家戳穿了。经阿拉克切耶夫签署发出的文件，都有皇帝本人的亲笔御签。阿拉克切耶夫是亚历山大的执行者和工具，而不是他的师父。著名的宠臣可能对这个或那个高官或将军产生影响，但一般说来，他绝不可能影响皇帝的政策。阿拉克切耶夫是没有思想的，他只有奴仆的灵魂。亚历山大治理数百万农奴的俄罗斯，这是一些不可思议的、看来也是固执己见的奴隶。而皇帝尽管具有他的自由主义，但也需要一个不被怀疑的可信赖的奴仆，主要是贴身的、随时可用的精力旺盛的奴仆。阿拉克切耶夫就是这样的无可指责的奴仆。对他来说，亚历山大不仅是"陛下"，而且是"老爸"。在一些书信里，他就是匍匐在他面前，顶礼膜拜的。

亚历山大也喜欢自己的奴仆。那时候，同时代人认为他是个凶狠的恶棍，沙皇却另有看法。"类似巴拉肖夫和阿拉克切耶夫这样的坏人出卖了如此美好的民族……"在艰难的1812年，一位女性回忆录作者写道。亚历山大却相反，他认为阿拉克切耶夫在为这个民族操心。皇帝凭经验相信，他周围的人都是自私贪婪的。很多人是明显的监守自盗者，也有不少是"合法"盗窃的老奸巨猾，似乎根本没有诚实的人。阿拉克切耶夫不偷窃。实际上，他在这方面也没有犯过错误。他机警地守护着公家的大钱柜。这一点促使亚历山大对他特别信任。在这种意义上，阿拉克切耶夫是亲信和宠臣。他能够进行专断独裁的管理。"他压制一切，"约瑟夫-德-

敏斯特写道，"最显明的影响力在他面前也会像雾一般消散。"可以这样认为，因为在统治的末期，亚历山大几乎采纳了通过阿拉克切耶夫呈送的所有报告，而大臣们连觐见厅都不容易进入。

阿拉克切耶夫有一个让所有认识他的人都为之震惊的特点，这就是——残酷。诚然，他所处的那个时代，正如普希金所痛斥的，是"残酷的"时代。但是，这个性格阴郁的伯爵，也许以某种特点显得自己比同时代人优越。"伯爵对我挺好，但关于他的真实情况不是用墨水书写，而是用血写成的。"受惠于这个宠臣的格鲁吉诺村的主教H.C.伊利因斯基说。

然而，亚历山大没有察觉这些。有一次在加特契纳换岗时，阿拉克切耶夫大发脾气，扯掉了士兵的胡子。还有一次大约在保罗即位当天，他咬掉了一个士兵的耳朵。在他的格鲁吉诺村，犯错误的庄稼汉脖子上要戴铁颈圈，桦树条经常泡在专用大桶的盐水里。照A. M.屠格涅夫的话说，"在所有的社会阶层，都称呼阿拉克切耶夫为火龙蛇①"。不过，亚历山大丝毫没察觉出这一点。他喜欢到"漂亮的"格鲁吉诺村找这位残酷的伯爵，在那里安静地休息，根本不怀疑那些身不由己的奴仆会仇恨这个心地善良的奴仆，并准备对他进行血腥的报复。沙皇没有想到这一点。他和格鲁吉诺村的主人在他的宏伟庄园里散步，亚历山大喜欢沃尔霍沃的河岸，他快活地乘车驶入这个对他以礼相待的领地，欣赏那位于石砌码头旁的两座带有陶立克式圆柱的白塔。两头石狮守卫着庄园的入口，到处都是帝王权势的象征——罗马甲胄、桂冠和展翅的雄鹰。格鲁吉诺的大教堂是简朴的，庄严的，阴森的。里面有马尔托斯雕塑的保罗一世的纪念碑，也有罗马甲胄、罗马桂冠、旗帜、红袍，而题字不是罗马式的："在你面前，心地纯净，正气凛然。"亚历山大对自己却说不出这样的话，他几乎嫉妒自己的宠儿。他有点迷信地不让他离开自己。保罗和这个奴仆分别之后便死了。亚历山大永远不会让这个唯一效忠的人离开自己。亚历山大第一次来

---

① 火龙蛇，指俄罗斯民间故事中的多头喷火龙，意为万恶之源。

访格鲁吉诺是在1810年，自那时起他经常来这里休息，以摆脱大量的繁重国务。阿拉克切耶夫为自己的主上贵客建造了一处书房——是完全模仿彼得堡的皇帝书房建造的。写字台上都是对称摆放的文具，和冬宫里完全相同。阿拉克切耶夫像他的皇上主子，也喜欢对称。什么东西都不如共同的趣味能让人们亲近。亚历山大也喜欢格鲁吉诺的房屋。前厅的白色墙壁上绘有古希腊罗马的人像图画。缪斯们围绕着阿波罗端庄地跳舞。一般说来，从外观看一切都是得体的。确实，花园里有一座安装了隐秘镜子的亭子，镜子里藏有春宫画，但都被外表的严整和华丽掩盖起来了。纪律、制度和对称。阿拉克切耶夫喜欢为格鲁吉诺出版小册子。例如，1818年印了一本小书——《格鲁吉诺各处尺度和村庄之间距》，上面从教堂到楼房之间都有准确的尺寸标记以及其他地形资料，所载极为详尽，但用处不大。

亚历山大有时走进阿拉克切耶夫的图书室。在这里他微笑着翻阅自己宠臣收藏的图书：《结婚的拥抱和与情人共乐》《危险的初欢欲望》《情夫和夫妇，或男人和女人，由此及彼，一五一十，读吧，想吧，可能会爱上的，以及其他诸如此类……》。不过，应当给格鲁吉诺的地主以公平的评价：除这些情爱图书之外，还有其他图书——精神和道德内容的，甚至有不少军事著作。阿拉克切耶夫喜欢练兵场上和办公室的军事行当，而在战场上，由于神经衰弱，他是会躲避危险的。

阿拉克切耶夫的情妇也像他一样：淫荡而残酷。亚历山大和她——纳斯塔西娅·敏金娜交谈甚欢，却不嫉妒她对宠臣好。他也没料到奴仆们会打死这个女地主，那时候，阿拉克切耶夫忘记了自己的君主，在他生命的最危险时刻离开了他。

不过，亚历山大信任自己的阿拉克切耶夫超过相信任何人。1814年5月22日，亚历山大从英国写信给自己的宠儿："我寂寞和痛苦至极。在治理国家十四年之后，经过两年毁灭性的可怕战争之后，我发现自己失去了一个我始终无限信赖的人。我敢说，我对谁也没有这般信赖，谁离开我都没有像你离开那样让我难过。永远忠实于你的朋友。"

于是，亚历山大把筹办"军事屯田"的事托付给这位忠实的朋友。1816年，在阿拉克切耶夫的地产所在地诺夫哥罗德省，整个地区变成了军事屯田区，宣布农民为军事居民。在这里开辟正规军兵营的营舍。士兵处于雇农的地位。农夫剃了大胡子，穿上制服，被迫学习队列勤务。现在亚历山大的眼睛可能快活了。灰色的茅舍和篱笆墙消失了，在原地盖起一排排形式一致、同一种颜色的新房子。给农夫贷款，税务减免，马匹、牲口一律配给，千方百计用新的办法诱惑他们。但是，事情并不能顺利进展。亚历山大不明白，这些固执的农民为什么不满意新的处境。现今，在和平时期，士兵不用离开家庭，难道这不是直接的利益吗？这么大的军队，如果让它自己参与土地使用，难道国家不会轻松些吗？最后，这些确实可预见的新生活，难道不比那些朽腐的旧风习和道德更好吗？这些按普鲁士式对称排列的新房子，像阅兵场的士兵，看上去挺好。任何事都脱不开长官警惕的眼睛。没有孀妇，也没有任何少女没有丈夫。在那里，未婚夫和未婚妻要像进入交尾期的牲口那样进行登记。小孩子一律归属少年兵，从十岁起就要遵守阿拉克切耶夫的纪律。

在统治的末期，军屯制不仅仅在诺夫哥罗德省推行。在乌克兰，有三十六个步兵营和二百四十九个骑兵队属军屯制。在北部有九十个步兵营。这就是说，几乎三分之一的部队处于和平状态。亚历山大很欣赏由他构想的这一事业所获得的成就。初看起来，似乎改革的成绩事实上也是显而易见的。财务报告是规范的，阿拉克切耶夫成功地积累了储备资金五千万卢布。农业和手工业在军屯区繁荣发展，领导视察时可品尝到浓汤、乳猪肉和鸡肉——这是军屯人员的食堂餐食。但是，这些乳猪肉、鸡肉以及军屯区的装点有些类似"波将金村"。不过亚历山大相信，这些不是摆设而是真实的。当时有人竟敢批评他的改革，他却援引一些人对军屯制的赞美之词，如维·巴·科楚别伊、康普芬豪森男爵、卡拉姆津，甚至流放归来的斯佩兰斯基。科楚别伊等人都喝了士兵喝的浓汤，亲眼见到军屯士兵安居乐业所居住的对称排列的房屋。练兵时长官高呼："稍息！立正！"训练有素的士兵便服从指挥，屏住呼吸。看起来挺好的。但是农民不喜欢军屯。

1819 年，楚古耶沃发生了军事居民暴动。阿拉克切耶夫前往镇压，动用了树条鞭惩罚。肇事者很久都不屈服，于是继续进行惩罚，最终平息了暴乱。阿拉克切耶夫写信给亚历山大："陛下……这里发生的事，让我心神不安，对您我不隐瞒，有几个最凶恶的罪犯，以法律裁定，经惩罚后，死掉了，是我首先处理了一个，这一点我公开向您坦白。"

亚历山大读过有关楚古耶沃暴动的报告后，自己写信给阿拉克切耶夫："一方面，我能适当评价你的敏感心灵在那种情况下所忍受的一切……另一方面——我也要评价你在这些重大事件中所表现的明达理智。真诚由衷地感谢你的辛劳。"不过，在同一封信里，他建议自己的朋友："我们要严格、真诚，并且公平地扪心自问：我们实现了所有的承诺吗？"对诺夫哥罗德军屯状况给予赞扬之后，他不无气愤地指出："不要对我隐瞒……有四个妇女抱怨被强行嫁给士兵。"

鉴于有人胆敢驳斥皇帝关于军屯好处的说法，亚历山大似乎说过："军屯制还要办下去，哪怕为此要用尸体铺满从彼得堡到诺夫哥罗德的道路。"

不管皇上是否说过这样或那样的话，总之，毫无疑问的是，他坚决要把事情进行到底。暴动被残酷镇压了，与此同时，阿拉克切耶夫也不愿平白无故激怒军屯居民，他给亚历山大写信报告了这些情况。终于，明显的平静时期来到了，沙皇也以为一切顺利。而实际上，军屯居民痛恨已经确立的制度。在军事居民的头脑里，想到的全是亚历山大。自幼灌输给亚历山大的关于理想制度和幸福生活的抽象概念，如今以奇特的漫画形式，在这次改革中表现出来了。关于不经公民自由参与创造生活，只凭上层作为就能为他们造福的想法，是荒诞的。农民自己不明白他们需要什么，而他——皇帝却知道。他不是把他们迁居到灰暗的茅舍，而是搬进按照加特契纳的方式粉刷的普鲁士式的房舍里；农民被保证衣食无忧，并接受手工艺和军事纪律的培训。他们将是幸福的，但没有自由……这是暂时的，以后他会解放他们。到那时，全世界都相信亚历山大是正确的。他们是自由的，都会自愿留在这个阿拉克切耶夫的宝地。

21

不关心宗教的自由思想者亚历山大，于1812年第一次读完了福音书，并因这本书的不同凡响而大为惊讶。当时对《新约》的迷恋并非只有他一个人。对他以及许多他的同时代人来说，这本书里响彻着某种隐秘和感人的召唤。官方的教会并没有引起亚历山大对其活动的尊重。他认为那些戴着绶带和勋章的主教，都是些热心搞豪华国务活动的人，这种活动是作为叶卡捷琳娜帝国的遗产留给他的。没有这些主教，处在这隆重宏伟的氛围里，他都觉得窒闷。他不理会另外一种教会。对于这种教会怎么能存在两千年，他也不感兴趣。他听说，曾经有基督教辩护者、殉教者、教会神父……但是，宏大拜占庭帝国的皇帝和大牧首把这些圣徒都遮盖住了。由于受到必须在其中发挥重大作用的世界政治的拖累，亚历山大不喜欢这个巨大而沉重的装饰物。他没能实现自己早年的梦想——作为普通公民隐居在莱茵河畔。但是，他还没有丧失希望，但盼有朝一日能从痛苦复杂的历史状况中解脱出来。他想用深刻代替复杂。于是，在这本他偶然获得的书里，亚历山大找到了希望达到的深度。与此同时，这本书又如此简明！为什么要在教堂的辉煌金碧和大理石之间拖长音调读它呢？忘记本书的官方阐释者不是更好吗？自己去研读这种简明的、阐述美好的加利利人及其学生的生活，阐述那些住在太巴列湖岸边、对罗马皇帝根本不感兴趣的善良渔夫的生活，不是更好吗？与此同时，这本书里记载的箴言又是那么神秘而富有智慧。愿上帝和他们这些身穿丝绸僧衣的主教同在，保佑他们研习经文。更好的是，亚历山大能和亚·尼·戈利岑公爵谈论这本书。再说，和大主教们交谈引用法文的福音书也觉得不舒服，不过法文本和这些艰涩生硬的斯拉夫语文比较起来，更容易理解，也更加亲切。老朋友戈利岑公爵向亚历山大解释说，问题不在于正教，也不在于这种或那种信仰，而在于我们个人的内在体验。原来有一些不当神父的宗教人士，他们很有天赋，不仅能够用美妙的法语以天意解释福音故事的寓意，而且能解释天才的热情洋溢的保罗书信的含意。这些人甚至可以非常肯定地阐释启示录中可怕的天启。亚历山大开始找机会与这类人见面。

这样的一次见面发生在1813年，在战事停息期间，当时亚历山大离开了大本营，住在离莱辛巴赫不远的名叫彼得斯瓦里多的地方。

皇帝住在一处被遗弃的领主的大房子里。四周是花园，里面有山毛榉大树和古老的橡树。在荒凉的果树园里有黑黢黢一片不能通行的密林。小路上长满杂草和蕨类植物，绿色树条被芦苇覆盖。每天晚上都有雕鸮和青蛙举办伤感的音乐会。

陛下和宫廷事务大臣托尔斯泰住在这所幽暗的大房子里。没有随从人员。只有巴拉肖夫和希施科夫住在离这里不远的农舍里，他们苦于寂寞无聊，也不明白皇帝为什么需要这种西里西亚荒郊僻野的幽静。

希施科夫向陛下报告事务，有时等待亚历山大召唤他，要手持蜡烛在昏暗的房间里待上几个小时，这让他感到沮丧和惧怕。

时常沉思默想和精神集中的皇帝，会独自一人到什么地方去。原来他是去一个名叫格纳登弗勒的地方。那里有赫尔恩古特派①的居住区，或者称摩拉维亚兄弟会的居住区。这些虔诚、勤奋和纯洁的人向皇帝讲述自己的教义。这些人温顺执着，亚历山大认为这是美好的信念，他们以此说明

---

① 赫尔恩古特派，属基督教新派，18—19世纪从萨克森的赫尔恩古特传播到德国、北美、拉脱维亚和爱沙尼亚等波罗的海沿岸地区，该地区的农民反对德意志地主和牧师。

其信仰产生于基里尔和梅福季时代①，说某彼得·瓦杜思与神父的迷信愚昧进行过斗争，还说约翰·胡斯②也是赫尔恩古特派，但是，他的信徒忘记了康士坦茨之火的烈焰，只有他们——赫尔恩古特派、摩拉维亚兄弟会才是伟大胡斯的真正的孩子。

官方教会的神秘和教条——是不良的谬误。仪式是不需要的。他们无视也不愿看到圣徒。圣像等同于偶像。他们只崇敬心神入定中的神，并承认有关道德的福音书教义。他们不需要任何中间媒介和任何教会的传说。诚然，他们能容忍那里的各种天主教徒、正教或新教的教徒，因为每种信仰都具有真理的核心，但赫尔恩古特派教徒直接从上帝那里了解了有关道德义务和圣灵的伟大隐秘。亚历山大听到这些议论，不由得想起他在彼得堡不期而遇的那些不良的主教，便觉得特别高兴，因为在西里西亚有一些人，他们和他本人以及可爱的小公爵戈利岑有同样的想法和信仰。与此同时，这个格纳登弗勒移民区里整齐划一的整洁的小房子，也符合亚历山大喜好对称和秩序的趣味。

类似的相遇在亚历山大一生中并不少见。同摩拉维亚兄弟会人士的这些谈话，使他的疲惫心灵受到某种甜美的安抚。如此长时间与拿破仑这样的对手进行争战，为自己国家的命运如此担惊受怕，忍受着首都的被焚烧，意识到大后方是一片瓦砾，居民贫困，存在着奴役、重利盘剥和迷信无知，这些实在不会令人轻松。休息一下吧！休息一下吧！读过这本讲述善良牧人、野百合和天堂鸟的书，就会摆脱心灵的波动而安然平静下来。毕竟这些波动还不少。由于失败的婚姻带来的创伤还没有完全愈合，现在，他又因枉然相信某人的爱而受可耻背叛之苦，其所加诸的新溃疡正在渗血和疼痛。

---

① 基里尔（约827—869）和梅福季（约815—885）兄弟，斯拉夫启蒙思想家，斯拉夫字母的创造者，基督教传教士。两人应罗斯季斯拉夫公爵邀请，从拜占庭到大摩拉维亚国，建立了不受日耳曼主教管辖的斯拉夫教会。

② 胡斯（1371—1413），捷克宗教改革思想家，捷克人民反对德国强权和天主教会压迫的鼓舞者。受到康士坦茨会议审判，被判处火刑。

1813 年 1 月，亚历山大从普沃茨克（波兰）写信给著名的神秘主义者科舍廖夫说："……得知您理解我，我是多么愉快啊！我的信仰是纯洁而热诚的。这种信仰每天都在我身上成长并得到巩固，给予我从未体验过的享受。但不要以为这只是最近的结果。我所体验的热忱，产生于诚心诚意完成我们救世主的神圣意愿……鉴于去彼得堡，现在就米·阿·纳雷什金娜讲几句话。我希望，你能对我的精神状态有很好的了解，以便对我放心。如果我还认为自己是世俗之人，我会谈得更多一些，不过，真的，在这里不能说，在那女人干出那事之后还能对她保持冷静。"

这就是说，亚历山大在 1813 年已不认为自己是世俗之人了。他感觉自己是某种隐秘的宗教兄弟会的成员，并以旁观者的目光看待世界，像一个拥有并非大家都能获得的某种新体验的人。他觉得自己是知悉天意的人。

不过，尽管亚历山大有个人修炼的体验，他当然还要参加官方的礼拜，有时听到教堂的颂歌也会受感动，自己站在唱诗班右席旁愉快地低声吟唱。1813 年 4 月 17 日，他写信对戈利岑说，他在德累斯顿过复活节做弥撒时，听到"基督复活……"，很受感动。

亚历山大认为，俄国人愚昧无知而且迷信。婆娘们信仰很多圣母——弗拉基米尔的，喀山的，"消解了我的痛苦"，是"所有伤痛者的欢乐"，或者别的什么，还少吗？农民不明白福音书教义特有的道德含义是什么。他们祈祷上天赐雨；如果井里掉进老鼠，要用灯光照明水井；他们上千次重复由五个词组成的某些祈祷，然而他们却读不懂《圣经》。应当教他们福音书的真理，使他们摆脱迷信，类似于这些善良的赫尔恩古特派信徒。

抱着这种目的，1812 年 12 月 6 日成立了圣经公会。这是大不列颠圣经公会的分支。不过，没过多久，我们这里便决定翻译《新约》。起初印行斯拉夫文译本。与此同时外文版的《圣经》和新约图书也大量出版。《福音书》出版了亚美尼亚文、鞑靼文、格鲁吉亚文、拉脱维亚文、芬兰文、卡尔梅克文等译本。

在圣公会总监戈利岑公爵家里召开的第一次会议上，出席会议的有彼此格格不入的各种人物——英国教会的牧师彼蒂，他旁边是天主教都主教谢斯特列茨维奇，荷兰牧师扬欣，他旁边是皇室侍卫总长 P.A.科舍廖夫，大不列颠圣经公会的代办帕蒂松和平克尔顿，他们旁边是正教的主教们。这里还有彼得堡都主教阿姆夫罗西、明斯克和立陶宛大主教萨拉菲姆（后来的彼得堡都主教）以及彼得堡神学院院长、后来成为著名的莫斯科都主教的菲拉列特。

有鉴于召开这次会议，亚历山大写信给戈利岑："……我赋予它（圣经公会）极其伟大的意义，并完全赞同你们的意见，即用《圣经》代替先知（les prophetes）。这种与基督救世主相接近的总趋势，对我来说便构成有效的愉悦。"

与公谊会教徒的会见，也给虔诚的皇帝带来不少愉悦。他在战场上目睹过成千的腐烂尸体，很高兴遇到这些反战的人士。1814 年在伦敦拜见俄国沙皇的有著名的公谊会教徒维廉·阿兰，共产企业参加者欧文纳、斯切范·戈列利耶，神秘主义者和慈善家约翰·维里肯松和吕克·高华德。在他们的笔记里曾提及，他们是"偶然"去见皇帝的，"如果说每天都处在为君主所接受的阿谀奉承中，他倒是想听一听真实的声音"。他们像彼得斯瓦里多地方的赫尔恩古特派那样温顺和直率。不过，亚历山大却不能，也不想把他们的隐忍道德和捉摸不透的怀疑主义相提并论。他们彼此都很满意。皇帝赞同所有人的见解。"服务于上帝，"他说，"应当是心灵上的……外在的形式没有意义……""我自己每天都做无言的祈祷……""以前是有语言的，后来不用了，因为词语往往不适用于我的情感。"

后来戈列利耶决定提醒他，作为伟大国家的专制沙皇，应当肩负什么样的责任。当时，亚历山大自然是流了眼泪，并对这位公谊派教徒说："您的这些话会长久铭记在我心中。"

过了四年，公谊派教徒来到彼得堡。亚历山大在小书房接待了他们，并请他们在身旁就座，称为"老朋友"。谈话之后，俄国皇帝建议他们做内心祈祷和沉思。他们默默无言在那里坐了一会儿，等待上天的神助。当他们觉得已如愿以偿，才极受感动地告辞作别。这时，皇帝握着一位公谊派教徒的手，崇敬地吻了吻它。

1822年，维罗纳会议前夕，亚历山大在维罗纳第三次会见阿兰。在那里，他们虽然相互友善，但也暴露出一些分歧。亚历山大认为，如果教派信徒攻击主流宗教，当局有权干预此事。阿兰坚决反对这种干预宗教论争的权力。不过，这次他们仍像朋友一样告辞了。

1824年，亚历山大最后一次和公谊派教徒会见。这次见的是疯癫的托马斯·赛林格。亚历山大同这位幻想家和怪人一起做过神秘的演习。这次会见是在彼得堡，在皇帝驾崩之前一年半。亚历山大自1812年起，就追求"内心教会"的幻想，寻觅它的拥护者，他们有很多的一群人，特别是妇女伴随着他的一生。在这些狂热的人物当中，对亚历山大影响最大的应是克吕德内夫人[①]。这是个在许多方面都不同凡响的女人，她一度是多情的，以绝世之美引人关注，并且是位不失才华的女作家，后来成了慈善家和神意代言人，她是在海尔布朗被引荐给亚历山大的，当时皇帝正从维也纳通过海德堡去找行进的队伍。他激动地倾听她的启示。"陛下，"她说，"您作为乞求宽恕的罪人，尚未趋近于神人。您还没有得到世上唯一有处理罪孽权的人所给予的宽恕。您还没有对耶稣表示顺从，没有像收税人那样发自内心地说：上帝，我是大罪人，宽恕我吧。这就是为什么您尚未找到心灵世界的原因。您要听听一个女人的话，她也曾经是大罪人，但自己的全部罪孽却在基督的十字台座旁得到了赦免。"

这次谈话是面对面进行的，当然，克吕德内夫人当时所说的确切话语无人知晓，但对话的意思正如上所述。亚历山大在倾听克吕德内夫人述说时，提及自己曾参与反对父亲的阴谋，自己背叛了妻子，自己骄傲，自己

---

① 利·德·克吕德内夫人，出身于立沃尼亚的古老世家，是出色外交家克吕德内男爵的遗孀。她个人生活经历坎坷，曾游历欧洲，结识名流，如夏多布里昂、斯塔尔夫人、贡斯当诸文人以及普鲁士王后路易莎等，在巴黎出版过一本名为《瓦列里娅》的感伤主义小说。她长期同英俊军官、外交官厮混，直到丈夫去世，财产也挥霍过半。后来以从事宗教活动为精神寄托，并自信可充当物质世界和精神世界之间的媒介，让人类获得新生。

无信仰……他用双手抱头，号啕大哭起来。

克吕德内夫人见他此番流泪似乎大为惊讶，以为他的宗教狂热过分严厉了，可是，皇帝用手帕擦干眼泪后，却安慰她，并且请她不要离开他。她乐于随皇帝去海德堡，那里有一处大住宅区，她住在离陛下住处很近的一所小房子里。他们经常见面，克吕德内夫人与亚历山大分享自己的天启。谈话的气氛犹如和神交兄弟对谈，或是和公谊派教徒，或是和在巴登相识的著名的温格·施齐林格①谈话一样。克吕德内夫人满怀激情，向自己的对谈者讲述自己的幻觉。她了解世界的命运。丹尼尔②的预言在实现中。北方沙皇会战胜南方沙皇？这个反基督势力的奴仆。恶势力最终会被战胜的。恶魔诱惑力的散播者波拿巴就会被推翻。

当会战结束，亚历山大迁居到巴黎的波旁家族王宫的时候，克吕德内夫人又出现在皇帝的交往圈子里。她住在香榭丽舍大街的蒙舍纽饭店。亚历山大为寻求抚慰，常去造访她。

自然，这个能见幽灵并传布神启的女人对亚历山大是有影响的。像本亚明·贡斯当、夏多布里昂、利安·戈雷古以及其他许多各类人物，都很重视她。

不过在这里，在巴黎，依亚历山大看来，克吕德内夫人有点败坏了自己的名声。有一次，亚历山大在她那里遇见了方丹和玛利亚·库米林格。沙拉坦·方丹向皇帝解释说，他的女伴是个有通天视力的人。她真的躺在长椅上，在神志不清中发出预言。当她向皇帝解释说，神的声音命令俄罗斯皇帝给她、玛利亚·库米林格一笔钱，这时亚历山大对她的通神魔力表示怀疑。

克吕德内夫人不得不为预言的失败表示歉意，亚历山大安慰了她，显然，这件事让他对类似的实验有些冷淡了。

不过，克吕德内夫人随皇帝的队伍去了维尔丘参加著名的大阅兵，所

---

① 温格·施齐林格（1740—1817），德国神秘主义作家，其神秘主义理论在19世纪的俄国很有影响。

② 丹尼尔（1492—1547），1522—1539年的俄罗斯都主教，曾与禁欲派和异端派教徒做斗争。

有巴黎人都在议论她对俄国沙皇的影响。

克吕德内夫人通常的男伴、"内心教会"的拥护者艾姆彼塔尔在札记里谈到，巴黎欢庆胜利时产生了有关神圣同盟的想法。"在自己从巴黎出发前几天，"他说，"亚历山大皇帝对我们说：'我将离开法兰西，但是在我出发之前，我想发起一次公众行动，以赞美圣父圣子和圣灵，我们必须这样做，因为它给予我们以护佑，还要号召各民族服从福音书的教诲。我给你们带来了这次行动的方案，请你们仔细看看，如果你们不赞成其中某些表述，也请指出来。我希望奥地利皇帝和普鲁士国王在这次敬神活动中和我联合起来，为的是让人们看到，我们和东方的术士一样，也承认上帝救世主的高层权威。你们将同我一向上帝祈求，愿我的同盟者乐意签署这一方案。'"

然而，随着时间的推移，皇帝对克吕德内夫人的信任度大为下降。根据梅舍尔斯卡娅公爵夫人的消息，有一次亚历山大提及神启的崇高目的时说，他从前以为，仿佛是上帝自己指定克吕德内夫人宣示自己的意志，但是，他很快便认识到，从她身上发出的光像是 ignis fatuus（鬼火）。

克吕德内夫人终于在十月末离开了巴黎，当时便开始了她狂热的传道活动。有人禀告皇帝，她游走在瑞士各个州县，宣扬"上帝的统治"，身边聚集众多她曾施舍衣食的穷人，并劝说他们相信"千年帝国"已经临近。资产阶级的瑞士共和国认为她的宣传危害社会，遂将她驱逐出境。她也在巴登公国做过类似的宣传，在这里，她和政府发生过误会。她的宣传触及私有财产问题。在那个时代这并不是没有危险的：那年歉收，工厂有失业者。饥饿的民众喜欢听克吕德内夫人的宣传，她曾允诺，不久的将来世上会出现正义帝国。她不得不离开巴登。1818 年亚历山大得悉克吕德内夫人在利夫兰。她将自己当时编写的赞美诗和自己的预言汇编在一起，但她的加冕的朋友们不可能全都喜欢。"我坚信，"她在这些赞美诗里声称，"谁还能阻止我呢？请给我威胁宝座的十字架！仁爱会征服世上的权力。我的救世主在战斗中和我在一起。"她这个揭露"无神革命"的女人，自己没能察觉这一点，却不光彩地为欧洲君主们效劳，提出一些他们的政府不屑于提出的问题。

1821年初，当亚历山大去特罗帕乌^①参加会议的时候，克吕德内夫人出现在彼得堡。皇上最后对她表示冷淡，当时她激烈地捍卫起义的希腊的利益，并要求欧洲进行干预。当时皇上通过亚历山大·屠格涅夫告诉她，她在"御座周边制造变乱，并且违背了自己作为臣民和基督教徒的义务"。克吕德内夫人不得不离开彼得堡。亚历山大听说，她曾陶醉于最极端的禁欲主义的业绩。朋友们把她送到克里米亚。她死于1924年12月25日。

22

虔信宗教的普鲁士国王弗里德里希–威廉三世和无视宗教的奥地利国王弗兰茨，签署了亚历山大关于"神圣同盟"的宣言。前一位没有犹豫就签署了，而后者热衷于某些新的音乐作品，长时间不能理解人们想从他那里得到什么。后来，他和梅特涅商量过。这位奥地利的无耻之徒向自己的君主解释说，和俄国沙皇结盟是必要的。当然，称这一同盟是"神圣"的则令人遗憾，也可笑，但是没有办法，聊胜于无，这样就开始了开会的时代。

神圣同盟后来成了反动的同义词，在它诞生之时正相反，按照皇帝的想法，它是欧洲自由的屏障。实际上，一切都走了样。1815年亚历山大还是坚定的自由主义者。依照他的计划，波兰和芬兰制定了宪法，诚然，那是不足道的，但按当时的观念看，还是相当民主的。诺沃西里采夫遵照陛下的要求为全俄罗斯编写了《规约》，也就是说，对斯佩兰斯基的宪法草案进行了修订。但是，众所周知，自由主义常常处在锤头和铁砧之间。

---

① 特罗帕乌，今捷克城市奥帕瓦。

铁砧是奥地利梅特涅的反动，而锤头则是——革命。亚历山大的自由主义并非经过锻造的刀剑，而是普通的玻璃，锤头一碰便会碎裂。

法国资产阶级在自己的大革命中推出著名的公式——"自由，平等和兄弟情谊，或者死亡"。我们现在知道，实际上被采纳的只有公式的后一部分，第一部分没能完全实现。波拿巴出现了，对"平等和兄弟情谊"加以嘲笑，他只运用"平等"这一个原则。这足以使他的拥戴者宣布他是革命之子。亚历山大正相反，对"自由和兄弟情谊"感兴趣，起码是对这些原则的理想主义的意义感兴趣，而对平等，他并没有什么好感。他觉得这种"平民"思想是极为可疑的。他绝不能原谅斯佩兰斯基加诸他的这种思想。还是"雅各宾党人"的时候，亚历山大违背自己的利益，承认过这一原则，可是当他在革命中看到以波拿巴的面貌出现的"野兽"时，别无他法，他只得摒弃这一可怕的思想。"没有，也不可能有平等，"他想，"在宇宙间我们只看到教阶秩序。克吕德内夫人告知，教阶秩序也是阴曹地府固有的。宇宙万物的全部秘密和美，就在这个生物的和精神的多样性里。如果取代这个品质和等级的复杂公式而建立起所有一切单一的平等，死寂的王国就会到来。"

梅特涅喜欢这个想法，他从这些美学和隐喻的思想中得出实用的结论：无论如何要保护特权。要让皇帝、国王、公爵、男爵们留在自己的地方；让那些急不可待、刚愎自用的小人物不要幻想在法律面前人人平等；要让大学和科学服务于权力，而不是什么似乎客观存在的真理；最后，要让那些穷人不要以为，奥地利和所有其他的显贵能和他们分享财富。

1818年秋，在亚琛召开神圣同盟第一次会议，议题主要是应该还是不该从法国撤出占领军。大家都觉得，路易十八的王位坐得并不稳固。一般说来，法兰西令人可疑，在那里经常有——革命的传染病。但从另一方面看，又不能没完没了地花费上百万，用来在别的国家养兵。况且，这也无助于提高波旁家族的威信。

欢乐的维也纳会议的光荣传统在亚琛得以延续。于是，关于有可能发生革命的谈话换成了消遣娱乐——欣赏少女哈奈林登气球升空；观看著名的拳击手比赛；贪婪的一伙人聚集在下大赌注的轮盘周围……

在这些娱乐中决定了外国军队撤出法国，又产生了一个问题——关于停止黑奴交易。亚历山大在自己治理的国家里买卖人口甚至不带土地，他却不怕被耻笑，竟作为黑人的热情的保护者发言，要求采取最激进的措施禁止黑人交易。

在送呈亚历山大皇帝的众多陈情书中，有一件是不失为精明的。一位名叫福尔秋尼德的人，请求国君收纳他当宫廷小丑，因为只有通过这种方式，俄国沙皇才有机会听到某些苦口良言。应该还有一件属于亚琛会议期间令人不快的事，那就是出现了一份印刷很差的呼吁书，上面印着某秘密会社的徽记。传单号召推翻那些恰恰是会议参加者视其为神圣的原则。

亚琛会议结束前传来消息，说破获了一次阴谋。某些法国爱国者决定在亚历山大赴巴黎的途中抓捕他，并逼迫其承认受玛丽亚－路易莎保护的拿破仑之子为法兰西皇帝。这一阴谋被破获，亚历山大去参加在巴黎举行的最后一次隆重的盟军大阅兵。演练时，亚历山大对严肃的米·谢·沃龙佐夫伯爵[①] 说："步伐应当快一些。（Le pas n'est pas assez accétéré.）"沃龙佐夫对此回答："陛下！我们是以这种步伐来到巴黎的。（Sire, c'est avec ce pas que nous sommes venus à Paris.）"

这一时期，有很多参加国外征战的人认为，我们现在要有，或者确切地说，应该有某些法规，而阅兵时士兵的步伐一定要一俄尺长——不能长也不能短，却不是那么重要。

亚历山大不喜欢这些。令人愉快的是解放各族人民，特别是演讲时说的或者写在纸上的，但是，见证各族人民如何开始自己解放自己，却全然不会让人感到愉快。这是与很大的难堪相联系的。这些民族已忍无可忍。

---

① 米·谢·沃龙佐夫（1782—1856），陆军元帅，特级公爵。

神圣道德家艾勒尔特主教① 告诉弗里德里希－威廉，他给予人民的宪法承诺，可能不会兑现本民族的福祉。怎么样呢！普鲁士开始发生动乱，以回应改革的迟缓，这当然是对这位善良国王、亚历山大的朋友的无礼行为，也间接地触动了俄国皇帝。这里还有一个与俄国外交部官员斯图尔兹的小册子有关的故事② 他在这个德文小册子里尖锐地斥责了普鲁士的自由运动。俄国政府的代言者、著名作家科策布③ 起而保卫这个倒霉的小册子，于是引起一场愤怒的风波。众所周知，科策布为自己的热心付出了什么代价。一个激进的自由思想的拥护者杀害了他。亚历山大已习惯于让人们认为，他这个俄国君主是有自由思想的。他觉得，成为宝座上的自由思想者是高尚的。而现在，却没人重视这位冠冕者的这种优雅姿态。不知何故，也出乎他本人所料，亚历山大竟成了欧洲反动势力的表达者。他觉得这是误解，当时他还未失去希望，想博得人们以前对自己的情感和信任。但是这很困难。在赞得杀害科策布之后，为了和革命斗争，梅特涅在卡尔斯巴德（即捷克的卡罗维发利）召开了一次有日耳曼当权人物参加的会议。梅特涅要求实行严苛的监督，并采用其他经过试验的与革命活动进行斗争的手段。亚历山大对这些措施仅表示些许异议，但社会的舆论已难分辨，亚历山大政策在何处结束，梅特涅政策又从哪里开始了。亚历山大觉得欧洲已充满某种疯狂。在法兰西，商人的儿子卢维里④ 杀害了贝里斯基男爵。在爱国者游击队员如此成功地与拿破仑进行过斗争的西班牙，爆发了起义。人民

---

① 艾勒尔特·鲁勒曼·弗里德里希（1770—1852），德国神学家，弗里德里希－威廉国王时期波茨坦的传教士。

② 斯图尔兹·亚历山大·斯卡尔拉托维奇（1791—1854），多部宗教和政治问题图书的作者，其中有一本是为亚琛会议（1818）写的关于德国政治状况的书，其中提出反对大学，视其为革命精神高涨的幼苗，这使得普希金威吓要处死他。

③ 科策布·奥古斯特·弗里德里希·弗尔基纳德·封（1761—1819），德国戏剧家、浪漫主义作家，在欧洲享有盛名，长期在俄国工作。曾在保罗一世时期主持彼得堡德国剧院的工作。他被蒂宾根大学学生卡尔·赞得刺杀，这次恐怖活动对德国以及法国产生很大的影响。

④ 卢维里·彼耶尔·路易（1783—1820），巴黎的工匠，1820年2月13日在巴黎刺杀了法国王位继承人的儿子——贝里斯基男爵。普希金曾通过戏剧展示卢维里的形象，并题词"给沙皇的教训"，因此诗被逐出彼得堡，遭流放。

战争培育了热爱自由的精神。在共济会领导下的西班牙民众，一般说来拒绝忍受旧制度。只有俄罗斯"平安无事"。不过，这里也有一些不愉快的事。华沙第一届议会闭幕后不久，波兰人向最高当局提出一系列强硬要求。他们的声明涉及部长的责任、法院的改革和取缔审查制。亚历山大觉得，赞得和卢维里、西班牙的暴乱者以及波兰的激进分子——是一种制度的现象，这里有某些共同点，那就是人民群众被某种激情和天性之火所控制，与之斗争没有其他方法，只有审查、牢狱和刺刀。

第二次华沙会议之后，亚历山大遭受波兰人对其政府明显敌意的侮辱，心绪不佳，茫茫然去参加特罗帕乌的会议。这里有些不愉快的事等他处理，需要讨论那波里的革命运动问题。1820年7月，烧炭党①迫使斐迪南四世效忠宪法。梅特涅不可能容忍这件事。他利用以后要采取的恐怖手段，恐吓失魂落魄的君主，易如反掌地让法兰西和弗里德里希-威廉站到了自己一边。英国和法国作为立宪国家，对于奥地利要求立即干预那波里事务和恢复斐迪南专制，给予了模棱两可的回答。亚历山大也没有立即同意这种干预。

但是，梅特涅找到了一种极端的手段，用以克服时常令敏感的亚历山大受苦的自由思想的痼疾。俄国皇帝是不希望干预那波里的事务吗？这意味着，不信上帝的烧炭党是些可爱的人，他们的宣传并不危害神圣同盟吗？或者，也许亚历山大以为，烧炭党在欧洲的所有其他国家没有朋友？但愿俄国皇帝知道，另一个同盟在反对神圣同盟。他梅特涅不想口是心非，根本不肯定他所明确知道的，即圣灵会眷顾这两个同盟的哪一个，但是，与亚历山大本人研究的这个神学问题无关，非常明显，现实的政治要求尽快干预斐迪南四世的命运。今天是那波里，明天是马德里，而后天就是彼得堡。怎么样？俄国皇帝笑得出来吗？他想，他能调动精良的近卫军吗？他们能将危害当局最高特权的狂徒碾成齑粉。然而，毕竟这个近卫军

---

① 烧炭党，19世纪初意大利的秘密组织，为民族解放和立宪制度而斗争。其他国家也有烧炭党人的运动，如巴尔干诸国、瑞士和法国。

根本不可靠。他们已不止一次干预政治，杀害皇帝或将其推上皇位。以前这是一种习惯，现在会成为原则……梅特涅坚信，在彼得堡会发现烧炭党的。于是，突然有人向亚历山大报告谢苗诺夫军团发生哗变。[①]

皇帝不相信自己的耳朵。怎么！他所钟爱的人，卫国战争的英雄，库尔姆[②]的英雄反对当局！毕竟他自己认识这个军团的每一位军官。他甚至认识许多士兵……指挥近卫骠骑兵团的副官、骑兵上尉恰达耶夫曾前来向他送呈报告。这就是后来那部《哲学书简》的作者——彼得·雅克夫列维奇·恰达耶夫。

不知为什么，现在亚历山大觉得，与早先他认识的这个军官见面挺不愉快。如果现在站在他面前的是个世俗之人，副官奥尼西莫夫，或者马夫伊里亚，或者阿拉克切耶夫伯爵，他倒会觉得轻松些。但是，看见那一双盯着你的聪慧而富洞察力的眼睛——不行，这是难以忍受的。

瓦西里契科夫和米洛拉道维奇伯爵报告说，发生哗变是由于愚蠢行为，由于团指挥官什瓦尔茨的粗暴，仿佛被过去指挥官的良好关系宠坏的一些低级军官，有时不能忍受这位什瓦尔茨侮辱他们，像对待牲口似的严苛管教这些老兵。但皇帝不相信这次哗变是简单的偶然事件。什瓦尔茨是阿拉克切耶夫的走卒，亚历山大立即写信给自己的宠臣："告诉你，世上无人能让我相信，这些事是士兵杜撰出来的，或者，如众人所云，仅仅是由于什瓦尔茨团长对他们残酷。他通常以善良正直闻名，光荣地统率着团队。为什么他突然变成了残忍的野蛮人？依我看来，这里隐含着其他的原因……""似乎不是由军人主使的，因为军人会迫使他们拿起枪，他们之中没有人这样干，甚至连短剑都没有用。军官们也在尽力制止反抗，但没有成功。根据上述全部情况，我得出的结论是，这是由别人主使的，而非

---

① 在彼得堡，谢苗诺夫大兵团近卫军由于兵团司令虐待士兵，于1820年10月发生哗变。后兵团被解散，肇事者遭列队鞭笞并服苦役，其他人编入远地驻防军。

② 库尔姆，现称赫卢麦茨，捷克居民点。1813—1814年对拿破仑一世战争期间，盟军在库尔姆地区击溃了旺达姆将军指挥的法军。

军人。问题产生了：是什么人呢？这难以下定论。老实说，我认为这属于一些秘密会社，根据我们所掌握的他们内部沟通的证据来看，这些会社对于我们在特罗帕乌的联合和工作极为不满。报复的目的似乎是恐吓……"

梅特涅曾亲自告诉皇帝，说他的北方首都像欧洲任何城市一样，也不能保证不受革命的危害，但梅特涅从内心不很相信，哥萨克的俄罗斯真的会感染叛乱精神。"如果激进主义者在俄国已能掌控整个团队，"他写道，"那才是出乎意料的事。"

阿拉克切耶夫另有看法。"我完全赞成您的想法，"他写信给亚历山大，"士兵在这里罪过最轻，这里的行动有预谋，但是谁，如何干的，为了共同利益应当找到根源……我可能会错，但是这样想，他们这些工作是试验性的，应该是谨慎的，以免发生类似的事件。"

可能，亚历山大的担心是建立在某些事实上的。变乱时，在塔弗里花园兵营大院，恰好散落有谢苗诺夫兵团向普列布拉任斯基兵团散发的号召书，这号召书未必是普通士兵撰写的。对皇帝来说，谢苗诺夫兵团的军官参加共济会和其他秘密会社也不是秘密。他想起来就脸红，记得有一次在"三美德"共济会所的会议上，亚·尼·穆拉维约夫向他解释，按照兄弟会的规矩，会所的代理头目对他这位皇帝应当称"你"。多么狂妄！这就是平等！当时亚历山大心里就不痛快，于是，他尽可能躲着共济会。亚·尼·穆拉维约夫于1818年退伍，但是，亚历山大知道，穆拉维约夫的朋友们还在谢苗诺夫兵团服役。谢尔盖·伊万诺维奇和马特维·伊万诺维奇·穆拉维约夫－阿波斯托尔兄弟也是那个"三美德"共济会所的成员。1817年，他们是"幸福联盟"的创始人。当时就能预见这一切会走向何方。革命的源头应在欧洲，在西方找。现在亚历山大已不怀疑，撒旦精灵（Le genie satanique）已参与了全世界的革命运动。乞求他返回俄罗斯也是枉然。他也不想回去。"如果我在如此重要的时刻，"他写信给瓦西里契科夫说，"扔下所有这些事，急忙赶回俄罗斯，所有这些事情就可能受到最有害的干预，其成功与否终将难以预料。况且，分散在欧洲的所有激进主义者和烧炭党徒，正想迫使我放弃在这里开始的事业。关于这些，我们所掌握的不是只有一种文件。看到我们在此着手的事业，他们为之震怒。对这些，他们会给予庆贺吗？"

会议从特罗帕乌转移到莱巴赫①。1821 年 3 月 12 日，奥地利人进入那波里，解放运动被镇压。不过，又立即在皮埃蒙特爆发了新的革命。在那里，胆大妄为者没有获得成功。奥地利人占领了都灵。

亚历山大觉得，有一股敌对而神秘的力量想从他手里接过自由和正义的事业。这是肮脏的勾当，在进行偷梁换柱。阴谋家们准备在全世界放火。在那波里和皮埃蒙特之后，从西班牙传来最令人郁闷的消息。会议没有停下来，君主们不再讨论本民族的事务，不得不准备向邻国进军，以消除叛乱。奥地利人把自己的奥军部队开往意大利，法国则进军西班牙。

可是，这时发生了出乎意料的事。会议还在莱巴赫进行时，传来了希腊起义的消息。这次新的叛乱的肇事者是谁？俄军陆军少将亚历山大·伊普西兰齐公爵②。他将热爱自由的希腊人和俄国的勇敢分子组成的队伍集合到比萨拉比亚，于 1821 年 2 月 22 日越过普鲁特河，号召希腊人起义。首先响应他号召的是沿海各岛和爱琴海群岛。难道亚历山大的处境不险恶吗？难道他不是希腊统一拥护者的首领吗？难道他不自认是基督教真理的维护者吗？土耳其人破坏了正教的庙宇，强暴希腊女子，残酷折磨谋反者……怎么办呢？帮助希腊人？利用现时的潮流来实现彼得大帝和祖母叶卡捷琳娜制定的政治纲领？在自己的第一个对民众的诏书中，他承诺过遵循他们的遗训。但是，梅特涅公爵对俄国沙皇解释说，希腊人虽是基督徒，但他们的动乱根本不是基督徒式的。任何暴乱都是暴乱。暴乱不能姑息，而要镇压。亚历山大自己也觉得，这里有某种不可改变的逻辑。"俄国皇

---

① 莱巴赫，即今南斯拉夫的卢布尔雅那，这是 1918 年之前的旧称。

② 亚历山大·康斯坦丁诺维奇·伊普西兰齐（1782—1828），摩尔达维亚和瓦拉几亚公爵的儿子，此时亲希腊人的亚历山大一世，接纳他在俄国近卫军团服役，并晋升其为侍从武官。德累斯顿战役时伊普西兰齐失去一只手臂，1820 年 3 月，成为希腊反土耳其争取解放的秘密组织头目。1820 年，他住在吉希涅沃时与普希金结识。

帝会成为我这一派的拥护者。"梅特涅说，相信亚历山大不会同意支持希腊人。俄国大臣卡波迪斯特里亚斯①的态度摇摆不定，讨好这个狡猾的奥地利人。但是，梅特涅现在却和那个熟悉他的派别的小涅谢尔罗德②，在莱巴赫郊区进行了友好的散步。

当亚历山大返回俄国时，君士坦丁堡的信使送来了土耳其政府的消息。希腊人到处惨遭杀害，大多是基督徒。牧首戈里高利③，当时七十四岁，复活节时在祭坛前被捕，身着法衣在教堂入口处被吊死。后来他的尸体被拖着游街，并扔到海里。我们驻君士坦丁堡的大使斯特罗甘诺夫要求尽快干预，但亚历山大害怕引起矛盾，一直下不了决心。

在他看来，卡波迪斯特里亚斯提出的有利于希腊人的理由是可疑的。要知道，他们这些希腊人终究是暴乱者！然而，他有时和法国大使谈到土耳其可能分裂。后来又后悔说了类似的话，总而言之，梅特涅是对的。他非常肯定地写道，和土耳其交战将是革命侵入的缺口。"文明的命运如今掌握在您皇帝陛下的头脑和手里。"他写信给亚历山大说。原来是，这一文明的利益迫切要求在那波里和皮埃蒙特有几位拥有无限权力的君主，为的是在君士坦丁堡吊死倔强的牧首，为的是在全欧洲让梅特涅警觉的检查制度扼杀一切梅特涅不喜欢的思想……出于所有这些文明的利益，可以变得疯狂。

应当在梅特涅和他的对手——卡波迪斯特里亚斯之间做出选择。奥地利公爵称卡波迪斯特里亚斯为"启示录的约翰"，并希望他彻底垮台。果真发生了这种情况。1822年8月中旬，卡波迪斯特里亚斯离开彼得堡。

---

① 卡波迪斯特里亚斯·约翰尼斯（1776—1831），俄国和希腊国务活动家，伯爵，1827年起任希腊总统，主张与俄国保持友好关系。1807—1827年曾在俄国外交部工作，主管比萨拉比亚事务。

② 卡·瓦·涅谢尔罗德（1780—1862），伯爵，1845年起为俄国国务大臣。1856—1861年任外交大臣，支持神圣同盟。

③ 戈里高利五世，希腊争取解放时期的君士坦丁堡大主教，当土耳其开始怀疑正教教士背叛时，他拒绝逃离君士坦丁堡，于1821年复活节第一天被废除并被吊死。

他去了瑞士，并迁居于日内瓦郊区。不过，这位大臣以自己的思想破坏了梅特涅与革命斗争的严整计划，亚历山大同他分手之后，就根本没有得到安宁。

1822年秋天要去参加维罗纳会议[①]，以协调西班牙事务。在途中，皇帝和以天主教慈善家著称的神父——亚历山大·赫根洛埃公爵在维罗纳会见。同这位神父告别时，亚历山大跪在他面前，并亲吻他的手。不过，在此期间他还吻过公谊会教徒阿兰。得到如此不同来源的精神上的增援之后，亚历山大到维罗纳去了。

当希腊人的起义遭到失败时，亚历山大对夏多布里昂说："我很高兴，您来到维罗纳，可能成为我们行为的公平的见证人。莫非您认为，像我们的敌人所说，建立神圣同盟有利于贪恋权势的人？这在以前的正常情况下是可能的，但是目前，当整个有教养的世界处于危险境地的时候，我们会关心某些个人利益吗？现在不可能有英国的、法国的、俄国的、普鲁士的、奥地利的政治，现在只能有共同的政治，这是各民族和君主们为了大家或每一家的幸福而要接受的政治。我应当是第一个忠实于我所建立同盟之纲领的人。面临的考验——就是希腊起义。对于我和我的民族来说，没有什么比反对土耳其人的宗教战争更有益，更符合俄国的社会舆论了，但是，在伯罗奔尼撒的动乱中我看到了革命的迹象——我有所克制……""不，我永远不会离弃我与之结盟的君主们。君主有权订立公开的同盟，以防备秘密的会社。"

也许，"秘密会社"是闲极无聊者的传说？如果它们存在，可能它们不会那么反宗教吧？不，梅特涅手里有文件，说那些阴谋家在进行反基督教的宣传。罗马大主教也谴责他们，虽然有时模棱两可。亚历山大不相信革命的反基督精神吗？当时梅特涅提醒他注意与他的正教帝国有关的事。"泛达－科伊纳"是什么意思，他知道吗？这意思是——"大家在一起"。

---

① 维罗纳，意大利北部城市，在维尼托区。

这是秘密的华沙会社的口号——就是指1817年成立的"友人联盟"。按照彼得堡政府的授意，一位骑兵营的军官对此案进行了审讯。会社成员做过无罪辩护。这一切似乎都非常和善。可是，亚历山大是否知道，波兰会社和普鲁士的此类会社之间的联系是肯定的。华沙会社的主席迈艾尔斯贝格写信给普鲁士会社主席凯勒尔说："政府乃是几个人用以危害社会其他人的权力。这个权力越大且不受限制，其制下的自由就越小。宗教是政府的支柱，因为政府和它一起限制和压制人的自由，宣扬驯服和虔诚，追求虔信宗教的意识，远离爱好自由的行为，并阻碍有关自由的思考。"迈艾尔斯贝格本人保证，这些思想他取自让-雅克·卢梭的《社会契约论》。可是，不管这些思想来自何处不都是一样的吗？重要的是，这个在俄罗斯境内外建立的秘密会社的鼓动者得出了什么结论。对付这些阴谋家过于宽宏大量了。梅特涅谨慎地暗示，可能在亚历山大皇帝本人年轻时颇受重视的让-雅克·卢梭的名字，对侦讯委员会审判的软弱有所影响。不过，1822年已明确，波兰的秘密会社有活动介入其中。在大学动乱之后，搜查中发现印有如下口号的传单："事关祖国福祉，杀人就不是犯罪"，或者"去复仇——是善行"。而在秘密的波兰"爱国者联盟"的仪式上说过如下的话，对于头目的问题"你的分支有多大？"监管者回答说："高山，两个大海和两条河流是它的界限。"若将这种高级文体翻译成普通语言，那就意味着，波兰所希望的不仅是完全独立，而且要将拥有远古俄罗斯居民的西南地区合并到小贵族王国。波兰的疆界由神圣同盟的君主们确定，它的任何变动都涉及奥地利和普鲁士的利益。亚历山大皇帝应会记住这一点的。或者，一般说来皇帝并不重视秘密会社吗？不，亚历山大认为它们意义巨大，但是，说他本人并不完全清楚这些谜一般团体本身的界限在哪里，不是很奇怪吗？共济会员认为他是自己人。握手时，他的手经常碰到按共济会方式并拢的手指。在波兰进行搜查时，在一些密谋者的家里发现了他的肖像，镶在带共济会标志的相框里。诚然，当时共济会会社在俄国已被官方查禁，然而，这当然并不意味着，共济会会员不再是共济会会员。

"用大炮战胜不了思想。"祖母叶卡捷琳娜这样说过。

还在去维罗纳之前，阿·赫·本肯多夫就报告有"幸福同盟"①存在。曾列举过密谋者的名字，有的还写着他们的奇异特征。亚历山大看过这个名单。这里有那么多他认识的近卫军军官！他知道有些人像是共济会会员。也有文职官员：穆拉维约夫、特鲁别茨基、彼斯特尔、尼古拉·屠格涅夫、费·格林卡、米哈伊尔·奥尔洛夫、冯维辛、丘赫尔别克和其他许多人。名单很长，于是他就不想注意这件事了，这件事令他想起自己精神贫乏和盲目的青年时期的爱好。还有另外一些警醒。

当亚历山大从莱巴赫回到皇村时，副官瓦西里契科夫向他报告有关密谋的事。他甚至向沙皇送呈了书面报告，并列出秘密会社参加者的名单。这时皇帝才沉思起来。在经过长时间痛苦的沉默之后，瓦西里契科夫惊讶地听到皇上说，他不希望干预秘密会社的事。

"亲爱的瓦西里契科夫！"他说，"自我执政之日起，您就在我这里服务。您知道，我是同情和赏识这种幻想和迷误的……应该惩罚他们的不是我……"

10月末，维罗纳开始进入冬季。寒冷天气的温度达到零下十摄氏度。不过皇帝照样一个人骑马散步。他喜欢莱市广场，那里从前是古代的集会广场，曾经是集市，有圣母玛利亚教堂，还有哥特式的天主教教堂……而主要的是，他喜欢意大利的天空。想到这可能是他最后一次呼吸伦巴第的美好空气，他不禁心怀惆怅。他想去造访罗马，临行前，他向太后承诺不和罗马教皇见面。她担心，他会以自己的宗教狂热受到罗马思想的吸引。后来，亚历山大在去世前不久，派米索将军②带着具有宗教外交特点的某种莫名其妙的使命，去罗马见教皇利奥十二世。这件事成了一些天主教徒

---

① 十二月党人秘密组织的"幸福同盟"存在于1818—1821年，参加者约二百人。该组织的宗旨是推翻专制制度和农奴制，实行法制，后因纲领和行动上的分歧而解散。一部分积极参加者后来成立了北方和南方秘密会社。

② 米索·德·鲍列图尔·亚历山大·弗兰茨维奇（1767—1841），法国出生，意大利裔将军，1805年转为俄国服务，1813—1814年为亚历山大皇帝的副官。

编造谎言的根据，他们盼着俄国皇帝承认天主教之后再死。不过在他统治的末期，拉菲罗内向法国政府报告说，在俄国"天主教受到的庇护少于其他宗教信仰"。因而，从维罗纳去罗马是不适宜的。也没能去米兰，因为那里发现了反对奥地利当局的密谋。是时候了，应该回俄国。意大利为俄国沙皇隆重送行。寒冷天气达到零下十六摄氏度。在帕多瓦附近，沙皇遇到了真正的暴风雪。有些同行者冻坏了手指。

梅特涅发现，当时，在维罗纳，俄国皇帝的心情渐渐变得郁闷了，出现这种忧郁情绪有不少原因。不过，拉阿尔普的来信确实令皇帝感到苦闷，他在信里坦诚地对这位过去的学生说，维罗纳会议的决议，在他看来是企图阻止事件进程的枉费心机的尝试，那些事件是难以避免的。至于希腊人，他认为他们的事业是正确的，并预先警告皇帝，要提防维罗纳政策中对俄国无益的结果。最终，希腊人的解放要由英国承担，到那时，打开达达尼尔的钥匙将握在俄罗斯自古以来的竞争对手的手里。从这时起，拉阿尔普就再也没有收到过亚历山大的书信。

在俄罗斯，迎接皇帝的是沉寂明净的田野和刺骨的严寒。他于1823年1月20日到达皇村。

23

维罗纳会议是亚历山大皇帝积极参与的最后一次政治事件。实际上他作为国君的生命已结束了。他还继续实行统治，出席阅兵式和操练仪式，免除大臣职务或任命新官员，在华沙会议发言，签署诏书，然而，这已不是以前的亚历山大了，他曾幻想祖国复兴，从拿破仑手里解放欧洲，一般说来还关心各民族的福祉……周围的人已看不见他友善的微笑，也听不到他的温柔话语了。如今他已不再关心他给人留下什么样的印象。他变得阴沉、多疑，爱凝神思考，仿佛被某种想法，沉重纠结的想法紧紧攫住而不能自拔。生活结束了。应该做出结论。登基时他想，他能用国务劳作来麻痹良心。保罗被害，但俄罗斯会复兴。亚历山大会解放它的。到那时他要放弃权力，做一个正直的人远走高飞。怎么样呢！他没能解放俄罗斯，连自身也没能摆脱专制政权的沉重负担。视察布防在奔萨的军队时，他感觉到以前从未发觉的疲劳。奔萨的总督竟指出："帝国应对陛下有怨言了……""为什么？""您不爱护自己。""你是说，我累了吗？"沙皇窘迫地问。是的，皇上累了。现在，他在检阅这些优秀和光荣的军队。但是，对俄罗斯来说，胜利和荣耀还不够吗？也许，不需要再多了。他说："当我想到，我在国内做得还那么少，这个想法压在我心上像万斤重担。因此我觉得疲劳。"

国内的一切实际上是死气沉沉的。亚历山大知道，甚至在保罗时期也不像今天这样重利盘剥和监守自盗；他知道，农奴们沉闷而不耐烦地等待着1812年承诺的解放；他知道，亚·尼·戈利岑领导的教育事业已陷入混乱，没有指望了，像马格尼茨基和卢尼奇这样的人，似乎故意丑化他以为是高尚和明智的思想……正直的帕罗特[1]，这位可笑的杰尔普特[2]的热心人士是对的，他曾写信给皇帝，公开谈论官场文化的荒诞无稽……

这一切亚历山大都看到了，并且明白，但已没有意愿采取措施。现在还能做什么呢？不是晚了吗？急不可待的阴谋家已在准备自己的改造俄罗斯的计划。他们以为，解放事业——是很简单的事。大约二十年前，亚历山大也以为，只要对自由、平等和一切兄弟情谊加以解释，世间就会降临天堂般的生活。但是，现在他怀疑这些。如果你怀疑，难道能把什么事办成办好吗？

---

① 帕罗特·格奥尔格·弗里德里赫·冯（1771—1852），俄国物理学家，杰尔普特大学校长。1802年起，亚历山大一世在杰尔普特时和他建立了友好关系，彼此书信往来，以朋友相待。

② 今爱沙尼亚的塔尔图市。

欧洲和平安抚者的名声所带来的荣耀，如今不会让亚历山大感到欣慰。拒绝希腊人的要求之后，难道他没有导致可怕的自我矛盾吗？尽管有梅特涅的复杂论辩，难道神圣同盟的完整性没有因这件事而遭到道义上的损失吗？世界政治中总有某种不顺利的事。

亚历山大的个人生活怎么样？1818 年 12 月，青年时代的女友、妹妹叶卡捷琳娜·巴甫洛夫娜去世了，她曾是那么温柔，但在关键时刻又那么坚强不屈。而如今，十八岁的可爱的索菲、皇帝唯一的女儿也去世了。纵然她的母亲、那个迷人的波兰女子，起初欺骗了纳雷什金，后来欺骗了亚历山大·巴甫洛维奇·罗曼诺夫本人，品行极为不端而且有罪，但她的女儿是无辜的。瞧着她那明净的双眼是那么令人愉快。这两个离开我们世界的人，仿佛在召唤他跟着走过去。

那些令皇帝感到纠结的宗教上的疑虑呢？1812 年拿破仑入侵俄国前不久，他第一次读《圣经》之后，以为获得了真知。但是十年过去了，原以为简单、明确的东西又变得复杂和困难了。不久前换衣服时，亚历山大长时间观察着自己长出大片茧皮的粗糙的膝盖——那是在读经台前久跪祈祷留下的永恒印记。他极力让自己相信，祈祷会带给他难以言传的幸福。然而，甚至这点安慰也被一个怪人抹去了，他在皇帝心里种下了对其祈祷的纯洁性有所怀疑的种子。亚历山大以为，任何信仰本身就是向真知的良善趋近。为什么还要那些经文、教派、仪式呢？如果愿意的话，每个人都可以祈祷。重要的是，心理要和生活的起因相衔接。这也就是小公爵戈利岑肯定的那种"内心教会"。塔塔里诺娃按自己的方式祈祷。当她穿上白色长衫，同自己的教友一起弄得疲惫不堪的时候，她的心情往往是极度狂热的。莫非这里面有什么不良的东西？而克吕德内夫人呢？高根劳埃公爵呢？谦逊而虔诚的普鲁士的弗里德里希-威廉呢？还有那些感动人的公谊派教徒呢？他们都是以不同的方式祈祷，每家都有自己的方式。不会再有任何区别的时期很快就会到来，因为神是独一无二的，它根本不需要在自己和他人之间存在任何媒介……但是，1822年夏天，一位怪人来了，和亚历山大说了一些话，如今，不幸的皇帝已不再有以前的信念，也就是必须像小公爵说的那样祈祷。这个人是谁呢？这就是——修士弗季[1]。向亚历山大提及这位修士的，正是那个如今已不再取信于皇上的戈利岑。他曾向亚历山大叙述这位修士做的令人吃惊的事。这个弗季——是伟大的苦行僧。他身戴铁链，穿粗毛衬衣，经常有幻觉，能听见多种声音并能预见未来。除此之外，在宗教上他是有教养的。学识渊博的菲拉列特·德罗兹道夫很敬重这位修士。

弗季曾受到觐见。他去见沙皇，像一个和沙皇平等的人，或者甚至是位长者，虽然在年龄上他比亚历山大要年轻不少，并且就其低微地位来看，似乎也不配受到"虔诚修士"般的特别敬重。当弗季走进沙皇的书房时，亚历山大站起来，想趋前祝福，可是这位修士仿佛没有发现皇上，只是转身环顾四周寻找圣像。找到之后，做过祈祷，这时才给亚历山大祝福。

这位长期吃斋、身材瘦小、面色苍白的修士，想必是头戴高僧帽，帽檐拉到眼眉，下面清晰可见一对蓝灰色眼睛，他怎么能折服亚历山大的想象呢！

安娜·阿列克谢耶夫娜·奥尔洛娃-切斯梅斯卡娅女公爵[2]坚信，是上帝亲自指派这个修士来揭露世间虚伪的。他具有看穿魔鬼施展诡计的才能。毕竟这一点很重要。亚历山大往往自己认不出真实与虚伪之所在。难道说，他年轻时把真正的恶当成了善？像克吕德内和塔塔里诺娃这些夫人和其他狂热人物，难道说，他们归根结底也像他亚历山大一样，是盲目的？他们的确对什么都能解释。他们非常准确而恰当地告知宇宙的隐秘，但是，这平庸的准确性似乎是可疑的，也不愿令人相信，是上帝向这位或那位夫人公开了自己的神的意图。除此之外，《启示录》中的天使要求人或部族具有焚毁一切的或者神力的冷酷。而所有这些神秘教徒既不冷酷也

---

[1] 弗季（1792—1838），俗名彼得·尼吉齐契·斯帕斯基，著名的教会活动家，深受亚历山大一世信任，并被派为尤里耶夫修道院院长。

[2] 安·阿·奥尔洛娃-切斯梅斯卡娅（1785—1848），是切斯梅湾海战中战胜土耳其的阿·格·奥尔洛夫的女儿。

不热情，他们的话语像是温热的甜果汁。

这位修士说的也是那种半通不通的奇怪的斯拉夫语。亚历山大说：

"弗季神父，我早就希望见到你，并接受祝福。"

修士沉默片刻，仿佛在倾听。僧帽檐更往下拉到了眼睛上，弗季突然变得像皱着眉头看东西的兽毛蓬松的狗熊，一对小眼睛闪闪发光。

"鉴于你想接受我这个祭坛仆人的祝福，那么我祝福你说：世界是你的，沙皇，超脱、欢乐吧，愿上帝和你同在。"

他们现在面对面促膝交谈。

这位弗季的话是那么与众不同，仿佛像一些散乱的鸟语。它们并非落地无声，而是不由得被记住了。其中有某种粗俗、笨拙的词语，根本不像严整和圆韵的法语，哪怕是像那个克吕德内夫人的话语。

弗季听说过她吗？

是的，他听说过她。他甚至非常了解她是怎样一个女人。

"是一位吸纳魔鬼之气令其头脑和心灵发热的女士，不对任何人述说因淫欲而有违世上习俗和魔力的事。因此，各方人士都能喜欢她，从首要的世袭贵族算起。丈夫、妻子、少女们都急切想听取克吕德内女士述说，像倾听某位奇异圣哲所言。"

他也见到过这个克吕德内夫人的画像。

"崇拜者给她画了肖像，双手按在心上，眼睛仰望天空，她上面画的是来自苍穹的圣灵，像是看那个来到约旦的基督，或是天使长报喜时的圣母。画此像是由于自己的诱惑，或是由于咒骂基督教义的圣地……"

可是，这个弗季为什么对这位女士如此严苛呢？她是真诚信仰……

"魔鬼也有信仰，而且战战兢兢……"

"那就是说，一种信仰还不够？"

"你是怎么想？雅利安人也有信仰，而且不是权利。唯有教会是真正信仰。"

弗季更加靠近亚历山大，向他低声耳语。皇上感觉到他的呼吸和香囊的气味。他头脑稍有晕眩，屏住了呼吸。仿佛这位修士身上发出一股奇怪的力量。

"教会？这是什么教会？"

可能，这个弗季也参加了科舍廖夫和戈利岑所说的那个"内心教会"？如果说有谁真的掌握了秘密，那当然就是这个热情的僧侣！最好是随它去吧，自己不承认……

"我内心宁静，一人独坐，向上帝祈祷，愿上帝的人能及时实在明白，要挖出那些活动于秘密巢穴的魔鬼的深处，弄个底朝天——那是些秘密社团、伏尔泰分子、共济会员、马丁派神秘教徒，要砍断万恶的变色七头蛇的头……"

皇帝与弗季神父的第一次会见是在1822年6月5日。几天之后，彼得堡大主教谢拉菲姆在彼得保罗大教堂做礼拜时，给弗季戴上了钻石十字架。而在当年8月1日，以内政大臣科楚别伊的名义发布诏书："一切秘密社团不论以何种名义一律取缔，例如共济会支部等，查封他们未获准许存在的机构，这些社团的所有成员必须签字画押，今后不能以任何形式成立组织，如共济会，或其他帝国内外的秘密协会。"

这一诏书的副本，寄给了当时已去诺夫哥罗德省的尤里耶夫修道院担任主持的弗季神父。后来，亚历山大投入了一般事务。再后，则出席欧洲的会议。他又遇到过各种宗教幻想家，弗季神父那种有一对闪光小眼睛的疲惫而难看的形象，有时出现在皇上面前，想起来令人害怕。

1824年春天，亚历山大收到尤里耶夫的修士大司祭弗季寄来的一封信。他写道："当下，在很多书籍里，通过众多社团和个人，介绍和通报某种好像近日才出现的新教。这一新教以各种口实进行传播：时而是新世界，时而是新学说，时而是基督真髓的降临，时而是教会的联合，时而又借口好像恢复千年治理的基督，时而又托词是某种新的真理进行宣传，这些都与上帝、圣徒、神父和正教的信仰相背离。这一新教乃是信仰未来的基督之敌，是由革命推动，渴望流血，充满恶魔精神的。它的伪善的预言者和使徒是——温格·施齐林格、埃卡尔特斯豪森[1]、吉昂、贝姆、拉布津[2]、霍斯内尔[3]、菲斯勒尔[4]、循道派教徒、赫尔恩古特派……""谨代表我们的家国，愿以你的巨掌和你固有的精神，让上帝再现，愿我们神父之仇敌毁灭掉，连同所有伪教义一同消失。"

这一时期正在酝酿反对亚·尼·戈利岑公爵的阴谋。这一密谋的主使是彼得堡都主教谢拉菲姆、变节者马戈尼茨基、奥尔罗娃女公爵、希什科夫，重要的是，弗季本人。

1824 年 4 月 20 日，皇上与弗季第二次见面。他被秘密带进宫内，从秘密通道进入，"以免让外人知道"——这完全像 1801 年的情况，当年，皇帝那些年轻的雅各宾党朋友进宫见他，组建了著名的拯救委员会。

这次谈话进行了三个小时。弗季热情地讲到，俄罗斯应当是正教国家。如果沙皇不信正教，俄国就没救了。革命抬头并非没有原因。政府本身在散布诱惑。圣经公会在传播异教图书；戈利岑鼓励宗派信徒和叛教者，打着虔诚的幌子，用虚伪的教义滋养灵魂。

亚历山大颇为震惊。他称弗季为天使。他双膝跪下，祈祷。他祈求这位教士给他提供一份注意事项，以根除他本人曾有过的精神上的叛逆。

1824 年 5 月 7 日，弗季向沙皇呈送了一份《秘密传布之革命计划，或，俄罗斯及各地秘密会社所为之违法机密》。后来，很快又呈送了《关于俄罗斯秘密会社通过圣经公会进行的活动》。

过了一个星期，亚历山大把自己的老朋友亚·尼·戈利岑请到自己家里，并亲切而温和地告诉他，他确信，眼下他担任人民教育大臣并管理宗教事务已经无益了。公爵只留任邮政大臣。亚历山大将会愉快地随时见到他，他以前的职务将由希什科夫接替。

---

① 卡尔·埃卡尔特斯豪森（1752—1805），德国天主教教徒，神秘主义作家、哲学家。

② 阿·费·拉布津（1766—1825），俄国作家、哲学家，神秘主义者，共济会会员。

③ 霍斯内尔（1773—1858），德国宗教作家、诗人，传教士。

④ 菲斯勒尔（1756—1839），德国作家，俄国社会活动家，匈牙利人，共济会积极分子。

希望协调两种敌对势力的小公爵的仕途就这样结束了。

秋天，亚历山大感到新的精神迷茫，降旨进行毫无需要、令众人惊奇的对俄罗斯的例行巡视。像通常那样，他急忙奔走于城市之间，仿佛希望摆脱像泼妇般追逐他的郁闷想法。

他于12月初回到彼得堡。7日一大早涅瓦河河水冲出堤岸。狂风大作，乌云沿地面掠过。仿佛整个城市陷入布满迷雾的无底深渊。真是吓人。大地和水面的自然力阴沉交集，如群魔乱舞。亚历山大在迷信的恐惧中观看这不可遏止的狂乱的波涛，像在欧洲游动的革命，那么不可遏止，注定会如此。水患刚开始退去，皇上便到大桅船港口去了。死亡和破坏的可怕景象摆在他面前。他在其中看到了先兆。他走出随员队伍，默默站立在人群里，轻声啜泣。有人说："因为我们的罪孽，上帝在惩罚我们。""不，是因为我的罪！"沙皇嘟哝着说。

24

1825年6月17日午后五点钟，第三乌克兰枪骑兵团的一位士官，被领进位于卡敏诺奥斯特罗夫宫的亚历山大的书房。陛下命令锁上屋门，他们面对面落座。这是位不同寻常的士官。他姓舍伍德。他的父母是英国人，他本人出生在伦敦附近的肯特郡。舍伍德颇有教养，懂法语、德语、英语以及俄语，毫无困难地参加了军官协会，并取得信任，拜访过著名的达维多夫兄弟的共济会组织，遇见过许多南方协会的参加者，自己也受邀参与密谋，但是，他在给出支吾搪塞的回答之后，便匆匆来彼得堡告密。

之前，曾向亚历山大通报过有关秘密会社、政治宣传和立宪计划的事，但是还没有谁如此准确地对他说过反对他本人及皇室家族的密谋。

听完这些令整个王朝恐惧和震惊的消息之后，亚历山大沉思起来，大约他想起了保罗的命运。又会像那个时候一样——贵族、有爵位的近卫军……

"是的，舍伍德，你的预见可能是对的……这些人……想干什么？难道他们就这么坏吗？"

"闲得没事找事。"

"这次密谋的规模大吗？"

"陛下，就军官的气势和谈话来看，我以为一般说来，特别是在第二部队，应该说密谋传播得相当广泛。"

"在密谋者中，没有谁是重要的大人物吗？"皇上突然问道，又皱起眉头，觉得这话是多余的。

他应该是想起了帕连伯爵。

但舍伍德没有任何不好意思。这个冷静清醒的英国人，原来自己并没丧失某些政治信念。他对当时事态也有自己的看法。这个舍伍德原来非常不喜欢"国内某些机构和决议"。

亚历山大用厌恶讶异的目光瞧着这个告密者。这个信口雌黄的家伙！

"不喜欢吗？"

"那些为国家做事的人，不可能没有计划就做出如此鲁莽的错误。"

"指什么？什么错误？"

"在军屯村里给人发枪，却不给吃的。陛下，他们还能干什么呢？"

"我不明白你说的。怎么能不给吃的？"

"很简单，陛下。本地居民要养活家庭和租房人、后备军人、少年兵……用什么养活？他们从事林木运输、建造房屋和其他服务，就没有时间干田里的活儿……有时有人饿死……我亲眼见过。在当前情况下，军屯村这种状况可能是非常危险的……"

亚历山大躬着身，听取这个自信士官那令人不快的、不知何故又让他本人感到羞辱的议论。最好赶走这个告密者。但又不能驱赶，应当温和而有耐心地听取这个可疑外国人的某些意见，实际上，他是在教训皇帝——这个战胜过"十二个民族"、曾被诗歌颂扬、头戴桂冠并善于和欧洲顶尖智者交谈的人，教他如何管理国家！

这样，亚历山大并没有大喊"滚开，坏蛋"，而代之以慈祥地伸出手去。

舍伍德吻了吻它。

"好吧，舍伍德，"陛下用英语说，"现在，请回吧，写信告诉我，你打算如何采取行动……我等候你的消息。"

舍伍德从君主那里到了格鲁吉诺去找阿拉克切耶夫。在那里他受到殷勤接待。伯爵招待他共进午餐和早餐。进餐时有四人在场：主人、告密者、阿拉克切耶夫的情妇纳斯塔西娅·敏金娜，就是这个舍伍德后来形容她是个"没有教养、行为不端、经常醉酒的麻子脸胖泼妇"，最后，还有当时在伯爵家供职的巴琴科夫，大约过了半年，此人因受参政院广场起义事件的牵连，在城堡单间囚禁了二十年。关于这些早餐会，阿拉克切耶夫告诉了沙皇。亚历山大只对士官舍伍德的个人情况感兴趣。巴琴科夫也关心此人，大约有六次询问这位不同寻常的来客，为什么到阿拉克切耶夫的格鲁吉诺来。

秋天来临。在公开的随从陪伴下，亚历山大来到卡敏诺奥斯特罗夫宫，怀着抑郁的心情欣赏彼得堡庄严宏伟的帝国风格的建筑。如今，满城全是黄色和深红色的树叶。今年，秋季的凋谢来得早一些。现在亚历山大只考虑一件事——生命结束了！"不能太长时间向民众展现幻象。"秘密是会被揭穿的。大家会看到，不存在什么"最虔诚最专权"的君主，只有一个不幸的、软弱的、自尊的、受良心折磨又陷入可怕矛盾中的人。

医生们又向陛下报告了一件不幸的消息。皇后伊丽莎白·阿列克谢耶夫娜病重。她的病情非常危险，应立即去法国南部或者意大利疗养。亚历山大来到皇后的住处，她的面容、微弱的声音、热病的红晕——这一切让他觉得是可怕而凶险的。他以前怎么没发现这种情况？在他看来，她经常发烧，他总是忙自己的，经常关心某些事，也没看到，这个在自己的秋季凋谢中仍显美丽文静的女人将会死去。要知道，这是他对她犯下的罪孽！即便她背叛过他……难道不是自己的行为驱使她走向这种背叛吗？是的，这是他的罪孽。这是他害了她！要知道，以前和后来她对他都是那么好。他自己却把她推开了。如果他是一个真正的好男人，是不会让她堕落的。如果回心转意，转向这个迷人而聪慧温柔的女子，又如何呢？要知道，最近几年他们经常友好交谈。失去的幸福不能挽回吗？不能直接对她说他爱她，过去的一切都忘了吗？只记得她向他递字条的那些时刻，她在字条上写着"我永远爱您"。

伊丽莎白·阿列克谢耶夫娜拒绝去欧洲。关于此事她同皇上商量了很久。后来宣布，他们一起去塔甘罗格。为什么去塔甘罗格？"我得承认，我不明白，"沃尔康斯基公爵写道，"医生怎么能选择这样的地方，仿佛俄罗斯就没有更好的地方。"但最后决定，还是要去塔甘罗格。

原定于秋天在白色教堂附近进行的阅兵不得不取消，因为得到消息说，军队情绪不稳，担心对君主的要员图谋不轨。

亚历山大和伊丽莎白开始准备上路，急忙出发去俄国南方。他们仿佛有个愿望，要在塔甘罗格组建新生活，就像在年轻浪漫的年代，他们幻想在"莱茵河畔"建造田园式的茅舍那样。

小公爵戈利岑由于弗季的要求失去了官方的所有职权，不过仍能利用亚历山大个人的好感。这样一来，对沙皇书房的文件加以分析的同时，公爵就敢于向亚历山大说出让大家不安的事。所以很多人都以为，这次出行到一个偏僻的小城，乃是皇帝不可理喻的危险的怪癖。这次出行中必有隐秘，很多人都认为，实际上俄罗斯似乎成了无元首的国家，应当采取某些措施。

这里还有一个头绪纷繁的皇位继承问题。还在 1822 年 1 月，康斯坦丁·巴甫洛维奇大公已拒绝继承皇位，并就此立下书面保证，承认弟弟尼古拉·巴甫洛维奇为继位者。1823 年夏天，经告知戈利岑和阿拉克切耶夫，秘密托付给莫斯科都主教菲拉列特一纸由皇帝签字的有关尼古拉继位的文书。在加封的信封上有沙皇本人的字迹："保存在乌斯宾斯基教堂国家文书内，直到我索取，而一旦我过世，应在采取任何其他行动之前……将其公开。"

尼古拉·巴甫洛维奇没有正式被告知这份文书，不过，在1819年夏天，皇上就向他和他的夫人说过，有可能在他死后或者逊位之后，由他尼古拉继位。尼古拉·巴甫洛维奇的妻子在札记里记述了这次谈话，这次谈话似乎颇让他们感到窘迫和寒心。而伊丽莎白·阿列克谢耶夫娜在一封写给母亲的信里公开说，尼古拉做梦都看见自己那幸福的一天，他将成为俄罗斯不受限制的统治者。

让参与继位秘密的小公爵戈利岑感到奇怪的是，陛下竟为自己的打算保守秘密。如果皇上如此下决心不定期去南部草原，为什么不将此事公布于众呢？

亚历山大听了戈利岑的意见，沉默片刻，随后抬手指天，轻声说道："我们将此事托付上帝，他办这类事比我们软弱的凡人都要好。（Remettons nous en à dieu: il saura mieux ordonner les choses que autres faibles mortels…）"

亚历山大决定比伊丽莎白早走，以便为她的到来做好准备。这次出行是多么奇怪和令人猜疑啊！9月1日夜，他独自一人，没有随从，从卡敏诺奥斯特罗夫宫出来。他命令去亚历山大-涅夫斯基修道院。那里有修士等候他的到来。他像个谋叛者，匆匆走进修道院大门，随后命令锁上门。在昏暗的教堂中，他在亚历山大-涅夫斯基的祭坛旁祈祷。随后去找一位谢拉菲特大主教告诉他的苦行僧。在这里，他又跪在耶稣受难十字架前跟着这位修士重复祈祷词。不知为何，后来又问这位老者他睡在哪里。那人打开一个小门，指给他一口黑色棺材。

"这就是我的床铺，陛下。你某时也要躺进去，长眠不起。"

沙皇向修士祝福，画着十字躬身走出修道院。

1825年9月13日，沙皇来到塔甘罗格。过了十天皇后也来到这里。

他们住在一幢不大的根本不像宫廷的双层楼房里。房子里陈设简单。显然，亚历山大和他妻子尽可能想忘记宫廷那种沉重和贫乏的奢华。

在准备迎接伊丽莎白·阿列克谢耶夫娜到来期间，亚历山大打扫花园的小路，在房间里挂上一些灯，钉钉子和挪动沙发。他以年轻丈夫的温情呵护着伊丽莎白·阿列克谢耶夫娜。她的健康显然有所好转。夫妻俩仿佛过着梦幻般的生活，在彼得堡那边有人管理国家，复杂和痛苦的宫廷生活，连同它那国际间的阴谋、国内暴乱的恐惧以及伪善和虚情假意——这一切永远被抛弃了，这一切和他们——亚历山大和伊丽莎白没有关系了。

但是，可怕的生活笃定不会被遗忘。有消息说，阿拉克切耶夫的仆人杀害了他的情妇纳斯塔西娅·敏金娜，就是那个格鲁吉诺的"女主人"，亚历山大在自己宠臣家里做客时不止一次和她同桌共餐。亚历山大把自己的爱将召到塔甘罗格也是枉然。如今，阿拉克切耶夫已顾不得"受尊崇"的国君了。对于自己奴仆的血腥报复，他给他们准备了酷刑和处死。他忘记了一切，甚至忘了舍伍德的事，后者受托准备了一份密谋者名单，并等待下令将他们逮捕。阿拉克切耶夫已不关心这些事了。皇上本人厌恶地听取有关正在发生的事件的报告，并没有急于采取什么措施。比如，在亚历山大视察顿河之战附近以后，10月18日，维特伯爵[①] 曾来到塔甘罗格，并就确认舍伍德的告密一事呈送新的报告。本应该坚决行动起来并立刻制止活动，但亚历山大却不想考虑这件意义重大却模糊不清的事，他的作为也只限于漫不经心地下旨"继续侦查"，尽管事情已确定无疑。

在平静安定的塔甘罗格过日子是愉快的，也不想去考虑国际政治、必要的内部事务，主要的是有关革命的事。皇帝的生活结束了，但还是那么想过上更简单的个人生活，不让任何人产生恐惧和嫉妒。然而在这里很难忘记，有某些情况不明的、难以捕捉的敌人准备对他施行阴谋诡计。一次进餐时，亚历山大发现一颗沙粒。这是什么？是不是要害他？为他准备的

---

① 伊·奥·维特伯爵，1825 年为南方军屯区长官，与许多十二月党人运动参加者保持友好关系。

食物里怎么能有沙子？他并不关心可怕的大阴谋，却非常严肃地询问司令部长官季毕契，有关这颗倒霉沙子的事。

在这里，在塔甘罗格的幽静安闲中，四处走动的渴望在皇帝身上复苏了。诺沃罗斯的总督沃龙采夫他去克里木看看。临行前夕，皇帝坐在书桌后面，城市上空乌云密布。天色变得阴沉黑暗。后来天色放亮，皇帝依然点着蜡烛坐在那里，若有所思。侍从走进来想把蜡烛拿走。

"为什么？"皇帝问道。

"这是不好的兆头，有死人躺着，才大白天点蜡烛。"

"拿走蜡烛，拿走。"迷信的沙皇冷笑着低声说。

于是，亚历山大去克里木散心了。他走访过幸菲罗波尔、古尔祖弗、拜达拉、阿鲁普卡……

"最好能在这里买块耕地，当个地主，"亚历山大脱口而出，"我供职了二十五年，按这期限士兵也该退伍了……"

他总想一个人独处，摆脱随从人员的陪伴。例如，他从巴拉克拉瓦到格奥尔吉耶夫修道院，是和一个鞑靼人骑马去的。这是在 10 月 27 日下午六点钟。皇上只穿制服。白天暖和，傍晚却刮起东北风。大家在塞瓦斯托波尔等候皇上，但他没有返回。天晚了。刮起寒冷的突发的北风。派人手持火炬迎接沙皇。将近八点钟他才回来，似乎从此次出行起，他开始生病。他极力不去注意病情，还骑马去了楚弗图 - 卡勒，但是冷热病折磨着他。一次到奥列赫沃附近出行，他正遇到从彼得堡来的送急件的信使。当着皇上的面，车夫驱赶三套马，弄翻了车子，信使脑袋触地，失去知觉，死了。此人的亡故让皇上想到他也命悬一线。实际上，他似乎虚弱了，疲惫了，一下子变老了，虽然他当时只有四十八岁。他不愿治疗。11 月 14 日他准备剃须，因为手哆嗦，被剃刀划了一下，后来头晕，倒在地上，失去知觉。晚上，伊丽莎白·阿列克谢耶夫娜提出让他接受圣餐，他表示同意。

11 月 19 日是阴沉、晦暗的一天。上午十点钟，亚历山大皇帝驾崩。

经官方证实的沙皇驾崩消息传出不久，民间便开始有传闻，说皇上根本没死，说他苦于权势，才持杖远游他方，埋葬的是另一个替代者而并非沙皇。其他传说也出现了。后来甚至有人说，西伯利亚有位死于 1864 年的老者费奥多尔·库兹米奇，他不是别人，正是亚历山大皇帝本人。这一传说甚至流传至今。

亚历山大·巴甫洛维奇·罗曼诺夫 1825 年 11 月 19 日在塔甘罗格死亡或是没死——最终，这对他个人的命运来说是重要的。作为皇帝，他早已死了。在维罗纳会议上，他已不再是以前的庄严君主的原型。他是君主专制的幽灵。是革命战胜并击溃了他，其意义令他百思不得其解。

尼古拉一世

尼古拉一世

在丘特切夫不朽的诗歌里，有一首追忆尼古拉一世的短诗。[①]

你不为上帝服务，也不为俄罗斯，
只服务于自己的浮华尘世，
你所有的事，无论是恶，是善——
都是你心中的谎言，是虚幻，
你不是沙皇，是演员。

这位皇帝的画像，由斯拉夫语学者和君主主义者丘特切夫的嘴里传出来，不是很奇怪吗？尼古拉本人以为，他是为真正的专制思想服务，许多旧制度的拥护者都赞同他这一信念。而事实是，俄罗斯帝国最著名的浪漫主义者却给这位君主脸上抹黑，根本不在意对他的追怀。按诗人的意思，这位沙皇是低级演员、撒谎者；他干的一切事都是明显而荒唐的；他"不为上帝服务，也不为俄罗斯"……

不过必须承认，俄国历史上彼得堡时期的顶峰——在确立国家专制政体的意义上——乃是尼古拉一世统治时期。如果这个专制主义者都不能让一位最热情的帝国辩护者有所尊敬，那不是很明显吗？皇权本身在十九世纪第一个四分之一时期就已衰败，而且必将毁灭。客观的历史条件决定它不可避免地要衰落，而它内在的颓废和空虚与这一可怕的结局是完全相适应的。

尼古拉·巴甫洛维奇·罗曼诺夫是什么样的人？他是不是普希金在

---

① 尼古拉一世于 1855 年驾崩，费·伊·丘特切夫这首短诗不是在沙皇死时写的，而是晚些时候写的，当时诗人对沙皇个人及其活动持反对态度。

1826 年希望他的"高祖"——彼得大帝那样的：

> 像他，那样不倦而且坚强，
>
> 记忆中，像他，那样慈祥……

　　或者是像丘特切夫认为的，他"只服务于自己的浮华尘世"，是一个熟知专制制度舞台的廷臣和外交官？

　　回答这一问题，只有审视这个非同寻常的君主的面貌才有可能。要做到这一点不是很容易，因为尼古拉·巴甫洛维奇·罗曼诺夫并不是偶尔喜欢光顾假面舞会：他对假面具的癖好终生不断。他根本不存在他哥哥亚历山大固有的那种精神上的疑虑，普希金因这种"反感"称其为"丑角"，然而，尼古拉·巴夫洛维奇却善于将自己单调的冷酷专制加以浓妆艳抹。

1

　　"今天早晨三点，小妈妈[1] 生了一个大个头男孩，名叫尼古拉。他是低嗓音，但喊叫起来吓死人。他身长一俄尺差两俄寸，两只手比我的稍微小一些。我一辈子头一次看到这样的男子汉。如果他像出生那样继续长下去，哥哥们在这个巨人面前就是小矮子了。"1796 年 6 月 25 日，叶卡捷琳娜二世在给自己的通常联络人格里姆的信里这样写道。[2] 随后，接着是任何一个头面人物诞生时都有的——钟声、礼炮和颂诗……杰尔查文写了

---

① 小妈妈，指保罗的妻子——玛丽娅·费奥多罗夫娜大公夫人。

② 给费·马·格里姆的信刊登在 1878 年第 9 期和第 10 期《俄罗斯档案》上。俄尺为古俄罗斯长度单位，1 俄尺 =0.711 米，1 俄寸为 1 俄尺的 1/16。

相应的诗歌，其中说道：

"此孩童与沙皇比肩……"

这位廷臣受缪斯的提示写下了先知的预言。过了半年，叶卡捷琳娜去世。大公的第一个奶妈和老师是英国女子叶甫盖尼·莱昂。这个外国女子、新教徒按照信仰教他在额头画十字，并读"我们的天父"和"圣母"。

母后对待自己的孩子不是很亲热，父皇对他们更亲切些。白天都要把孩子送到他的面前，他一面欣赏他们，一面称他们是自己的"小鼓手"。

1801年3月11日保罗被害。这时尼古拉·巴甫洛维奇的人生已进入第五个年头，关于皇上可怕的死亡，他心里只保留着模糊的记忆。

在1831年的札记里，尼古拉·巴甫洛维奇公开地记述了自己和弟弟米哈伊尔的故事。"把我们托付给一位将军，即拉姆兹道尔弗伯爵①，作为我们主要的教师，"他写道，"他是深受母亲信任的人……拉姆兹道尔弗伯爵给我们充分灌输一种情感——恐惧，这种恐惧就是，要相信他是最强大的，在理解的重要程度上，母亲的脸色对我们来说也是次要的。这种规矩完全剥夺了儿子信任生母的幸福感，鲜有让我们单独去见她的机会，有时让去，也仿佛是去接受裁判。由于周围的人物不断变换，我们自幼养成一种习惯，即在这些人身上寻找弱点，以便我们按需要加以利用，应当承认，这并非没有成功。侍从将官乌沙科夫是我们最喜欢的人，因为他和我们打交道从来不是一本正经，于是，我们像拉姆兹道尔弗和其他人那样，在模仿他的同时，使用那种怒气冲天的严厉态度，这怒火使我们失去了认错感，往往为此不当的粗暴态度留下一份遗憾。总而言之，恐惧和想方设法躲避惩罚，经常萦绕在我的头脑里。学习时我只看到逼迫，对学习没有兴趣。我以为，常常责怪我懒散和精神不集中并非没有原因，拉姆兹道尔弗伯爵经常在上课时用手杖狠狠打我。"

尼古拉这段记述自己受教育的故事丝毫没有夸大。拉姆兹道尔弗无情

---

① М. И. 拉姆兹道尔弗（1745—1828），陆军将军，国务会议委员，于1800年被指派为尼古拉大公的教师。

地打过未来的皇帝。老师常常使用戒尺，甚至火枪探条。大公是倔强而爱发怒的。两个人真是棋逢对手。拉姆兹道尔弗伯爵不时脾气发作，抓住男孩的衣领往墙上撞。类似的虐待，例如用探条惩罚，曾刊登在教育杂志上，黑森－达姆施塔特的玛丽娅·费奥多罗夫娜也知道这种教育她儿子的方法。她对拉姆兹道尔弗有极好的评价。

不难理解，温柔且年轻的莱昂小姐对男孩子来说是不小的安慰，但不幸的是，拉姆兹道尔弗老头儿却对这个俊俏的英国女子情欲大发，年轻的大公们亲眼见到发生在他们育儿室的奇怪情景。纯洁的保姆不愿满足这个老色鬼的欲望，拉姆兹道尔弗便千方百计追逐她，不能原谅她对他感情冷淡。

但并非一切都是伤心事。年轻的罗曼诺夫子弟也有自己的欢乐。最喜欢的是小兵游戏。有很多小兵——锡质的、陶瓷的和木头的……还有大炮。用锡兵建立了城堡。大公们自己吹喇叭，敲鼓，用手枪射击。

阿赫韦尔多夫[1]老师用棉团堵住耳朵……甚至玛丽娅·费奥多罗夫娜也感到不安，担心过分沉迷于军事会对孩子的教育产生不良影响。当时尼古拉·巴甫洛维奇只有六岁，有一次他听到真正的枪声，却吓得奔跑，躲藏起来，很久找不到他。他害怕打雷、放烟火和炮声……不过，1806年他满十岁时，便不再害怕，自己学会了射击。

和兄弟以及被准许与大公交往的同龄人做游戏时，尼古拉·巴甫洛维奇表现得粗鲁、暴躁、傲慢，而且爱打架。有一次他用枪击打小阿德列贝格的额头，使他一生留下了伤疤……不过，这位未来的宫廷大臣，却是他喜欢的幼年玩伴。"直到1809年接受新方法，之前我受的教育就是这样的，"尼古拉·巴甫洛维奇在札记里写道，"妈妈决定留在加特契纳过冬，与此同时，我们的学习显得更为重要：所有时间几乎都是做这一件事。拉丁文当时是主要的科目。""我的成绩不好，为此往往被严厉惩处，虽然已不是体罚。数学，后来的代数，特别是工程学和战术课，对我特别有吸引力。我这些课的

---

[1] Н. И. 阿赫韦尔多夫，陆军中将，教尼古拉俄国历史和地理。

成绩也特好，当时我就产生了在工程方面服务的心愿。"

后来，尼古拉·巴甫洛维奇身为沙皇，还喜欢自言自语"我们工程人员"。尼古拉·巴甫洛维奇爱好准确、对称、平衡、秩序以及等级严整，像哥哥亚历山大一样，是独特的。但对后者而言，这种偏爱对称和秩序，是和不小的精神复杂性相结合的，而在沙皇尼古拉身上，这一特点则变成了癖好。这是他的思想。除这一思想之外他没有别的。他将这一思想作为自己历史哲理的依据。为建立严整秩序，需要纪律。所有严整体系的理想形式就是军队。尼古拉·巴甫洛维奇恰好在其中找到了自己思想的生动和现实的体现。应当根据军事结构的类型建立整个国家。行政、法院、科学、教育事业、教会都要服从这一思想——总之，国内一切物质和精神生活都要服从。但是，在幼年和少年时代，尼古拉·巴甫洛维奇还不知道他会拥有无限的权力。他不知道，他将来有可能创造出重大的建国经验：依据严整等级和纪律的军事原则来建立国家。不过，在童年时代他似乎就预感到，他将会管理国家，和孩子们玩耍时，他总是充当独裁者角色。他相信，只有他应当发命令，任何人不会和他争夺这种权力。众所周知，在他六十年的生涯中，他只遇到过一次反抗自己的意愿。这是在1825年12月14日。这一天他永远不会忘记。

随着逐渐长大，大公越发为军事纪律、阅兵、操练所吸引。他具有彼得三世和保罗的兴趣。后来，纪律严明军队的"整齐划一"之美，对他而言才是"唯一的真正的享受"。1836年，与皇上非常接近的阿·霍·贝肯道尔弗伯爵，赞同并证实了这一点。尼古拉·巴甫洛维奇非常了解前线部队的全部机密。他是优秀的上等兵和击鼓手。

他幼年时代的精神生活，对我们来说仍是个谜。教师们在自己的札记里对年轻的尼古拉·巴甫洛维奇会有不敬的记述。他们认为他粗暴、狡猾和残酷无情。有一次，他已不是小孩了（十四岁），"大公在对阿得鲁格先生表示亲热的同时，却突发奇想咬他的肩膀，然后踩他的脚"，并重复多次。接近大公的男士在自己的笔记里也证实过这一特点。他喜欢挤眉弄眼，做鬼脸——模仿他降生时的模样。这是他祖父彼得三世的气质。尽管他有许多训导教师，这个少年与人交往时的表现仍像纨绔子弟。"他经常想卖弄语言之尖刻，"关于他，男士们写道，"他经常打断别人的话，自己最先高声哈哈大笑。"

年轻大公的这种癖性让周围的人感到不安。这也有特别的原因。问题在于，有些人已经知道了这个少年将来的特殊命运……Г. И. 维拉莫夫[①]在1807年的日记里证实，孀居的皇后（其母）把尼古拉·巴甫洛维奇视为未来的国君。施托尔赫[②]在送呈玛丽娅·费奥多罗夫娜（其母）的手记中有关于他的记述，其中直接指明必须将政治课业列入教学纲要，因为，"大公很可能最终成为我们的君主"。拉克鲁亚在自己著作[③]中甚至告诉人们，似乎在1812年，玛丽娅·费奥多罗夫娜和哥哥亚历山大就告诉了尼古拉·巴甫洛维奇，事先为他规定的角色。

从这时起，就是说在他年满十六岁时，开始发现他有些改变。他变得较为克制、严肃和有所顾虑了。大约是一些历史事件迫使尼古拉·巴甫洛维奇关心其中所蕴含的可怕的意义。他请求允许他到作战的军队去。这一请求未获准许。"我们的全部心思都在军队里，"尼古拉·巴甫洛维奇在自己的回忆录中写道，"军队里不断传来令人忧心的消息，处在这种环境里怎么能进行学习呢！对一些军事科目我非常感兴趣，我在其中找到了与我的气质爱好相符合的慰藉和愉悦。"1814年末，经过母亲准许，尼古拉·巴甫洛维奇奔赴战场。2月7日他同弟弟米哈伊尔一起，在拉姆兹道尔弗伯爵陪伴下去了柏林。"这里，在柏林，"他写道，"天意决定了我的前途幸福无量：在这里，我第一次见到了她，照我自己的选择，她第一次在我心里激起了我一生都愿属于她的愿望。上帝也以十六年的家庭幸福

---

① Г. И. 维拉莫夫（1771—1842），宫内大臣，枢密顾问，国务会议成员。

② 施托尔赫·亨利（1766—1835），教授尼古拉政治经济学的老师。

③ 拉克鲁亚·保尔（1806—1884），法国历史学家，这里指他的著作《尼古拉一世的统治和生活的史实》（法文版）。

祝福这种愿望。"这些话写于1831年。

给予未来皇帝"幸福"的人，是亚历山大·巴甫洛维奇的朋友、普鲁士国王弗里德里希－威廉三世的女儿，弗里德里卡－路易莎－夏洛蒂－威廉敏娜，她比尼古拉·巴甫洛维奇小两岁。她于1817年6月嫁给了他。

至于尼古拉·巴甫洛维奇渴望参加的战役，这次未能如愿。年轻的大公刚进入法国国界，便传来皇帝要他返回巴塞尔的命令。"虽然那时已经十八岁，"尼古拉·巴甫洛维奇在自己的回忆录中写道，"但我心里还存在一种当时折磨我们，又永远难以磨灭的焦虑。在巴塞尔，我们得知巴黎已被攻占，拿破仑被赶到厄尔巴岛。"只是到了这个时候，大公才接到命令去巴黎，于是，他经过科尔马和南锡到那里去了。

看来，尼古拉·巴甫洛维奇在巴黎感到十分愉快。

令他特别感到满意的是我军在韦尔丘进行的著名大阅兵的景象。[①] 在这里，他第一次看到法纳高里掷弹兵团前面的长剑。正式阅兵在8月29日进行。亚历山大指挥军队并向同盟国的君主们致敬。尼古拉指挥第三掷弹兵第二旅。

玛丽娅·费奥多罗夫娜焦急地等待自己的儿子们返回俄国。在同盟国如此荣耀地庆祝战胜拿破仑的时候，在遭受战争摧残和破坏的俄国，却弥漫着不稳定的气氛。甚至阅世不深的女大公安娜·巴甫洛夫娜在写给兄弟的信中也提到"内部事务进展不好"。越来越多地出现了不满的非难者和批评者，应当承认，他们正义的愤怒是有不少理由的。但是，深受我国军事强大迷惑的尼古拉·巴甫洛维奇，似乎没有在意自己姐姐的忧虑。起码是，在1861年的日记里，他记录在俄罗斯各地旅行时所涉及的内容只是一些局部和细节[②]，没有任何概括描述和结论。而据高尔弗男爵说，在《军部期刊》上所刊载的几乎所有尼古拉·巴甫洛维奇的指示，都是涉及

---

① 1814年8月26日，也是波罗金诺战役纪念日，在巴黎附近的小镇韦尔丘进行俄国远征军和占领巴黎军队的阅兵排练，亚历山大一世以及康斯坦丁和尼古拉大公参加。

② 1816年5月9日至8月26日，尼古拉曾在俄国处于欧洲部分的几个城市旅行。

"一些军务、服装、举止、步法和其他，丝毫不涉及任何一个现有的军事机构、军队的管理或道德精神和方向上的问题。甚至像射击这么重要的军事事务都没有讲到"。

在俄罗斯各地旅行之后，尼古拉·巴甫洛维奇被派往英国，以便"丰富其有益的知识和经验"。然而，在英国除了重要和有益的之外，还有某些危险的东西——它的宪法。因此，玛丽娅·费奥多罗夫娜授权涅谢里罗德伯爵这个梅特涅的小应声虫，对大公爵做了特别的记录。记录的意思是讲，"自由宪章"和其他别的，可能对英国不会那么不好，但是完全不适合俄国。然而，尼古拉·巴甫洛维奇本人并不为民主所吸引。"如果说我们不幸，"他写道，"那就是某邪恶的天才，把这些制造喧闹不办实事的俱乐部和集会带给了我们，那么，我会请求上帝再次呈现搅混语言的奇迹，或者最好是，使所有利用其语言才能讲话的人，失去讲话能力。"

一个英国人留下了自己对大公在伦敦逗留的回忆。"他的举止充满活力，"他写道，"不紧张，也不窘迫，同时彬彬有礼。他法语讲得又快又好，用蛮好的手势伴随着说话。他的谈话如果说并非所有的都非常机智，那么，起码是听起来不失愉悦。显然，他有笼络人心的绝对才能。谈话中他想强调某特别之处时，他会向上耸肩，有点激动地望着天空。"就在这一时期，有个英国女子写到他："他漂亮极了！这是欧洲最漂亮的男人。"

稍后，1826年，有个同时代的俄国人这样描写他的外貌："尼古拉·巴甫洛维奇皇上，时年三十二岁。高个头，稍瘦，胸部宽阔且手臂较长，干净的长方脸，额头开阔，罗马人的鼻子，适度的嘴形，目光锐利，声音洪亮接近男高音，但语速有点快。一般说来，他身材十分匀称而且敏捷。从举止看不出有什么高傲郑重，但并不轻浮急躁。看上去是那么真诚严肃。相貌生动活泼以及他身上的一切，显示出钢铁般的体魄，也足以证明，幼年没有娇生惯养，并且一生伴随着清醒和节制。"

2

　　有一次，1819 年夏天，在红村进行军事操练之后，亚历山大皇帝表示希望去弟弟尼古拉家里进午餐。这时，这对年轻夫妇已有了儿子亚历山大，亚历山德拉·费奥多罗夫娜正怀有大女儿玛丽娅的身孕。尼古拉·巴甫洛维奇在统率第二近卫旅。他当时二十三岁。

　　午饭后，亚历山大皇帝突然意味深长地说，他感觉身体不好，会很快丧失他所理解的、凭良心尽义务所需要的精力。因此，他亚历山大想在不久的将来离开皇位。他曾不止一次对弟弟康斯坦丁说过此事。但弟弟康斯坦丁没有子嗣，并对继承皇位有"天生的反感"。因此自然是，将来君主之尊自应属于尼古拉·巴甫洛维奇了。[①]

　　因哥哥至今没有委派尼古拉·巴甫洛维奇担负任何国家的职务，据他说，当时他"大为惊讶，如雷轰顶"。他写道："听到这突如其来的消息，我们流泪，痛哭，默然无语。最后，陛下见他说的话产生如此沉痛的印象，于是怜悯我们，以他那固有的天使般的温存开始安慰我们……这时我斗胆对他说，我从来没有这种准备，也觉得自己没有胜任如此伟业的力量和气魄……他友好地回答我，说他登基时也有同样的心情。他当时更加困难，发现事业完全处于荒废状态，完全缺乏运行政府事务的规章和制度……自陛下登基开始，这部分工作多有改善，一切进入了合法的进程，所以，我会在留给我掌握的制度里找到一切。"

　　大概，在尼古拉·巴甫洛维奇记述这次谈话的时候，他的记忆力出了

---

① 由尼古拉指挥的第一近卫师第二旅的操练，在 1819 年 7 月 13 日举行。亚历山大一世前来检阅，并对操练表示满意。在这次操练之后，才有本书所记述的有关亚历山大一世可能将皇位禅让弟弟尼古拉的谈话。

问题。要知道，当时离这次谈话才过了十七年多。亚历山大皇上断言，继承人将会在"留给他掌握的制度里找到一切"，完全和这位绝望君主当时的情绪联系不起来。

显然，尼古拉·巴甫洛维奇本人意识到，这一制度执行起来并不是那么顺利。"这次谈话结束了，"他写道，"陛下走了，我和妻子的处境只能类比于一种感觉，犹如一个人正沿着布满鲜花、景色宜人、开阔舒畅的大道平静地行走，突然脚下出现一条深渊，一种难以克服的力量把他拖了进去，进退不得，令其大为惊讶。这就是对我们可怕处境的完美描述。"

年轻旅长尼古拉·巴甫洛维奇·罗曼诺夫的处境真的是可怕的。他可以毫不伪装和掩饰地对自己说，似乎他并不完全真的相信有1831至1835年间的文件。不过，皇后伊丽莎白·阿列克谢耶夫娜证实，尼古拉·巴甫洛维奇在很早以前，即自幼就对权力感兴趣，而康斯坦丁正相反，对皇位有恐惧感，这对他也不是秘密。这意味着，与皇上的谈话对他来说未必出乎意料。但是，处于他的地位却害怕权力，甚至暗中想得到它都感到害怕，这是自然的。尼古拉·巴甫洛维奇·罗曼诺夫并非愚笨之人，他懂得，不要一心准备去接管国家事务。与此同时，在1819年那次值得留意的谈话之后，亚历山大曾不止一次又提及这个话题，却没有为禅让做准备。他甚至没有任命尼古拉为国务会议委员。未来的沙皇只是作为平常的将军供职。后来，确实授权他领导工程部门，但是这类职务当然并不直接涉及管理国家。

"我与外界人士的结识，"尼古拉·巴甫洛维奇写道，"只局限于每天在类似市场的前厅或者秘书办公室等待的时候，每天十点钟，所有经准许前来觐见陛下的侍从将官、侍从武官、近卫军和外地来的将军以及其他著名人士，在这里聚集……""由于无事可做，便习惯于在这种聚集的场合做一些近卫军干的事，大部分时间是开玩笑和嘲笑近旁的人。时常搞些小诡计。这时候，所有青年人、侍从官，也常有军官，都在走廊里等候，消磨时间，或者用来消遣，几乎并不在意有长官在场或此处为政府所在地……""这些时间是浪费掉了，但也是了解一般人和大人物的宝贵机会，我都会加以利用。"

于是，未来的君主在宫廷的前厅一面打打闹闹，一面在准备着发挥自己的重大作用。皇上亚历山大似乎明白，除了尼古拉之外没有谁会继承皇位，不过，他本人怎么也不能相信这一点，并推迟了向他公开皇位继承的秘密。

然而，大公的权势欲望很强烈。他既然暂时不可能在全俄罗斯范围内行使权力，便不由自主地把自己的注意力集中于他属下的近卫军部队。当时，一些参加过荣誉战役的老兵都处在这个没有任何战斗经验的年轻人的统率之下。军官和将军们，几乎都受过伤，他们视士兵如荣辱与共的同志，他们，自米洛拉多维奇公爵起[①]，都非常明白，操练和阅兵不能造就取得战争功勋的人。但是，尼古拉·巴甫洛维奇像罗曼诺夫家族的人一样，认为军务的意义在于表面的纪律，并且运用过时无益的普鲁士方法训练士兵。近卫军厌恶尼古拉·巴甫洛维奇·罗曼诺夫。

"我开始严格要求，"他写道，"但是，只有我一个人严格要求，因为我凭良心整治缺陷，这却让我的长官们能够到处乱来。处境非常困难。"

"服从不见了，只是在前线才保留下来。对长官的尊重也完全消失了，服务成了一句空话，因为没有规章制度……随着我开始对自己下属的了解，并看到在其他团队发生的事，我产生一个想法，在这种情况下，也就是军务散乱的情况下，隐含着某种重大的东西。"

1822 年春天，刚恢自用的大公和骑兵近卫军的军官们发生了直接冲突。这令指挥近卫军的帕斯克维奇将军十分为难。问题在于，他本人作为一名阅历丰富、久经战场的将军，瞧不起那种"技艺表演"，而这正是那位拥护旧式普鲁士黩武主义的残酷而执拗的年轻人所要求做到的。然而，尼古拉·巴甫洛维奇在另一方面又是正确的：当时军事生活的自由化蕴含

---

① 米·安·米洛拉多维奇（1777—1825），伯爵，俄国步兵上将，1818 年任彼得堡总督。1825 年 12 月 14 日在十二月党人起义时被枪弹击中，受致命伤。

着某种比较重大的东西。总而言之，近卫军沾染了革命思想，众所周知，尼古拉·巴甫洛维奇很快便确认了这一点。

1825年秋天，亚历山大皇帝携皇后去了塔甘罗格。皇室家族内情绪低落。大家感觉到，皇帝累了，应该做点什么，在俄国，如不明浪潮一般蔓延开来的隐忍的不满情绪，要加以平抚。可是，亚历山大·巴甫洛维奇似乎对这些都不管不问。他甚至不关心一旦自己去世应如何承续皇位。诚然，还在1822年就制定了有关康斯坦丁放弃皇位的文书，并且准备了有关尼古拉继位权的诏书，但是，如此重要的文件却秘密保存在莫斯科圣母安息大教堂里，而在彼得堡——放在参政院、正教院和国会里。当知悉这一秘密的亚·尼·戈利岑公爵冒险提醒陛下，必须公开这一改变继位权的文书时，疲惫的亚历山大却对一切漠然视之，用手指着天空说："我们将此事托付上帝。他办这美事比我们软弱的凡人都要好。"说完，他便去了塔甘罗格。①

1825年11月末，亚历山大·巴甫洛维奇生病的消息传到了彼得堡。27日，午餐后在冬宫大教堂为皇上的健康做祈祷。一个仆从走到对着圣器厅的玻璃门前，皇室家族站立在厅内，那仆从向尼古拉·巴甫洛维奇传出了暗号。这是约定好的，如有信使从塔甘罗格来则有所示意。米洛拉多维奇遇到了大公。尼古拉·巴甫洛维奇凭他的脸色猜出皇帝驾崩了。

祈祷仪式不得不中断，挤满皇室近亲的整个教堂顿时慌乱起来。一个宫里的平民吓得惊慌失措，忘记了祈祷的规矩，竟然号啕大哭，歇斯底里地流着眼泪，同时不停地念叨着立马会改朝换代。

浪漫主义诗人和感伤的朝臣瓦·安·茹科夫斯基偶然亲眼见到，在空旷的教堂里，大公轻率地对兄长康斯坦丁宣誓效忠。茹科夫斯基谈到，尼古拉·巴甫洛维奇命令神父取来十字架和宣誓文，"他痛哭得上气不接下

---

① 皇后伊丽莎白·阿列克谢耶夫娜提出在南方过冬，选中了塔甘罗格，亚历山大本人和皇后一同前往，并宣称他要在新年前返回彼得堡。亚历山大一世于1825年9月1日从彼得堡出发，皇后在彼·米·沃尔康斯基公爵陪同下，于同年9月3日去了塔甘罗格。

气，声音颤抖地对神父重复述说效忠誓词"。也许此刻在这个未来皇帝的心里有不少痛苦的疑虑，他的哭泣并非没有原因。

大家知道，当时俄罗斯经历了怎样奇特的皇位交替时期。没有俄罗斯皇位的竞争人。尼古拉每天派信使去华沙给康斯坦丁送信，求他返回彼得堡。尽管戈利岑提醒，并坚持要立即拆封秘密书札，人们仍宣誓效忠康斯坦丁。皇帝本人在秘密书札上有批文，从中可知，在他亚历山大死后，"在采取任何行动之前"应首先了解文件的内容。①

为什么尼古拉不听从戈利岑的意见？为什么他做出不知道亚历山大有遗嘱的样子呢？似乎罗曼诺夫家族中谁也不像尼古拉那样贪图权势。为什么他不急于得到它呢？原来他像鲍里斯·戈东诺夫②一样"有点皱眉头"。

> 面对一杯酒的醉汉，
>
> 最终，多亏了自己，
>
> 顺从地同意接受桂冠；
>
> 后来——后来他会统治我们
>
> 如同以前……③

尼古拉·巴甫洛维奇·罗曼诺夫本应饮下的那醉人的"一杯酒"，是危险的一杯。他知道里面有毒。问题在于，他周围的人谁也不想看到他成为沙皇。从11月27日当天晚上国务会议通知开会讨论皇位继承的举动来看，这是显而易见的。大家争论是否应当启封书札。Д. И. 洛巴诺夫-罗斯托夫斯基发表意见说："亡故之人没有意愿。"亚·谢·希什科夫表示赞成。米洛拉多

---

① 关于钦定由尼古拉继承皇位的文书只有阿·安·阿拉克切耶夫、亚·尼·戈利岑和莫斯科都主教菲拉列特三位国务大臣知道。

② 鲍里斯·戈东诺夫（约1552—1605），1598年起为俄国沙皇。外戚执政时得势。他是沙皇费奥多尔·伊万诺维奇的妻弟，沙皇费奥多尔·伊万诺维奇在位时，他实际上掌握国家大权。

③ 该诗引自普希金的诗剧《鲍里斯·戈东诺夫》，克里姆林宫一场。

维奇公爵颇为自信地嚷道，没有必要启封秘密书札，尼古拉·巴甫洛维奇大公已经宣誓效忠，完事了。不过，会议主席洛普欣公爵还是决定打开书札，于是，国务会议委员知道了文件的内容。尽管如此，米洛拉多维奇仍要求不必考虑亚历山大的遗嘱，要去找尼古拉·巴甫洛维奇，请他本人决定这个问题。于是照此办理。

尼古拉来到国务会议委员面前。他以固有的装腔作势"举起右手和食指放在头顶"，眼里噙着泪水，浑身颤抖着，做了简短的发言，坚持效忠康斯坦丁。

他不可能有别的举动。问题在于，米洛拉多维奇伯爵，这位彼得堡的军事总督，不止一次夸耀"他口袋里有六万大兵"，自己不懂什么阴谋，却非常了解，近卫军都憎恨尼古拉·巴甫洛维奇。关于这一点他完全公开地对大公说过。诚然，近卫军也没有理由喜欢康斯坦丁，他离得很远，在华沙，而尼古拉在这里，却有可能让大家激怒、怨恨。尼古拉意识到这一点，便害怕继位，虽然很想得到它。

他的惧怕是真实存在的，在写给兄弟们的书信里，以及与母亲和妻子的谈话中，他都不隐瞒这种恐惧。与此同时，宫廷里充斥着慌乱、眼泪和恐惧，夜晚的彼得堡却显得十分平静。肩负从文档取出亚历山大遗嘱之责任的А.П.奥列宁，在札记里记述："从自己家到洛普欣公爵那里，就是说，从红桥沿洗濯场的直通大道到铸造街，回头再到海军大街，除了点亮的街灯之外，我没有在一个房子里见到灯火，除了我的四轮马车，听不到别的轻便马车的声响，甚至没有一个骑马的人或者行人。只听见我的马车车轮低沉的滚动声和我的马匹的奔跑声，以及从远处传来的哨兵和守夜人的喊叫。"

3

12月12日凌晨，一位团长从塔甘罗格带来了季比奇有关近卫军和南方军队军官公开图谋不轨的紧急消息。面临某种危险的模糊不清的恐惧，一直搅动着尼古拉的心，现在，当他阅读季比奇的报告时，这恐惧已确定无疑，而且逼近了。这已经不是预感，而是大略的事实。死亡离得很近。尼古拉明白，这里不可能有妥协和多愁善感。近卫军已习惯于像玩球似的玩弄皇权。他意识到，在这两三天内将决定他的命运——他或者成为拥有数百万人口的俄罗斯的专制皇帝，或者像他的父亲保罗一样，被残害并被勒死，倒在冬宫的地毯上。

尼古拉是孤独的。没有人可以帮助他。如果那个有过光荣远征的老兵、京城的军事总督米洛拉多维奇竭力劝他不要图谋皇位，那么谁能堪当如此重任呢？康斯坦丁又不回彼得堡，没有送来正式的文件，与此同时却拒绝继承皇位。尼古拉·巴甫洛维奇焦急地等待米哈伊尔·巴甫洛维奇从华沙回来。他会或者不会送来由固执的康斯坦丁签署的文件，但是，他本人在场作为兄长拒绝皇位的活见证，是最为重要的。然而，他好像在故意迟到。

当天送来了兄长明确答复的信件，但内容十分私密，不可能像以前的书信那样予以公布。尼古拉在详细答复季比奇的报告之后，又追加附言："紧急信使回来了。后天一早，我——或者成为国君，或者一命呜呼。我为兄弟牺牲自己，在所不惜。如果作为一个臣民能完成他的意愿，也是幸福的。但俄国会怎么样？军队会怎么样？……""如果我还活着，后天会给您写信——我自己也不知道怎样——通报所发生的情况……""我们这里关于那一时刻都缄口不语，但暴风雨之前往往是平静的……"

需要考虑发表诏书。在皇后的寓所，尼古拉看见脖子上长着浅红斑点的瘦削的尼古拉·米哈伊洛维奇·卡拉姆津。尼古拉·巴甫洛维奇托付这位忠诚的老历史学家撰写诏书，当时他患胸痛病，老头儿咳嗽着，用手帕擦拭额头的汗水，立刻着手撰写，不久便将它送呈给未来的皇帝。诏书写得格调崇高，有恰当的气势，但其中过分强调新皇帝将在一切政策上效仿亡故的亚历山大·巴甫洛维奇。与此同时，这位新的皇位追求者虽然称故去的兄长为"天使"（不知何故，在罗曼诺夫家庭里都这样称呼他），却根本不想重复兄长那种在他看来是模棱两可的奇怪的政策。不得不把米哈伊尔·米哈伊洛维奇·斯佩兰斯基请来，委托他改写诏书。没有谁知道这一举动。只是到了第二天，尼古拉·巴甫洛维奇来到妻子的房间，在那里看见继承人小萨沙之后，便把诏书递给他看，说道："明天你父亲将成为君主，你将是皇太子，你明白这个吗？"七岁的小萨沙，未来的"解放者沙皇"，不知何故却有些茫然，哽咽欲哭，听见父亲严厉的声音之后，便痛哭起来。

12月12日傍晚，近卫军陆军的少尉、副官罗斯托夫采夫[1]来见尼古拉·巴甫洛维奇。这位年轻军官像是患了狂热病。他恳求尼古拉要小心谨慎，不要急于进行新的宣誓。他不指名，暗示有密谋，近卫军发生了骚动，危险威胁着尼古拉·巴甫洛维奇。

大公装模作样地拥抱过激动的拥护自己的人，应许保持友谊之后，便放他走了。

少尉没有告诉他什么新消息。他不来报告尼古拉也知道，自己将面临不小的考验。

次日，尼古拉·巴甫洛维奇请来国务会议主席洛普欣，向他通报事情的进展、兄长的答复，以及自己执掌大权的必要。

茫然而窘迫的洛普欣公爵亲自去找国务秘书奥列宁，让他立即通知委

---

[1] 雅科夫·伊万诺维奇·罗斯托夫采夫（1803—1860），骑兵团近卫军少尉，文学家，北方协会成员。1825 年 12 月 12 日向尼古拉一世告发准备中的起义。后来成为侍从武官，国务会议委员，1858 年为农民事务委员会主席。

员们在冬宫召开特别会议。全体委员务必七点前到会。大家按时到达，彼此面面相觑，困惑莫解，心有恐惧。

尼古拉·巴甫洛维奇心想，米哈伊尔弟弟会来参加会议。他的出席是必要的。但是过了数小时，弟弟仍然没来。那些将军和高官像幽灵似的，在大厅里惶惑不安地走来走去。尼古拉·巴甫洛维奇想到在相邻大厅内设晚餐。这让那些佩戴星形勋章的人稍许活跃了起来。最后，到了午夜，弟弟还没来，于是尼古拉·巴甫洛维奇请大家开会，宣布康斯坦丁的决定，并亲自宣读了有关自己登基的诏书。第一个站出来向新沙皇深深鞠躬致敬的是莫尔德维诺夫，十二月党人曾认为此人是自由主义者，并准备推举其为临时政府成员，但没有告诉他……

第二天，12月14日，早晨，侍从将官本肯多夫向新皇帝进行汇报。尼古拉·巴甫洛维奇对他说："也许，今天晚上咱们两人都不会活在世上了，但是，起码，我们是完成我们的义务之后才死的。"

当时尼古拉·巴甫洛维奇便有死的想法。之前他也将此想法告诉了妻子。亚历山德拉·费奥多罗夫娜在日记里提到过这一点："我还应在这里写下，"她写道，"13日白天，我们刚回到自己家，夜间，当我一人待在自己的小书房里哭泣时，尼古拉朝我走来，跪下，向上帝祈祷，并恳求我答应他要勇敢地忍受可能发生的一切。'不知道等待我们的是什么。答应我表现出勇气，如果必须死，也要死得光荣。'"

在这之前的一天，尼古拉·巴甫洛维奇写信给彼·米·沃尔康斯基说："14日我将成为国君，或者死去。我内心的感受难以描述，不错，您会可怜我——是的，我们都是不幸的人，但没有比我更加不幸的……"

起义当天，几乎所有近卫军的将军和团指挥官五点多钟在宫内集合。尼古拉身穿伊兹梅洛夫近卫军制服来到他们这里，宣布与继位有关的主要文书和自己的诏书，然后他问在这里集合的人有没有疑问。当时没有人表示异议，于是，他展现出君主的威严姿态，打着庄重的手势说：

"为了京城的平安，今后你们要以生命对我负责，至于我，如果我即刻成为皇帝，那么我会表现出，我是当之无愧的。"

　　早晨七点钟，参政院和正教院委员们顺从地宣誓效忠。不久，无忧无虑的米洛拉多维奇来到宫里，并且极力让沙皇相信，一切都平安无事。但是尼古拉·巴甫洛维奇在这方面另有自己的想法。实际上，没过一个小时，新沙皇便确信，自高自大的米洛拉多维奇伯爵，曾经是位了不起的军人，如今虽已高龄却贪图享乐，而且是芭蕾舞迷，他延误了对密谋事件的处置。

　　炮兵近卫团指挥官苏霍札涅特①带来了第一个令人忧心的消息。在那边一些军队里，军官们发牢骚，怀疑第二次宣誓效忠的合法性。不得不派米哈伊尔·巴甫洛维奇到那里去，他刚刚回到宫里，恰好是在骚乱开始之前。

　　激动、惶恐的奈伊加特将军带来的消息更加可怕。他刚刚经过莫斯科团队，他们不服从指挥官命令，到参政院广场去了。奈伊加特请求沙皇，下令调动骑兵近卫军部队和普列奥布拉任斯基军团第一营镇压骚乱者。

　　看到这位将军慌乱、涨红的面孔，尼古拉明白，他不能寄希望于任何人，而他这个"好兄弟"（Le pauvre diable，兄弟们都这样称呼他）现在倒是应当自己从灾祸中解救自己。如今他已不是威武、年轻的旅长将军，而是全俄罗斯的皇帝，但是——可惜！——眼下还不拥有帝国，没有忠实的臣民，没有政府，没有统帅……他还面临着要去夺取这个帝国的现实。

　　他沿萨尔特科夫厅的阶梯走下来，心想，当时他寻找机会去参战是枉费心机，如今命运注定他要在参政院广场拿自己的生命去冒险。

　　尼古拉首先去了宫廷警务总队，从那里带出芬兰兵团的骑兵连，随即高声喊道：

　　"孩子们！莫斯科的冒失鬼！不要效仿他们，要干好自己的事！"

　　尼古拉·巴甫洛维奇内心在颤抖，但声音洪亮、昂扬，他那颗做戏的心里感到快慰，他像必须要做的那样开始了，大家服从他的命令，跟他走了。

---

① 尼·奥·苏霍札涅特（1794—1871），侍从武官，后来为尼古拉军事学院院长，1856—1861年为军务大臣。

当尼古拉离开宫廷大门时，广场上已布满人群。那天天气阴沉，虽然不是严寒，因为吹起北风，也很冷。淡蓝的雾霭一片片在低处移动，因此显得周围的一切仿佛向某处飘移，仿佛一切都是幻景。

米洛拉多维奇又走过来，皱着眉头说：

"Cela va mal. Ils marchent au Sénat, mais je vais leu partler.（事情不好。他们要去参政院广场，我去和他们谈谈。）"

这位将军策马飞奔而去。

"我应当赢得时间，"尼古拉·巴夫洛维奇在札记里写道，"为的是让军队集合起来。必须用某种不同寻常的事引起民众的注意——这些想法仿佛由于受到鼓舞在我头脑里油然而生，于是我开始对民众讲话，询问大家读了我的诏书没有。众人都说没有。我立即想到自己要宣读它。人群里有人找来一篇。我开始拖长音调逐字清晰地轻声朗读。但是我得承认，当时我的心脏几乎要停止跳动，唯有上帝支持我……"

这时，普列奥布拉任斯基兵团第一营已赶来，尼古拉亲自率领他们，并将其布防到海军部林荫大道的一个角落里。在这里，团长特鲁别茨科伊公爵[1] 的身影从尼古拉·巴甫洛维奇眼前闪过，他又很快离开到某处去了，这让尼古拉·巴甫洛维奇觉得是凶险的、不愉快的。

当时尼古拉·巴甫洛维奇命令自己的副官卡韦林立即去阿尼奇科夫宫，把家属转移到冬宫，同时命令另一副官佩罗夫斯基去骑兵近卫团，命令其开赴广场。

这时尼古拉听到了射击声。这第一批枪声令人又惊又喜。

开始了！

尼古拉感觉到自己是统帅。头脑里开始酝酿防卫计划。他不了解谜一般的敌人有多大力量，所以尚未考虑出击。

侍从武官戈利岑策马前来报告，称米洛拉多维奇试图同暴乱者对话，

---

① 这里指谢尔盖·彼得罗维奇·特鲁别茨科伊公爵（1790—1860），北方协会领导人之一，被选定领导起义，但没有出现在参政院广场。

某文官给他致命一击，他受了重伤。这时集中精力考虑保卫宫廷的尼古拉听到此消息似乎并不在意，但是，在他的意识深处却留下了印记，那就是，这已经是真正的战斗，如今事关他尼古拉本人的生命。

尼古拉来到耶稣升天大道的一个角落，仍然没看见骑兵近卫军，便命令普列奥布拉任斯基兵团士兵停止前进。民众从四面八方跑过来——有工匠、仆人、小市民，所有的人都聚拢来，拥在一起，堵塞了街道，挤压着士兵。

从广场传来"乌拉"的喊叫声和含混不清的喧闹声。"那时候，"尼古拉在自己的回忆录里写道，"我从左对面发现一个下哥罗德龙骑兵团的军官，他用黑布扎头，有一对黑色大眼睛，留胡须，整个外貌看上去有某种令人特别讨厌的感觉。"

这是雅库博维奇[1]。

"我曾和他们在一起，但是听说他们拥护康斯坦丁，便离开了，来到您这里。"他说，傲慢地盯着尼古拉。

"我握着他的手，对他说，"尼古拉写道，"谢谢！您知道您的职责。从他那里我们得知，莫斯科兵团几乎全体参与了暴乱，他随他们一起沿戈罗霍夫大道行进，并在那里离开了他们。但后来才知道，他的真实打算是以此为幌子要打探我们在做什么，以便适当采取行动。"

与此同时，一位十二月党人的兄弟、阿列克谢·奥尔洛夫率领骑兵近卫军展开了队形，背靠离木围墙不远的洛巴诺夫家的房子，围墙后面耸立着正在兴建的伊萨基辅大教堂的建筑架，尼古拉命令转移这五个骑兵连，让他们的右翼紧靠着为建筑教堂而在涅瓦河岸堆成的石壁，左翼靠着背对海军部大楼的普列奥布拉任斯基兵团。始终忠诚的莫斯科人和伊兹梅洛夫团的两个营占据了骑兵的位置。

---

[1] 亚·伊·雅库博维奇（1792—1845），下哥罗德龙骑兵团上尉，参政院广场起义的参加者。

暴乱者围绕在彼得大帝铜像周围。沃伊诺夫将军①试图骑马接近他们，但遭到枪击，于是他撤了回来。侍从武官比比科夫骑一匹瘸马来到尼古拉面前，他面部在流血，他通过方阵时遭到了士兵的痛击。从暴乱者人群中传来呼喊声"乌拉，康斯坦丁"，很多人不明白发生了什么事，为什么米洛拉多维奇老将军被打死了。人们最后才明白了是怎么回事，这是一些密谋者和尼古拉本人。他知道专制君主的命运就要决定下来——它是存在或者不存在。他以野兽般的本能感觉到，无论如何要尽最后的努力打垮敌人——击溃它，或者自己毁灭。这一本能让他想到，应立刻将所有参与动乱的人集中在这里，在广场上，让他们有可能聚集在一起。到时候就会知道如何采取行动，只是不要让一个敌人留在后面什么地方。拥向广场的巨大人群让尼古拉深感恐惧。他明白，如果暴乱者将自己的力量扩展开来，"小老百姓"也会支持他们，整个城市会充斥可怕的骚乱。

这就是为什么，当尼古拉在一片混乱中看见行进的掷弹兵近卫团时，心想它会服从，便喊了一声"站住"，而士兵并不服从，他们丧气地说："我们拥护康斯坦丁。"他们没有给他留下别的什么，只是指着他们要去参政院广场。

"这一群人从我面前走过，"尼古拉写道，"再穿过所有军队，毫无阻碍地和自己的人会合……万幸如此，否则，将在宫廷的窗前开始流血，我们的命运也更难预料。"

尼古拉布防的那些营的举动，有许多地方难以理解。例如，炮兵没有装炮弹就来了，不得不派人去实验室取炮弹，当时一共运来三颗炮弹。又派人去了一次，值班军官拒绝发放，因为没有正式文件。这些都耽搁了时间。与此同时，暴乱者的力量却在增长。全部近卫军和他们联合，从兵船街那面联结起来。随后掷弹兵开过来。"喧嚷和呼喊声接连不断，"据尼

---

① 亚·利·沃伊诺夫（1770—1830），骑兵将军，米洛拉多维奇死后，尼古拉一世试图派他与起义者谈判。据十二月党人 A.H. 苏特戈夫说，沃伊诺夫没有遭到枪击，是聚集在伊萨基辅大教堂建筑工地的人投石块砸他，使他几乎丧命。

古拉·巴甫洛维奇证实，"常有子弹从头顶飞过。最后，民众也涌动起来，很多人向暴乱者跑过去，可以看见，在暴乱者前边有些人并不是军人。总而言之，情况变得非常明显，暴动的真正原因并不是对宣誓效忠有怀疑，但存在着另一个极为重大的阴谋，已变得十分明显了。"随着新的忠于政府的军队开过来，尼古拉把他们布置在广场上，将反叛者的阵地包围起来。

米哈伊尔·巴甫洛维奇试着劝说暴乱者，他认识的丘赫尔贝克尔却试图用手枪朝他开枪，大公挥一挥手离开了前线。惊慌失措的都主教谢拉菲姆，身穿整装法衣，手持十字架来劝说士兵服从，却是枉费心机。他不得不坐上马车离开了。

已经是下午三点钟了。天气变冷。雪下得不大，但脚下湿滑。时不时从莫斯科人的队伍里传出射击声。骑兵近卫军里有好多人受了伤。

应当采取某种措施，于是尼古拉往前行，以便观察阵地。尼古拉写道："这时，他们朝我齐射过来。子弹从我的头顶嗖嗖穿过，万幸我们没有人受伤。伊萨基辅大教堂的工人开始从围墙后面向我们扔劈柴。应当决断，尽快结束这场动乱，否则暴动将会扩展到平民百姓，到那时，被他们包围的军队将处于极为困难的境地。"

在采取措施之前，尼古拉骑马去了冬宫，以便加强那里的防卫。他仍然觉得似乎会从后方进攻。半路上卡拉姆津把他拦住了，卡拉姆津身穿敞开的熊皮大衣，没戴帽子，向他跑来。这位不幸的历史学者受皇后之托，数次冒着严寒从宫里跑出来，为的是向她报告皇上是否还活着：她担惊受怕，不相信任何人。

当时暴乱者队伍里发生了什么事，大家都知道。密谋策划者当中许多人没有去广场，连"独裁者"特鲁别茨科伊都没去。暴动者不知道怎么办，他们缺乏详细周密的计划。大家彼此有所希冀，都在等待什么。另有一些人相信，政府的军队会转向起义者方面。等待傍晚到来，不过人们在受冻挨饿。有人送来了面包和白酒，但送得很少。饥饿的士兵们抱怨没有长官在场，但暂时仍能坚持，他们受到民众的鼓舞，不满沙皇政权的民众显然站在起义者方面。

尼古拉试着派出骑兵。起初由骑兵近卫军出击。但是马匹踏在薄冰上打滑，双刃剑抽不出来，不得不带着伤员返回，近卫重骑兵也遭到同样的命运。

显然，还不是确定命运的时刻，尼古拉·巴甫洛维奇还没有登基。有些将军当初躲避皇帝，但有时也敢于劝告他小心谨慎，不要动武，现在他们却恍然大悟，认识到自己的命运并不比尼古拉本人的命运更好。

虽然心存恐惧，尼古拉本人也承认，他还不能给周围的人以"强人"的印象。当外交使团主席前来向他表示准备支持他的威望，让外交使节加入他的随员时，他仿佛说过"que cette scène etait une affaire de famille, a laquelle l'Europe n'avait rien à démêler"，意思是，演什么戏呀！——家里的事，不必欧洲插手。

最后，侍从将官瓦西里奇科夫[1] 对尼古拉说：

"陛下！不要错失良机。没有办法，必须用霰弹！"

尼古拉本人也明白，没有别的出路。不过必须说句符合时宜的有"历史意义"的话。于是他说：

"您是想，在我治下的第一天，就要我的臣民流血？"

"是的，"瓦西里奇科夫说，"为了挽救您的帝国！"

事实上帝国已得到挽救。

广场上共有四门大炮——三门在林荫大道的一角，尼古拉在那里；一门在运河边，那里有米哈伊尔·巴甫洛维奇。

苏霍札涅特将军对起义者发出最后的警告。他转身来到沙皇面前，帽子上少了一枚羽饰，是被子弹打掉的。

当时尼古拉大声喊道：

"火炮发射就位！……右翼开始！第一炮！"

---

[1] 伊·瓦·瓦西里奇科夫（1777—1847），侍从将官，国务会议议员，有些历史学家推测，是他提出对起义者使用霰弹的想法。他于1838年起任国务会议和大臣会议的主席。

长官们重复了这一命令。但是，尼古拉喊一声"停"，炮弹没有发射。

又这样喊了第二次，只是到第三次他才下决心开炮。但受到阻碍，点火杆不起作用。于是巴枯宁中尉跳下马来，从士兵手里夺过点火杆，自己发射出去了。

霰弹穿过广场射到参政院的墙檐上，有几个人从屋顶摔下来。被炮火激怒的骑兵近卫军，用喊声"乌拉"来迎接开炮。

第二炮打到暴乱方阵的中央……开始发生骚动和奔跑。尼古拉皇帝胜利了。

军队占领广场后，尼古拉返回宫廷，妻子和孩子正在那里等着他。

4

回到宫里，尼古拉坐下来给兄长写信。他写道："亲爱的，亲爱的康斯坦丁！您的心愿实现了：我已是——皇帝，但付出了什么代价，我的上帝！代价是我的属臣的鲜血。米洛拉多维奇受了致命伤，申欣、弗赖德里克①、斯图勒尔——都受了重伤。我希望这个可怕的事例能用以揭露一个最为恐怖的阴谋家，有关他的情况是季比奇三天前才告诉我的。"

从14日到15日，尼古拉·巴甫洛维奇整夜都没有睡觉。如果说在参政院广场找不到一位将军能够指挥忠于政府的军队，而尼古拉不得不自己承担军事指挥的角色，那么，现在他面临一个新的角色——充当残酷拷问

---

① 瓦·尼·申欣和亚·安·弗赖德里克，均为陆军中将。他们在兵营试图阻止莫斯科近卫兵团时受伤，是被十二月党人 Д. A. 先平－罗斯托夫斯基用马刀刺伤的。

者的艰难角色。自从统治的第一天起，他就产生一个观念，就是，他指望不上任何人，也没有什么人可以信任。他亲自负责对十二月党人案件的审讯。实际上，这可怕的一天和这可怕的一夜，确定了他作为皇帝的命运。尼古拉相信，天意本身预示他成为君主。敌人垮台了。对这一胜利他自己当之无愧。他后来说："最令人惊奇的是，那一天我没有被打死。"这真的是令人惊奇。关于杀害沙皇的问题，在预谋者中间原则上是早已解决了的。为什么在那时候，杀了米洛拉多维奇的卡霍夫斯基，没有下决心杀死沙皇呢？为什么？政府军队的情绪是那么不稳定，也许，失去了尼古拉，他们就不会保卫没有元首的政权。暴乱者当中谁也不敢承担这一责任。雷列耶夫、普辛、卡霍夫斯基——当时所有的知识分子，在尼古拉的政治的现实主义面前都是软弱无力的。预谋者们不敢利用民众所具有的暴乱情绪，关于这一点，尼古拉本人在札记里曾直言不讳地予以证实。参与动乱的贵族，尽管自己憎恨沙皇专制，但是从自身文化上看，与这群骚乱的士兵、工人和农奴相比较，他们更加接近罗曼诺夫家族。正是这种与憎恨彼得堡政权的广大居民群众的明显脱节，葬送了十二月革命的参加者。

对被捕者的审讯让尼古拉认识到，这些人在道义上并不是足够有力的，这一认识令胜利者忘乎所以。被这种陶醉毒害的他，掌控了帝国，并且需要有十三年专制政权的经验，1848年的欧洲革命和塞瓦斯托波尔会战的惊心动魄，才能使他从这种陶醉中解脱出来，并且突然领悟到"文明的专制"乃是可怜的虚构，他——是想象中的专制君主，在披荆斩棘、注定迅猛发展的自发力量面前，他是渺小的。

但是，在1825年12月14日到15日那一夜，尼古拉还不理解他在1855年才理解的事。

"当我回到家，"尼古拉在回忆录中写道，"我的房间就像行军时的大本营。瓦西里奇科夫公爵和本肯多夫的报告一个接一个给我送来。到处都在把那些四散的掷弹兵团和莫斯科军队的士兵聚拢起来。但是更重要的是逮捕统率部队的军官和其他人物。我记不得第一个带来的是谁了。我仿佛觉得是——谢平－罗斯托夫斯基。他身穿当时的整装制服和白色裤子，是在暴乱人群被击溃之后第一个立即被逮捕的。他被押解着从莫斯科团的忠诚部队前面经过，军官们认出了他，无比愤怒，向他这个将部分团队带入歧途的人扑过去，撕掉了他的肩章。他被反手捆绑，就这样被带到我的面前。"后来审讯别斯图热夫，尼古拉从他那里得知，特鲁别茨科伊公爵被指定为暴乱的首领。于是在全彼得堡搜捕他，终于在他的连襟、奥地利大使的家里找到了他。

在托利将军在场的情况下，两个敌对阵营的掌权者——罗曼诺夫和特鲁别茨科伊见面了。罗曼诺夫完成了如他所理解的自己的天职，特鲁别茨科伊却没有完成，他在关键时刻犹豫不决，实际上不知道他所捍卫的是什么事业。尼古拉在札记里，在有些相当真实和坦诚的部分，表现得自我克制，没有沾沾自喜、矫揉造作地描绘这次会见。

搜查特鲁别茨科伊家的时候，发现了一份纸页破损的重要的文件草稿，上面有特鲁别茨科伊的亲笔字——"这是14日暴动者全部行动的日程，标有参加人员以及分配给每人的任务"。

尼古拉利用了这个文件。他对特鲁别茨科伊说：

"您有可能减轻罪刑，但要交代您所知道的一切。这样您也让我有可能尽量宽恕您，请说吧，您知道什么？"

"我没有罪，我什么也不知道。"

"公爵，您要醒悟，认识到自己的处境。您是——罪犯。我是——您的审判人。您罪证俱在，铁证如山，在我掌握之中。矢口否认救不了您。您会毁灭自己，请回答您知道什么。"

"再说一遍，我没有罪，我什么都不知道。"

于是，尼古拉向他展示文件。

"如果是这样，您也以为是这样，那就是这样。"

"当时他吃惊得如五雷轰顶，"尼古拉写道，"露出极为羞愧的样子，匍匐在我的脚边。"

当特鲁别茨科伊公爵在尼古拉·巴甫洛维奇脚边爬行的时候，可能在这个胜利者心里最终酝酿成熟一个想法，他这个皇帝不会再有对手了。

如果起义的"首领"、声名狼藉的"专权者"特鲁别茨科伊公爵都亲吻沙皇的马靴，那么有谁还敢坚持自己的"错误"呢！实际上，有不多的十二月党人从这位天才侦查员撒下的天罗地网里漏脱了。他本人却像演员一样醉心于这种残酷的表演。在遭遇危险之后庆祝胜利，探听倒台对手的消息，诱惑天真的雷列耶夫，吓唬胆小鬼，耍手腕促使像卡霍夫斯基这样倔强的人坦白交代，这多么令人感到愉快。尼古拉之所以喜欢卡霍夫斯基这个虚荣的幻想家，也许因为他也像沙皇一样爱好矫饰夸张。尼古拉甚至在回忆录中指出，这个十二月党人是"充满真诚爱国心的年轻人"，众所周知，这并不妨碍他绞死这个爱国者，因为他的爱国主义是建立在"极其罪恶的倾向"之上的。

尼古拉对这些"十四日的朋友"①所做的性格描述是极不寻常的。他们也描述过沙皇本人的面目。在切尔尼戈夫团起义之后，南方协会的参加者对他的兴趣并不次于北方协会的人。"穆拉维约夫是顽固恶棍的样板，"尼古拉写道，"他有非凡的智慧，受过良好的教育，有外国风度，在思想上狂妄、傲慢，但深藏不露，并且非常坚定。"尼古拉往往喜欢坚定，甚至是敌人的。穆拉维约夫被带来时是捆绑着的，虽然他身负重伤。他忍着伤痛坐下来，客观地供述。

"您给我解释一下，穆拉维约夫，您一个聪明的有教养的人，怎么瞬间就如此忘乎所以，以为你们的打算能如愿以偿，而不是什么——恶毒的疯狂犯罪吗？"尼古拉问道，他显然忘记了，他本人在 12 月 14 日也不知道参政院广场会发生什么——是不能实现的"疯狂犯罪"，或者是罗曼诺夫帝国的灭亡。毕竟，尼古拉当时也完全没有把握，谁会作为胜利者和审判者去审讯谁。

①　指起义当天即 12 月 14 日逮捕的十二月党人。

对于尼古拉的问话，穆拉维约夫"什么也没有回答，但点点头，那样子像是说，他感觉到了真实情况，但为时已晚"。

"佩斯捷尔也是被捆绑着带来的，因他的行为特别重要才秘密带他进来……佩斯捷尔的言辞是恶毒的，毫无悔恨之意，在顽固否认中使用凶狠的言辞，大胆狂妄。我以为，很难找到这样的暴徒。"

"阿尔塔蒙·穆拉维约夫不过是个杀手，是个除了狂叫杀死沙皇之外没有任何品质可言的恶棍。遇到了今天的处境，他倒在我的脚边，乞求宽恕……"

"马特维·穆拉维约夫却相反，起初受到兄弟的诱惑，后来完全悔悟，已有一段时间脱离了所有的人，只是由于手足之情，才在暴动时成为兄弟的同路人，和兄弟一起被捕，他以情感的高尚和真诚，以及深刻的悔悟深深打动了我。"

"我们早已知道的十足的蠢货——谢尔盖·沃尔康斯基，是名副其实的撒谎者和可耻之徒，在这里，他也是如此表现自己的。他傻呆呆地站着，对什么都没有反应，是个令人厌恶的粗俗下流坯和笨蛋的样板。"

尼古拉对于保持自尊的十二月党人表示尊重，他往往不能将这种尊重藏匿在轻蔑的言谈中。如米哈伊尔·奥尔洛夫，尼古拉本人不得不承认此人有"大智慧，外貌尊贵，具有动人的语言天才"，常以自己对年轻沙皇的尖刻冷笑、傲慢和直言嘲讽，引起后者虚荣的愤怒，而沙皇却不会像谈论"呆傻"的沃尔康斯基那样来议论他。

起义过去了一年半。1826年7月14日，尼古拉·巴甫洛维奇写信给兄长："亲爱的康斯坦丁，仁慈的上帝让我们看到了这一可怕过程的终结。昨天已执行死刑。根据最高法院的判决，五个最重的罪犯处以绞刑，其余的剥夺公民权，降级和判处服苦役……千万次感谢拯救我们的上帝……但愿上帝还会从类似的事件中拯救我们和我们的子孙……"

在执行死刑的那天，沙皇家族忧心忡忡。皇后和尼古拉本人不完全相信一切都会顺利无事。行刑前三天，玛丽娅·弗奥多罗夫娜写信给戈利岑说："昨天或者今天，陛下应决定这些不幸者的命运……我昼夜都想到这件事。这让我处于恐惧状态……"执行死刑之后，皇后又写信给戈利岑公爵："上帝保佑，一切都平静地过去了，一切都平安无事。愿上帝宽恕被严惩的人，愿最高法院能善待他们。我曾下跪郑重感谢上帝。我相信，依照上帝的慈悲，从今天起，尼古拉将会平静安稳地治理国家！"

5

于是，尼古拉·巴甫洛维奇·罗曼诺夫"平静安稳"的治理开始了。它延续很久——三十年。新皇帝有统一的治理计划。应当承认，这种国家构想在集中统一方面是非常彻底的。尼古拉理解沙皇的权力如同主人的权力。俄罗斯——是他的私有财产，而任何"私有财产都是神圣的"。主人应当关心自己的财富，不应挥霍它，而要积累，选用优秀的忠仆。所有人都应心甘情愿地去实现主人的意愿。年纪小的不应教训年纪大的。经营业务上应有严格的层次。所有一切均应有制度和准确的规则。应当有法律。

亡故兄长的理想主义不符合尼古拉·巴甫洛维奇的口味。作为君主政体思想的拥护者和专制主义的坚定维护者，他不想用神秘方式证实专制制度的正确。他觉得，站在这种不稳固的基础上是危险的。兄长的经验证明，如果为政策寻求高尚的神的裁决，很容易陷入严酷的自我矛盾。自然，他不可能拒绝正式承认政权本身是"神圣的"，但是，他根本不想深入探讨这个危险的课题。在这方面他是一个十分清醒的现实主义者。他喜欢"文明专制主义"的理论，也真诚惋惜卡拉姆津之死，后者作为专制主义的辩护者，并不赞同亚历山大在统治的最后几年对神秘主义的兴趣。尼古拉·巴甫洛维奇不客气地赶走了马格尼茨基和鲁尼奇①，并辞退了福季。他明白，没有这些对君主政体的隐秘追求某种特异认知的人，没有这些极不安分且令人讨厌的人，也可以管理好国家。尼古拉不喜欢哲理。他喜欢工程人员。应当从事的不是哲学，而是建筑城堡、桥梁和道路。这里没有任何神秘的东西，只需要精确的计算和制度。为此必须有权力的统一和法律。

权力的统一由尼古拉皇帝本人全权实行，所需要的仅仅是一个能让国内相信俄国的治理应建立在稳固法律基础之上的人。这样的人找到了，他就是米哈伊尔·米哈伊洛维奇·斯佩兰斯基。

尼古拉·巴甫洛维奇十分了解，十二月党人拟将这个旧时被认为是自由主义者的斯佩兰斯基列入"临时政府"的成员。但是，比起被镇压的暴乱者，他更加了解这个人。尼古拉·巴甫洛维奇猜测，如今斯佩兰斯基已不再幻想制宪了，已成为专制政体的拥戴者，于是，尼古拉决定利用他作为法律学者和官僚的卓越才干，利用他的清晰头脑，以及他对极严格的层次体系的偏爱。他在这一方面是没人可取代的。只有斯佩兰斯基一人能够在法律中体现尼古拉体制的思想。

尼古拉·巴甫洛维奇甚至不担心斯佩兰斯基过去的共济会成员身份，以及近几年的虔信宗教。斯佩兰斯基的神秘主义是思辨的、内敛的，不像狂躁不安的福季精神。尼古拉可以容忍这种明智的神秘主义。

但是，必须得到皇帝的完全信任，于是，尼古拉对斯佩兰斯基进行考验。这种考验是痛苦和艰难的，以致使得老斯佩兰斯基感到疲惫，经女儿证实，他甚至经常夜间失声痛哭。不过，他还是以清官的迂腐完成了交办的事。这是什么样的考验呢？尼古拉迫使斯佩兰斯基参加审理十二月党人案件的最高刑事法庭。过去共济会分支的一队"兄弟"从米哈伊尔·米哈伊洛维奇面前走过。在这里，他甚至遇见了自己在共济会以及在西伯利亚

---

① 米·列·马格尼茨基（1778—1844），喀山教育区督学，1826 年审查后被解职。德·巴·鲁尼奇（1778—1860），彼得堡教育区督学，1826 年因大学财务问题被辞退。

做立法工作时最亲近的同志——巴坚科夫①。斯佩兰斯基似乎是这个最高法庭最热心的参与者。他了解个别十二月党人的全部案情。他勤奋工作，拟定详尽的审判纲要。他关注审判长的每一个动作并提醒他注意办案和裁判的程序。他对法庭的判决给予暗示。那些懒散的将军、官员和主教像被催眠似的，一切都遵从斯佩兰斯基事先做出的指示。保存下来的众多手稿，见证了当时斯佩兰斯基是何等勤勉地工作。他被选入等级划分委员会，独自编写了严格的政治进阶的类别级次，制订了极为严整的方案。但是，还不仅局限于此。为了做出实例，他个人首创，草拟了所有列入起义案件的等次序列。最高法庭从整体上采用了斯佩兰斯基这一"实例"方案。

5月13日，尼古拉约见斯佩兰斯基。在不久前失宠的这位高官，现今向皇帝报告最高法院的情况。后来沙皇十分得意地写信给季毕奇讲到这份报告。尼古拉最后确认，可以信赖斯佩兰斯基。于是他授权斯佩兰斯基起草那部巨大的法制作品，让宏伟的彼得堡帝国风格得以粉饰，变得冠冕堂皇了。

1832年前夕，斯佩兰斯基完成了自己的巨著。经他编定并出版了四十七卷的俄罗斯法律全集，时间自1649年到最后统治时期为止。1833年仍由斯佩兰斯基编辑出版了十五卷本的现行法律备用汇编。

在斯佩兰斯基专心致力于俄罗斯法律文件汇编，力求赋予专制体制以某种法制形式的时期，在尼古拉周围的人物中，出现了一些有实际经验的人，他们建议完善警察机构，使它成为政府手中顺从而灵活的工具。在这里无须执行任何法律。阿·赫·本肯多夫伯爵就是一个对法律细则根本不感兴趣的人，他呈送给尼古拉一份有关警察改革的条陈。事情原来很简单。"拆启往来信件乃是秘密警察的手段之一，而且是最好的，因为它可以经常进行，并且涵盖帝国的所有地点。为此，只需在某些城市里拥有以诚实

① 加·斯·巴坚科夫（1793—1863），十二月党人，于1819—1821年与斯佩兰斯基接近，当时后者是西伯利亚的总督，正着手编制西伯利亚行政改革计划。

尽力而闻名的邮政局长……"应当从这一点开始。但这还不够，还要有告密者。可能指望什么人呢？原来，本肯多夫确实知道谁是有益于专制政体的人。"歹徒、阴谋家，以及一些对自己的错误有所悔改的，或尽力以告密补偿错误的、头脑简单的人，他们起码知道，要注意什么地方。"

"警务大臣必须每年出发去外地，经常巡查大的贸易市场，严格监管集市，在这里容易获得所需要的线索，并促使逐利者倾向于自己方面。"

保证给予类似的专制主义思想拥护者以帮助之后——这些人包括：爱摆阔的邮政局长、"追逐利润者"、过去的"歹徒"、阴谋家和笨蛋——警察应当"运用一切可能的努力，以便获得道义力量，这是各项事业中取得成效的最好保障"。

本肯多夫这一条陈，成了著名的办公厅最高专务第三处的开端。这一机构的首长是阿·赫·本肯多夫伯爵，他曾是共济会"盟友"分支的成员，十二月党人的朋友，并就他们的事向亚历山大告过密，但未能有效利用那位"加冕哈姆雷特"的好感。如今他找到了尼古拉一世作为自己慷慨的庇护人。尼古拉很看重本肯多夫，据传说，曾授权予他，为不幸的俄罗斯公民"拭去眼泪"。据科尔夫男爵证实，这位受命要 "慈父般"监护俄国社会的宪兵头目，只"受过最为肤浅的教育，不学习，不读书，甚至识字不多"。然而，因此才成了忠实于沙皇的奴仆。尼古拉喜欢他。1837年他生病的时候，皇上在他的卧寝旁一待就是几个小时，像对待朋友和兄弟似的为他落泪。

如果不把这个伙伴和宠儿与尼古拉放在一起，就不可能准确地描绘尼古拉的画像。按照同情他的格列奇①的话说，这个"不通情理的宠臣"，"善良但头脑空虚"，运用着上层宪兵的一切特权。赫尔岑说："宪兵头目的外貌，本身没有什么不好的。他的长相是波罗的海沿岸贵族那种相当普通的模样，一般的德国贵族的样子。脸上满是皱纹，显得疲惫。他具有随和、冷漠的人才有的那种虚假善良的目光。也许，作为处于法律之外站在法律之上的

---

① 尼·伊·格列奇（1786—1867），俄国杂志的编者，作家，语文学者，彼得堡科学院院士。曾出版刊物《祖国之子》《北方蜜蜂》。

吓人的警察局首长，本肯多夫拥有干涉一切的权力，却没有做他能够做的全部坏事。我愿相信这一点，特别是想起他那平淡无趣的表情……"皇帝的这位朋友是个色鬼，善于诱惑女人，常常幻想或者回忆淫秽的猎奇，不能集中精力处理事务。然而彼得堡的居民并不苛求。请求本肯多夫接见是根本没有用的。"他温和地倾听请求者的意见，却什么也不明白……但是公众对他的温和、耐心和宽慰话却十分满意。"在自己的札记里，本肯多夫也自我吹嘘，丝毫不怀疑他是处在"光荣的岗位，捍卫道义"。

尽管本肯多夫伯爵心肠好，但是，第三处不可能以应有的方式"捍卫道义"。起码尼古拉本人对自己官员的道德品质评价非常差。他知道，贿赂和诈骗——是他那个时代的行政领导和法官不可或缺的品质。不仅缺乏从事国务的人物，而且能执行其君主个人意愿的普通人士也很少。看来，应当转向俄国社会另外的阶层，寻求地方上独立的人士，但尼古拉一世本人也承认，自己是在宫中前厅培养出来的，只能在这里，在"贪婪簇拥御前"以寻觅沙皇慈悲的一伙人当中，寻找助手。他害怕独立的人士。顺便提及，当兄长康斯坦丁请求派参政院代表前往华沙参加1827年诉讼程序时，尼古拉给他写信说："想想看，在所有成员中，竟然找不出一位参政院首席代表，就不说他能为案件谋利益，甚至不致露怯也好。"1826—1830年召开的所谓"秘密委员会"会议，枉然试图改革关于国家机关和社会阶层的法规，尼古拉·巴甫洛维奇在该委员会的刊物上做了批示，从中非常明显地看出，皇上绝对不相信当时一些高官的能力、学识和忠诚。他对参议员和总督们的评价也是睥睨的和毁灭性的。尼古拉·巴甫洛维奇更加瞧不起整个高层国家机关，根本不考虑法律赋予其的一些规则。有一次，他根据布鲁多夫的建议签署旨令，公布有关减少宫廷阶层的措施，当时瓦西里奇科夫指出，必须将这一旨令在国务会议上预先进行讨论，沙皇表示反对：

"难道当我本人知道什么东西是好的或有用的时候，我还必须先问问国务会议是否同意吗？"

财政大臣坎克林的一个方案已由国务会议多数委员否决，却被尼古拉·巴甫洛维奇批准执行。被激怒的瓦西里奇科夫向陛下说明，必须再次在国务会议审理此方案，或者是彻底取消这一最高国家机构，如果要剥夺法律赋予它的权力的话。沙皇原本表示同意他的意见，但在开会当天，坎克林获得觐见，国务会议委员们收到沙皇派信使送来的短笺，上面写着："我希望方案能被接受。"自然是，它没有被否决。

当然，尼古拉皇帝自己看来是正确的：专制就是专制——没有必要以某种研究法案的仪式加以伪装，因为，一切机构同样都是建立在尼古拉学习治理国家时那个"前厅"水平上的。吹捧尼古拉治理的人很少，更多的是激烈的指责者，但是，在俄国大革命前不久，曾有人试图公平客观地解释当时立法工作的进程，以及这位严酷皇帝的政府活动的现实后果。这些可敬的尝试没有获得任何结果。景况是最可悲的。事实上，在三十年的统治期间，如果不算得不到任何执行保障的法典汇编的话，他没有做出一件重大的国家事业。

尼古拉统治之初，他首先面临的是农奴制问题。在所谓"十二月六日委员会"会议，以及后来的一系列委员会上，以各种不同的方式讨论过这个问题，但是，政府无力做出什么事，因为它的命运是和农奴主贵族的命运密切相关的。众所周知，尼古拉是怎样在国务会议上开始谈到解放农奴问题的："毫无疑问，当前状况下的农奴制，在我们这里，对所有人而言都是邪恶的，是看得见摸得着的，但触及它，现在却是比较危险的事。"请问，为什么在这种情况下必须"现在就"讨论这个妖魔惑众的问题呢？显然，一直放在尼古拉一世案头的、博罗科夫写的附有十二月党人政见汇编的札记，令专制者心神不安。不曾想，正是比较文明和有远见的贵族，认识到这种经济和法权基础的形式是绝对腐朽的，要求消灭农奴制。但是，尼古拉害怕触及农奴制，因为这样会激怒地主，毕竟他们——是他的奴仆，就像农奴——是这些地主的奴仆一样。甚至亚历山大一世实行的、有关禁止出卖无地农民的老方案，也让"十二月六日委员会"的成员们担惊受怕，因为此方案可能表示"限制私有财产权"。类似的改革是由政府秘密进行的，仿佛它对自己的意见有些担心。这些以尼古拉本人为首的国务活动家的内心隐秘，有时带有滑稽性质。例如，为打消所有人的疑虑，于1839年建立了有关改变农奴制农民生活问题的委员会，官方则称其为西部省份地方税调节委员会。另外一些委员会则更加神秘，甚至并非所有大臣都知道某委员会是做什么的。当需要请财政大臣来"十二月六日委员会"开会时，这是陛下做的决定，与此同时，却不让这位大臣知道他在什么地方开会。这样的做法也是兄长亚历山大的爱好。罗曼诺夫家族的人一般说来都是秘密活动的大人物。

历史学家曾总结说，尼古拉统治时期所做的都是农民方面的事，与此同时，他们得出的结论却是，如果不算对地主出卖无地农民一事做的几项微小限制的话，实际上什么也没做。一些历史学家自我安慰，认为政府同时"酝酿成熟一种想法"，即未来的农民解放定会和强制分地给农民一起完成。但是，农民比历史学家更欠缺忍耐力。他们甚至不知道，多亏基谢廖夫①关于改革的思想才"酝酿成熟"。不过，他们很了解自己过的是什么日子。对这些不耐烦的农民所采取的残酷镇压，可以列出一个很长的单子。庄稼人拒绝向地主交付难以承担的租税，便会遭到鞭笞、棒打、桦树条抽打、流放西伯利亚、关进监狱，甚至遭受数次通过千人行列的夹笞刑。这样的残酷镇压经常发生。没有未曾发生过农民骚动的省份。有时暴动具有普加乔夫时代的特征。有些可憎的地主被农民亲手杀死。

在官农和领地农民中间也有暴动发生。② 关于此类暴动有目击者的回

① 巴·德·基谢廖夫（1786—1872），俄国伯爵，1837—1856年任国家产业部大臣，曾推行国家农民管理方面的改革，主张废除农奴制。

② 官农是国家农民的俗称，指俄国18世纪末至19世纪前半叶依附国家（官方）的农民。领地农民是俄国这一时期的封建依附农民，1797年系由宫廷农民构成，属皇室，缴纳租赋并承担国家徭役。

忆记述。一个同时代人忧伤地指出："这类暴动如大火蔓延。"有一位目睹此类暴动的镇压者，叙述自己在伏尔加河沿岸省的经历时，描绘出如下的场景。

……总督停下脚步,唤出菲利卡(肇事者),神气十足地吼道："克努季耶夫! 我要让你知道暴动的厉害! 给他脱光衣服! "

刚对菲利卡动手,所有群众便大声喊叫,拥过去搭救……我勇敢的总督开跑……人群散开了,我发现总督躺在床上,生病了,出血性痢疾……

我见势不妙。派人去调动荷枪实弹的士兵,并命令再派二十个宪兵来……

清早军队到来。士兵背对房屋,排成一个队列。把暴动的人集合在教堂和士兵之间,用坚定的语气对他们讲话,并问他们是否服从? 得到的是同声回答:不,我们不服从!

"孩子们,按照法律我应当开枪,你们知道吗? "

"开枪吧,老兄,子弹只找上帝指定的罪人。"

于是,镇压者转向队列中头一个人。

"你服从法律吗? "

"不,不服从。"

"陛下制定法律,你就不服从陛下吗? "

"不,不服从。"

"陛下——是上帝涂圣油的人,你要反抗上帝吗? "

"要反抗。"

把这个农民转交给了宪兵,对他说:"好吧,别埋怨我! "宪兵又转交给了另一个人……最后一个人转送到院子里,那里有人勒住农民的嘴,往里面塞麻屑,用皮带捆住双手,用绳子捆住脚,放倒在地上……

来到院里……

"拿桦树条！带第一个来！"

推出一个七十岁左右的老头儿。

"你服从吗？"

"不。"

"砍了他！"

老头儿抬起头，请求说：

"老兄，下命令快点杀。"

麻烦了，没办法，第一个不能宽恕，不然会坏事的。最后，老头子死了，我命令给死者戴上镣铐。

尼古拉君主制拥护者讲的这个故事，看来相当具有说服力。难怪在侍从将官库图佐夫于统治后半期巡视数省后送呈陛下的记事报告里，人民生活的场景描述得消沉而凄凉。库图佐夫写道："在我出行时，那些省份都是一年之中最好的收割时期，却听不到任何欢乐声，看不到能够证明人民满意的举动。他们的脸上显露出忧伤和悲苦的神色。这些痛苦情感的印痕遍布所有阶级，社会贫困的现象是那么明显，在各方面到处存在着的谎言和压迫，对国家而言是毁灭性的，我不由得便产生一个问题：难道这一切不会传到我们皇帝陛下的宝座前吗？"这位善感的侍从将官的天真问题，对尼古拉本人和我们来说，不过是唱唱高调。尼古拉不可能不知道，十二月党人被镇压之后社会上受压抑的精神状况。但是，他不重视这个社会。对他来说，农民往往是"贱民"，知识分子是"穿燕尾服的坏蛋"。在帝国的构建中，他致力于让自己的实力和帝国的内涵采用军事方式。农民应当成为士兵，贵族成为军官老爷。当时，不定规的、不美观的、任性的和危险的自发势力，都应服从准确的纪律规范。国家组织应当是军事的。还在十二月党人起义之前作为大公的时候，他就发现，有些军官外出操练时身着燕尾服，外面穿军大衣。他认定这是革命的开始，也许，这种想法有它的根据。

全部国家生活均须按照军队的模式及类似方式来组建，那么，军队又怎么样呢？例如，从 1835 年作战军队的总结中可以看出，原有二十万人战死了一万一千人，也就是说，占二十分之一——这是奇怪的百分比。上述报告的作者在其著作中写道："在苏沃罗夫时期，健康士兵与带病士兵的比例为五百比一，如今则相反，一比五百。训练的方法对人的生命极为有害……""要求士兵迈步距离为一俄尺半①，而上帝为他创造的两腿迈步距离只有一俄尺……双腿经过各种拉扯和伸展之后，士兵走进兵营时就像伤了腿的马匹……""庞大的军队就是缺乏实力的表现，是国家衰弱的表现。当它因病而将消失的时候，当它不顾及帝国利害和荣辱，可以说吃光了帝国财富的时候，这支庞大的军队有什么用！"

尼古拉时代的一位回忆录作者写道："为了演练，要动拳脚，动刀枪，敲击鼓槌等等。殴打士兵的人首先是他们最贴近的长官：士官和上士，军官也打人。当时的多数军官也经常在家里和学校里被打，所以，根据别无他法以及制度和纪律需要等信念，从原则考虑，他们也殴打士兵。"皇帝本人也相信这些。他记得自己的教师拉姆兹道尔弗的通条，显然他倾向于认为，如果他这位君主也曾遭到毒打，那么，在普通的凡人接受教育或训练时，就没有理由避免这种办法。

另一位回忆录作者描述过 1832 年军屯区暴动之后的镇压情况：

"被判刑的人依次被送上'木马'（指行刑的台子），在一个人受刑罚的时候，另一些人要站在那里等待惩罚。受罚的第一人应当受到一百零一下鞭打。行刑人离行刑台大约有十五步远，之后慢慢迈步走近受惩罚的人，鞭子在两腿之间沿雪地拖拉着。当行刑人走近行刑台时，便用右手高举鞭子，在空中发出嗖嗖声，之后抽打。最初几鞭从右肩交叉抽打肋骨，打到左侧下部，再从左至右，之后开始在纵横方向抽打肩部。我觉得，这个行刑人从第

---

① 1 俄尺 =0.711 米。

一下起就是往深处抽打皮肤，因为每抽一下他便用左手擦掉鞭子上的全部血迹。抽最初几鞭时，通常能听到受刑罚人在低声呻吟，随之很快消失，后来，抽打他们便如同砍肉了。在行刑的当时，比如数到二十或三十下时，行刑人走到放在雪地上的半俄升酒瓶前，向杯子里倒进伏特加，喝下去之后接着抽打。这一切进行得很慢很慢。行刑时有神父和医生在现场。当受刑人不再呻吟，听不出任何声音，甚至看不出任何生命迹象时，才给他松开捆绑的双手，医生让他闻闻酒精。这时，如果发现人还活着，就把他再捆到行刑台上，继续惩罚。据我所知，凡受过鞭笞的人没有一个能活下来。在受刑后的第二天或第三天，他们就会死去。"

长鞭阵[①] 比一般鞭笞更加可怕。如果一人通过千人行列三四次，被打死是不可避免的。

奇怪的是，在帕连伯爵请求给破坏检疫规则者执行死刑的一份报告上，尼古拉曾亲笔批示："罪犯罚千人长鞭阵，过十二次。谢天谢地，我们没有死刑，我也不会引用它。"

6

历史上的一切都是相对的，让活的灵魂在"硬壳"里发育成熟也不是那么容易。但显然，在尼古拉统治的"残酷时代"，尽管存在鞭笞、树条抽打，尽管有亚历山大·赫里斯托福罗尼奇·本肯多夫，有愚蠢的审查制度，有无情和陈腐的"虔诚"，以及五花八门的对人的奴役，尽管有那位雄健的皇帝，但在人的自然力的深处，仍潜在地萌发出另一种美好精神生

---

① 长鞭阵是一种惩罚方法，指众人持鞭成双行队列，犯人从中间穿过时遭鞭打。

活的幼芽。就像普希金书写的阿琳娜·罗季昂诺夫娜，俄罗斯的大地教诲它的优秀人民热爱自古以来原有生活的源泉。

如果说，当时的文化形式在整体上与庄严的亚历山大时代的传统有联系，就是说，与独特的彼得堡帝国传统有联系，那么，通过敏锐的眼光可以发现，这种帝国风格的彼得堡－欧洲形式正面临双重的解体过程。这种解体有两种原因——正面的和负面的。负面的原因根植于尼古拉皇帝"不良的趣味"。不言而喻，如果尼古拉·巴甫洛维奇·罗曼诺夫不是整个彼得堡君主制度的标志，就没有必要计较他这种不良的趣味。尼古拉时代是彼得堡专制政体的制高点，同时也是它灭亡的开始。前一时代我们在欧洲十分明显的主导权，由于惯性原因，在尼古拉统治的前半期还令欧洲钦佩，但是，在他生命的最后几年，众所周知，已暴露出这个庞然大物的奇怪弱点。这与我们国家的高度艺术成就的衰落是同时发生的——这种艺术自身以惊人的准确性反映着一种或另一种国家存在的风格。

诚然，应当给予尼古拉·巴甫洛维奇以公正的评价。他的不雅，还没有达到后来几个沙皇所鼓励的低俗程度，但40年代和50年代，可以见证我们在纪念碑建筑方面的艺术损失。某些外部的形式威严还能得以保持，但是，那种和局部雅致巧妙结合，同时保留力量和坚毅的内在宏伟不见了。亚历山大时代的一些优秀建筑师在尼古拉统治初期还在工作，如罗西，他于1829—1834年建筑了由宏伟拱门连接的参政院、圣经公会、亚历山大罗夫剧院、剧院街的建筑物、公共图书馆、总参谋部及其拱门。但是，从30年代后半期开始，尼古拉·巴甫洛维奇想摆脱兄长的审美偏爱，决定走自己独立的尼古拉道路。唉！尼古拉一世皇帝并非天才人物，他的趣味原来是极为暧昧和折中的。这样的没有独特性的平凡建筑物，就是由 A.K. 托恩建造的莫斯科大克里姆林宫，以及由他按照伪拜占庭–俄罗斯风格建造的莫斯科救世主大教堂①。这位皇帝喜欢的建筑设计师曾在彼得堡建了一系列乏

---

① 在彼得堡，建筑师 A.K. 托恩除几处教堂之外，还建造了皇村铁路车站和尼古拉铁路车站（现今的莫斯科站）。

味的教堂。不错，毕竟重要而宏大的伊萨基辅大教堂是在尼古拉时代建成的，然而，它是按照经过亚历山大一世认可的蒙费兰的设计图建造的。

但是，不仅有负面的原因——皇帝的不良趣味——决定了彼得堡帝国风格的衰落，也有正面的原因。尽管君主制在俄罗斯存在了二百年，但民间的创造力并没有消耗殆尽。人民的艺术才干在官方的国家活动中得不到支持，也不可能在建筑、壁画、雕塑的宏伟形式中表现出来，却在语言艺术家的创作中发挥了自己的才能，显示自己的存在。这样的人物首先是普希金和果戈理。

普希金理解甚至喜欢彼得堡的帝国风格，不过，他有巨大的构思能力和揣度人民自发力的惊人天才，自然也就打破了压抑他的皇家彼得堡的形式。他的这种解脱的功绩，是经阿琳娜·罗季昂诺夫娜以及那些米哈伊洛夫村的农民对他的提示而获得的，他贪婪地倾听，也善于认真倾听他们的语言。

果戈理完成了普希金的事业。他指出，在彼得堡君主制的宏伟和严整之美后面，躲藏着一只可怕的野兽，在庄园生活的端庄仪表后面，隐匿着变身人、死魂灵，整个俄罗斯中了妖魔邪气，准备着可怕的复仇。

尼古拉·巴甫洛维奇·罗曼诺夫认识普希金，也认识果戈理。宫廷的"自己人"茹科夫斯基，以及也是"自己人"的极为可爱的亚·奥·罗塞特-斯米尔诺娃①，曾向沙皇解释说，普希金和果戈理是两位伟大的艺术家，俄罗斯可以因为他们而骄傲。还是1826年在莫斯科第一次见到普希金时，尼古拉·巴甫洛维奇就明白，将此人留在御前比起送到远处更为有利。他要普希金呈送有关教育情况的呈文②。当然，此呈文没有被重视，然而沙皇对普希金还是有好感的。他甚至让普希金当少年侍从，穿上可笑的制服，并给他指出在众多未来廷臣中所处的地位。他甚至让自己的豁达开朗发展到猥亵地追求他的妻子。

---

① 斯米尔诺娃-罗塞特·亚历山德拉·奥西帕夫娜（1810—1882），尼古拉一世的宫廷女官，著名的回忆录作者，与普希金、果戈理、茹科夫斯基、莱蒙托夫和普希金时代的其他作家和诗人相识。

② 此处指普希金于1826年11月15日在米哈伊洛夫村写的有关民间教育的呈文。

罗塞特在自己的札记中写道："我向他提及果戈理，他表示有好感：'他有很多戏剧才能，但我不能原谅他那过分粗俗低下的词语和表达方式。''您读过《死魂灵》吗？'我问。'是的，难道那是他写的？我以为是索洛古勃写的。'我劝他读完，会发现一些表现人民性和爱国主义深情的篇章。"

也是这个聪明敏锐的罗塞特，曾开诚布公地谈论尼古拉的私生活。沙皇不仅在军队、国家、文化方面喜欢制度和纪律，甚至在家庭中也是如此。他想让人们认为他是一个模范的顾家的人。看来，他甚至是依照自己的方式、尼古拉的方式爱自己妻子的。他经常维护自己那看得见的家庭方式的美好和顺遂，不过，这并不妨碍他在别处寻找新欢。

罗塞特提到过皇帝的日程安排："八点多钟散步之后，他喝咖啡，然后九点去皇后那边，在那里办公，一点钟或一点半时，再去见她，见所有的孩子，大的和小的，并散步。四点钟吃饭，六点钟散步，七点钟和全家一起喝茶，再办公，九点钟之后有一半时间开会，用晚餐，十一点钟散步，大约十二点钟就寝。和皇后同床安眠。"

令人好奇的是，可以对亚历山德拉·奥西帕夫娜·罗塞特回忆录中这个详细日程表提出一个调皮的问题："沙皇何时到女官涅利多娃那里去？"本来是，在外表美好的家庭生活后面，隐藏着一桩最为平常的偷情。那位曾被保罗以柏拉图式热恋而出名的涅利多娃的侄女，就是比父亲更枯燥乏味的尼古拉·巴甫洛维奇的外室。有关沙皇的这段情史不仅有罗塞特给予证实，而且消息灵通的安·费·丘特切娃所了解的也不比她少。尼古拉·巴甫洛维奇对于诗意的想象没有好感。他的情爱关系也很简单。他只要求顺从和外貌体面。所有人都能顺应这一点，甚至罗塞特也看不出其中有什么可怕之处。"晚饭时陛下光临我们的餐桌，"她讲道，"坐在我和扎哈热夫斯卡娅之间；扎哈热夫斯卡娅对面坐的是瓦莲卡·涅利多娃，沙皇通常叫她阿尔卡季耶夫娜；她旁边是阿·费·奥尔洛夫[1]。"从奥尔洛

---

[1] 阿·费·奥尔洛夫（1786—1861），公爵，米·费·奥尔洛夫之兄，曾参加镇压十二月党人起义，1844—1856年任宪兵长官。

夫与涅利多娃谈话的某些言语和腔调来看，应该想得到，她是在享受那同样的宠爱，甚至这位先生也在巧妙地维护着她，可能会在适当时候暗中给予指示。她言谈举止聪敏伶俐，彬彬有礼。这是在1845年。而更早一些，例如1838年也是这样。"这年冬天是最绚丽的一个冬天，"罗塞特写道，"那时候皇后还漂亮，她的双肩很美，臂膀丰满，在灯光下跳芭蕾舞还能胜过一流美女……""陛下那时特别迷恋克吕德内男爵夫人，却又像个年轻的机敏男子，对所有人卖弄风情，以挑逗布图尔林娜和克吕德内而自乐……""那时他还是那么爱自己的妻子，会把所有同夫人们的谈话向她转述一遍，他总是用言谈、用眼神，有时用得当的美丽辞藻抚慰那些夫人……""这年整个冬天，他用晚餐时都坐在克吕德内和梅里·帕什科娃中间，后者根本不喜欢充当这种角色……"克吕德内夫人，娘家原名阿玛丽亚·马克西米利昂诺夫娜·列尔欣费得女伯爵，在第二次与阿德列尔贝格的婚姻期间，大约在某方面是个魅力诱人的女子。普希金喜欢她。丘特切夫热恋过她，还写诗献给她。可是，据罗塞特的品评，她是个极其贪财的"讨厌的德国女人"。罗塞特写道："后来已故的本肯多夫取代了阿德列尔贝格的位子，而以后，就是陛下占据了克吕德内身边的位子，今年冬天陛下对我说：'后来我把自己的位子让给了另外一个人。'"

尼古拉宫廷的风气就是这样。有些谗言者肯定说，先前已结婚的很多漂亮女官，都接受过君主的特别"恩宠"。基于这种情况发生过一些蹊跷事。例如，据说骠骑兵近卫团团长 B.Π. 尼基丁就这样受过骗，不慎迎娶了并非女官却博得皇帝欢心的奥莉加·彼得罗夫娜·弗雷德里克男爵小姐。在御座周围还盛传一些类似淫秽笑话的传说，如果说其中有十分之一是可靠的话，便足以想象得出，尼古拉·巴甫洛维奇远不是一个纯洁的人。例如，有人确信，克莱因米赫尔①的晋升，是因为这位尼古拉统治时期典型活动家的妻子，为沙皇的情妇们效力而立下了功劳。克莱因米赫尔夫人似乎

---

① 彼·安·克莱因米赫尔（1793—1869），俄国伯爵，交通道路和公共建筑总管，曾领导修建彼得堡－莫斯科铁路线，后因滥用职权被免职。

也为照顾自己与陛下的一些非婚生子有所付出。不过，克莱因米赫尔的提升也有另外的原因：那位如今我们确定无疑与皇帝有关系的瓦莲卡·涅利多娃，就住在他的家里。顺便提及，1842年涅谢尔罗德伯爵夫人[1]给儿子写信说："陛下天天陪伴着表情那么恶劣的涅利多娃。除了每天数次到她那里去之外，在舞会上，他也总是待在她身边。可怜的皇后这一切都看在眼里，有尊严地忍受着，不过，她该是多么痛苦啊。"当时，在1842年，涅谢尔罗德还不了解皇上这段情史是什么性质的。"整个社交圈，一如其每个成员，都是忠于皇后的，或者，对于她以不变的温顺对待这个涅利多娃都表示赞赏，这个女人时刻出现在皇后眼前，陛下一直热恋着她，但还没有把她当成自己的情妇，如果考虑到，他总是白天去找她，这毕竟是奇怪的。在舞会上，面对整个社交圈，他并不在意人们如何议论，常常朝她走去，在她身边和她挑选的另一位夫人共进晚餐。"

过了三年，大概涅谢尔罗德才确信，尼古拉·巴甫洛维奇和涅利多娃的关系并无任何"奇怪"之处。一切都很自然。显然，这种长期的关系，并不妨碍这位皇家色鬼玩弄别的夫人。还是这个涅谢尔罗德给儿子写信说："我的主人（尼古拉·巴甫洛维奇）从不放过一次假面舞会，在那里一直待到凌晨三点钟，玩一些最粗俗的勾当。有一位他并不担心与其随便私语沟通的女士，曾告诉自己的舅舅说，他的暗示里藏匿着的大胆放肆，令人难以想象。关于这一点大家都在说，由于这些，还因为某些事，对他的尊重会丧失殆尽。"

陛下童年时用枪敲击其头的那个阿德列尔贝格，就是他在偷情方面的伙伴。阿德列尔贝格的妈妈是斯莫尔尼的院长[2]，城里有传言说，两个朋友在带徽记的伴娘[3]协助下找机会与伯爵夫人（院长）的女学生偷情。

---

[1] 该夫人是卡·瓦·涅谢尔罗德（1780—186？）伯爵的夫人，宫廷女官。她的丈夫1845年起为国务大臣，1816—1856年任外交大臣。

[2] 此处指彼得堡的斯莫尔尼贵族女子学院，设在斯莫尔尼宫内。

[3] 伴娘，原指西班牙贵族家庭用来指导和教育少女或少妇生活行为的中年妇女，此处指学院的女教师。

后来，色鬼最喜欢的地点是舞台的后台，如果相信H. A. 杜勃罗留波夫的说法，尼古拉·巴甫洛维奇"经常去女演员的化妆间，非常喜欢看她们换装"。那些参加演戏的女学生（即其中长相漂亮的）首先要成为他、阿德列尔贝格和格杰奥诺夫的猎获物。A. M. 格杰奥诺夫是相当有名的剧院院长，以刚愎自用和贪恋女色见长。

陛下的私密生活就是这样。但这并不妨碍尼古拉·巴甫洛维奇成为模范的顾家男人。不过他子女的命运不是非常幸福，在他所希望的幸福背后，隐匿着某种可怕的丑陋。著名的档案资料收藏者，也是尼古拉一世的崇拜者巴·伊·巴尔捷涅夫，在笔记里写道："尼古拉·巴甫洛维奇的初生子不可能有坚强的性格，这并不奇怪。他很久都想着要取消他的皇位继承权……""亚历山大·尼古拉耶维奇（尼古拉一世之子）不可能对他抱有诚意，像他的兄弟康斯坦丁那样，后者在克里木同我交谈时深为感动地提及自己的母亲，对父亲则只字不提。不过，尼古拉·巴甫洛维奇是位慈父。我问过他的外孙女叶连娜·格里戈里耶夫娜·斯特罗加诺娃，怎么陛下出嫁自己女儿如此不成功？'他让她们自由选择，'她回答，'我母亲和她的妹妹亚历山德拉两个人都爱上了黑森的王子，她们之中的妹妹嫁给了王子。这位是当今皇后玛丽娅·费奥多罗夫娜最不喜欢的人，当时人们当着她的面这样议论她的亲姨父，父亲强行把热恋阿·伊·巴里亚京斯基公爵的奥莉加·尼古拉耶夫娜嫁给了符腾堡的王位继承人，她后来非常不幸，因为她的夫君、那位国王有鸡奸癖。四个儿子中只有最小的米哈伊尔·尼古拉耶维奇，受到喜欢他的另外几个儿子的关爱，却在戛纳悄无声息地死了。他的大哥血染城中大道和自己的宫殿；二哥康斯坦丁丧失了说话的能力，临死前在巴甫洛夫斯克到处流浪；三哥尼古拉患痴呆病，与妻子离散后死于荒凉的阿卢普卡。无论妻子还是两个儿子都没有去找过他。'"

7

虽然尼古拉·巴甫洛维奇·罗曼诺夫把时间浪费在假面舞会上，追逐宫廷女官，并在戏剧学校的女学生中厚颜无耻地寻找乐趣，想必所有这些偷情都没有让他放在心上。在他看来，这不过是无聊的消遣。他总是想到——他是君主。在兄长之后，他得到一笔巨大遗产——拥有数百万人的俄罗斯，它的强大军事和它的荣誉。然而"加冕的哈姆雷特"身后留下的不仅是专制者的皇位，还有另外的东西——不满自己命运的农奴制农民的可怕的密谋，以及两个立宪的国家——与俄国专制君主制有着反常联系的波兰和芬兰。

尼古拉曾考虑做一些事。确实，他粉碎了阴谋，绞死了暴乱者，让他们服苦役，用鞭笞制伏了农奴制农民。可是拿芬兰和波兰怎么办？对芬兰还可以甩手不管。这是——别人的偶然的事。波兰则是另外一回事。这是旧事，是了解的、有亲属关系的、兄弟间的事，同时又是敌意很深的、傲慢的和遭受侮辱的事。他作为专制者拿这部宪法怎么办？对那些他讥讽为"代表"的高傲而倔强的波兰小贵族怎么办？不幸的是，在华沙住着娶了波兰女子的兄长康斯坦丁。他尼古拉作为弟弟应该尊重兄长，虽然这位兄长早就半真半假地拿他当君主对待了，那时他还是大公，甚至还没宣布他是继位者。如今尼古拉——是沙皇，他很难找到对待这位禅让兄长的恰当的态度。尼古拉仇视所有宪法，但是他又以遵从法律为骄傲。他觉得他尊重法律。他以为不应当立宪，但是，如果有了宪法就不应破坏它。这就是为什么他要谴责查理十世[①]，当时此人违背誓言，公布了废止立宪保障的法典。

---

① 查理十世（1757—1836），法国国王，1830 年颁布七敕令，限制民主自由，被 1830 年七月革命推翻。

波兰的情况也是这样。当然，同那些"代表"处事很不愉快，但是没有办法：已故兄长亚历山大煮的这锅粥必须搅浑下去。尼古拉·巴甫洛维奇在写给康斯坦丁的一封信里说："让这些代表（阿门，阿门，但愿快散伙）到我们这里看看，让他们习惯于想到民族和军队的统一是有好处的。"自然，代表们不习惯这种想法，大家知道从此产生了什么结果。

由于兄长是中间人，与波兰的冲突就变得更为复杂。康斯坦丁·巴甫洛维奇在另一些场合或许比尼古拉更加残酷和粗暴，但是，作为过去的共济会会员，他毕竟受过一定的思想教育，又因妻子而深受波兰的影响，正如他所理解的，认为有义务捍卫波兰的利益。兄弟间最初的误会是由于侦讯和审判十二月党人引起的。尼古拉以为，他通过镇压暴乱者，"给那种几乎建立在代议制原则上的诉讼程序提供了范例，因而在全世界面前证明，我们的事业是那么简单、明确和神圣"。

兄长康斯坦丁原来有另一种意见。彼得堡没有合法的法庭，因为既没有辩护，也不公开。这样的法庭在波兰是不可能存在的。在华沙采取这样的审判程序等于"推翻一切立宪思想"。尼古拉·巴甫洛维奇不无遗憾地赞同兄长提出的理由。但是，他认为自己有义务实行1815年的宪法。

必须为波兰国王加冕。这件事激怒了尼古拉·巴甫洛维奇。如果承认权力——"源自神力"，加冕才有意义，但是，任何宪法都设定，权力之根源是人民自身，而根本不是什么神的根源。那么，为什么还要加冕呢？如果需要这种仪式，起码应是尽量从简行事。"越是少做可笑的事，这对我来说越好。"皇帝说。

波兰问题是尼古拉统治时期最令人纠结的问题。他不久便认识到，波兰人根本不会满意1815年的宪法。他们明显希望合并另外两个地区——首先是立陶宛。已故的亚历山大对这一想法曾有所允诺，当然是十分委婉，并不明确。

尼古拉对此的思考如同祖母叶卡捷琳娜，她曾经就普鲁士大臣赫尔茨贝格的意见写信给格里姆说："这畜生应当好好揍一顿——他在历史方面的知识就那么多，像我的鹦鹉……""他不知道，不仅波洛茨克，而且整个立陶宛都是用俄语办自己所有的事，所有立陶宛的档案文书都是用俄文和俄文字母写的……""直到17世纪，不仅在波洛茨克，而且在整个立陶宛，希腊正教占据统治地位……""愚蠢的国务大臣……驴子。"

尼古拉·巴甫洛维奇也有这样的意见，因而很自然——波兰人的奢望在他看来是胆大妄为。不久他确信，波兰的秘密会社所追求的目的与其说是民权，不如说是极端的民族主义。

"如果我打算相信，从狭义上讲有可能把立陶宛从俄罗斯分离出去，"尼古拉给兄长写信说，"我就不再是自己亲眼见到的那种俄罗斯人。"

由此在两兄弟间产生的争论，充满了气愤的情绪。

"当我活着的时候，我过去是，现在是，将来也是俄罗斯人，但不是那种遵从只准州官放火，不准百姓点灯的盲目和愚昧的俄罗斯人。我们的俄罗斯母亲逆来顺受——这个俗语在我们中间十分流行，常常令我感到厌恶。"

尼古拉对自己的意见坚定不移。

"如今我还在，"尼古拉又写信给兄长，"无论如何我不能容忍立陶宛和波兰合并的思想可能受到鼓励，因为在我看来，这种事是不可能实现的，对帝国而言会导致最为悲惨的结果。"

直到1829年5月才在华沙举行尼古拉的加冕仪式。当时在国王城堡，参政院宫，皇帝给自己戴上皇冠，手持金球和权杖之后进行宣誓，大主教三次庄严宣告："vivat rex in aetertrum!"①参政院议员、商人和军事代表此时保持死一般的沉默。明达之士当时就明白，正如尼古拉所料，加冕仪式不过是一场毫无意义的滑稽戏。

沙皇前往柏林进行外交出访之后，返回俄国时经过华沙。离克拉斯诺斯塔瓦不远，距著名的普拉夫一站路的地方，迷人的亚历山大曾不止一次在这

---

① 拉丁语：国王万岁。

里诱惑过波兰的女士和显贵，此时，这里有一个人来见尼古拉皇帝，邀请他驾临查尔托任斯卡娅公爵夫人即亚当的母亲的领地。派来的人身穿尼古拉所讨厌的燕尾服。沙皇惊讶地从头到脚把他打量一番之后，回绝了造访普拉夫的邀请。渡过维斯拉河时，大使馆人员又在彼岸遇到沙皇。这次老公爵夫人本人也来了。当事人记述："陛下站在那里，尽管阳光灼人，没戴帽子，他却为不能耽误行程而表示歉意，因为皇子在住处等他回去。一脸童话老妖婆长相的老夫人再三挽留，对他的再次回绝说：'啊！您太让我伤心了，我也不是请您永远待在这里！'陛下弯身一鞠躬，便离开了。"

显然，新沙皇对于亚历山大皇帝曾参与的外交上的风流公案不感兴趣。

刚好过了一年，便在华沙召开立法会议。它不是经过五年才召开。皇子康斯坦丁往往是前后不一的，这次他反对召开立法会，声称这次会议是"荒谬的玩笑"，刺激那些波兰爱国者。

然而"荒谬的玩笑"终究开过了。尼古拉发表了皇帝致辞，受到会议的冷遇。波兰人知道，致辞不可能涉及西部地区与波兰的合并问题，立法会议尽管持重要的反对立场，但并没有被解散。

但是，波兰的民族主义者并不满意已然形成的地位。皇帝认为，作为一个立宪的君主，他是无可指责的。不，他没有遵循查理十世的例子。破坏对全民族的誓言，不可能不受到惩罚。7月30日皇帝接见法兰西代办布尔格安男爵。这位男爵在笔记里记述了与尼古拉的谈话。俄国沙皇得知巴黎革命的消息后激动不安。

"如果查理十世被推翻，会发生什么事？安排谁来接替他的位子？在法兰西不会有共和国吗？"

"没有迹象会建立共和国。"布尔格安说。

他们在揣测可能出现的前景。

"起码，我们希望君主制的原则保存下来。"尼古拉·巴甫洛维奇重复了好几遍。

两位交谈者开始逐个叙及可能追逐王位的人——安图列姆公爵、博尔道斯公爵。

王室近卫军的顽强战斗博得了沙皇的赞赏。

"你们的王室近卫队是好样的！"他真诚地赞扬道。

8月初，有消息传来，称奥尔良的公爵路易－菲利浦被推举为法兰西国王。尼古拉·巴甫洛维奇愤怒了。怎么，这位有民主派和自由派声誉的王室代表，竟僭越直接继承人而夺取王位！在这一消息的最初影响下，皇帝向克朗施塔德的军事总督发出暴躁而且奇怪的旨令。凡所有升三色旗取代白色旗的法国船舰，应立即逐出俄国港口。再来的船只就不敢升不体面的三色旗进入克朗施塔德港了。如果他们仍冒险进入我们的水域，则必须向他们开炮。这就是尼古拉皇帝风格所表示的姿态。不过尼古拉比父亲更加慎重。愤怒的皇帝与那位立即来见他的布尔格安公爵交谈之后，不得不取消了旨令。

"世袭制原则——这就是在任何情况下由我指导实行的。"沙皇带着矫饰的严肃表情说道。

他走到桌前，用拳头猛击桌面，愤怒地嚷道：

"我永远，永远不可能承认在法兰西发生的事！"

"陛下！"布尔格安似乎要反驳，"不要说永远。在我们这个时代不可能说这个词：最顽强的反抗也要在事件的威力面前退让。"

归根结底，尼古拉·巴甫洛维奇如果信任这位狡猾的法国外交官，就不会那么偏执和暴躁了。布尔格安毫不含糊地让皇帝明白，万不得已时法兰西不会躲避战争，严厉的叱责也吓不倒他。他甚至有胆量暗示，在新的联合的情况下，民主政府将会得到各民族的支持。尼古拉容忍了这份胆量。他们开始平静地讨论新宪法的章节。

"如果在巴黎的流血骚乱时期，"皇帝说，"民众掠夺俄国使馆的房产，公布我的紧急情报，知道我说过反对国家政变，所有人都会吃惊的，他们所以会吃惊，是因为俄国的专制者授权自己的代表，说服立宪的国王遵守经过宣誓已颁布的宪法。"

不过布鲁塞尔的起义又提醒尼古拉，他作为一个专制者，应依照神圣同盟的原则干预这件事。但是在这个时候，并非戏言的是，惊慌失措的康斯坦丁·巴甫洛维奇开始给沙皇写信，请求不要卷入这一危险的事件里，更谈不到新的联合了。"我十分怀疑，"康斯坦丁·巴甫洛维奇写道，"如果发生类似于1813年、1814年和1815年的第二次欧洲十字军远征，在此情况下，我们可能又会振奋精神，又会满怀激情支持正义的事业。从那时起留下了多少无法实行或没能实现的诺言，以及多少被侵犯的利益！当时，为了击溃波拿巴施加于大陆的暴政，各地都在利用人民群众给予的协助，却没有预见到，他们迟早会把武器掉转回来反对我们自己。"

　　波兰平安无事的想法让康斯坦丁感到安慰。他没有想到，地下的工作正在华沙热火朝天地进行着，波兰爱国者希望把自己的民族事业和欧洲革命的口号联系起来。他迷恋于自己非皇族的夫人，特级公爵夫人洛维奇[①]，却什么也没有发现。

　　尼古拉并不那么容易轻信。欧洲也好，波兰也好，都让他感到十分不安。一般说来有过许多不愉快的事。后来还发生了霍乱。沙皇去了疫病流行的莫斯科，访问过霍乱病医院。在别人看来这是英勇行为。

　　回程路上，在特维尔，为表示自己对法规的尊重，沙皇在检疫所待了十一天。本肯多夫和他在一起。由于闲来无聊，伯爵为花园的小路扫地，陛下本人则射猎乌鸦。

　　与此同时，依照尼古拉·巴甫洛维奇的旨令，开始做"以备万一"的动员。根本不掩饰这是为了准备战争。不过众所周知，尼古拉不得不承认比利时脱离荷兰。俄国表现出完全与此无关的样子。这时尼古拉·巴甫洛维奇写了一篇叫作"自白"的特别记事。沙皇在其中抱怨，欧洲不支持他反抗"可耻的七月革命"，他等待着必定在"正义与黑暗势力"之间展开的斗争。

[①] 洛维奇，公爵夫人（娘家称格鲁津斯卡娅·约翰纳·安东诺夫娜伯爵小姐），皇子康斯坦丁的妻子。1820年，她在华沙和康斯坦丁缔结非皇族婚姻，其子女无皇位继承权，她于1831年革命高涨时期去世。

1830 年 11 月 25 日，从皇子康斯坦丁的报告中确信，"可耻的革命"和"黑暗势力"已在他自己的帝国范围内宣告存在。11 月 17 日夜间，华沙兵器库被抢劫，武装人员冲入贝里维德尔城堡的院里。皇子艰难地逃出华沙。跟随他的是俄国军队和一些波兰兵团。斯坦尼斯拉夫·波洛茨基以及几个将军和大臣倒地而亡，成了愤怒人群的牺牲品。众所周知，在华沙立即开始内讧：亚当·查尔托任斯基和柳别茨基公爵的临时政府，试图和俄国保持联系，把革命引向国家事务的航道，这也是枉费心机。以列列维里为首的极端活动占了上风。惊慌失措的皇子准许身边的波兰军队返回华沙，自己和俄国军队转移到俄国边境。

尼古拉·巴甫洛维奇以自己的方式理解事件的意义。1 月 3 日他写信给康斯坦丁："二者其一必遭灭亡——因为，显然必须灭亡——俄罗斯或者波兰？您自己决定。"

季比奇带领军队抗击骚乱者。1 月 13 日在华沙城郊普拉格附近迎头痛击波兰人。起义者退到城内。不知何故季比奇没有乘胜追击，尼古拉恐惧地看到骚乱遍布整个西部边境。5 月 14 日在奥斯特罗连卡城郊，季比奇取得了第二次对波兰人的重大胜利。又过了几天，我们的总司令因霍乱去世，指定帕斯凯维奇代替他的位子。只是到了 1831 年 9 月 4 日，尼古拉·巴甫洛维奇才最终得到经两天突击后攻占华沙的消息。

西欧，特别是法国，千方百计煽动波兰人的民族情绪。因为领导波兰运动的大多是中等资产阶级和小贵族阶级，自然是，这一革命没有引起农民和城市工人特别的同情。这是它的弱点。爱国的起义者首先关心的是扩大自己帝国的疆域和民族独立。据普希金的理解，这是"家里的、早已由命运衡量过的老的争论……"俄罗斯贵族同情尼古拉的惩罚政策。皇帝获得了胜利，因为这一次他找到了对自己政纲的支持。俄罗斯的爱国者把波兰的骚乱理解为我们西边的邻国为谋求政治霸权而进行的战争。例如，丘特切夫认为攻占华沙是俄罗斯民族思想的胜利，而不是皇帝个人意志的胜利。在他看来，"俄罗斯人血流成河，不是为了专制的古兰经"。诗人对波兰人民说：

> 你啊，被兄弟的利箭射穿，
>
> 完成了命运的审判，
>
> 你，同一部族的鹰，
>
> 倒在了赎罪的篝火上面！
>
> 要相信俄罗斯人民的话：
>
> 你的灰烬我们会珍惜保管，
>
> 我们共同的自由，
>
> 像不死鸟，将在灰烬里重现！

　　但是，顺便提及，尼古拉·巴甫洛维奇·罗曼诺夫本人未必读过丘特切夫这段诗，当然，在镇压暴乱者的时候，也不会想到什么"共同的自由"。

　　1832 年 2 月 21 日出版了破坏波兰宪法的所谓基本章程。帕斯凯维奇将波兰宪法连同旗子一起呈送沙皇，尼古拉降旨，将它作为历史珍宝保存在兵器宫内。从此时起，波兰社会依然完整的民族特权遭到了系统的贬低。尼古拉利用波兰小贵族对农村居民的不满，为了把他们吸引到彼得堡政府方面来，于 1840 年建立了所谓的资产清点委员会，该组织制定农民赋役规范，在一定程度上缓和了西部边区农奴依附地位的状况。不过，与此同时开始了波兰的俄罗斯化，一些热心的官员却把这件事做得过于粗暴。

8

　　尼古拉登上俄罗斯国家皇位时，势必考虑到他的前任所具有的政治思想。这种思想之一就是强盛的俄罗斯必须拥有黑海的自由出海口，换句话说就是——占领君士坦丁堡，这是最困难的、重大的和令人纠结的问题。俄罗斯帝国主义向南欧扩展自己影响的这一趋向，在彼得大帝时代已相当明显地表现出来了，彼得大帝给未来的皇帝们留下遗训，就是要实现这一广泛而复杂的政治纲领。这个纲领的困难在于，西欧早就心怀妒忌，关注着我们的国家政权将俄罗斯引向博斯普鲁斯沿岸的每一个举动。众所周知，为了实现我们这一帝国主义纲领，叶卡捷琳娜二世做了不少事。土耳其曾从我们的边界后退，第一次现实地感觉到它在欧洲的基地已不是那么稳固。亚历山大一世时期，似乎我们还容易占领君士坦丁堡。显然，拿破仑等待我们走出这一步，果真如此，也许暂时不会在这一点上发生争吵，但"加冕哈姆雷特"的精神状态却是，他下不了决心走出这一步。众所周知，甚至希腊的起义也没能促使他解决这个政治问题。他牺牲了世袭制原则才给基督教国家带来自由。不过很显然，当时俄罗斯帝国主义所处的客观现实的历史条件不适应这一宏大纲领。事实上，毕竟不仅仅需要占领君士坦丁堡，而且应当向世界做些什么，以证明我们有资格得到这把打开世界霸权的钥匙。输出乌克兰的小麦本身不能证明我们控制了南部欧洲。需要有更重要的物质和精神的理由，以便所有的人都相信俄罗斯有资格占据世界上这样的特殊地位。

尼古拉皇帝不是浪漫主义者，称霸世界的幻想不会诱惑他。他想维护帝国，但根本不想进一步发展它的国家事务。控制全世界的幻想，或者至少是获得世界霸权的幻想本身，包含着某种危险的、从彻底保守观点看甚至是"革命的"因素。彼得大帝和拿破仑在某种意义上是"革命者"，两个人都做了自己的历史性的事业，力图跨过民族国家的界限。尼古拉则相反，他只想做到一点——无论如何要阻止历史发展的进程。但是国家，或者应发展和扩大自己的影响范围，或者收缩和灭亡。它不可能一成不变。尼古拉的悲剧在于，尽管他有惊人的毅力、执着而且意志坚强，但没能在严格制度的框架下成功地保持一个作为民族国家的帝国。在统治的末期，他可悲地意识到，他的制度原来是不适合的和自我毁灭的。但他不是立刻就意识到这些的，因为有些事件让他对我们国家有可能过上安乐生活抱有希望。

这样一来，虽然尼古拉不想让国家走上帝国主义的可怕道路，但他不由得受到传统以及国内一些社会集团现实利益的制约，力图巩固俄罗斯之外黑海海岸的势力，加强我们在东方的地位。他不得不考虑"病人的"也就是土耳其的遗产。与此同时，尼古拉利用亚历山大统治末期俄罗斯拥有的特权地位，以自己的方式监护希腊、塞尔维亚和多瑙河沿岸的公国，紧盯不舍，以免革命的传染病渗透到这些巴尔干小国。

于是，开始出现一些难以顺利找到出路的矛盾。土耳其不能很好执行布加勒斯特和平条约的规定。它的军队违反条约，仍驻防在多瑙河诸公国境内；它和过去一样，仍对我们在黑海东岸的特权有争议，对我们的贸易制造障碍。总而言之，需要打仗。我们在外高加索的军事行动应当是加剧了与这个"病人"的冲突，然而后者不是这样看待自己，并进行外交上的阴谋活动，其恶劣程度不次于任何一个"健康"的欧洲国家。

没有必要回顾我们与土耳其关系的所有阶段。最终，尼古拉不得不干预希腊-土耳其冲突。在这个问题上，梅特涅狠狠触犯了尼古拉的政策。这里没有在事实上破坏世袭制的原则吗？尼古拉·巴甫洛维奇是个耿直的人，没考虑到他该怎么办。然而，不管愿意不愿意都要支持希腊，因为我们完全拒绝参与这一冲突是不可能的。英国可能轻易地夺取我们在巴尔干半岛各族人民中间施加政治影响的权力。尼古拉很在意1826年的"彼得堡备忘录"。要知道，在他签署后的第二天，就对土耳其发出了最后通牒，其结果是阿克尔曼公约①。尼古拉当时与英国和法国结成半强制性的联盟。这件事1827年6月在伦敦得以确认。8月底发

---

① 阿克尔曼公约是 1826 年 10 月 7 日在阿克尔曼签的俄国土耳其公约。它补充了 1812 年的布加勒斯特和约，土耳其承诺恪保摩尔达维亚、瓦拉几亚和塞尔维亚的特权。俄国有权在土耳其领土和领海内自由贸易和航行。

生纳瓦里诺战役，俄-法-英联合舰队在这里击溃和消灭了土耳其的分舰队，因而引起奥地利内阁的愤怒。但是在纳瓦里诺战役之后，尼古拉酝酿成熟了进攻土耳其的计划。在与波斯的战斗中我们取得成功，并签订了对我们有利的土库曼彻条约①，这些也使得尼古拉对新土耳其战役取得有利结局抱有希望。1828年4月14日公布了与土耳其的宣战书。对我们来说，这次战役在军事行动的亚洲战场上进行得颇为成功。帕斯凯维奇攻占了许多城堡，顺便拿下了卡尔斯。在巴尔干地区情况并不是这么出色，暴露出我们在军事制度方面的许多弱点。但随着季毕奇的任命，情况有所好转。6月锡利斯特拉投降，8月初阿得利安堡投降。这一时期，帕斯凯维奇在高加索攻占了埃尔祖鲁姆。

不言而喻，我们确定无疑的决定性的成功令欧洲为之不安，尼古拉确信，不仅奥地利，而且解放希腊事业的同盟者——英国和法国——也紧紧盯着我们对君士坦丁堡的行动。阿得利安堡和约规定希腊内部自治，甚至恢复了摩尔达维亚、瓦拉几亚和塞尔维亚的权力，这是尼古拉国际政治的制高点。这一成就让这个皇帝坚信自己的强大。他似乎忘记了他还应和那个"病人"周旋，他以为，归根结底在于确保帝国胜利，与对手的品行无关。当他听到我们的特派外交大臣涅塞尔罗德所支持的外国外交官给予的警告时大为惊讶，而涅塞尔罗德是被梅特涅催眠的人，在政治上总是背叛俄罗斯的。尼古拉没有赶走涅塞尔罗德。这一次我们也没有占领君士坦丁堡。但阿得利安堡和约依然是我们的成功，也几乎是尼古拉统治时期我们外交政策的唯一的成功。我们其他的"成功"和胜利则是得不偿失的，例如，1831年攻占华沙和击溃波兰。

从这时起开始了"尼古拉时代"。安娜·费奥多罗夫娜·丘特切娃称尼古拉·巴甫洛维奇是"专制的堂吉诃德"。唉！这个聪明女人这一次没有猜准这个人的性格，或者她把善者阿隆佐——"愁容骑士"的奇怪形象

---

① 土库曼彻条约是在1828年2月和波斯签订的和约，其中规定俄国有权在里海保留舰队，并将埃里温汗国和纳希切万汗国归属俄国。

想得太坏。尼古拉·巴甫洛维奇真诚和坚定地相信国家结构的最好形式是专制主义，这根本不像堂吉诃德精神里渗透的那种高尚的浪漫主义，如果把尼古拉的行为和决断称为"堂吉诃德"式的，那么也只能是低级和庸俗地理解这个词义。尼古拉国务活动上的坚定性很像非理智的固执，这是自然的，因为，保护这个君主的"专制制度"，对他来说就是世袭制原则，似乎是欧洲所需要的保守根源之一，它完全失去了某种深刻意义和内在含义。保护俄罗斯的专制制度，或者奥地利的腐朽透顶和伪善的君主制，甚至是土耳其的苏丹，对他来说都是一样的——只不过要"保护"而已。他的这种固执有时真的很疯狂，但不是任何丧失理智的人都像神圣的疯子堂吉诃德。

自我们在巴尔干半岛取得成功之后，欧洲怀着仇恨和嫉妒关注着尼古拉皇帝的一举一动，但是，他没有立即明白自己和俄国所处的地位。与此同时，反对俄罗斯人的恶毒阴谋是十分明显的。首先是想缩小我们在巴尔干地区特别是在希腊的影响。根据 1832 年的伦敦条约，登上希腊王位的是十六岁的巴伐利亚王子奥托①，而摄政立即执行了对俄罗斯方面很不体面的政策。

尼古拉在对外政策上也有另外一些可笑的失败，如尼古拉干预土耳其事务。当时，这位假堂吉诃德为了世袭制竟挺身保护苏丹，反对起义的穆罕默德·阿里，很难想象有什么比这件事更愚蠢和可耻的了。无论欧洲甚至土耳其都不相信尼古拉的大公无私。在这样的政策上既没有无私也没有自私可言，只是一种不应有的愚蠢。

如果说亚历山大建立的神圣同盟至少在浪漫主义皇帝的精神里尚未丧失某种激情，那么由尼古拉发起的新的保卫同盟就是彻底空洞乏味的。1833 年在俄罗斯、奥地利和普鲁士之间曾签署协定，实际上旨在不反对任何外部敌人，而是专门反对各族人民，或者如尼古拉所想，是反对革命。

---

① 巴伐利亚的奥托一世（1815—1867），希腊国王（1832—1862 年在位），出身于巴伐利亚的维特尔斯巴赫家族，是由法国建议并经英俄两国同意而登上希腊王位的。

"因为由公法和条约，特别是 1815 年条约在欧洲确立的制度不断受到威胁，对此类危险经过审慎考虑之后"，大国"一致决定加强构成其政策牢固基础的保护体制"。

这个同盟的活动是令人厌恶的。塞尔维亚在阿得利安堡和约之后获得独立，实际上仍受土耳其的压迫，而尼古拉根据与同盟国的协议，没有考虑任何更好的办法，只是把里克曼男爵派到那里，此人粗暴地教训热爱自由的塞尔维亚人，要他们尊重专制的尼古拉和土耳其政府。这样的外交对于我们在巴尔干地区巩固威信没有起到促进作用。而我们那时所有其他的外交措施并不比这位可耻男爵的使命更好。

我们与奥地利和普鲁士的同盟勉强维持到 1839 年。最后，梅特涅用土耳其新的混乱，建议由五个大国在维也纳协商，以保证土耳其帝国的"独立和完整"。这是对俄国的直接挑战，尼古拉拒绝参加协商。然而过了一年，却不得不去参加伦敦的土耳其问题会议。1841 年的伦敦公约彻底葬送了在东方政策问题上追求优势的俄国外交。只有像涅塞尔罗德这样的奥地利奴仆，才能在伦敦公约里看到"俄罗斯外交的巨大胜利"。

1843 年 9 月希腊爆发了推翻奥托政府的革命。尼古拉对敌视俄罗斯政府的垮台却不是高兴，而是立即从希腊召回俄国的大使。更加可笑和可悲的莫过于，最后不得不仍然在新政府建立了使馆，而这时，英国和法国已让希腊人懂得尊重自己的政治权威，俄罗斯却处于不太有利的地位。1844 年夏天，尼古拉·巴甫洛维奇顾不上自己的高傲，亲赴伦敦去见维多利亚女皇。这次出行的结果是决定"支持顺从于苏丹的基督教国民性"。"专制的古兰经"对尼古拉·罗曼诺夫而言确实是圣物，但也不妨碍那些喜欢把他视为"基督教骑士"的拥护者提醒他注意这一点。这位"骑士"甚至在弗里德里赫－威廉四世的政策里看到了自由主义的特征，却仍然把自己的全部希望寄托于奥地利。可是他在这里遭到失败，甚至没能把女大公奥莉加嫁给奥地利大公（即皇太子）斯特凡。天主教徒为在俄罗斯化的波兰迫害天主教教会报了仇。

尽管尼古拉政策上有这些部分是失败的，俄罗斯君主制的大厦仍然令欧洲心悦诚服。不过，皇上并不大满意自己的命运和在欧洲所处的地位。家里的事务处理得也不是完全成功。不是很奇怪吗？他，尼古拉·巴甫洛维奇，一个诚实的人，他，权力的源泉，一些措施产生于他，不过举目望去，到处是混乱无序、监守自盗、贪污贿赂……尼古拉·巴甫洛维奇走遍了全俄罗斯，到处都一样。边疆地区比中央地区更差。"不能不令人惊讶，人民忠诚于君主个人的情感并没有形成，原因在于那糟糕的治理，我承认，我感到羞耻，在这个边区如此长期承受着这种治理的重压。"皇上视察外高加索之后写道。

曾经有不少令人不愉快的事。在俄罗斯旅行时，从奔萨到坦波夫的路上，陛下的四轮马车翻车，沙皇的锁骨受伤。从此时起，一般说来，健康开始让尼古拉·巴甫洛维奇有所改变，主要是神经易受刺激。像彼得堡的干草市场上的霍乱骚动，或者是冬宫失火烧毁不少珍宝和文件，[①] 都使得沙皇惶惶不安。火灾之后每次见到火，或者闻到烟味，尼古拉都脸色发白，头晕，并且抱怨心跳过速。在1844—1845年间，他觉得身体特别不好——腿痛而且发肿。医生担心会开始浮肿。他去巴勒莫（意大利）治疗。回程路上去了维也纳，他对梅特涅说："您活着，国家就能维持，您不在了会怎么样？……"不难想象，当俄国皇帝离开维也纳时，梅特涅会是怎样的讥笑。梅特涅经常怀里揣着石头，他大约预先体验到那一时刻，自己将会解脱出来，不必对俄国沙皇隐瞒真实的打算了。

1847年春天，尼古拉·巴甫洛维奇开始严重头晕和头部充血。他对自己的个人生活，以及俄罗斯的未来和欧洲命运的看法是灰暗悲观的。在他的统治时期，许多活动家去世了，如亚·尼·戈利岑公爵，米·米·斯佩兰斯基，阿·赫·本肯多夫。

1848年2月22日，信使给尼古拉·巴甫洛维奇带来一则不同寻常的

---

① 1837年12月17日冬宫因不慎失火。

消息：巴黎爆发革命，路易－菲利浦出逃，宣告成立共和国。这个"僭位国王"的垮台使沙皇产生一种既有讥讽又有轻蔑的混杂感情。但革命的事实本身让他感到厌恶。尼古拉对法国代办说，二月革命——是"七月君主制应得的报复"。与法国的外交关系随之中断。

不过，二月革命不局限于法国境内。消息一次比一次更加可怕地传来。尼古拉·巴甫洛维奇心中充满恐惧的怒火。当时，1848年3月14日，他发表了著名诏书。"欧洲西部在长年的和平恩惠之后，发生了威胁颠覆合法政权和一切社会机构的新的混乱，突然变得动荡不安。最初在法国发生骚动和混乱，之后迅速扩展到毗邻的德国，并随着政府的让步而越发可耻地蔓延开来，这一破坏行为最终触及与我们结盟的奥地利帝国和普鲁士王国。现今，胆大妄为发展到不顾边界，疯狂地威胁着上帝托付我们的俄罗斯。但是，不能这样下去。依照我们东正教前辈的神圣先例，祈求全能上帝的庇佑，我们准备迎击我们的敌人，不管他们出现在什么地方，我们将不惜一切，以我们神圣俄罗斯牢不可破的联盟，捍卫俄罗斯的荣誉和保卫我们的边界不受侵犯"。诏书最后说："上帝与我们同在，鉴于上帝与我们同在，自然，各民族均会受到庇护。"

似乎是回应俄国沙皇的诏书，巴黎的国民会议表决通过一项决议，其中提到，法兰西将支持"与德国的兄弟联盟，恢复独立和自由的波兰，解放意大利"。

从这时起，尼古拉·巴甫洛维奇认为自己的责任是干预所有的欧洲事务。我们的外交变得神经过敏、多疑、急躁而且不稳定。鉴于临多瑙河诸公国发生动荡，土耳其军队进入它们的国境并占领了布加勒斯特。当时尼古拉·巴甫洛维奇调动巨大兵力进入摩尔达维亚和瓦拉几亚。这引起了英国的抗议。我们的政策导致的结果是成立了临多瑙河诸公国的不稳定的机构。它们双重依附于土耳其和俄国，这样，大的问题根本没有得到解决。

在尼古拉看来，有关哈布斯堡的君主制，事情进展得不好。梅特涅不得不逃离维也纳，沙皇写信给他："在我看来，互相的关系、思想、利益和一般行为的整个体系和您一起消逝了……"他不相信新的奥地利政府，但这并不妨碍他从俄国国库动用大量金钱来镇压当时意大利发生的解放运动。伦巴第区由于俄国沙皇的关照留给了奥地利。6月，令尼古拉·巴甫洛维奇满意的是，捷克的民族革命被镇压。这时弗兰茨－约瑟夫占据了奥地利王位。匈牙利的民族解放运动也在俄国刺刀的协助下受到镇压。尼古拉向外喀尔巴阡地区派出上万军队，经过多次对我们来说并非每战必胜的战役之后，匈牙利人最终被迫满足了哈布斯堡的君主制。

到处出现俄国旗帜意味着反动势力的胜利。尼古拉·巴甫洛维奇极力干涉德国自由主义运动的发展。尼古拉这一盲目、冲动和狂暴政策的后果是各民族对俄罗斯的仇视。这还不算什么。其生存有赖于尼古拉的奥地利和普鲁士政府，也心怀忧虑和嫉恨关注着俄罗斯在东方的作用，担心它的霸权。英国和法国甚至也不掩饰自己对俄国君主制的敌视。尼古拉特别关注巴黎发生的事。卡芬雅克将军[①] 粉碎七月街垒是符合尼古拉心意的，他没有放过向这位镇压者表示敬意的机会。沙皇并不愿看到1852年12月路易－拿破仑·波拿巴宣告成为法国人的皇帝，但这毕竟比共和国要好。他似乎"半推半就承认"这个新皇帝。但这种"半推半就"侮辱和刺激了波拿巴的自尊心。

这一切为俄国与欧洲的战争准备了土壤。这一冲突的理由是我们就巴勒斯坦的正教教徒特权问题和土耳其发生抵触。土耳其觉得受到英法的支持，不同意让步。众所周知，尼古拉在多瑙河诸公国有八万军队驻防，要求执行条约。他不久便确信，他在欧洲没有一个同盟者。应当给他以公平，于是他当时产生了一个大胆想法，即宣告摩尔多瓦－瓦拉几亚人、塞尔维亚人、保加利亚人和希腊人实际上独立。发动巴尔干各族人民，赋予这一运动以解放性质——这意味着不仅得到斯拉夫人的道义支持，而且保证自己有坚固的军事基地。但是，不知何故，解放运动却与尼古拉·巴甫洛维

---

① 卡芬雅克（1802—1857），法国将军，曾任陆军部长和法兰西共和国首脑，他率军队镇压了1848年的六月起义。

奇·罗曼诺夫的脸面不相符合。涅塞尔罗德向沙皇说明，他的"革命的"构想不成体统，按一位诗人的说法是"侏儒，史无前例的胆小鬼"。舞台上又出现了声名狼藉的"世袭原则"，尼古拉皇帝永远失去了挽救自己声誉的最后的可能。

俄罗斯开始了军事行动。纳希莫夫海军中将在锡诺普停泊处消灭了土耳其舰队，但随后在黑海出现了英国和法国的舰船。3 月 1 日英国和法国向俄国发出最后通牒，要求其撤出多瑙河诸公国。尼古拉转向奥地利和普鲁士，提出签署中立备忘录。众所周知，政府给予的是多么可耻的答复，这些政府不久前还以损害俄国利益为代价而得到奖励。俄国军队不得不退守普鲁特河对岸。由于法国登陆，军事战场转移到克里木，克里木战争史是众人皆知的。1854 年 9 月 11 日开始了光荣的塞瓦斯托波尔保卫战。

沙皇变得越来越郁闷。这时，有一位明察的同时代人从莫斯科写信说："显然，走错了路，陷入泥潭，但这一倾向始于何时？从何时起？怎样能再次找到正确的道路？""现在明白了，对我来说，起码我们只是站在一切迷茫和屈辱的门槛。第一次赌注我们输掉了——万劫不复地输了……我们没有得到补偿难道有什么奇怪？我们避免了可耻的投降，同时将极力让自己确信，最终这个出路不比别的差，不过，这一确信又会与其见解相左的观念强行纠缠在一起。"

难以怀疑政治上激进的彼·亚·瓦卢耶夫[1]，把我们当时的地位定性为极其悲惨和可怕的："我们沉醉于自我欣赏我们的荣誉和强大，这是久远的事吗？我们的诗人在倾听对我们的赞赏：

　　七海喧闹翻腾……

---

[1] 彼·亚·瓦卢耶夫（1815—1890），伯爵，1861—1868 任俄国内务大臣，领导地方行政改革，曾在"自由派官僚"和保守派之间周旋，著有《日记》。

这是久远的事吗？他们预言：

> 上帝会把宇宙的命运，
> 大地的雷鸣和苍天的万籁……
> 给予我们。①

我们的海洋怎么了？大地的雷鸣和上天的思想和语言恩惠在哪里？谁被我们打败了？谁在注意我们？我们的舰船沉没了，烧毁了，或被封锁在港口。敌方的舰队为所欲为地破坏我们的海岸。敌军为所欲为地践踏我们的土地……""我们没有朋友和同盟者……""……与半个欧洲的巨大斗争不可能再让官方的自我吹嘘受到保护，我们的国家实力在什么程度上、在哪些领域落后于我们的对手？原来，我们的舰队没有那种为保持作战平衡所需要的舰船，地面部队也没有那样的武器；我们海岸要塞的状况和装备也不令人满意；我们的铁路和公路都不足……""上面辉光闪耀——下面烂泥一摊……""到处是，我们多半具有强力播撒善意的倾向。到处是，轻视和不喜欢那种无须特别下命令却在起作用的思想。""到处是政府与农民的对立，官农也好，私农也好。""轻视我们之中每一个人，特别是人的个性，这一般是在法律中确定下来的……"

十二月党人被绞杀，发配到西伯利亚，服苦役；陀思妥耶夫斯基、彼得拉舍夫分子也到了那里；检查制度扼杀了独立思考；所谓的"西方派"受到罪犯般的追究……也许，那些原则上捍卫专制主义的人会遭遇另外的命运？也许"斯拉夫派"是自由的？唉！这些沙皇政权的唯一拥护者在尼古拉时代受到的迫害也不比别人少。这是怎么回事？原因在于，这些人借助霍米亚科夫的嘴，当面对沙皇说出了官方俄罗斯的可怕的真实：

---

① 上述诗句引自费·伊·丘特切夫的诗《占领华沙》（1831）。

法庭上一片黑暗，

随处是恶毒伪善和奴隶的锁链；

满是无耻奉承，陈腐流言，

还有消沉可耻的慵懒

和一切狂妄大胆。①

    另一位斯拉夫派诗人丘特切夫，就当时的事件写到尼古拉皇帝时说：
"要制造这种无可奈何的状况，就需要这个倒霉者的奇特愚蠢。"

    英国舰队出现在克朗施塔德要塞前。尼古拉皇帝在自己的亚历山大
宫里，用望远镜长时间望着它。1855 年初皇帝生病。他于 1855 年 2 月 18
日驾崩。不知为什么，大家认定他是被毒死的。难以想象，这个高傲而刚
愎自用的人能容忍自己的命运受到侮辱。

---

① 阿·谢·霍米亚科夫（1804—1860），俄国诗人，宗教哲学家，斯拉夫派创始人之一，彼得
堡科学院通讯院士。诗句引自《俄罗斯》一诗。

亚历山大二世

亚历山大二世

1

1825 年 12 月 13 日，尼古拉·巴甫洛维奇来到妻子屋里，在这里看见继承人、小儿子萨沙，便把准备好的诏书拿给他看，并说："明天你的父亲将成为君主，你就是皇太子。你明白这个吗？"七岁的萨沙有些茫然，哽咽欲哭，听到父亲严厉的声音之后，便痛哭起来。

萨沙——未来的解放者沙皇，是个好哭的孩子，他常哭，经常哭——有时由于高兴，有时因为悲伤。

12 月 14 日，宫里听到枪声和呼喊声，感冒的卡拉姆津穿着长靴和袜子，遵照皇后的命令跑到参政院广场，了解现在是谁成了皇帝——是萨沙的爸爸，还是另外什么人。孩子流出悲伤的眼泪是有不少原因和理由的。但是，当战胜革命的尼古拉·巴甫洛维奇激动得脸色泛红，沿着宫廷的木扶梯跑来的那一刻（这部梯子在1837年火灾前是从大门通向玛丽娅·费奥多罗夫娜卧室的），在那里他看见了由于担心而疲惫不堪的夫人，还有站在那里又在流泪的小萨沙。

父亲朝他跑过去，立即给他擦干眼泪，命令侍从给皇太子穿上骠骑兵制服，带他到位于宫廷大院的近卫军工兵营，亚历山大·尼古拉耶维奇永远不会忘记这一场景。实际上，当父亲把萨沙交给士兵时是非常可怕的。这些大胡子身上散发着酒味，后来他们又大声喊叫，萨沙不知道，他以为是危险，但又不理解这些可怕的大人现在要对他干什么，这一整天都像神秘而阴沉的冬天。

亚历山大·尼古拉耶维奇·罗曼诺夫，于1818年4月17日、复活节的星期三，也就是几乎在尼古拉登基统治前八年，出生于莫斯科。他的母亲是亚历山德拉·费奥多罗夫娜大公夫人，娘家名为夏洛蒂，普鲁士的公主。她生下这个男孩时很高兴，但不久便觉得郁闷。"我们的幸福是双倍的，"她在自己的回忆中写道，"不过我记得，一想到这个小生命会当皇帝，便觉得有些沉重和忧郁。"

　　这真的不是一种愉快的想法。201次礼炮声，宫廷里阿谀奉承者的祝贺，以及小瓦西里·安德烈耶维奇的美好诗句，都不能让这位机敏的普鲁士公主感到宽慰。她知道，戴上皇冠是如何艰难、痛苦和可怕。

　　茹科夫斯基在自己的颂诗里向这个孩子推荐"遇到严峻的宿命，切莫颤抖不安"：

　　　　为人民宏伟的世纪而生活，
　　　　为所有人的幸福——忘记自我，
　　　　只有在祖国的自由声音里
　　　　才能谦逊地理解自己的职责。

　　要求颂诗作者给予更准确的治国纲领未必明智，但这些"共同之处"本身隐含着毫无疑问的困难，小萨沙也许感受到了母亲的预感，于是大哭一场，这并不奇怪。

　　感伤主义者的茹科夫斯基教导自己的学生具有一颗博爱慈善的心，激励他的敏感力，于是这孩子经常哭哭啼啼。有一次他的母亲外出，暂别立即变成了郁闷的叹息。他采来天芥花，要求连同一封信寄给他们的亚历山德拉·费奥多罗夫娜，当天的日记里是这样开头的："我亲爱的妈妈和梅利去了敖得萨。我哭了很久。"

　　是的，他一生中多有哭泣。另一位回忆亚历山大·尼古拉耶维奇的人，梅尔德上尉①，宗教信仰属路德教徒。他在回忆录中也指出，亚历山大神经过敏和多愁善感。宫廷的生活条件让亚历山大感到压抑，他不止一次对K.K.梅尔德承认，他怨恨自己"生为大公"。

有时，少年的亚历山大·尼古拉耶维奇没有任何明显的原因也会哭泣，但不少时候，流泪是有重要理由的。例如，在K.K.梅尔德去世的时候，他的过世使得大公痛哭流涕。他号啕大哭，跪在沙发前，把头埋在枕头里。要安抚这个被震惊的男孩并不容易。

当亚历山大·尼古拉耶维奇年满十六岁时，按照习俗，作为皇位继承人，他要宣誓，在这个仪式上不流泪是困难的。据当事人莫斯科都主教费拉列特记述："至尊父亲的庄严泪水和至尊儿子像断了线的眼泪汇合到一起了。"后来，母亲到了，那里又开始德国式的拥抱、亲吻和流泪。

按照茹科夫斯基的计划制定了皇太子的教学纲要。他通晓法文、德文、英文和波兰文。教授们为他讲授历史、数学、军事学以及其他课目。总之，亚历山大·尼古拉耶维奇受到了良好的教育，而且基础比他的父亲更为牢固。然而，尼古拉·巴甫洛维奇虽能宽容地对待茹科夫斯基，及其浪漫主义、仁慈和善良，但仍然关心继位者首先要成为一个"军人"。亚历山大·尼古拉耶维奇和所有罗曼诺夫家族的人一样，偏爱阅兵和操练，颇受彼得堡近卫军宏伟场面的诱惑。受过良好教育的梅尔德上尉，由于自己的学生有这类爱好而颇为感慨。在他看来，皇位继承人经常出现在阅兵式上是有害的，"很容易让他想到，这真的是国家大事，他可能相信这一点"。

1826年，亚历山大·尼古拉耶维奇已是八岁的大男孩了，曾在骑兵近卫团的赛马时勇敢地骑马奔驰，炫耀自己有皇帝风采，甚至像以前在拿破仑军队老兵演练场的马尔蒙元帅②。

一般说来，这个善感的少年会受到不少的诱惑。继任高位者按传统应

---

① 此处有误，K.K.梅尔德不是上尉，是宫廷侍从将官，于1834年去世。

② 马尔蒙·奥波斯特-弗里德里克-路易（1774—1852），拉克萨男爵，法国元帅，尼古拉一世加冕时他是法国的代表。

得的普通荣誉又值什么呢！如果说官方和半官方的传记作者夸大了皇太子出现时"民众的"欢呼，但这仍然是某种程度上的欢呼，这个男孩喜欢人们喊"乌拉"，摇摆帽子，一想起为了庆贺爸爸和他这个继位者，人们要点燃小灯和各色彩灯，他心里就高兴。

举行过加冕礼和访问华沙之后，沙皇一家人到国外去了。[①] 原为德国人的母亲，叮嘱儿子要敬重柏林的亲戚，在弗里德里希－威廉三世的宫里，小萨沙被那些身穿华丽服装的公主和王子所包围，令他晕头转向：大家都认定，他萨沙是个不同凡响的优秀人物。领他参观了著名的圣苏西城堡和他的花园，弗里德里希大帝曾在那里散步。皇后领着这男孩在她的母亲、路易莎王后的棺木前祈祷，这位王后就是热恋萨沙的伯父即亚历山大一世的女人。

萨沙长时间审视着外祖母的大理石雕像。

返回俄国时，继位人带着随从在涅曼河岸停留，站在拿破仑1812年曾在那里眺望自己大军的山上。当然，茹科夫斯基的学生折断了回忆这一印象的枝叶。"无论拿破仑，还是他强大的军队已不存在……一切都会这样过去的！"未来的皇帝眼里噙着泪水说。

茹科夫斯基继续教育皇太子。他赞成帕夫斯基神父的课程计划，后者打算把"心灵宗教"灌输给未来的君主。与此同时，法学老师以仁慈悲悯的精神给他讲述福音故事，茹科夫斯基本人则教萨沙阅读自己的作品。当时皇太子已知道《一千零一夜》的故事。仁慈、浪漫主义、敏感——这些让孩子的精神变得软弱，但随之而来的是，他有时频繁出现敏感和自作聪明的本能——即祖辈的特征，这是陛下的诸位教师都可以证明的。

所有罗曼诺夫家族的人或多或少都是"有诱惑力的"，亚历山大·尼古拉耶维奇也不例外。除此之外，他的性格实际上主要是温敦和善，而他

① 1829年春天，亚历山大随父母去华沙，在那里，尼古拉一世加冕为波兰国王。在波兰逗留期间，据茹科夫斯基的想法，亚历山大应深入了解波兰的历史和文学。后来，亚历山大访问了普鲁士。去了柏林、波茨坦、格林贝格、夏洛蒂堡、涅曼河的法兰克福和西里西亚。

统治时期的残酷，许多历史学家则力图解释为"国家的必需"，这些往往是和无力实现其仁慈的国家纲领而发作的失望情绪相结合的，这种纲领是他多愁善感的师父凭想象描绘的。

皇太子还是个孩子的时候，当法学老师提问——对欺辱人的事应当原谅吗？他这样回答："应该，毫无疑问，应该原谅我们个人干的欺辱人的事，对于触及民间法律的欺辱，应由法律审判，行使法律对谁都不能例外。"在这种回答中，他仿佛提前证明了，拒绝六七十年代的革命者对他的控诉是正确的。

1835年，皇太子的学习课程有些改变，聘请斯佩兰斯基讲授"法律谈话"。这一年突然弄明白了，帕夫斯基是个异教徒，未来的"极其虔诚的"专制者，大约在十八岁之前接受的竟然完全是非正教教育。解释这一小小误解的不是别人，而是最有名望的莫斯科都主教费拉列特。帕夫斯基被赶走了，请来司祭长巴扎诺夫当法学老师。[①]这时尼古拉·巴甫洛维奇不再期待这个毫无疑义的司祭长教给萨沙真正的信仰，而是把这个继承人尽快造就为正教院的成员。针对该问题公布了"正教宗教局"的命令。糟糕的是，尼古拉·巴甫洛维奇只把萨沙造就成了至圣俄罗斯正教院的"首位出席嘉宾"。只能做到这样。如果说保罗皇帝在疯癫时自认是教会首脑，那么，尼古拉·巴甫洛维奇既不偏爱神秘主义，也不思考崇高的主题，真的只能像一个指挥官，以他所一贯肯定的警察国家利益为指导，极其随意地主持高级的教会管理工作。显然，年轻的亚历山大·尼古拉耶维奇对待信仰上的差别是冷静的。他在梅尔德的葬礼上说："我从来不过问他的信仰，但我知道他做的善事，我尊重他，爱他，不需要再多的东西。"

根据传统，亚历山大·尼古拉耶维奇的教育以旅行结束。继承人走遍

---

① Г. П. 帕夫斯基的教师位子由司祭长、皇家神父 В. В. 巴扎诺夫取而代之，其原因是莫斯科都主教费拉列特不赞成帕夫斯基的某些神学著作。

了全俄罗斯。^① 这批旅行者匆匆忙忙赶路，仿佛身后有敌兵追逐。茹科夫斯基由此发现，这么急急忙忙巡视俄罗斯，如同只阅读懒汉手里一本未裁开图书的目录。不过，继承人还是看到了什么。在西伯利亚，在雅鲁戈洛夫斯克和库尔冈，他看到了住在那里的十二月党人。他敏感的心颇受感动。他在父亲面前恳求，提出减轻他们遭遇的重负，尼古拉·巴甫洛维奇对他们的流放时间有所缩减。这让茹科夫斯基很受感动。在旅行期间，皇太子曾提出一万六千次请求。

1838 年，亚历山大·尼古拉耶维奇去欧洲旅行。皇太子在丹麦患感冒，病了，不得不去埃姆斯治疗。"继承人的病影响了他的外貌。"他的传记作者说。

这位漂亮的二十岁青年人显得消瘦，面色苍白，目光暗淡，他变得忧郁，多虑。脸上增添了几分愁容。马尔基斯·屈斯金^② 以自己那本论述俄罗斯的坏书，给尼古拉·巴甫洛维奇带来不少痛苦的时光，在埃姆斯，他被介绍给这位继承人。这位侯爵很喜欢皇太子。"他的目光里现出善良，"他写道，"这是完整词意上的太子（un prince）。他的模样谦逊而不胆怯。他首先给人的印象是受过良好的教育。他举止优雅。他是我所见过的太子中最漂亮的类型。"

继承人从埃姆斯去了魏玛，随后到柏林，处在普鲁士亲戚们的温柔拥抱之中。从柏林到了意大利。他路过一个个城市，欣赏意大利的天空、意大利五针松的侧影和托斯卡纳柔美的远景……他想要安宁。他希望一个人留在那个帕多瓦，住在普通的旅店里，在那里每天去绘有乔托壁画的寂静

---

① 在俄罗斯旅行的计划由尼古拉一世拟订。陪同继承人旅行的有：教师 A. A. 卡韦林、瓦·安·茹科夫斯基、历史和地理老师康·伊·阿尔谢尼耶夫、御医和继承人身边的年轻军官。旅行从1837年5月2日开始，按以下路线进行：诺夫哥罗德、特维尔、雷宾斯克、亚罗斯拉夫尔、科斯特罗马、伊万诺沃、维亚特卡、伊热夫斯克、叶卡捷琳娜堡、秋明、托博尔斯克、奥伦堡、古里耶夫、辛比尔斯克、萨拉托夫、坦波夫、沃罗涅日、波尔塔瓦、新切尔卡斯克、莫斯科。

② 马尔基斯·屈斯金·阿道夫（1790—1857），侯爵，法国文学家，《1839年的俄罗斯》一书的作者，书中描写俄国上层社会的道德，引起许多上层社会代表人物的极端不满。

的礼拜堂，但是，这一切幻想都是难以如愿的。跟着他的有随从和受命保护他的奥地利军官。他参观了维罗纳的防御工事和1796年奥地利人和法国人作战的战场。

在米兰，为欢迎他，一连七天举行军事盛典，每晚他做梦都梦见战马、闪光刺刀的刀尖，听到击鼓声和奥地利的号令声……这一切令他感到疲劳。他从罗马写信给自己的一位副官："虽然在意大利很好，但在家里毕竟更好。明天去那不勒斯。从那里再按原定路线走，6月20日到家。噢，那是幸福的一天，盼望它能快点到来！"

他们应当是去过维也纳的。从梅特涅公爵夫人1839年写的日记里我们知道，皇太子几乎每天去首相家里，"很乐意在那里度过时光，特别是晚上，有一群特别为他选定的年轻女子和先生，陪他在那里玩沙龙游戏"。事情大约不是仅限于单纯的方特游戏①，梅特涅家里有一种气氛，人在其中几乎必受报应。有这样一件事，亚历山大·尼古拉耶维奇与涅谢尔罗德这样的亲奥地利派后来无论如何也难以分手，这就清楚地说明，梅特涅的petits jeux②实际上是"诱惑人的"。

在达姆施塔特，另外一些吸引力对皇太子也有影响。他在这里结识了路德维希二世公爵的小女儿。她具有感伤和浪漫气息。她那温顺的目光里流露出羔羊般的柔情。出发去伦敦，即使亚历山大·尼古拉耶维奇在那里受到盛情接待，都没能让他丢弃这温情的回忆。他向奥尔洛夫伯爵承认，他根本不喜欢治理国家，全然像他的加冕的伯父，他对自己的监护人说："唯一的希望——找一个体面的女友，她要让他的家庭变得美好，并给予他自己所认为的世上最崇高的幸福——作为丈夫和父亲的幸福……"但是，与年少的小公主的订婚推迟到了春天，1841年4月16日亚历山大·尼古拉耶维奇才和黑森-达姆施塔特的公主——马克西姆利安娜-维廉敏娜-奥

① 方特，一种游戏，每人按抽签所示寻找被藏之物或猜某事，未能找到或猜到，则应交出一件东西，然后由一个蒙眼睛的人给每件东西的主人出题目，如讲笑话、唱歌等。

② 法语：小游戏。

古斯特–玛丽娅结婚。这时她的称呼为玛丽娅·亚历山德罗夫娜大公夫人。

在订婚之前不久，阿·费·奥尔洛夫公爵按照皇室亲友的权利禀告尼古拉·巴甫洛维奇，黑森–达姆施塔特公主乃是侍从格兰斯的非婚生女。尼古拉冷冷一笑说："我和你又是什么人？让某人在欧洲去说俄罗斯继大位者的未婚妻是非婚生女子吧！"

尼古拉·巴甫洛维奇好像不很喜欢儿子。他不喜欢萨沙那种多愁善感、爱掉眼泪，以及他的懒散消沉。他一度考虑剥夺儿子的继位权。一次在阅兵式上，他忘乎所以，当众把儿子痛骂一通。"另一次，来到彼得戈夫的别墅找儿子，正碰见他白天玩牌，便破口大骂，并立即走了，过了一段很短时间又转回来，看见儿子仍在玩牌，便打了他几嘴巴。"

2

尼古拉·巴甫洛维奇经过几次动摇之后，最终决定不剥夺儿子亚历山大的继位权，根据痛苦的经验，他明白，不经准备就治理国家是多么困难，于是强行让继承人参加国务会议和大臣委员会的会议。除此之外，继位人也参加有关农民生活体制的秘密会议。在尼古拉·巴甫洛维奇巡视俄罗斯各地期间，皇太子自己代替父亲：他受命对国家进行最高层级的管理。

尼古拉·巴甫洛维奇可以完全相信儿子。因为这位未来"解放者"的沙皇，在当时，就是1848年到1854年间，对于父亲的政治和国家纲领还不是完全持批判的态度。不过，他在某种意义上比父亲还"右一些"——起码在农民问题上，当时他是农奴解放的敌人。他也是那些在波兰推行并在某种程度上限制地主暴行的"财产法规"的仇敌。

为了熟悉军事行动，1850 年，尼古拉·巴甫洛维奇派继承人到高加索去。这次出行是检阅式的、隆重的，伴随着迎送仪式。在那里他根本看不到战争的实质。只是在塔吉斯坦才亲眼见到与车臣人的战斗。[①] 亚历山大按捺不住，踏上马镫，跨上自己的血红马，在敌人的炮火下穿过林间空地。随从们跟在他后面奔驰，沃龙佐夫因咳嗽原本是坐车的，也不得不骑上马随这位勇士奔走，他担心有什么流弹会击中皇太子的脑壳。不过一切平安无事，根据沃龙佐夫的提议，尼古拉·巴甫洛维奇授予儿子一枚乔治十字勋章。

应该说，后来最惧怕革命的亚历山大·尼古拉耶维奇在个人生活方面是个勇敢的人，尽管他本身性格温顺，意志不够坚强。彼·阿·克罗泡特金在回忆录中说："面对真正的危险，亚历山大二世表现得完全能自我克制，镇定勇敢，不过，他经常提心吊胆，害怕只存在于他想象中的危险。毫无疑问，他不是胆小鬼，面对一头熊也敢平静地迎上去。有一次，有一头熊他没能一枪击毙，正在撕扯手持猎矛奔来的猎人。当时沙皇便跑过来帮助自己的助手。他跑过来，临近直射，将野兽击毙。（这个故事我是听猎熊者本人说的）虽然如此，亚历山大二世的一生仍然是在他想象中的恐惧和良心不安中度过的。"[②]

不过，彼得·阿列克谢耶维奇·克罗泡特金应该知道，让皇上提心吊胆的"惧怕"，并不经常是他想象出来的：众所周知，在地下的俄罗斯，七次重大的谋杀可以吓坏任何一个有钢铁般意志的勇士。看来，彼·阿·克罗泡特金没有猜透皇帝之所以"提心吊胆"的主要之点。问题不在于身体上的，想象的，或真实的危险，而是在于一种灾难临头的感觉，它由于未来事件之不可知而让人产生极度的恐惧。

亚历山大二世的统治，全部都是在灾难征兆下进行的。1855 年 2 月尼

---

① 与车臣人的交战发生在 1850 年 10 月 25 日，从沃兹维热要塞去阿契哈的路上。陪同亚历山大的是诺沃罗西亚和高加索的总督米·谢·沃龙佐夫伯爵。

② 原文引自彼·阿·克罗泡特金著《革命家笔记》。

古拉·巴甫洛维奇驾崩时，如他本人所说，交给儿子一支"管理不善的队伍"，俄罗斯的形势岌岌可危。如果读读当时的回忆录和书信——其中都饱含着痛苦的忧虑、愤恨和惶惶不安。接受俄国皇冠时，正值全欧洲武装到了牙齿，气势汹汹反对俄罗斯的时候，正值国内为尼古拉的警察制度所累，没有人相信政府的时候——难道这不令人恐惧？难道这不可怕吗？

顺便提及，薇拉·谢尔盖耶夫娜·阿克萨科娃，一个相当聪明的女子，她的个性中表现出当时贵族文化斯拉夫派的全部面貌，在这方面她非常引人注目，在日记里，她鲜明地记述了那些艰难岁月的忧虑。她时常转向亚历山大二世本人，力图揣测和评价他的意向和决定。她最初听到尼古拉·巴甫洛维奇驾崩时，心里有些茫然。"难以转述这些话对我们大家产生的印象。这一突发事件意义之重大令我们深感沮丧。""会怎么样？将来如何？怎样度过这一困窘的时刻？仍然要实行以前的或者甚至是很差的制度吗？或者整个趋向，全部政策会发生突变？也许，上帝会引导俄罗斯通过难以理解的途径去履行它的神圣职责！"

次日她写道："确切证实了这件事。我们这里今天去城里卖柴的农民回来了，他们带来消息。在莫斯科，大家已宣誓效忠。对于莫斯科有什么消息的问题，'沙皇死了，'他们中间有一人回答，'昨天所有人都被赶到教堂宣誓效忠，所有教堂都开放。哥萨克骑着马在全城宣告，要人去教堂。''民众想干什么？'农民冷冷一笑，说：'我不知道……'

"大家不由得感觉到，某块石头、某种压力从每个人身上掉下来了，似乎喘气也轻松些。忽然产生一些未曾有过的愿望。大家最后几乎怀着绝望意识到的那种没有出路的境况，突然觉得是可以改变的。对于形成这种状况的罪人没有了恶意，没有了怨恨。作为一个人，大家可怜他，然而也都说，尽管大家可怜他，但扪心自问，没有人愿意他再活过来。" [1]

与此同时，塞瓦斯托波尔仍被包围，尽管我们的士兵英勇奋战，大

---

[1] 上述文字引自《薇·谢·阿克萨科娃日记》（圣彼得堡，1913）。

家都感觉到，它的日子是屈指可数的，命运给予民族国家的拥护者以最后的考验。"很显然，在我们政治行为方式上留下烙印的那种不理智，"当时丘特切夫写道，"也是我们的军事管理所固有的，不可能是别的。对思想的压制早就是我们政府的指导原则。类似制度的后果不可能是有限度的。没有什么可以幸免。所有事物都反映出这种压制。一切都越来越愚蠢……""全是坏消息，从他们那些最愚蠢的通报里可以感觉到，他们是完全茫然不知所措了。我以为，有史以来没有出现过类似的事：帝国，整个世界，竟会在几个傻瓜的愚笨行为的重压之下遭到倾覆和灭亡。"

在日记里，薇·谢·阿克萨科娃怀着嫉妒心不断注意有关新皇帝的事件和传闻。她对坏蛋涅塞尔罗德仍然掌权表示愤怒，对尼古拉制度的活象征克莱米赫尔[①]的离开感到高兴。她也不喜欢罗斯托夫采夫[②]："他的那些五花八门的指令多么讨厌，在那些指令里，他仿佛是以真诚、大胆和高尚的坦率，大声述说着将军们想象中的陛下所有举动：陛下对他罗斯托夫采夫说过的话，他罗斯托夫采夫是如何深情地吻陛下的手，陛下如何向前走两步才说了那些话，哽咽着，后来号啕大哭，后来又说那些话，总而言之，他把陛下当成了小丑。"

9月，新沙皇来到莫斯科。也是这个薇·谢·阿克萨科娃写道，弟弟康斯坦丁见到了亚历山大·尼古拉耶维奇，这一时期民间也有此传闻。"那里还有一个人（康斯坦丁以为，好像是位特使），此人完全用俄语开玩笑，戏弄所有的人，对所有的人开玩笑。对所有来到红台阶的人出口不逊。最后陛下和皇后手牵手出现了。大家不友好地喊出乌拉……""陛下面色消瘦，心情忧伤，康斯坦丁说，没有见过他不哭的时候，在他看来，陛下像是为以前统治的罪恶遭受报应的不幸的牺牲品。除此之外，他也是那种不能自我解脱的可悲制度所教育出来的牺牲品。民众都能发现，陛下躬身

---

① 彼·安·克莱米赫尔（1793—1869），利用尼古拉一世的好感，仰仗阿克拉切耶夫扶植得到晋升，1840年任军事大臣，后来主管交通运输。他是第一批被亚历山大二世解职的前朝官员。

② 雅·伊·罗斯托夫采夫（1803—1860），著名的农村改革活动家，有关改革笔记的作者。

行礼不太低头。在这里康斯坦丁听到，也是那个可疑的人说："给一个人多么大的荣幸！'"

沙皇从莫斯科去了圣三一大修道院。有宫女在那里，她们告诉薇·谢·阿克萨科娃说："陛下在这里不讨人喜欢，民众总是骂他，骂他。有人说，他把塞瓦斯托波尔交出去了，却来向上帝祈祷——这件事他们不想对我们详细说。这现象真是吓人，它让我突然感到某种恐惧，可怕的判决。他祈祷，哭泣，可是民众却残忍地审判他，好像不赞同他的祈祷似的。不幸的君主！可怕！某种宿命的东西追随着他。"

"康斯坦丁以为，言论自由能够根除罪恶。不，我以为，现在这还不够：只有完善的内部转变，整个制度的完全改变才能呼唤新生活，但是，无论如何，现在和今后，言论自由都是必需的。"

但是，从塞瓦斯托波尔传来了坏消息。"这就对了，"丘特切夫写道，"因为一个延续三十年的愚蠢、邪恶和舞弊的国家能获得成功和荣誉，才是不正常的。"

终于，我们很走运。在亚洲战场上卡尔斯被攻克。这使我们在1856年3月与被我们的顽强弄得疲惫的欧洲签订了不太耻辱的和约。

亚历山大·尼古拉耶维奇现在应该考虑的是，如何对待动荡和绝望的俄罗斯。他本人也感到震惊，有些迷茫。想起父亲的外貌，他的目光，他的伟岸的姿态，他的坚定音调，亚历山大对于尼古拉·巴甫洛维奇所固有的、对自己掌权的坚定信念感到惊讶。

他有意无意地力图模仿父亲，模仿那些威严庄重的姿态，但是，他觉得自己像一个接了不适当角色的演员。

不过，必须去莫斯科行加冕礼。他行走在豪华的华盖下，面色苍白，深受折磨之苦，在宽大的闪光皇冠里的头是歪着的，一种类似羞耻的奇怪感觉让他疲惫不堪。

随后是在那些宏伟大厅里举行的一系列招待会和芭蕾舞会，那里流光溢彩，骚动着喧嚷的人群，其中有宫里人、外交官、将军，还有光彩照人的宫廷美女和小矮人，以及数不清的显贵公爵——米格列尔人的、伊梅列季亚的、鞑靼的——穿着他们那鲜艳的制服，带着他们那不太遥远的血腥的过去……"在距离集聚现代人士的灯火辉煌的大厅两步远的地方，拱门内安放着伊万三世和伊万四世的棺木……如果想到，这所有发生在克里姆林宫的喧闹和光辉传到他们那里，这死去的人又会感到多么惊讶。"

"现实往往像做梦！"

然而也有另一种节庆——"民间的"。这是沙皇宏伟壮丽的背面。"这个虚假的民间节庆办得非常糟糕，构思也荒唐。这就是尽其所有的食物分配，那些食物被连续两天的大雨淋坏了，它们却是用来招待聚集在污泥和各种垃圾中的二十万民众的。"

3

于是，和欧洲签订了和约。在就此颁布的沙皇诏书里附带说："借助经常恩赐于俄罗斯的天意，愿它的内部制度得以巩固和完善；愿真理和慈悲主宰它的法庭；愿追求文明及一切有益活动的趋向，到处均以新的力量得到发展，每个人都处于法律的保护之下，该法律对所有人都是公平正义的，是平等庇护所有人的，但愿在和平中享受清白劳动的果实。最后——我们首要的热切期盼，乃是——在救世信仰之光照亮头脑、筑牢心智的同时，愿制度和福祉这一极为可靠的保障能保存并日益改善社会的道德。"

这一诏书的感伤情调是最为适合新皇帝性格的。"清白劳动的果实"是直接引用茹科夫斯基的话。但是，未曾受到政府眷顾的那些有文化的俄国人，是欢迎这份诏书的，因为其中包含着内部改革的暗示。不管亚历山大·尼古拉耶维奇愿意与否，他都必须走这条路，这是按照历史的客观力量、注定的辩证法所准备好的途径……亚历山大·尼古拉耶维奇·罗曼诺夫没有丝毫愿望要改造和革新俄罗斯的国家制度。他尊重、高度评价和爱戴自己的父亲。在他看来，他的父亲是有魅力的、英俊的。他并不以为他的制度不好。然而，亚历山大二世比许多同时代的官员、宫廷人士和高级贵族的代表都要聪明。他明白，尼古拉的制度注定要灭亡。由于和旧农奴制的拥护者进行斗争，他经常被搅得疲惫不堪，如果不是他固有的健全的理智迫使他解放农民，并拒绝尼古拉治理国家的方法，他原本是要接受和认同这个农奴制的。亚历山大二世明白，解放农民会给他带来荣誉——反正不能阻止事件的进程。但是他延缓了改革，不得已而延缓，因为在他的周围，同情这一改革的人很少。与此同时，在宫墙之外，有时也在宫廷内，在某暗处，总有些急不可待的人低声喋喋不休，咒骂那些围绕在御前的"贪婪的一伙人"。1858年一位聪明的亚历山大二世的同时代人写道："笼罩国内的平静，令我非常不安，这并非由于我以为这不是真正的平静，而是由于它显然建立在误解之上……""可是，当看到这里在做什么，或者更恰当的是没有做什么——进行那些乱七八糟、混乱不堪的活动，那么就不能不觉得存在着极为严重的危险。不仅是谁也不知道委员会在干什么，开始的任务处于什么状况，而且是谁也不想知道这些……""当时很显然，一项改革也没有进行，虽然提出过这一问题。"①

不过，亚历山大·尼古拉耶维奇记得，还是在 1855 年 3 月，他就读过赫尔岑的信："请把土地交还给农民。它本来就属于他们。请给俄罗斯洗掉农奴制状况的可耻污渍，医治我们兄弟背上的青紫伤痕……""快一点吧！把农民从将来的邪恶中拯救出来，救救他，不要让他再去流血！"

最后几句预言被特别记住了。是应当快一点，因为实际上有可能流血和出现暴力。亚历山大·尼古拉耶维奇降旨，将这个从克莱米赫尔和杜别里特手里逃脱的俄国人在国外发表的所有文字给他找来。

---

① 原文引自 1855 年 3 月 11 日赫尔岑致亚历山大二世的信。原载《北极星》，1855 年第 1 期。

那是个奇特的时代，当时这个"不思悔改的社会主义者"不仅把自己的书信呈送沙皇，而且也给皇后玛丽娅·亚历山德罗夫娜写信，例如，1858年11月1日因继承人的教育问题写的书信。善意的尼基坚科指出，这封信写得"语气很好，也很有才智"。后来有人对赫尔岑说，皇后读信时哭了。

不过，沙皇的家庭和政治流放者之间这种纯朴的关系没有延续很久。然而奇怪的是，不仅仅赫尔岑一人对亚历山大·尼古拉耶维奇抱有希望。在颁布1857年11月20日诏书之后，在各地召开"委员会会议"之后，^①有很多很多人是"相信"沙皇的，甚至"革命家"车尔尼雪夫斯基当时也在《现代人》杂志发表文章："俄国的历史从今年起与所有以前的年代有所区别，犹如它的历史从彼得大帝时代起与以往年代的区别。现在对我们而言，新的生活开始了，它比起以前是如此美好、完善、光辉和幸福，犹如俄罗斯的近一百五十年高出于十七世纪……向温顺的和平调停人承诺的祝福，给亚历山大二世戴上了欧洲君主中无一人承受的幸福桂冠，这种幸福——由一人开始，而完成于自己臣民的解放。"

这是沙皇和俄国知识分子的"蜜月"。当时赫尔岑写道："亚历山大二世的名字，从此载入史册。假如他的统治明天就告结束，假如他被某些肇事的寡头、维护劳役和鞭笞的暴乱者打倒——反正是他做了解放农民的事，将来几代人会记住这些的。"

实际上，亚历山大二世坚定地接受了赫尔岑在写给他的第一封信里表述的思想。无论如何必须尽快实行解放，因为"最好是从上层消除农奴制，而不是等到它从下层自行消灭"。亚历山大·尼古拉耶维奇对面临农民解放而惊慌失措的莫斯科贵族这样说。

众所周知，围绕准备进行的改革有多么复杂的斗争。亚历山大·尼古

---

① 此处指亚历山大二世给维尔诺总督 В. И. 纳济莫夫的指令，要求由选出的贵族代表组成委员会，制订农民改革方案。

拉耶维奇的处境是艰难的。农奴主不愿让出自己的地盘。大家也知道，改革甚至被搅得残缺不全，"赎金"和不足的份地束缚了农民的手脚，但是毕竟迈出了坚实的第一步。

1861年2月19日的诏书颁布之后，赫尔岑兴奋地写道："亚历山大二世做了很多，非常多，现在，他的名声凌驾于他的所有前辈之上。他为了人的权利、为了表示同情反对凶狠顽固的一伙坏人，并摧毁了他们。无论俄罗斯人民还是全世界的历史，都不会忘记他做的这件事。我们从遥远的流放地，以少有的迎接专制主义的名义向他致敬，并不带苦笑——我们用'解放者'的名字向他表示敬意……"

但是在这种兴奋的祝贺之后，赫尔岑又严肃地告诫沙皇："如果他停下来，如果他松了手，那就可悲了。野兽没被打死，它只是惊呆了……"

后来他又说："为什么在向俄罗斯人民宣布解放诏书那一天，此人没有死去……"

1861年2月19日亚历山大二世没有死，他又活了二十年。这是痛苦的一生，其含意也难以说得清楚。解放农民，解开了由多个沙皇紧紧结成的结子，在尼古拉时代它几乎让国家窒息。但是，在这个结子解得好或者不好的时候，却从黑暗的强制中冲出了此前尚不可知的力量，这些狂暴的可怕势力在亚历山大皇帝心里引起了莫大的恐惧，克罗泡特金曾对此感到惊讶。顺便提及，在1862年，这个克罗泡特金还是贵胄军官学校学生的时候，就崇拜这位"解放者"。"当时我的感情是这样的，"他写道，"如果我在场时有人刺杀沙皇，我会用胸膛挡住，保护亚历山大二世。"克罗泡特金写道，有一次，他在宫廷值勤，检阅时跟在陛下后面，"侍从和副官们都不见了"。"我不知道这一天亚历山大二世有何急事，或者另有原因想让检阅快点结束，他简直是在队列前急驰而过……""他急急忙忙，仿佛是躲避危险。他那种亢奋传给了我，我时刻准备奔驰向前，只可惜我没有佩带自己的带棱马刀，那是能和重剑砍杀的，而佩带的只是普通的制式武器。来到最后一个军团前面的时候，亚历山大大才放慢步伐。他走进另一个大厅时，朝四面看了一眼，正巧与我因兴奋和疾走而闪亮的目光相遇。一位下级侍从武官在我们后面跑过了两个大厅。我准备恭听严厉斥责，但亚历山大二世没有这样做，或许当时他另有想法，却对我说：'你在这里吗？好样的。'他慢慢向远处走去，把我经常见到的他那专注而神秘的目光投向天空。"

当时亚历山大二世在想什么？为什么他的目光如此"神秘"？为什么车尔尼雪夫斯基、克罗泡特金、赫尔岑和其他曾相信沙皇的人，最终成了他的敌人？苦役、监禁、流放——这就是那些抱有如此美好希望，并郑重向"解放者"致敬的人所遭受的命运。娘家姓丘特切娃的安娜·费奥多罗夫娜·阿克萨科娃非常了解和接近亚历山大·尼古拉耶维奇，她说，这个皇帝作为一个人，比起自己的事业要差一些（L'empereur défunt était inférieur à ses oeuvres）。

确实，亚历山大二世时代的改革尽管没有完成，其意义是巨大的。农民改革不可避免的后果是有了另外一些改革——地方上的、城市的、法院的，以及最后是军队的改革——实行全国义务兵役制。无论旧制度的拥护者怎样谴责或者限制农民解放的计划，终究是做了一件有重大意义的事，它从根本上摧毁了等级繁复的俄罗斯。这是覆灭的开端。专制主义脱离了自己最主要的支柱——奴役。然而，亚历山大二世没有成为民众的英雄。也是那个阿克萨科娃解释其原因在于，人民尊重英雄不在于他们做了什么，而是看他们本身是怎样的，其本性是怎样的。亚历山大本人有时也觉得自己"比自己的事业差一些"。这就是为什么他的目光往往是那么"神秘"。他作为沙皇，应当是预感到了自己可怕的命运。他的父亲为他准备了这可怕的命运。父亲把自己的警察制度推行到了极限，已不可能再走和平建制的道路。无论怎样的"改革"，都不可能让当时被新奇事件搅得茫然、动荡的俄罗斯感到满足。一个长年在窒闷和黑暗牢房关押的人，已跨过牢狱的门槛，沉醉于阳光和空气之中。19世纪60年代和70年代是醉人的年代，这是革命的第一次微醺。不是"仁慈"和软弱的亚历山大·尼古拉耶维奇，而是某个意志特别坚毅的人——新的彼得大帝——也许能够消除动乱。但亚历山大二世绝对不行。第九次巨浪涌来就断送了他。如果说，亚历山大被刺后随之到来的是新统治的死一般的平静，那么，这一平静的原因，当然不在于波别多诺斯采夫^①的政策，也不在于亚历山大三世个人，而是由当时历史条件的客观事实决定的。这一反动也是符合规律的，犹如海洋的潮涨和潮落。

4

自从 1858 年 7 月 12 日颁布有关召开"农民生活"体制委员会会议的诏书之后，有七十次农民抗命地主的情况记录在案。不得不采取警察措施，并请求军队协助。赫尔岑并非没有根据地写道："应该敲响钟声，告诉这个政府：是警醒的时候了！现在还有时间！你可以通过和平途径解决解放农民的问题……""是醒来的时候了！通过和平途径解放农民将很快被延误，农民要按自己的方法来解决，会血流成河——这样谁会是罪人？"^②

不过，农民比较有耐心地对于承诺的自由等待了整整四年，1861 年，关于自由的诏书在各教堂宣布的时候，农民中间开始出现了不明的骚乱。人们耐心等待，是因为希望沙皇给予"完全自由"，也就是得到没有赎金的自由和土地。而事实上，甚至劳役和代役租都要在一定时期内保留，要求有赎金，在另一些地方，甚至份地也比农奴制时农民所得到的要少。当时农民认为——这是"假自由"。于是开始产生误解、动乱，有时与地主

---

① 康·彼·波别多诺斯采夫（1827—1907），俄国国务活动家，法律家，有法律史方面的著作。曾任俄国正教院总监，在亚历山大三世统治时期颇有影响。

② 原文引自 1855 年 3 月 10 日赫尔岑致亚历山大二世的信。原载《北极星》，1855 年第 1 期。

和当局发生悲惨的冲突。例如，在奔萨省不得不镇压暴动。死伤了不少获得自由的农民。这次奔萨省的暴动之所以令人瞩目，因为它是知识分子和沙皇发生严重争执的首要原因。在喀山，夏波夫教授带领自己的学生参加追悼死者的活动，亚历山大·尼古拉耶维奇认为这是对自己的羞辱。[1] 在此情况下，主持追悼活动的僧侣也遭了难，陛下把他们流放到索洛夫基。这和某些大臣的退休发生在同一时间。瓦鲁耶夫[2] 在政府的舞台上出现了，他开始推行"调解方式"的改革。这是彼得堡专制势力与第一次征召的和解调停人进行斗争的时期。事情有时会发生急剧转变。例如，按照瓦鲁耶夫的要求，三十位特维尔省的和解调停人[3] 在亚历山大·尼古拉耶维奇并非不知情的情况下，被关进了彼得保罗要塞。这是可悲皇帝的大臣们所掌控疯狂行为的最初征兆。亚历山大·尼古拉耶维奇本人有时可能觉得，他是在疯人院里，按照自己本来的习惯，他流了眼泪。他希望所有人都爱戴他、赞扬他，然而大家却开始议论反动势力，责怪他支持这种反动。于是陛下受委屈，哭了。

当亚历山大·尼古拉耶维奇在康斯坦丁·尼古拉耶维奇大公和安娜·巴甫洛夫娜女大公的影响下试图转向最初的自由主义计划时，改革的敌人告诉他，进一步"退让"会导致帝国的灭亡。为什么？因为会开始进行革命。然而，这个革命在哪里呢？于是，当时大臣们给亚历山大·尼古拉耶维奇送来传单《致青年一代》《人民需要什么》《致老爷

---

[1] 当局压制农民的行动，武装镇压其参加者，引起主张民主的知识分子阶层的广泛抗议，其明显的例证就是，喀山大学师生为别兹得纳村被杀害的农民举行追悼会。在这次追悼会上，接近六十年革命小组的 А. П. 夏波夫教授发表演说，因此被捕，并流放到伊尔库茨克。

[2] 彼·安·瓦鲁耶夫（1815—1890），俄国伯爵，曾任内务大臣、国家财产大臣，领导地方行政和检查工作的改革。著有《日记》。

[3] 特维尔自由主义反对派（1861—1864），是俄国 60 年代社会政治生活中著名的现象之一。三十位特维尔的自由派和解调停人发表声明，大规模推行先进的（实为资产阶级民主性质的）改革纲领，在政府圈内，这一声明立即被定性为应予严加制裁的煽动"犯罪"。随之派以 Н. Н. 安年科夫将军为首的特派小组持逮捕证来到特维尔。在声明书上签名的有 А. 乌普科夫斯基、А. 叶夫罗佩乌斯、Н. А. 巴枯夫宁、А. 涅韦多姆斯基、А. 库得里亚夫采夫等人。

们的农民》《青年俄罗斯》，有许许多多，这些都是用奇特的不同寻常的语言写的。①它们有时是深情感人的，有时则带着血腥味，但不论哪一种都使得亚历山大·尼古拉耶维奇感到恐惧，令他厌恶。这些奇怪的人想要什么？他们写道："我们需要的不是沙皇，不是皇帝，不是经上帝涂圣油的人，也不需要遮盖后继者无能的貂皮大衣，而是为其职务获得薪俸的挑选出来的首领……如果亚历山大二世不理解这一点，不想自愿向人民做出让步，那么对他来说会更糟糕。"

亚历山大·尼古拉耶维奇读到这些文字时在想，也许，发疯的不仅仅是他的大臣们，还有这些传单的写作者。这些人提出让他自动脱下貂皮外衣，让他拒绝皇冠，这皇冠可是在钟声和民众欢呼声中由莫斯科的大主教隆重戴在他头上的。他们需要某个挑选出来的领薪俸的首领……这是干什么？这意味着，他们想让这个半自由的、昨天还是农奴制的愚昧的农民的俄罗斯，变成符合1792年雅各宾共和国制式的共和国！这还不算。他们要求实行社会主义！"我们要求土地不属于个人，而属于国家；使每一个村社都有自己的份地，不存在个人土地所有者。"

这就是《青年俄罗斯》传单里坦诚表达的全部内容。要流血，应当完全放手不管，庆祝自由的节日，接着是，让皇家坏人的血流遍宫廷……

传单里说得很明确："这一压迫人的可怕状况的出路……只有一个——革命，不可动摇的流血革命，它应当彻底改变当代社会的基础，一切，一切，无一例外，并消灭当今制度的维护者。我们并不惧怕革命，虽然知道会血流成河，也可能，无辜的牺牲者会惨遭杀害。"

彼得堡开始发生原因不明的火灾。②这个惊恐的城市上空每天都火光冲天。亚历山大·尼古拉耶维奇看见了这些血红的帷幕，他觉得，这是魔鬼摆下了自己的可怕宴席。火灾应归咎于放火者，事实上也找到了放火的

---

① 此处指尼·格·车尔尼雪夫斯基小组的人撰写的传单。《致老爷们的农民》是车尔尼雪夫斯基本人所写，《致青年一代》是尼·瓦·舍尔古诺夫写的。

② 彼得堡大火发生在1863年5月26日，火势延续数天，烧毁了阿普拉克欣宫及周围的建筑。

证据，但没有发现放火的人。多数人认为，放火者就是那些编写公开传单、号召刺杀沙皇的人。另外一些人认为，放火的罪人是波兰人。

这时在波兰发生了动乱。骚乱的起因是，波兰人在夜间闯入兵营，杀害了没有武器的俄国士兵。这次起义在俄国没有得到同情。亚历山大·尼古拉耶维奇起初担心欧洲干预此事，最后，尽管有大国的威胁，他仍保持了自我克制。陛下得知，站在波兰方面的《钟声》，其影响有所波动。该刊物发行量下滑。通过一系列争论文章，卡特科夫成功地痛击了赫尔岑。在我们的自由主义者击掌相庆之时，俄国的将军们镇压了波兰。波兰起义被镇压之后，亚历山大派 H. A. 米柳京去华沙实行 1861 年 2 月 19 日条例。在那里，农民在比中心省区更好的条件下得到了解放。这是对领导起义的波兰小贵族的独特的报复。

血腥的传单、波兰的骚乱、农民的密谋——这些都妨碍亚历山大·尼古拉耶维奇平静的生活和平静的统治，而与此同时，数百万农民群众无论如何是需要管理的。以前曾经有数万个没有薪俸的"警察局长"；从前地主老爷"父亲般地"管理着农民。可是现在，亚历山大·尼古拉耶维奇突然看见一支不久前还没有权力的穿"灰呢外衣"的大军。他不得不在 1864 年制定《关于省级和县级地方机构条例》。尽管选举制度还不完善而且有些造作，但这仍然是"各个阶层的"机构，完全是改革前的俄罗斯所没有的。在地方进行改革的同时，还出版了《法规》，其中规定彻底实现在法律面前平等这一标志，极大限制了改革的敌人。

这些改革从根本上改变了以前所有无权的和悲惨的生活方式，对那些激动兴奋的人却没有任何影响。人们想着另外的事。现在已不能满足于已觉醒的随性的渴望。"全部，或者一点也没有"——这就是当时的地下俄罗斯所想要的。这是对尼古拉制度的合理的惩罚。

1866 年 4 月 4 日，亚历山大·尼古拉耶维奇参加莱赫腾贝格公爵和巴登公主玛丽娅举办的社交活动，正在夏花园散步。三点多钟，当他走出花园正要坐进马车的时候，传来一阵枪声。这是地下人士中的一位开的枪，他们不想再等待沙皇做什么，不想在无所事事中耐着性子延迟开枪时间。的确，这位二十三岁的德米特里·弗拉季米罗维奇·卡拉科佐夫，似乎比其他人更难以忍耐。后来得知，他的伊舒金小组的同志们也被这枪声吓了一跳。他们的抽象议论，对"疯子"卡拉科佐夫来说，却成了不可避免的命中注定的事。事情从开始就不幸，某小市民科米萨罗夫正巧碰了一下行刺人的手，子弹没射中沙皇的心脏。[①]主要的事已做了。找到了"谋杀"的人。卡拉科佐夫仿佛以自己的开枪为信号，表示现在"什么都可以干"。当然，这个年轻人深信，刺杀专制者是英雄行为。但亚历山大·尼古拉耶维奇本人不认为自己是专制者。他将自己和他以前的各个俄国皇位上的沙皇做过比较，认为之前没有一个像他一样表现出对人民的信任。但是卡拉科佐夫和他的朋友们有不同的看法。

亚历山大·尼古拉耶维奇在日记里，也是在1866年4月4日那天，用花饰的女人笔体简短记述了事件的经过："同玛露霞和科里亚在夏花园散步……有人用手枪开枪，掠过……刺客被逮捕……普遍同情。我回家——去喀山教堂。乌拉——白厅里所有近卫军——奥西普·科米萨罗夫的名字……"

亚历山大·尼古拉耶维奇的儿子、未来的"和平缔造者"也在日记里记述了这一事件，以及普遍的欢庆以及雷鸣般的"乌拉"声。"后来叫来了那个救人的男子，爸爸亲吻他，把他升为贵族。又是一阵震耳欲聋的乌拉声。"

在行刺当天，П. И. 魏贝格恰好在诗人迈科夫家里。他述说着："费奥多尔·米哈伊洛维奇·陀思妥耶夫斯基急促跑进屋里，脸孔苍白，面无人色，全身哆哆嗦嗦，像发疟疾似的。

"'有人冲沙皇开枪！'他嚷道，也不同我们打招呼，由于过分激动，声音断断续续。

---

① Д. 卡拉科佐夫枪击亚历山大二世，但未射中，因为当时在他身边的克斯特罗姆的农民奥西普·科米萨罗夫碰了一下他的手臂，因而救了沙皇的命，科米萨罗夫为此获得重赏。

"我们霍地站起来。

"'打死了吗？'迈科夫用异样的声音喊道，我清楚记得，那是用非人的粗野的声音喊出来的。

"'没有……得救了……平安无事……可是开枪了……开枪了……开枪了……'

"我们稍微安慰了他一下，虽然迈科夫几近昏厥，两个人还是跑到外边去了。"

他还说："当前，在发生类似刺杀的时候，公众或多或少已经习惯了，却不可能想象4月4日这天晚上在彼得堡发生的事，当时这次开枪刺杀俄国沙皇是在俄罗斯传出的第一枪。可以明确无误地说，所有彼得堡人都拥到街头去了。动荡和不安是难以想象的，人们仓皇奔走于四面八方，多数是到冬宫，喊叫声中，常常听到的是'卡拉科佐夫！''科米萨罗夫！'，对前者是威胁的谩骂，对后者是隆重的欢呼。民众拥在一起，唱起'上帝，保佑沙皇……'①"

但是在同一天，回忆录作者也看到另一种面孔——那是"阴沉的、愤恨而茫然的面孔"，这些人缄默不语。

"我很快和迈科夫以及陀思妥耶夫斯基分开了，"魏贝格写道，"他们走进了欢呼的人群。"

沙皇一家人当然因躲过一劫而欢天喜地。亚历山大·尼古拉耶维奇晚上有时去听歌剧，有时是观看芭蕾舞。到处喊"乌拉"，数次唱"上帝，保佑沙皇"。沙皇说："上帝拯救了我。"他进行短祷，尽心祈祷。但奇怪的是，那个谋害他的年轻人也在祈祷。伊舒金的辩护人 Д. В. 斯塔索夫在日记里写道："对第一组宣判的当天，我到法庭比其他人早一些，记不得是谁对我说，卡拉科佐夫从监狱出来了，关押在城防司令的家庭教堂里，从审判厅到那里可能不远。我去了那里，发现卡拉科佐夫在教堂里跪着。

① 这是由瓦·安·茹科夫斯基作词，А. Ф. 利沃夫作曲的俄罗斯民间赞歌。

他独自在那里，拼命地祈祷，全心全意，十分投入，好像处于某种兴奋状态，我还从来没见过有谁是那样子的。他非常安静地倾听判决，我记得他一句话也没说。他在斯摩棱斯克野地被处死了。伊舒金[①] 呈请赦免，但也被带到行刑的地方，在那里对他宣布了判决书，穿上殓衣，戴了眼罩，正当把人送上绞索的时候，来了一个宣布赦免的传令兵——我记得是，改判死刑为终生苦役。"

1867 年春天，亚历山大·尼古拉耶维奇收到拿破仑三世的邀请去参观展览，于是携儿子和随从赴巴黎。决定这次出行时，亚历山大·尼古拉耶维奇显然没想到，法国社会对他这位俄国君主在某种程度上抱有敌意。当时沙皇有一种快活的甚至是轻浮的情绪，这种情绪经常在哭过之后突然出现，不管是在什么场合，对于这些不负责任的轻佻情感他并不感到多么羞愧，这类情感时而迫使他向画家济奇[②]订购色情绘画，时而在一个赫赫有名的国际妓女怀抱里"寻求陶醉"，时而在自己的办公地为经过挑选的观众举办淫秽的演出，对白台词完全取自于侯爵德-萨得的创作。[③]

还在动身去巴黎之前，沙皇给我们的使馆发去电报，要求为他在小歌剧院订包厢，那里正在上演轰动一时的歌剧《杜赛司·德-赫罗利施泰因》。叶卡捷琳娜二世的形象在这部小歌剧里是被丑化的。玛丽娅·尼古拉耶夫娜女大公也出现在这次演出中，她的女友玛·弗·沃龙佐娃曾对她说："玛莎，你怎么不感到害羞！毕竟她是伟大的君主，而你的相貌长得又和她相似……" 就这样，沙皇怀着快活的心情来到巴黎。拿破仑三世亲临车站迎接，并领他在亚历山大一世曾住过的爱丽舍宫下榻。午饭后，

---

① 尼·安·伊舒金（1840—1879），60年代的平民知识分子，革命家，行刺小组的主谋。他改判为终生苦役后，关押在施吕瑟尔堡要塞，1868年2月，他当时已患精神病，被送到西伯利亚，在喀拉死亡。

② 米哈伊尔·亚历山德罗维奇·济奇（1827—1906），匈牙利制图家和画家，从1847年起居彼得堡，亚历山大二世时期任宫廷画家。

③ 德-萨得侯爵（1740—1814），是萨得·多那西耶-阿里封司的笔名，法国色情作品作家。

沙皇一家人匆忙赶到"杂耍剧院"①。他如此热衷于消遣娱乐，令巴黎人为之惊讶。不过，亚历山大·尼古拉耶维奇的愉快心情很快就变成郁闷和不安了。一旦发现亚历山大坐进马车，参加叶夫盖尼皇后或者皇帝本人的社交活动，到处都会传出大胆的民主的呼喊："波兰万岁！"波兰侨民在街道、广场，甚至在司法宫组织示威游行。

定于6月6日在隆沙进行大检阅，应当有三位皇帝——俄国的、法国的和德国的——驾临。返回路上，沙皇和拿破仑同坐一辆马车，路经布龙森林，一个叫别列佐夫斯基②的波兰人冲俄国皇帝开枪，但没有射中，刺客被捕。子弹射中了法国御马司的马。和皇帝同行的还有亚历山大的两个儿子。开枪之后皇帝惊恐万状地抓住他们的手，看是否受了伤。皇后叶夫盖尼得悉遇刺后，亲临爱丽舍宫慰问陛下。她遇见他正处于惊慌失措的状态，他说他应当立即返回俄国。她尽力劝他留下来。她又去拥抱他，扑在他胸前哭泣。之后还有塞纳地方长官的酒宴和游览枫丹白露。大家预料会有第二次行刺，亚历山大·尼古拉耶维奇发现，叶夫盖尼皇后时刻守候在他身边，仿佛以自身保护他，以防止可能受到的攻击。他们不得不婉拒林中打猎。

沙皇返回俄国时心情郁闷。这两次行刺——卡拉科佐夫和别列佐夫斯基所为——对他很有影响。他明白，某种严重的命运攸关的事现在开始了。他是个猎手，能察觉野兽的出现，如今他似乎觉得，他本人像只狼，受到了伤害，如今在围捕，猎犬狂吠，养犬人在喊叫……现在他看见面前是黑乎乎的枪口。这就是死亡。而他想活下去。他还没有享受够如此丰富的、轻易得到的人间幸福。

---

① 18世纪末建于巴黎的剧院，上演各种杂耍节目。

② 安·约·别列佐夫斯基（1847—？），波兰人，1863年起义参加者，住在巴黎。1867年6月6日开枪行刺亚历山大二世，被判处终身苦役。

5

尽管当时俄罗斯国内生活复杂，尽管试图通过改革使帝国焕发青春，尽管有政府称之为"叛乱"的革命动荡，俄罗斯帝国仍始终不渝地扩大了自己的疆域，以自己无限的军事殖民让欧洲，特别是英国感到惧怕。在中亚，俄国人用武力开路，继续进行国家殖民。在 60 年代，切尔尼亚耶夫占领了浩罕。70 年代，斯科别列夫将军通过对土著人的胜利，在中亚版图上完成了俄罗斯的帝国主义政策。1864 年，在和沙米尔进行顽强斗争之后，高加索最终归顺。

欧洲怀着妒忌心关注俄国人在亚洲推行军事和殖民化的成功。有倾向表明，俄国政府对于在欧洲解决所谓的"东方问题"欲施加影响，这时候，欧洲的外交界激动不安起来，这并不奇怪。自削弱我们在"东方问题"上权力的 1865 年巴黎和约之后，已过去了二十年。现在，从 1874 年起，我们已拥有经过改革的民主的军队，也是以通用新式装备为基础、经过补充的军队，一般说来，在这二十年，我们的国家和社会生活发生了不小的变化。政府也难以继续作为巴尔干半岛所发生事件的消极的见证者。在 1875 和 1876 年，塞尔维亚人、黑山人、保加利亚人和其他斯拉夫人进行过艰难的尝试，企图摆脱土耳其的势力。被土耳其人征服的巴尔干各民族的处境，实际上是艰难的，而按 1856 年条约，有责任保护土耳其基督教居民利益的欧洲大国却漠然视之，他们只担心一件事——将来可能发生的俄罗斯君主制的影响。

俄国国内开始了同情斯拉夫人的运动，虽然难说它有多么广泛和多么具有民主性，自然，也不可能完全否定它的存在。1877 年 4 月 12 日，亚历山大·尼古拉耶维奇签署了与土耳其开战的诏书。土耳其战争史是众所周知的。战争是艰巨的。不得不在亚洲，也在欧洲打仗。为一个普列夫纳城①，我们曾遭到巨大的牺牲，但最终它被攻下了。我国军队越过巴尔干转战鲁梅利②。古尔科、拉杰茨基和斯科别列夫占领了菲利浦堡③、阿得利安堡，直达君士坦丁堡。亚洲部分攻占了卡尔斯。1878 年 2 月 19 日，在马尔马拉海岸边离君士坦丁堡十几俄里的地方圣-斯忒法诺，土耳其人签订了对我们有利的和约。据此，巴尔干各民族的独立有了保障。然而这些成功以及所有这些巨大的牺牲却是徒劳无益的，或者说几乎是徒劳无益的。

　　沙皇在普列夫纳附近的阵地度过了夏天和秋天。他不觉得自己是统帅，拒绝统率军队，官方的历史学家则吹捧他谦逊。但是，他的间接参与妨碍了军事行动，因为一些阿谀奉承和飞黄腾达的人利用他的个人地位，为谋取私利而危害了大事。例如，有一次疯狂突击普列夫纳，白白牺牲数千俄国士兵的生命，这就是为了在沙皇的命名日讨好他所采取的行动。亚历山大·尼古拉耶维奇去医院进行热情的慰问，哭了很久。谢·彼·博特金医生④在自己的《寄自保加利亚的信》里写道："陛下的悲痛确实是真诚而强烈的。然而，他知道遭此溃败的原因吗？不知道。周围的人都瞒着他，专家中谁能下决心直率而坦诚地说出自己的意见呢？周围的一切都没有展现出那种公民的勇气，让人敢于在需要点明处说出实情……"

　　尽管存在这些滥用职权、错误以及犯罪，俄国士兵还是到达了君士坦丁堡城下。这在英国掌控的范围内引起了巨大的愤怒狂潮。英国的船队被派往马尔马拉海。当然，奥地利这时想浑水摸鱼。

　　亚历山大·尼古拉耶维奇茫然不知所措。他时而要求占领君士坦丁堡——此点很容易，我们一时就可做到——时而又命令绝不能从城郊再向

---

① 普列夫纳，又称普列文，保加利亚的城市。在 1877—1878 年的俄土战争期间，为争夺该城展开了激战，俄国军队三次猛攻均告失败。随后俄国军队包围了普列夫纳，土耳其军队突围失败，宣布投降。

② 鲁梅利，从 16 世纪末至 19 世纪，指从索非亚为中心的土耳其省（包括保加利亚、塞尔维亚、黑塞哥维那、阿尔巴尼亚、马其顿等）。现为土耳其欧洲部分的名称。

③ 菲利浦堡，今保加利亚的普罗夫迪夫。

④ 谢·彼·博特金（1832—1889），著名内科医生，唯物主义学者，1873 年起为御医。

前挺进。而这时，土耳其人在英国人统率下建立了新的防御工事，并集结军队，于是攻占这一世界名城已不是那么容易了，而彼得大帝和叶卡捷琳娜却曾想得到它。

最后，被英国和奥地利拒绝的圣－斯忒法诺条约不得不转交柏林会议讨论，众所周知，在那里，"忠诚的掮客"俾斯麦从俄罗斯手里夺走了它的胜利果实。农民的血染红了普列夫纳的防御工事，他们流血却是为了让亚历山大二世皇帝的普鲁士亲戚们耻笑俄罗斯的利益。

这次亚历山大二世又哭了很久，却无条件地服从了会议的决定。这次战争的结果是，解放了旨在反对俄罗斯的德国、奥地利和意大利三国联盟，但没有完全满足其要求的巴尔干各民族表示不满，国内不再相信亚历山大二世政府的道义力量。

亚历山大·尼古拉耶维奇·罗曼诺夫并非降生在幸运星辰之下。无论改革或者军事上的功绩，都没能给他戴上那些幸运儿无须特别努力即可获得的桂冠，甚至一些真心爱他的亲人也不相信他。在土耳其战争时期，被疾病和道义迷茫弄得疲惫不堪的亚历山大·尼古拉耶维奇，身体变瘦了，弓腰驼背，亲眼见过他当时生活的人众口一词地说，他让人觉得可怜。他的父亲从来没给任何人留下这样的感受。那个强人虽然在理智和精神上是盲目的，却以自己的方式展现出强大。亚历山大二世一辈子都没有学会戴好皇冠。

所谓"伟大改革"的时代，尽管在当时国家和社会改造上具有重大意义，却根本不是宏伟的时代。一些有权势的人比他们的父辈祖父辈更加浅薄。如果细看叶卡捷琳娜二世时代、保罗时代和亚历山大一世时代显贵们的画像，在这些人的脸上不会看不出某种庄重、威严和智慧的因素。除这些明显特征之外，这些画像上还有另一些性质不同的特征，更加明显的——饱含着敏感、自负、高傲，有时是残酷的特征。而在尼古拉战友们的画像上，一切都变得僵化、死板，变成残酷和粗暴的。这些已不是显贵要员，而是前线的奴仆，首先是军人，或者更准确地说，全是些"宪兵头目"。在亚历山大二世时代，人们更加士气消沉。在一长串"改革时代"

的国务活动家的队列中，您有时会找到令人讨厌的渺小的人，有时相反，这一队列中还有些值得尊敬和同情的人，但在这些人当中却难以找到鼓舞人心的、英勇的以及不过是意识到自己在掌权的人。这是政府内拥有自由官僚和社会上拥有所谓"第三种成分"的时代。

君主主义将走到自己的尽头。亚历山大二世不是威严的，甚至称赞他的人也没发现他具有这一特征。被沙皇迷惑、忠贞不贰的尼基坚科是颂扬他的，但此人根本不可能谈到皇帝的治理。"陛下谈吐的温和、尊贵和亲切是难以表达的，"尼基坚科写道，"透过他那声调，几乎不从嘴边露出、有时因某种重要想法才有所改变的微笑，整个面孔和每句话都是那么忠诚和单纯，不带一点造作和虚情假意——这些让我感到特别惊讶。他没有丝毫故意做出的帝王尊严。"不过，比天真的尼基坚科更了解亚历山大·尼古拉耶维奇的安·费·丘特切娃（即阿克萨科娃）却说，皇帝有时也戴上"帝王尊严"的假面具，但这种假面具对他不合适。照这个爱嘲弄人的宫廷女官的话说，假面具是漫画式的，"使他的脸变得令人讨厌，而不是见了会肃然起敬"。

爱戴亚历山大·尼古拉耶维奇的人，从他身上感受到某种在劫难逃的厄运。他那略显突出的眼睛里，流露出某种温顺和忧郁。也许，茹科夫斯基注意到了他的眼神，当时他称自己的学生是"野羊"（mouton féroce）。显然，这是亚历山大·尼古拉耶维奇作为继承人时的外号。据传说，尼·尼·穆拉维约夫－卡尔斯基也称他为羊（"c'est un bélier féroce"）。彼·雅·恰达耶夫在莫斯科阿·安·札列夫斯基伯爵家的晚会上见到沙皇，当时他的朋友安·伊·杰利维格问，为什么他恰达耶夫如此郁郁寡欢，于是他向杰利维格指着陛下回答："难道俄罗斯能从这对眼睛里期待什么福祉？"

在这个命遭灭顶的国君统治期间，俄罗斯庆祝了自己国家的千年华诞，虽然官方举行了庆祝，似乎无论皇帝本人还是他的战友以及社会，都没有感受到那种"历史的分量"，而没有这种分量就无法洞察这种或那种人民生活方式的意义以及是否正常。

皇帝本人、他的家庭、他的大臣们——都埋怨社会上盛行"虚无主义",因而难以和"动乱"进行斗争。社会上的虚无主义实际上正处在流行时期。但事情并不局限于《青年俄罗斯》一类的传单,涅恰耶夫式的政治谋杀,皮萨列夫那样的报刊文章:这一切比亚历山大·尼古拉耶维奇所想的要深刻得多,特别是不能责怪年轻的热爱自由的俄罗斯道德沦丧。假如皇帝想成为公正的和正确的,他就应当承认,要去找现实存在的虚无主义,也就是完全没有原则性的,那么,这首先应到那个时代的政府本身的环境里去找。而沙皇本人以及所有他周围的人,早已不再相信他能够而且应当领导国家。俄罗斯千年华诞遇上正在迫近的社会和政治剧变发出了第一次地下轰鸣。亚历山大二世无力防备那些让他深受惊吓的未来的事件。

6

皇帝的个人生活怎样呢?他于1841年春天娶了黑森–达姆施塔特的公主。当时她十七岁,他二十三岁。他有几年是幸福的。后来,神经质、敏感和多疑的亚历山大·尼古拉耶维奇对他的夫人表现冷淡。加之,她还远不是老太婆的时候,却按医生的要求,弃绝了夫妻欢爱。皇上遭到强制禁欲之苦,他背叛了妻子,找到了一些促使沙皇私通的宫廷皮条客。初次背叛之后,接着是第二次,然后是再次,再次。女人像施了魔法似的影响着这个脆弱而善感的人。他那唐璜式的爱好没有遇到任何阻碍。他已习惯于淫乐,也不规避自己的妻子。玛丽娅·亚历山德罗夫娜皇后像往常一样,用那对绵羊般的眼睛稍带责备地瞧着他,从不怪罪他。有时他还把自己与人私通的秘密告诉她。他的父亲是荒淫无度的,却尽力维持美好的家庭外表。儿子对各种礼仪无所顾忌。随后他能轻易地让被他勾引的女孩子嫁人。宫廷的奴仆们并不厌弃沙皇的情妇。

然而，沙皇也有真爱——此人就是叶卡捷琳娜·米哈伊洛夫娜·多尔戈鲁卡娅女公爵[1]。他初次见到她是在1857年8月，在捷普洛夫卡她父母的家里，当时他开赴沃伦进行大规模演习，在这里暂时停留。那时她仅十岁。沙皇造访她家之后不久，多尔戈鲁基公爵便破产身亡。亚历山大·尼古拉耶维奇以培养公爵的六个子女的名义，担负起监护责任。女孩子送到斯莫尔尼学院学习。沙皇喜欢长着"黑美人眼睛"的大姐卡佳。他很欣赏她那猫一般的性情。这位叶卡捷琳娜·米哈伊洛夫娜十七岁时毕业，移居到巴谢诺伊的兄弟家里。有一次，春天里，亚历山大·尼古拉耶维奇在夏花园遇到她，他并不介意有些好奇的人在场，很长时间陪伴她沿着侧旁的林荫路散步，欣赏她那柔美脖颈和缕缕栗色美发。后来又有几次会面。他们常在叶拉金岛[2]和彼得戈夫周边幽会。沙皇公开追求这个自己收养的年轻女子。她长时间受到陪伴。1865年6月在彼得戈夫与红村之间的一个厅堂里，十八岁的女公爵委身于皇帝。当时他四十七岁。她的恐惧、眼泪、温顺和胆怯的亲吻刺痛了这个情场老手的心。亚历山大·尼古拉耶维奇热恋女公爵，初次幽会时便抱住她的腿，唠叨个没完，表示要把一生奉献给她。

秋天，沙皇把自己在冬宫一处大院的钥匙交给了他的恋人。她羞于见到那些知悉沙皇内室秘密的仆从，是沿着一部秘梯来与他幽会的。

叶卡捷琳娜·米哈伊洛夫娜的亲戚担心引发争执，便把她送到了拿波里。但是沙皇患了真正的相思病。他于1867年来到巴黎后，便把自己的恋人叫到那里。被巴黎一伙人羞辱的痛苦印象以及别列佐夫斯基的枪击，都没能妨碍皇上与女公爵的幽会，她秘密来到爱丽舍宫见他，是从加布里埃尔街与马里尼林荫路拐角处穿过旁门进去的。

---

[1] 叶·米·多尔戈鲁卡娅（1847—1922），1880年成为亚历山大二世的非皇族妻子，同年12月5日按圣谕授予特级公爵夫人称号。

[2] 叶拉金岛是彼得堡涅瓦河口的小岛。

1872 年 9 月，叶卡捷琳娜·米哈伊洛夫娜告诉沙皇说她怀孕了。她细心地保守着自己怀孕的秘密，但是感觉到分娩的临近，她叫来贴身侍女，此人后来有回忆录存世，她们一起来到沿河大道。这是 4 月的白夜。没有马车。皇帝的情妇蹒跚步行，拉着侍女的手，饱受痛苦折磨。最后找到一辆夜行的马车，把女公爵送到了冬宫。亚历山大·尼古拉耶维奇见状脸色发白，不知所措，把她带进尼古拉·巴甫洛维奇曾经用过的房间。这里连床都没有。她躺在一个席纹布的高背沙发里。医生和产科大夫来接生时差点迟到。天亮时生下一个健康的男婴，母亲叫他格奥尔吉。他被收养在一个可靠的家庭里。

次年生下女儿奥莉加。这档子丑事不仅折磨着有病的皇后，而且引起那些伪善廷臣的愤慨议论。孩子们也颇为不安，担心私生的弟弟妹妹有朝一日争权夺利。

彼得·舒瓦洛夫伯爵向沙皇汇报了这些传闻。但是，亚历山大·尼古拉耶维奇一听到有关断绝这种关系的暗示，便大发雷霆。对他来说，这是比退位更困难的事。1874 年有人向沙皇告密，说舒瓦洛夫在某地称女公爵为"坏女孩"。于是这位伯爵立刻被派往伦敦出任大使，他的宫廷仕途就此结束。

俄罗斯的专制者不可能将就着和自己的情妇过日子，这并不奇怪。生第三个孩子的时候，女公爵多尔戈鲁卡娅仍然处在此种虚假的地位中，她不得不在夜间从家里跑到森严可怕的皇帝的大院。第三个男孩活了不久。亚历山大坐在那里为死去的孩子流泪，当时正在给他吸氧气。老沙皇和他的年轻情人后来出走，去了埃姆斯，从而摆脱了围绕着他们的复杂而令人嫉恨的生活。在埃姆斯，他们住在一处别墅里，其名称好像有点讽刺意味——"Petite illusion"①。女公爵罩着厚面纱与一位老者牵手散步，此人的名字当然是疗养地无人不晓的。

沙皇去过克里木，去过利瓦吉亚，他还要求女公爵去南部海岸。他安置她住在布克-萨莱的一处小房子里，每天晚上他都骑一匹灰色大马到这里来。

---

① 法语，意为：幻景苑。

女公爵的侍女打开葡萄园的大门，亚历山大·尼古拉耶维奇把马匹交给哥萨克照料之后，便沿着很窄的人行小路，磕磕绊绊走过去，匆忙询问情人的女仆，一切都好吗？孩子们身体如何？他们是从彼得堡的秘密住宅到这里度夏的。萨尔吉尔河的喧嚣，月亮的皎洁银光——这一切仿佛是隐秘的，陛下觉得自己是童年时听瓦·安·茹科夫斯基所讲的东方故事中的哈隆-阿里-拉施得[①]。

沙皇有时在布克-萨莱过夜。在这里他亲手种下紫罗兰，他爱好种植花草。

到1878年，亚历山大·尼古拉耶维奇把自己热恋的女子迁居到冬宫，这令皇后、全家、大臣和廷臣们感到万分惊恐。大家对沙皇的"大胆外室"怒不可遏，她竟敢如此糟蹋陛下宫殿的名声。所有的人都注意到，亚历山大·尼古拉耶维奇已面颊下陷，弓腰驼背，双手开始抖动，还时常喘息。这个年轻的情人仿佛要"害死"这位"俄罗斯如此需要"的国君。

然而，与此相反，亚历山大·尼古拉耶维奇本人以为，女公爵多尔戈鲁卡娅——是唯一一个真正爱他的人，并且支持他具有的精神力量。周围所有的人都不理解他，只有她理解。她揣摩出他的内心悲剧。她知道，他作为皇帝并不看重权势。他曾向她坦言，他乐于把皇权交给儿子，自己远走他方。总而言之，在他的想象中描绘出他的伯父亚历山大·巴甫洛维奇曾幻想的那种田园世界。

皇上为心存疑虑和犹豫不决所苦恼。怎么办呢？实行了巨大的改革。然而大家仿佛都忘了，在父亲尼古拉·巴甫洛维奇时代，俄国人是服从那种痛苦和严厉制度的。这些难以理解的敌人，那时候他们沉默寡言。现在他们不断地随处表现自己。在地方会议，在城市杜马会议，在肆无忌惮的报刊，这里尽管存在审查惩处，办报人仍然放出特别的黑话。他们总是重复同样一件事。他们反复说"建成大厦"，分明在暗示必须限制专制制度。难道这些人不理解，在俄罗斯不可能实行代议制？俄罗斯——是农民的国家。难道这些还不识字的农

---

① 哈隆-阿里-拉施得（786—809），著名的阿拉伯哈里发，曾将巴格达整饰一新，并鼓励技艺、诗歌、音乐等事业。

民能自觉履行自己的公民义务？他们会成为政客手里可怜的玩物。这还不算。君主若放弃自己的特权——伟大帝国便会立刻瓦解。对于俄罗斯国家的拥护者千年来创造的业绩，他有权加以破坏吗？没有，他亚历山大·尼古拉耶维奇做了这么多让步。是不是到时候了？应该在寂静的港湾抛锚，修理这条被暴风雨损毁的船。但是，掀起的风浪越来越高，修理船是难以想象的。诚然，沙皇有些助手非常愚蠢而且不够谨慎，但毕竟很难找到能在高级警察和宪兵队供职的品行端正的人。特列波夫将军无故发火，在监狱里抽打某政治犯博戈柳博夫。可是君主制的敌人对这件事感到多么高兴啊！1878 年冬天，一个女子薇拉·札苏利奇向特列波夫①将军开枪。春天，对她进行了有陪审员出席的审判。被告宣称，她是为狱中受辱的同志报仇。她以自己的激动情绪感染了陪审员和所有参与诉讼的人。辩护律师恳切动人地述说警察专横的恐怖。这些人有两种道德——对自己的和对敌人的。对沙皇可以开枪，这是英雄主义，这是高尚和仁慈的。而抽打某个微不足道的暴动者——则是恶行。当一些以审判员资格前来出席审判的人，论证这个稍嫌鲁莽的女孩子清白无辜时，听众被感动得流泪了。当这个女子进行无罪的宣传时，他们被感动得难以自持。实际上——她说——并没有进行宣传，她不过是"为老师走进学校，为的是讲授有声教学方法"。她认识的一些人也是清白无辜的，如涅恰耶夫。但是，残酷的宪兵因这些无辜行为却把她送进了监狱。这一切激怒了疲惫的君主。还有什么能比这次铸造大道的示威更加愚蠢和鄙俗呢！当时，一群变得粗野的年轻人因札苏利奇被判无罪而激动得高声喊叫。如果法庭按照仁慈和宽容的原则宣叛女嫌疑犯无罪，那么，也绝对不应因此把一个神经质女人和可能的杀手当成英雄予以庆贺。当沙皇收到很长的"第三处"案情汇报时，他头脑里时常萦绕着类似的想法。这些幼稚的罪犯似乎根本不懂历史。在他们看来，治理国家等同于演算数学的四则运算题。

---

① 费·费·特列波夫（1812—1869），曾任侍从将官，1873—1878 年任彼得堡总督，以残暴对待政治犯闻名。1878 年 1 月 24 日，薇·伊·札苏利奇对他开枪行刺。陪审法庭判札苏利奇无罪释放。后来他出国继续进行革命活动，成为"劳动解放"小组组织者之一。

就这么凶残地杀害了梅津措夫将军！①而他本人，皇帝呢？难道说他能保证自己的生命不受侵害？1879年4月2日上午八点多钟，亚历山大·尼古拉耶维奇通常散步结束了。他沿着米利昂纳亚路、冬季排水沟和洗濯场走去，然后拐弯来到近卫军总部广场。这时，有一位头戴文官便帽身材高大的先生正穿过广场。此人走得很快，沉着冷静。他从近卫军总部转角处沿一条便道径直向沙皇走来。亚历山大·尼古拉耶维奇见此人朝他走来，突然觉得，这是他的敌人来了。他四下里看一看。跟随在他后面的警察局长在距离大约二十五步的地方停了下来。在马匹的那个方向，财政部的大门口附近站着一个宪兵上尉。亚历山大·尼古拉耶维奇想喊一声，让那人来帮助他，但是羞于启齿，刚要喊又缩回去了。又过了几秒钟，那个高个子走得很近了，亚历山大·尼古拉耶维奇已看得清他蓝灰色的眼睛，好像在寻找什么人。这个陌生人还没来得及把手插进口袋，亚历山大·尼古拉耶维奇就全都明白了。枪声响了，亚历山大·尼古拉耶维奇本人惊奇于自己的轻巧——当时他已六十岁，却拼命向佩夫切斯基桥的方向跑去。他觉得，敌人在追他，枪口在瞄准。于是陛下奔向一边，随后又跑向另一边，一次次变换方向……而枪声一次接一次——共发五枪。那奔跑的样子令人误以为是没经验的猎手，既害怕又快活。枪声停止了。沙皇环顾四周。也许，那个戴便帽的某人倒在了地上。四周围了一堆人。

　　过了几天，司法大臣和议员们审问刺杀沙皇的人。他原来是亚历山大·索洛维约夫，大学毕业生，三十岁。给沙皇送来了这个人的供词。亚历山大·尼古拉耶维奇读着这坦率的记述，耸耸肩，发出敌意的冷笑。就是这样的人，这些人认为自己有资格任意改造帝国！这是些学识浅薄的年轻人，他们甚至不能好好思考生活的意义和历史的意义。

　　"我受过正教的洗礼，实际上我不承认任何信仰，"索洛维约夫急忙告诉审讯的人，自己相信无神论，"还有，在中学时我就不相信圣徒……

---

① 尼·弗·梅津措夫（1827—1878），曾任宪兵司令，1878 年 8 月 4 日被 C. M. 克拉夫琴斯基 -（斯切普尼亚克）刺杀。

由于读过很多包含纯科学内容的书，如巴克尔和德拉佩尔的，在思考的影响下，我甚至拒绝相信上帝是什么超自然之物。"

"我承认自己的错误在于，"索洛维约夫继续说，"1879 年 4 月 2 日向皇帝陛下开枪，目的是杀死他。我在社会革命学说的影响下产生了刺杀陛下的想法。我属于俄国社会革命党，这个党认为，大多数人劳动，而少数人享受人民劳动的成果和所有文明福祉，多数人却得不到，这是极不公平的……"

"星期五到星期六的夜晚，我是在一个妓女那里度过的，但是她住在哪里，我不能细说；星期六早晨我从她那里出来，穿上我带来的浆过的干净衬衫，另一件脏的衬衫扔在了便道上。"

亚历山大·尼古拉耶维奇怀着急切的好奇心阅读关于那次刺杀的故事。

"我还没有从总部大门前走过去，就看见陛下离我很近的距离，便握住了手枪，不过，这一天我本来不想执行自己的计划，但是陛下发现了我的手有动作，这我明白，于是举起手枪，在距陛下五六步远的地方向他开了枪。后来我追他，几乎不加瞄准，便向陛下连发几枪，打完了所有子弹。有人在我身后追赶，当人们拦住我的时候，我咬碎了向陛下走去时含在嘴里的毒药丸。"

刺杀事件之后的春天，沙皇去了克里木。夏天，案件又召他返回首都，秋天，他又去了南部海岸的布克–萨莱别墅。成年累月，亚历山大·尼古拉耶维奇越来越依恋自己的情人。在他看来，统治越是可怕，叶卡捷琳娜·米哈伊洛夫娜卧室的壁龛就越发甜蜜。而统治真的是可怕的。

"亚历山大二世心里有两个人，"克罗泡特金写道，"他们之间的争斗随着岁月增长而日益加剧，带有悲剧性质……毫无疑问，他保持着对于自己孩子母亲的眷恋，尽管与此同时还和尤里耶夫斯卡娅 – 多尔戈鲁卡娅女公爵保持亲密关系。"

"别对我提及皇后吧：这让我苦恼。"皇帝他不止一次对洛里斯 – 梅利科夫^① 说。

---

① 米·塔·洛里斯 – 梅利科夫（1828—1888），伯爵，亚历山大二世时期著名的国务活动家，

"她在冬宫濒临死亡，已不省人事。现在已离世的非常著名的俄国医生对自己的朋友说，他作为一个旁观者，对于皇后生病期间所遭到的冷遇表示愤慨。宫廷的女官，除两位真诚忠实于皇后的之外，都离开了她，所有宫里的人都知道皇上本人需要什么，都极力讨好多尔戈鲁卡娅。"

沙皇统治时期最初几年发生的和部分由他引起的诸多事件具有重大的意义，这些事动摇了他的精神。亚历山大·尼古拉耶维奇·罗曼诺夫的精神力量不足以像他开始时那样完成他的统治。在自己的道路上他多愁善感，虚荣软弱而且犹豫不决，多次遭到枪击和爆炸刺杀。"地下俄罗斯已是忍无可忍。"他是这样认为的，较之迷人女公爵的热恋爱抚，这更加让他变得苍老。

1879 年 12 月 1 日，在莫斯科，沙皇的专车刚刚平安通过，就发生了一连串爆炸。随从的车厢遭到破坏。这次是错乱的行程路线偶然挽救了陛下。但是他觉得，魔法圈收得越来越紧了，他——仿佛落在陷阱里。

1880 年 2 月 17 日傍晚六点半钟，沙皇在自己的大院里与全家人一起，正在和前来彼得堡的皇后的弟弟、黑森的亚历山大王子及其儿子保加尔的亚历山大谈话，此时传来一阵可怕的轰击声，墙壁晃动，灯光灭了，宫里充满苦涩窒闷的气味。

过了一会儿，传来哭泣和呻吟声。一个吓得要死的宫里女仆从楼梯跑下来，扑向陛下求援。

沙皇明白了，这通常的谋杀已然发生在宫廷内，在内部大院里，一旦这里、附近发生"叛乱"，一切都完了……他从走廊向叶卡捷琳娜·米哈伊洛夫娜的房间跑去，早已把德国亲戚们抛在了脑后。但她还活着，朝他迎面跑来。

这是怎么回事？原来是几普特炸药在总警卫室的地方发生了爆炸，八个士兵被炸死，四十五人受伤。恐怖分子希望爆炸能炸毁沙皇的餐厅，那

1880 年 2 月被任命为与国内革命形势相关而组成的最高管理委员会主席，是当时俄国的实际掌权者。1880—1881 年任内务大臣和宪兵长官。他与革命运动进行斗争的同时，容许与反对派——先进的社会小组合作。

里六点半钟应该是沙皇和所有亲戚一起进午餐的时候。让革命家们遗憾的是，沙皇吃午餐晚到了半小时。不过，爆炸没有摧毁坚固的宫内建筑：只是餐厅地板有点下陷，家具倒了，碎了几块玻璃。警卫室遭到了破坏——它恰好在餐厅下面。

这次可怕的爆炸不仅吓坏了沙皇，也吓坏了当时的俄罗斯，因为还指望当局与所谓社会之间的斗争能找到和解的出路。如今已经明确，和解是不可能的。这次行动是秘密的"民意党"执行委员会干的。

亚历山大·尼古拉耶维奇以为，似乎没有人知道真正的民意是什么。怎样才能真正了解它呢？因而他不相信自由主义者，他们认为先召开议会才能了解民意。他，亚历山大·尼古拉耶维奇知道，所有这些"议会"都是党派手中的玩物，而党派又是领袖人物手里的玩物。哪怕你听到多少议会的发言，也不可能知道真正的人民的意见。但是执行委员会——是另外一回事。这——就是革命。这才是真正的敌人。实际上，这个革命与"人民"的意见与它的真正意愿没有关系。革命在自身寻找真理。它像地震，像火山喷发，是不可避免的，是内部必需的。在亚历山大·尼古拉耶维奇看来，革命是长着人的面孔的某种大恶魔。亚历山大·尼古拉耶维奇对这个恶魔怕得要死。

他得到报告说，爆炸的肇事者已消失无踪。宪兵的失败酿成了可怕的谋杀，在沙皇看来，这绝非偶然。显然必须用另外的方法对付革命。

冬宫发生爆炸之后过了几天，沙皇召开特别会议。会上笼罩着一片绝望和忧虑气氛。亚历山大·尼古拉耶维奇的郁闷情绪胜过他人。他弯腰驼背，面色发暗，说话嘶哑，带着感冒的声音。大臣们发言空洞无物，而且情绪低落。自然是，谁也提不出什么行动计划，因为没有人相信自己有资格掌权。第一个对此怀疑的就是沙皇本人。但是，大家都在用惯常的官腔说些习惯的官场空话。"应当如何安抚某人。应让某人相信什么。应当巩固政权。应提醒注意陛下的神圣特权……"但是谁也不知道，为了什么才应当这样做。

在这片无聊的狐疑不决中，突然传出米·塔·洛里斯–梅利科夫的声音，他是难以攻克的卡尔斯的征服者，曾扑灭阿斯特拉罕和伏尔加河一带流行的瘟疫，现在是受到全省敬佩的哈尔科夫省的总督。他建议成立"最高管理委员会"。成立委员会本是平常的事，但是这一次，这一介高加索武夫的统帅般的自信语调给沙皇带来一线希望，因为这个米哈伊尔·塔里耶洛维奇什么都能做到。况且，在官僚当中他以自由主义者著称。沙皇明白，现在甚至应该进行镇压和严惩，但同时要保持政府的自由主义外表。

实际上，当时开始实行的米哈伊尔·塔里耶洛维奇的专政，似乎是扶植垮台政府的唯一的办法。洛里斯–梅利科夫没能成功进行任何一项重大改革，但是，他尽力对社会活动家和记者们进行解释，他不把他们当外人，并让他们相信反动时期结束了，改革将进行，虽然考虑宪法问题还为时过早，也根本不可能见诸报端，但地方上和城市的代表将在最近进入最高国家机关。看来他本人并不明白，虽然代表们参与立法工作这件事似乎微不足道，它却从根本上颠覆了专制思想的本意。

亚历山大·尼古拉耶维奇比他委派的掌权者更加理解这一点，掌权者要让沙皇相信，这个当时所说的"建成大厦"是不可避免而且必要的，也不是一件容易的事。"心灵专制"诱惑了许多患政治狂热病的自由主义者。这种诱惑的结果是，民意党人脱离了广大的温和的团体，这最终在3月1日之后才表现出来。真正革命的时钟尚未敲响。这仅仅是它的第一个报信者和喉舌。

1880年夏天，玛丽娅·亚历山德罗夫娜皇后去世。[①]她在世期间，既见不到沙皇，也见不到孩子们。但她的葬礼十分豪华，像厚葬一位女皇。大约过了一个半月，在彼得堡仍不见继承人，亚历山大·尼古拉耶维奇迎娶了女公爵叶卡捷琳娜·米哈伊洛夫娜·多尔戈鲁卡娅，这时她已生下了他的三个孩子。老沙皇于6月6日下午三时在皇村宫殿里结婚。他身穿天蓝色骠骑兵

---

① 皇后玛丽娅·亚历山德罗夫娜于1880年5月22日去世。

制服，亲自随新娘来到她的房间，她曾在那里等他。然后他们经过很长的走廊，来到一个带玻璃窗的小厅堂，外面是一处荒芜的院子。这里除了大司祭和唱诗班之外，只有宫内大臣和两位侍从将官。这些心中不快的傧相手持花冠，窘迫不安，情绪低落。后来沙皇让自己的新婚妻子坐进马车。当时天气晴朗。他们从巴甫洛夫斯克路走了。后来叶卡捷琳娜·米哈伊洛夫娜告诉别人说，老君主抚摸着当时已在车里的小戈加，似乎在说：

"这才是——真正的俄罗斯人……至少他身上流着的只有俄罗斯的血脉……"

八月中旬老沙皇携年轻妻子去了克里木，在那里待到十月。现在女公爵多尔戈鲁卡娅称为特级公爵夫人尤里耶夫斯卡娅，在她名下有三百万卢布的银行存款。廷臣们颇为讶异的是，叶卡捷琳娜·米哈伊洛夫娜如今不住在简朴的布克－萨莱别墅，而是搬进了利瓦吉亚宫内皇后住的大院里。

洛里斯－梅利科夫也来到克里木。他还未能最终让沙皇同意引进代表参与国务工作。据传说，这个掌权者用以诱惑亚历山大·尼古拉耶维奇的办法是，沙皇只要给出一部经他拟定的宪法，就可以合法地将自己非皇族的夫人变成合法的皇后。

最终，沙皇带着新的家庭从利瓦吉亚去了塞瓦斯托波尔，为的是从那里返回首都。乘车经过拜达尔隘口时，他命令停下来。露台上摆了一张桌子。克里木晚秋的温暖中午，适宜于进入懒洋洋的幻境，皇帝并不想去北方，在那边又得考虑是否应签署宪法，也就是洛里斯－梅利科夫那个有关召集代表们参加国务会议事务的草案。

1881年1月和2月，对沙皇而言不是快活的日子，虽然他再也不用偷偷和叶卡捷琳娜·米哈伊洛夫娜幽会，有资格以夫妻关系相处。她现在和孩子们公开住在宫里专为她准备的豪华大院里。现在他们有共用的卧室，他们睡在一张床上。夫妻俩的卧室就在陛下的办公室旁边，对大臣们进行艰难说服工作之后，他常常来到这里。

顺便提及，当沙皇力图建立自己的新家庭时，地下的俄罗斯并没有瞌睡。它以恫吓的传单显示自己。克罗泡特金写道："突然心烦意乱，这个时期亚历山大二世常常自责，因为他的治理带有反动性质，现在开始用哭泣表现出来。有些天他总是哭，令洛里斯－梅利科夫颇为沮丧。在那些日子里，他问这位大臣：'你的宪法草案何时完成？'但是，如果过两三天梅利科夫再来汇报，说组织章程已完成，沙皇却做出一副什么也不记得的样子。他问：'难道我对你说的是这个吗？为什么呢？我们最好把这事交给我的接班人。这将是他送给俄罗斯的礼物。'"

在斋戒期的第一个礼拜，沙皇进行斋戒并参加活动。3月1日早晨，洛里斯－梅利科夫呈请沙皇签署准备好的决议书，亚历山大·尼古拉耶维奇本人称其为"召开名士会议的敕令"，以暗示路易十六的命运。《宪法》已签署。刚要去练兵场巡视岗哨，洛里斯－梅利科夫却坚持请陛下不要离开皇宫："在搜查恐怖分子，他们在附近，很快就会找到，热利亚博夫已被捕……现在陛下不应该到任何地方去。"①

但是，仿佛有什么东西促使亚历山大·尼古拉耶维奇一定要去米哈伊洛夫练兵场。让大臣离开后，皇上去了叶卡捷琳娜·米哈伊洛夫娜住的大宅院。她走出来亲自迎接他。她也像那位大臣似的，央求沙皇不要离开皇宫："有可怕的传闻。应当等一等。"

亚历山大·尼古拉耶维奇温顺地听她絮絮低语。她那哭泣过的眼睛和几乎孩子般的稍微肿胀的双唇，在他身上引起一阵醉意，常常令他那并不年轻的心激动不安……后来他急忙告别，到米哈伊洛夫练兵场去了。

大约下午一点钟他坐进马车。周围有六个捷列克河地区的哥萨克骑马随行。以前他总是经过涅瓦大街和小花园街，这次他命令沿叶卡捷琳娜运河和工匠街过去。练兵场上还没有列队集合，沙皇对周围的人亲切地微笑。他从练兵场出来时，沿着先前的路到米哈伊洛夫宫，去了特级公爵夫人叶卡捷琳娜·米哈伊洛夫娜那里。在这里他吃过早饭，一直心情愉快。

---

① 此处指1880年2月斯捷潘·哈普图林在冬宫的恐怖活动。А. И. 热利亚博夫（1851—1881），准备刺杀沙皇，于1881年2月27日被捕，他在回答讯问时说，他"为解放国家"而尽力。

两点一刻时，他从米哈伊洛夫宫出来。

　　四轮马车沿工匠街飞驰，随后向右转，沿叶卡捷琳娜运河河岸行驶。车窗外掠过一队海军陆战队行列，接着是巴甫洛夫军事学校的一排士官生。左边可以看见运河，右边是紧挨着米哈伊洛夫宫花园的很长的城墙。一个十四岁左右的卖肉的男孩子挺直身子喊好，向陛下致敬。这是谁呢？这个手里拿小包的人是谁？

　　传来一阵可怕的噼啪声，一团烟雾和灰尘笼罩整条街道。那个刚才还在无意中微笑的男孩在血泊中喊叫，抽搐着身子。两个哥萨克倒在了地上。沙皇没有受伤，从被炸毁和翻倒的马车里出来了。①

　　德沃尔日茨基团长乘雪橇跟随沙皇的马车奔驰，他跑到亚历山大·尼古拉耶维奇跟前，劝他坐上他的雪橇，快点回宫。但是沙皇心里感到一种又怪异又恐惧的好奇。现在他要立刻去看看那个扔炸弹人的面孔。刺客被捉住了。他站在三步远的地方。亚历山大·尼古拉耶维奇向他走去。这是一个其貌不扬的小个子年轻人，身穿厚呢子秋大衣，头上戴一顶水獭帽子。他哭丧着脸，皱起眉头瞧着沙皇。

　　有个少尉朝人群跑来，还没看见沙皇，便惶恐地问："陛下怎么样了？"

　　"感谢上帝，"沙皇说，"我平安无事，不过你瞧……"

　　他指着那摊血，有人在那里痛苦地抽搐。

　　"感谢上帝不是早了点吗？"戴水獭帽子的年轻人讷讷低语。

　　亚历山大·尼古拉耶维奇向受伤的人走去，但还没来得及迈出两步远，传出了第二次爆炸声。②当浓烟消散时，人们看见沙皇被抛到运河的护栏边，躺在那里，痛苦不堪，血流不止，而离他几步远的地方躺着杀害他的人——也是痛苦不堪，也躺在血泊中……

　　这事发生在1881年3月1日下午两点三十五分。

---

① 第一次爆炸只炸毁了亚历山大二世的马车，炸弹是Н. И. 雷萨科夫扔的。

② 使亚历山大二世受到致命重伤的第二次爆炸，扔炸弹的是И. И. 格里涅维茨基。

亚历山大三世

亚历山大三世

1

　　这个宽肩膀高个子的三十六岁的人看上去很怪，似乎像个被吓得惊慌失措的大男孩。[①]当时在他熟悉的这个房间发生的事，令人不解而且荒诞不经：医生们是令人不解的，这些陌生人挽起袖子在房间里来回踱步，像在自己家里。令人不解的还有，为什么女大公叶卡捷琳娜·米哈伊洛夫娜[②]在恐惧中嘟哝一些断断续续的法语。而主要的，令人不解的是父亲，不知为什么他躺在地上，还在用活动的眼睛观望，却一句话也说不出来……得了吧——这是父亲吗？脸上的血道子改变了那熟悉的模样，从这个伤残缺腿的可怜的人身上，认不出是那个高大的仪表堂堂的老头儿。

　　奇怪的是，谢尔盖·彼得罗维奇·博特金称这个血污的躯体为"陛下"。

　　"殿下，是否命令将陛下的生命延长一小时？如果注射樟脑，这是可能的，还有……"

　　"没有希望了吗？"

　　"没有了，殿下……"

　　于是，皇太子命令侍从特鲁比岑从君主的背下取出某人垫上的靠垫。

---

① 亚历山大三世生于 1845 年 2 月 26 日，亚历山大二世遇刺前两天，他刚满三十六周岁。

② 女大公叶卡捷琳娜·米哈伊洛夫娜（1827—1894），米哈伊尔·巴甫洛维奇大公的女儿，保罗皇帝的孙女。

伤者的眼睛不再转动。他哼哼几声便死了。[①] 陛下的狗米洛尔德在皇帝血渍斑斑的身体附近爬动着，哀怨地吠叫。

应该离开这个恐怖的冬宫，在这里，每个仆人，每个烧炉工都可能是那个神秘的难以捕捉的执行委员会[②]的密探。应当逃到加特契纳[③]去。那里有保罗的宫殿——像沃班城堡。那里有水渠和宝塔。隐秘楼梯直通沙皇办公室。那里有地下监狱和天窗。通过它可以跳进魔鬼的河里，直接跳到等着他死亡的尖石山。

阿尼契科夫宫也不可靠。不过可以把它加固，变得更安全。它周围要挖地下通道，装电气设备。如果这些凶狠的革命鼹鼠再想搞爆炸，就让他们完蛋。

于是，亚历山大三世去了加特契纳，并把自己关在那里不出来。[④]

3月1日，亚历山大三世收到康斯坦丁·彼得罗维奇的一封来信。[⑤] "我不可能从可怕的慌乱中平静下来，"波别多诺斯采夫写道，"想到您此刻站在血染的门槛，上帝要引导您经过它进入您的新生，我整个身心都为您颤抖——担心您和俄罗斯的不可知的未来，担心落在您身上伟大的难以言说的重负。爱您像爱一个普通人，想挽救您免于苦难，像普通人似的过上自由自在的生活。但是对此缺乏人的力量，因为上帝是这样保佑着的。曾经有过它的神力，使得您为此命运而降生在世上，又让您亲爱的兄长离开，[⑥]奔它而去，向您指明了您在人世间的地位。"

---

① 亚历山大二世死在冬宫自己的办公室里，1881年3月1日15时35分，他从遇刺地点被送到这里。皇帝死亡时在场的有医生、继位人亚历山大·亚历山德罗维奇及其妻子大公夫人玛丽娅·费奥多罗夫娜、大公的弟弟弗拉季米尔和米哈伊尔·亚历山德罗维奇，以及所有皇室家庭成员、高级显贵、军队和文职高官、诸多廷臣。

② 执行委员会指"民意党"执行委员会，是组织和执行恐怖行动的秘密小组。

③ 此处指按照法国元帅和军工建筑家塞巴斯蒂安-沃班（1633—1707）的要塞类型建成的城堡。

④ 亚历山大二世遇刺后，加特契纳成了他的继承人的主要官邸。

⑤ 康斯坦丁·彼得罗维奇·波别多诺斯采夫（1827—1907），法律家，曾任正教院总监，对亚历山大三世颇有影响，有法律史方面的著作。

⑥ 此处兄长是指尼古拉·亚历山德罗维奇大公（1843—1865），亚历山大二世的长子，皇位继承人，1865年4月12日因结核病死于法国尼斯。

亚历山大记得，十六年前尼古拉兄长面临死亡，大斋节的第六个礼拜，4月里，就知道这个继位人活不了多久。但是，在此之前亚历山大没有想到要治理国家。他希望安静地自由自在地生活。突然一切都改变了。他记得，他的老师，非常和蔼的雅·卡·格罗特①来到他这里安慰他，而他亚历山大却出乎自己的意料，说道："不，我已看到，没有希望了。所有宫里的人都开始对我献殷勤。"说完这话他觉得可怕，自己第一次明确想到他要成为沙皇。可是他根本没有登基的准备。他学习很差，知识贫乏。诚然，除了雅·卡·格罗特，他还有别的老师：谢·米·索洛维约夫教历史课，康·彼·波别多诺斯采夫教法律，米·伊·德拉戈米罗夫教军事。但是他懒散，不注意听他们讲课，根本不考虑皇位和面对俄罗斯与世界的责任。现在学习为时已晚。然而毕竟需要了解历史，为的是分析政策，弄清楚这个如此残酷和阴暗的世界悲剧的意义。也好！要找一些人，听取那些比他经验丰富、学识渊博的人是怎么说的。谁值得信任呢？莫非是洛里斯-梅利科夫伯爵？他一想起这位非常熟悉的米哈伊尔·塔里耶洛维奇的亚美尼亚人的鼻子和慈祥的眼睛，心中怒火便油然而生。他竟然保护不了父亲！在收到波别多诺斯采夫来信的同时，收到了洛里斯-梅利科夫写的便笺："3月1日，两个坏蛋交出做炸弹时所在的那家住宅，今天天亮前已打开。住宅的主人被击毙，和他住在一起的年轻女子已被捕。发现两个金属炸弹和显示其最近罪行的传单。"②

亚历山大读了传单。"两年努力和沉痛牺牲以成功而告结束。今天全俄罗斯可以确信，坚持不懈地顽强战斗，就能摧毁数百年的罗曼诺夫王朝专制。执行委员会认为有必要再次大声提醒，它不止一次警告过今天已死亡的暴君，不止一次正告他要结束自己杀人的独断专制，并把俄罗斯的天

---

① 雅·卡·格罗特（1812—1893），院士，语文学者，文史学者。从1852年起，为尼古拉和亚历山大·亚历山德罗维奇两位大公教授俄文和德文、历史和地理。

② 1881年3月3日，警察搜查了由H. A. 萨布林和Г. M. 格尔夫曼居住的位于彼得堡车匠街的秘密住宅。搜查时萨布林被击毙，格尔夫曼被捕，并判死刑，同年7月因临产改为苦役。

然权利还给俄罗斯……"

亚历山大不明白这种语言。这是怎么回事？这些人称父亲是"暴君"。为什么？难道说他没有解放农民，没有对法庭进行改革，没有给予地方自治吗？还想要什么呢？为什么这些人这么急不可待？他们是不满已故的父亲没有着急颁布宪法吗？他们不理解，所有这一切都是复杂而困难的。他们自己也妨碍了改革。为什么卡拉科佐夫在1866年，或者，别列佐夫斯基1867年在巴黎朝父亲开枪？为什么呢？父亲像野兽似的被杀害。在走出宫廷时要带着哥萨克，每走一步都会遇到暗杀的时候，还可能考虑改革吗？

不过，米哈伊尔·塔里耶洛维奇曾进言，他作为皇太子必须聘请地方人士参与讨论国家事务。亚历山大·亚历山德罗维奇将此事托付给伯爵，说这是必需的。于是写了一大捆信札。大约从去年2月起，米哈伊尔·塔里耶洛维奇便和他这位继承人有信件往来，讨论立法咨议机关的问题。父亲也是同意成立的。3月1日，就是他死去的那天早晨，签署了《宪法》。从这些革命者的观点看，洛里斯-梅利科夫的改革可能还不是《宪法》。但是，事情不能一蹴而就。他亚历山大·亚历山德罗维奇的历史知识很差，但是，这些扔炸弹的人，历史知识似乎比他更差。这种幼稚传单的编写者能谈论什么俄罗斯的天然权利？如果他能听到康斯坦丁·彼得罗维奇·波别多诺斯采夫关于"法律"的讲课，或者与谢·米·索洛维约夫讨论历史问题，大概也不至于如此肆无忌惮地编写自己的传单了。

不过，这一切都是有争议的，困难的，但有一点是明确的，父亲被炸死了，再不会像以前那样说说笑笑了。现在最好是忘记国家的事，任何人也不接待，把自己关在加特契纳这里，回忆童年往事以及和父亲的关系……很想忘记那些委屈，父亲那种有损名誉的与各类女人的关系，还有和那个不明智的女公爵多尔戈鲁卡娅延续十六年的罗曼史……然而，在治丧时期不能考虑家庭的私事。怎么办呢？难道要公布父亲已签署的《宪法》？一年前的皇太子，现在的全俄罗斯皇帝——亚历山大三世，知道父亲赞同洛里斯–梅利科夫的自由主义纲领，自己曾写信给这位大臣："很好！难以表达我是多么高兴，陛下如此仁慈如此信任地接收了您的便函，米哈伊尔·塔里耶洛维奇，我非常满意和高兴地读了陛下的所有标注：现在可以勇敢地向前走，并且稳定而顽强地实行您的纲领，造福亲爱的国家，让那些因这个纲领和陛下的决定而颇觉不快的大臣去苦恼吧——愿上帝保佑他们！我衷心祝贺，上帝保佑有个不断深入推行下去的好的开端，为的是，今后君主仍信赖于您。"

此信写于1880年4月12日，又过了几个星期、几个月，事情却没有进展，因为意愿良善的米哈伊尔·塔里耶洛维奇必须不止一次地向沙皇和继承人报告搜捕和暗杀的情况，谍报和保卫情况——这些妨碍了推行工作，洛里斯–梅利科夫也下不了决心提出自己《宪法》的最后方案。

"虚无主义者案情的进展，"1880 年 7 月 31 日他写信给继承人说，"仍是不久前殿下在沙尔斯克时的情况。除一种情况之外，虽然不见积极行动，但这种平静本身促使我们加强监督。不久前在彼得堡逮捕了四个极为重要的人物。被捕者之一是退伍的近卫军骑兵上尉杜尔诺沃的女儿……""在杜尔诺沃家查出的文件中，有提示说明曾给她送来一架印刷机……""她那里还发现'土地和自由'联社的章程……""第二个被捕的扎哈尔琴科，是在铸造街和自由同居的犹太妻子鲁班奇克一起被捕的。扎哈尔琴科已供认在地道里工作……"

这些报告雪片似的飞来，米哈伊尔·塔里耶洛维奇也难以决定与沙皇恢复有关召集地方上的活动家参与国务的谈话。

与此同时，各处都在散发"民意党"的传单。"我决定将一本传单呈送殿下，"洛里斯–梅利科夫写道，"尽管其后半部分全是对我的下流嘲弄。我不知道殿下是否得到报告，上个星期，戈利杰贝格[①]在彼得保罗要塞的囚室里自缢身亡，留下一册内容广泛的记事本，说明促使他自杀的原

---

① А. Д. 戈利杰贝格（1855—1880），属极端恐怖分子，1879 年 11 月被捕，受特殊心理介入审讯后，供出 143 个革命组织成员。他意识到背叛行为严重，于 6 月 15 日自缢身亡。

因。过去一个礼拜引人注目的事件是，在预先关押室里发生三次自杀未遂，这与彼得保罗要塞的戈利杰贝格没有关系。大学生布罗涅夫斯基用床单自缢，刚开始就被救下。希申斯基服磷酸液中毒，立即采取医疗措施之后恢复了知觉。最后是，被判苦役的马利诺夫斯卡娅[①]，两次试图自杀，都被及时阻止了。我提及这些，是因为这些事会导致一个可悲的结论：要保全受社会思想传染的人不仅困难，而且难以预料。他们的狂热出乎一切意料。他们所吸纳的伪学说在他们那里奉为信仰，能使他们做到完全自我牺牲，甚至遭受某种折磨。"

看来，敌人没有降服。如果说米哈伊尔·塔里耶洛维奇是正确的，革命者们实际上还准备去做一切，甚至不惜死难，那么，什么样的让步能安抚这些人，并令其满意呢？虚无主义者希望得到比邀请地方活动家参加彼得堡会议更重要和更彻底的东西，这不是很明显吗？在他们看来，米哈伊尔·塔里耶维奇的《宪法》不过是一件小施舍，它被用来作为他们发表新言论的依据。难道不需要先把这些制度和立法的敌人消灭掉，之后再考虑人民代表制吗？洛里斯－梅利科夫当然是——值得尊敬的明智的意图善良的人，但是，他仿佛对他这位皇太子有些居高临下。而康斯坦丁·彼得罗维奇·波别多诺斯采夫并不比洛里斯－梅利科夫愚笨，至于说到学识，洛里斯·梅利科夫也难和他比肩，而且这位年迈的老师对亚历山大·亚历山德罗维奇不仅不傲慢，而且能感受到忠臣的敬意。可以信赖康斯坦丁·彼得罗维奇。这个人不会背叛。而他，也仿佛并不赞同洛里斯－梅利科夫的计划。

于是，可怕的3月1日来到了。过了三天，洛里斯－梅利科夫给皇上写信："今天下午两点，在小花园挖开一条由生鲜食品店、梅登伯爵的家通向这里的地道。预料地道里藏有蓄电池。专家将进行查验。目前发现，

---

① 阿·尼·马利诺夫斯卡娅（1849—1891），画家，她在彼得堡的住处是《土地和自由》分子秘密活动中心，1878年被捕，判流放。关押期间不止一次企图自杀。1880年转入喀山精神病医院。

在土耳其沙发和几个桶里藏有挖出的浮土。这家小店在 2 月 19 日之前由警察检查过，因为店主科博捷夫和他的妻子不久前曾去过首都，从而引起怀疑。但当时的检查没有发现什么。"①

怎么是这样？"没有发现什么"？不，不好，就是说，他们保护过皇帝陛下！要知道，这实际上应由米哈伊尔·塔里耶洛维奇负责……

3 月 6 日，亚历山大·亚历山德罗维奇收到波别多诺斯采夫的一封长信："我忧心忡忡，"他写道，"自己不敢来找您，怕引起不安，因为您处在尊贵的高位。""……可怕的时刻，时不可待。或者现在挽救俄罗斯或自己，或者永远不会！如果有人对您唱海妖诱人的歌，说什么应当安下心来，按照自由主义的方向继续下去，必须对所谓的社会意见让步——哦，上帝保佑，请不要相信，陛下，请不要听吧。这样您的俄罗斯就会灭亡，对我来说这是明白无误的。这样不能保障您的安全，反而更危险。杀害您父亲的疯狂的坏人不会满足于任何让步，只有更加狂暴愤怒。他们应予以镇压，毒蛇只能断其七寸，用刀斧砍死。"这封信读起来令人可怖。在皇室周围尽是些"优柔寡断的宦官……""最近有关地道的故事明显带有民众的情感……"民众似乎在其中看到了背叛。他们要求赶走犯罪的人。背叛者必须赶走。首先是洛里斯-梅利科夫伯爵。"他是个变戏法的，可能还会演两面把戏。"

与此同时，定于 3 月 8 日下午两点钟召开大臣会议。在这次会议上应决定洛里斯－梅利科夫《宪法》的命运。在规定时间之前，大臣们和一些受邀人士到冬宫的孔雀石会议室集合。两点整时，亚历山大三世到来，站在门旁，参加会议的人从他身旁进入会议厅时，他同他们握手。在铺着紫红呢毯的桌子四周摆放着二十五把圈椅。其中有一把是空的：尼古拉·尼

---

① 民意党选取亚历山大二世经常走的街道进行爆炸，这次是在小花园的梅登家附近，那里有一家生鲜食品店，执行委员会委托阿·弗·雅吉莫娃和尤·尼·波戈旦诺维奇开店，1861 年 1 月，他们以科博捷夫夫妇的身份为掩护迁居此处。

古拉耶维奇大公① 没来参加会议……

　　还是继承人的时候，亚历山大·亚历山德罗维奇曾经就自己这位叔父写信对洛里斯-梅利科夫说："如果说尼古拉·尼古拉耶维奇不是真的愚蠢，我会直接称他是下贱货。"众所周知，他们都有自己的小算盘。沙皇坐在桌子正中间，背对着朝向涅瓦河的窗子。他对面坐的是洛里斯-梅利科夫。

　　会议开始了。亚历山大·亚历山德罗维奇似乎有些不好意思，在略显拥挤的圈椅里笨拙地挪动一下自己的沉重躯体，解释说，请与会者前来是要讨论一个最为重要的问题。"洛里斯－梅利科夫伯爵，"他说，"曾向已故的君主报告，认为有必要从地方上和各城市召集代表。这一想法先父大体上是赞同的……不过这个问题不应认为是事先决定下来的，因为已故的父亲想在方案最终确定之前，先召集大臣会议加以审定。"

　　之后，沙皇建议洛里斯－梅利科夫读他的呈文。记录写于3月1日之前，在谈到对社会的和解政策方面取得的成果时，沙皇打断了他的话。

　　"看来，我们犯了错误。"他说话时遇到波别多诺斯采夫的机灵目光，涨红了脸，后者坐在洛里斯－梅利科夫的旁边。

　　读完报告记录之后，年近九旬的斯特罗甘诺夫伯爵首先发言。他嘟嘟囔囔，口吐飞沫说，如果内务大臣的方案通过了，那么大权就会掌握在"各种无赖的手里，他们不会考虑公众利益，只关心个人的好处……由这位大臣开拓的道路直接通向立宪，无论是为陛下，还是为俄罗斯，我都不想有这部宪法……"

　　亚历山大·亚历山德罗维奇在圈椅里转一下身子，发出咯咯响声，他郁郁不欢地说：

　　"我也担心，这是走向宪法的第一步。"

　　瓦乌耶夫伯爵第二个发言。他尽力解释说，洛里斯－梅利科夫的方案虽离真正的宪法还很远，但应该刻不容缓地予以接受，以此满足社会的公

---

① 尼古拉·尼古拉耶维奇（1831—1891），大公，亚历山大三世的叔叔，尼古拉一世的儿子，是主管国务会议军事事务的元帅。

正要求。

然后米柳金发言。在他看来，提出的措施是绝对必要的。卡拉科佐夫的不幸枪击干扰了改革事业，政府和社会的纷争是非常危险的。应该向社会表现出关注和信任，并邀请代表参加国务会议。有关提出新措施的消息传到了国外……

当时亚历山大·亚历山德罗维奇打断了大臣的话：

"是啊，威廉皇帝听说，似乎父亲要给俄罗斯制定宪法，特写来一封书信，告诫他不要做这种事……"

米柳金接着发言，试图证明方案里没有一点宪法的影子，但是枉费心机，沙皇用怀疑的不理解的目光瞧着他。

邮政大臣马科夫发言。此人不惜忠臣的溢美之词，甚至亚历山大·亚历山德罗维奇本人听了都摇头，仿佛被领带勒得喘不出气来。

财政大臣阿巴扎被马科夫的奴颜婢膝所激怒，不无激动地表示支持洛里斯–梅利科夫的方案，并让沙皇相信，无论如何专制制度始终是不可动摇的。

于是洛里斯–梅利科夫发言。他非常明白，在这个考验和动荡的年代，迎合社会的愿望是困难的，但没有别的出路。他洛里斯–梅利科夫深知自己对俄罗斯有罪，因为他没能保护君主，但是，上帝明鉴，他倾尽了全力为君主效劳。他曾请求告老还乡，但是陛下不愿免除他的职务……①

亚历山大点点头说：

"我知道，米哈伊尔·塔里耶洛维奇，您做了您能做的一切。"

这时轮到波别多诺斯采夫发言了。他面色苍白，发言如同诅咒，鼓动着缺血的双唇，激动得气喘吁吁。他处在绝望中。波兰的爱国者曾经高喊"波兰要灭亡！"可现在，我们俄罗斯人似乎也要喊"俄罗斯要灭亡"了。大臣的方案带有欺骗性。显然，是想推行宪法，同时又不说让人恐惧的话。

① 掌权的官僚上层绝不会接受洛里斯–梅利科夫的自由主义建议，建议经国务会议讨论未获通过。1881年8月洛里斯–梅利科夫退职。

为什么代表们能表达国内的真正意见？为什么？这全是假的，是欺骗……

"是的，"陛下说，"我也这么想。在丹麦，有大臣对我说，在国会开会的代表不可能认为自己是民众真正需求的表达者。"

波别多诺斯采夫喝了一杯水，接着说：

"有人建议我们设立类似法国'Etats géneraux'的清谈馆。但是，在我们这里这种清谈馆太多了——地方上的、城市的、法院的——都在喋喋不休，却没人干事！他们想建立全俄罗斯的最高层清谈馆。如今，在涅瓦河对岸，近在咫尺，彼得保罗要塞的教堂里放着尚未下葬的善良沙皇的遗骸，大白天里，他却要受到那些对我们大谈限制专制的俄国人所施加的残害！我们现在不应讨论宪法，应当全国忏悔，因为没能保住一个诚实的人。你们所有人身上都打上了洗刷不掉的耻辱的烙印……"

亚历山大·亚历山德罗维奇眼睛浮肿，他低声嘟哝着：

"千真万确。我们都错了。我首先承认自己有罪。"

波别多诺斯采夫不说了。阿巴扎又接着说起来：

"康斯坦丁·彼得罗维奇的发言——是反对已故皇上治理的阴暗的控诉。这公平吗？沙皇被害，根本不像康斯坦丁·彼得罗维奇想的那样，是自由主义政策的结果。恐怖行为是本世纪的通病，这里不存在亚历山大二世政府的错误。日耳曼的皇帝不久前不是也曾遭到枪击吗？意大利的国王和其他君主不是也被暗杀过吗？几天前在大伦敦市长的住所不是也发生过户外爆炸谋杀吗？"

在阿巴扎之后发言的有：Д. М. 索利斯基、К. П. 波西耶特、С. И. 乌鲁索夫公爵、А. А. 萨布罗夫、Д. Н. 纳博科夫、П. Г. 奥伦布尔斯基王子、康斯坦丁·尼古拉耶维奇大公、弗拉季米尔·亚历山德罗维奇大公，但是事情已决定，方案送交委员会。波别多诺斯采夫葬送了宪法。洛里斯－梅利科夫的美好时光过去了。

2

亚历山大·亚历山德罗维奇去了加特契纳。这里的日子过得并不快活。几乎每天都收到洛里斯-梅利科夫的记录,报告审问被捕者情况,新的逮捕令,以及预料将发生的暗杀和密谋……这里还要张罗尤里耶夫斯卡娅公爵夫人的事,她纠缠着要钱,为她买房子。后来又有被捕的,又被警告说,不要离开加特契纳,或者与此相反,应当快些离开这里,只是不要在指定的时间,而是另外的时间,为的是瞒过某些扔炸弹的人,惊慌失措的宪兵仿佛觉得他们无处不在。

3月11日收到波别多诺斯采夫的来信。"正是在这几天,"他写道,"对您而言,防备并非多余。请千万注意以下几点:一、睡前请锁好门——不仅卧室的,而且是所有该上锁的房间,直到门厅。代办人应注意察看上锁的情况,两扇门的内门闩应当插好。二、每天晚上睡觉前一定要看看电铃导线是否完好。可以轻轻触碰一下。三、每晚要查看家具下面是否情况正常。四、您的侍从副官中应有一人在这些房间里,在您身边过夜。五、陛下身边的人是否都可靠。如果某人稍有可疑之处,可借故让他离开……"

这些忠臣的讨厌的良言相劝让人觉得恶心、可耻,但实际上又不得不锁好门,担心有不可知的敌人进来,还要用怀疑的目光四面观察那些仆人,他们也不好意思,总是躲着,知道陛下不相信他们。这一切都是非常痛苦和艰难的。

在这些日子里,亚历山大·亚历山德罗维奇将自己的全部生活过了一遍。回忆起少年时代、青年时代的所有往事,当时蹲在这孤寂的"牢房"里,不知将来如何。亚历山大·亚历山德罗维奇晚上经常睡得不好。在自己的床上辗转反侧,皇帝笨重的身体弄得床铺咯吱作响。有时则难以忍受,于是沙皇把一双赤裸的大脚放到地板上，自己坐在床边，但不知为什么那床放在带拱门的墙边，要弯下腰才不至于碰头：这全然像蹲监狱。但是亚历山大·亚历山德罗维奇愿意让屋里比较紧凑。他不喜欢宽大的房间，大的厅堂让他觉得不舒服，他害怕大的空间。房间里有很多家具，连转身的地方都没有。脸盆摆在书架旁边，洗脸不方便，但是，随从想挪走多余的圈椅时，沙皇却大为光火。

在不眠的夜晚想起了过去。过去的日子过得轻松愉快——那时他还不是沙皇，但在那些日子里也有不少苦恼，有时也想起某些琐屑蠢事。例如，想起1861年有一次不知为什么去莫斯科①，他当时十六岁，他没有想到过帝国的事。他和兄弟弗拉季米尔坐四轮马车到了麻雀山。在那里，有些卖樱桃的年轻女商贩围着他们。沃洛佳十分亲切地和她们开着玩笑，而他萨沙却不好意思并且害羞，虽然他也想和这些模样可人的爱搞笑的丫头聊一聊，她们全然不像在宫里见过的那样的少女。后来沃洛佳戏弄她们。在家里，大家时而叫萨沙"狮子狗"，时而叫"小公牛"。

后来想到那个可怕的1865年，当时尼古拉哥哥在尼斯死了，而他萨沙成了皇位继承人。第二年6月要去弗列登堡②，丹麦公主达格玛拉原是已故哥哥的未婚妻，如今成了他的未婚妻。起初，他害羞，躲着克里斯蒂安国王和他的女儿，就像五年前在麻雀山买樱桃那样，后来习惯了，甚至喜欢上了这个谦和的资产阶级家庭，在这里一切都是精打细算，不像在彼得堡时常为金钱争吵。和达格玛拉结婚后，公主皈依正教，改名为玛丽娅·弗奥多罗夫娜③，他迁居到阿尼契科夫宫，才过上了平静安宁的日子。但是，俄罗斯帝国的京城不同于外省的弗列登堡。在彼得堡的雄伟装饰后面能感觉到存在某种可怖的忧心的隐秘生活。自从1866年4月4日卡

---

① 1861年5月宣布农民改革之后，亚历山大二世携全家去了莫斯科，在那里逗留了三个星期。

② 弗列登堡，丹麦的城堡，是丹麦王室的宅第，建于1720年。

③ 玛丽娅·弗奥多罗夫娜（1847—1926），亚历山大三世的妻子，1866年结婚前称玛丽娅-索菲亚-弗里德里卡-达格玛拉公主，是丹麦国王克里斯蒂安九世的女儿。

拉科佐夫枪击案之后，一切都变得不可靠而且凶险了。卡特科夫在自己的报纸上暗示，康斯坦丁·尼古拉耶维奇大公和卡拉科佐夫案子有牵连。

然而也有一些令人愉快的回忆。比如，在皇村的快活日子是多么美好啊！当时，奥尔苏菲耶夫伯爵、波洛夫采夫将军、奥尔登堡王子和另外两三个人组成一个小乐队。起初亚历山大·亚历山德罗维奇吹小号，后来乐队扩大了，他自己要吹奏黑里康大号。

脱掉大礼服，继承人便一心钻到管弦乐里去了，管乐器扛上肩，尽心吹铜管，演奏大低音部。有时这些音乐会在彼得堡海军部大厦的海洋博物馆举行。皇太子的黑里康大号吹得奇怪，盖过了其他的低音。在练习这些音乐之后，吃白面包喝茶也挺快乐。

也回忆起另外的——令人郁闷而可耻的事。如1870年和参谋部一位将军——一个瑞典人所发生的事。有一次，亚历山大·亚历山德罗维奇对这个瑞典人发火，不停地骂他，他却有点愚蠢，写来一封信要求皇太子认错，并威胁如不认错便自杀。怎么样呢！这个军官真的朝自己额头开了枪。当时陛下非常生气，命令亚历山大·亚历山德罗维奇给这个军官送葬，必定得去。这真是可怕，痛苦又可耻……

后来又是——快活事：家庭、孩子、家里的悠闲舒适……当时他给康斯坦丁·彼得罗维奇·波别多诺斯采夫讲述自己的感受："生孩子是生活中最愉快的时刻，真是难以描述，因为这是与其他感情不同的完全特殊的感受。"

当时需要处理的国务不多，亚历山大·亚历山德罗维奇回忆起自己并不反对采取自由主义，便觉得脸红。他发觉父亲有专断者和刚愎自用者的特征。"现在是这样的时期，"他写道，"谁都不可能相信明天他不会被赶下台……""遗憾的是，官方的报告经常加以粉饰，有时简直是撒谎，我承认，自己读这些报告时都带着不信任……"他经常阅读萨马林和阿克萨科夫的斯拉夫派的文章。空闲时候则阅读列斯科夫、梅里尼科夫的小说，以及波别多诺斯采夫选择和推荐的某人的作品。

1876年10月和土耳其的关系变得十分紧张，看来战争已不可避免。亚历山大·亚历山德罗维奇当时写信给波别多诺斯采夫谈到政治事务，觉得自己没有能力分析这些，并非常坦率地向自己的老师承认："请原谅我写这封杂乱无章的信，康斯坦丁·彼得罗维奇，但它是我杂乱无章的头脑的反映。"

大约在这一时期，波别多诺斯采夫写信给皇太子："您知道，此刻在莫斯科，由于这些政治事件的发生，俄国社会处于多么亢奋的状态……大家都在自问会不会发生战争。彼此听到的回答是，我们什么也没有——没有钱，没有长官，没有物资，军力没有准备，缺乏装备，没有弹药。后来又问，用于军队和舰队的巨款可能弄到哪里去了？大家在谈论各种有关军队、海军和其他各部经常盗窃国库的惊人的和夸大的事，谈论领导人物的漠视和无能等等。这种思想状况非常危险。"

不过，对塞尔维亚有利的运动具有重大的意义，说明政府必须把战事掌握在自己手里。事情正是这样发生了。4月宣战，1877年6月26日亚历山大·亚历山德罗维奇已经在巴甫洛沃率领鲁修克斯基的部队。他认为，父亲会委任他为全军的最高统帅，但人们劝阻了沙皇。他们不相信，这个"头脑杂乱无章"的、不机敏灵活的人能够指挥重大战役。长辈尼古拉·尼古拉耶维奇大公[①]被委任为最高统帅，这是亚历山大·亚历山德罗维奇永远不会原谅他的。

尼古拉·尼古拉耶维奇派皇太子保卫从西斯托沃的多瑙河渡口到特尔诺沃的道路。亚历山大·亚历山德罗维奇忠实执行命令，不敢轻举妄动。写信的抬头也必须是"亲爱的叔叔尼季"，落款则是"爱你的侄儿萨沙"。皇太子的一位旅伴谢尔盖·舍列梅季耶夫伯爵在日记里写道："……皇太子非常可怜，他的处境艰难。"鲁修克斯基的部队不常参加战斗，日子过得缓慢而无聊。"昨天晚上大家长时间躺在干草垛上，"舍列梅季耶夫在日记里写道，"夜晚是奇妙的，盈满的圆月照亮了整个露营地，在这里，只有这样的夜晚才能驱散烦闷。我看了看有时不高兴的皇太子。"

---

① 此处指亚历山大三世的叔叔，尼古拉一世的儿子，国务会议主持军事事务的统帅。

6月变动大本营时，从奥布列顿尼克转移到黑洛姆。走的是干燥的田野，上面有枯黄的草地、倒伏的玉米。小岗丘和小灌木丛。经过了竖着许多石块的土耳其无名墓地……后来去了奥斯特利察。在这里，皇太子自认是考古爱好者，命令挖掘坟墓，并亲自操起铁锹，挖了很久，累得气喘吁吁、汗流浃背，最后只掘出一个骨架和两只铜环。

8月在西普卡（保加利亚）发生了几天浴血战斗。14日从大本营得到消息说下令炮击鲁修克。在和总部长官万诺夫斯基商讨紧急情报时，皇太子蓦地沉默不语了，他望着远处，也许忘记了他是在指挥重要的军队。可以猜想，亚历山大·亚历山德罗维奇是想家了，想那安宁的资产阶级生活。现在可能在吹小号，和孩子们开玩笑，随后是吃饱午饭后打个瞌睡。而这里的一切都让人心烦。如今，甚至天空看上去也与平时不同，那么神秘和恐怖。有人看了看表说："马上开始了。"实际上是说，过一分钟后开始月食。月亮变成了那样一个血红的污点。天色暗下来，有人把灯送来，放在一个翻过来当桌子用的箱子上。

9月8日，亚历山大·亚历山德罗维奇写信给波别多诺斯采夫："我们没有想到，战争如此拖延时间，我们开局那么成功，之后也一切顺利，并且预示会有很快的辉煌的结局，突然却是这个不幸的普列夫纳！这个战争的噩梦！"

终于普列夫纳被攻占，俄国军队再次越过巴尔干地区，占领了阿德里安堡，1878年1月到达康斯坦丁堡城下。2月1日皇太子返回彼得堡。圣-斯切潘谈判的事众人皆知。柏林会议的结果大家都知道。

1878年6月25日，波别多诺斯采夫写信给皇太子："您看，由于得知会议上制定的和约条件，每天都表达出而且到处都听得到那么多痛苦和愤怒。"

回忆父亲的家庭生活也是令人不愉快的：被抛弃和遗忘的母亲，那长长一列父辈的情妇——第一个是多尔戈鲁卡娅，还有札米亚京娜、拉本斯卡娅、马科娃、马卡罗娃，以及和那个廉价的彼得堡荡妇万达·卡罗齐干的丑事。更可耻的是在利瓦吉亚与总管的女儿——一个中学生的关系。这最终成了与第二个多尔戈鲁卡娅的罗曼史，如今此女人称特级公爵夫人尤里耶夫斯卡娅，已故国君的非皇族婚姻夫人……父亲去世前的两年全然像一场噩梦。社会动乱，地下革命者的恐怖活动，政府的软弱无力。大臣们支吾搪塞，谎言空话连篇。他们时而取悦沙皇，时而讨好自由主义的新闻记者。只有一个坚定的始终不渝的人。这就是——波别多诺斯采夫。他没有打瞌睡。"我见过不少各种官职和称谓的人，"他写道，"这里所有官员和有学识的人都让我觉得痛心，很像和一伙疯子或者变坏的猴子在一起。我到处听到一个经常叮嘱的伪善而讨厌的词：宪法。我担心这个词已高度渗透并扎下了根。"

波别多诺斯采夫告诉皇太子说，人民不想立宪。"在民间，"他写道，"到处都在酝酿一种想法：比起宪法，革命、俄罗斯的可耻混乱要更好些……""大家不信任现在的政府，对它不抱任何希望。以极其窘迫的心情等待着要发生什么事，但人民深信，政府是由那些控制着软弱沙皇的背叛者组成的……""全部希望寄托在将来，寄托在您身上，大家只是在心里萌发一个可怕的问题：莫非继承人有朝一日也可能想到宪法？"

康斯坦丁·彼得罗维奇的这些信和言论，对皇太子的迟钝和杂乱无章的头脑起到了催眠作用。他已懒得听取洛里斯-梅利科夫的理由，甚至要同意他的主张，同时又觉得，波别多诺斯采夫在身旁发出了强有力的声音，这个声音最终会把米哈伊尔·塔里耶洛维奇被咳嗽搅得断断续续的嘶哑声压下去。

3

亚历山大·亚历山德罗维奇觉得，1881年春天是郁闷而令人失望的：

它没有带来任何好东西。想尽快忘掉3月1日的噩梦，但是不可能忘记，因为洛里斯－梅利科夫几乎每天都送来有关暗杀沙皇者的审讯进程报告，不管是否愿意都要考虑怎么办，会怎么样。刺客将被审判。亚历山大·亚历山德罗维奇没有想到，法庭判决可能会成问题。当然，他们是有罪的。当然，他们应当被处决！怎么！有人对此表示怀疑。还有人坚决要求宽恕坏人。最敬爱的谢尔盖·米哈伊洛维奇·索洛维约夫原来有个疯儿子弗拉季米尔。他在4月28日当众发表演讲，建议最高当局不要处决那些炸死君主的人。听众并没有把他赶下讲台。正相反，对他发出一片欢呼……他说了什么呢？他肯定地说："只有基督真理的精神力量才能战胜恶势力和破坏力，真正的痛苦的时期，能让俄国沙皇破天荒地展现出宽恕一切的基督原旨力量……"多么可怜的伪善！也许就是阴险！凶恶的热利亚博夫也在法庭大谈基督教。看到了吗？他"否定正教"，但承认"耶稣基督教义的实质"。"这一教义的实质，"他说，"在我们的道德觉悟中占有尊崇的地位。我相信这一教义的真实和正确，并且郑重地承认，信仰与死气沉沉无关，每一位真正的基督徒都应为真理斗争，为被压迫者和弱者的权利而斗争，如有必要，那么会为此而受苦受难：我的信仰就是这样。"多么虚伪！不过，甚至在大臣中，也似乎有些人并不反对把这个可疑的基督徒由死刑改为囚禁。

只有一个人坚定而不动摇。这就是——波别多诺斯采夫。3月13日他写信给亚历山大·亚历山德罗维奇，恳求他不要原谅杀手。他写道："人们的思想如此堕落，有些人认为有可能挽救判了死刑的罪人……""会出现这样的事吗？不，不会，绝对不会，在这时候，面对所有俄罗斯人民，宽恕那个杀害您父亲、俄国君主的杀手是不可能的，全国各地（除少数心智欠发达地区）都要求为国君流血报仇……""如果此事可能发生，请相信我，陛下，这将被认为是极大的罪孽……"

这里已没有伪善。康斯坦丁·彼得罗维奇知道他想要什么。亚历山大·亚历山德罗维奇很快回复："请放心，没有人敢向我提类似的建议，全部六个人将执行绞刑，我保证……"

尽管3月8日波别多诺斯采夫做了发言，大臣们仍然不理解，怎么自由主义方案会像肥皂泡沫似的破裂了。在4月21日的会议上又提出地方人士代表权的问题。如今亚历山大·亚历山德罗维奇在评价此方案时没有动摇。"今天我们的会议给我留下了郁闷的印象，"他给鼓舞他的波别多诺斯采夫写信说，"洛里斯、米柳金和阿巴扎肯定继续进行他们那种政策，想这样或那样把我们引向代议制政府，但是，目前我还不相信这是俄罗斯福祉所必需的，当然不会这样，我也不允许。不过，将来某时我也未必会认为类似的措施有益，而我更多的是相信它是有害的。听到有些聪明人的言论感到奇怪，他们竟然能认真谈论俄国的代议制特征，这些好像是他们刚刚从我国肮脏的报刊和官僚自由主义那里学会的语言。我更加相信，我不可能从这些大臣那里受益。谢天谢地，我没有犯错误。他们言不由衷，全是假话……""和类似自欺欺人的大臣们打交道是困难而艰巨的。"

收到这封来信，波别多诺斯采夫大约要高兴得长时间搓手了。他终于听到了自己的学生作为一个真正专制者的声音。现在可以采取坚决行动了。应该下一道诏书让这些自由主义者措手不及。于是，他要求亚历山大·亚历山德罗维奇这样做，却用阿谀和温情的语言将自己的要求掩盖起来。陛下听从了劝告。诏书由康斯坦丁·彼得罗维奇执笔，并未告知诸大臣便予以公布。

诏书中说："在我们遭受巨大悲痛的时期，上帝的声音命令我们振奋精神从事于治理，依托神的意志，相信专制政权的力量和真理，为了人民的福祉不受任何的干扰，我们负有使命确立和保护这一政权。"

诏书在大臣会议上宣读了。这完全是出乎意料的。诏书是谁执笔？康斯坦丁·彼得罗维奇。他本人极为兴奋地对陛下说，宣读诏书之后，"很多人躲开了，而且没有和他与波别多诺斯采夫握手"。洛里斯-梅利科夫、米柳金和阿巴扎也很快离开了自己大臣的座位。

4月30日，亚历山大给洛里斯-梅利科夫写信："敬爱的米哈伊尔·塔里耶洛维奇伯爵，今天清晨收到您的来信。我承认，我在等待此信，它并不让我感到吃惊。遗憾的是，最近我与您在观点上完全不同，当然，这不可能长久继续下去。有一件事让我非常吃惊而且深受刺激，您的请求正好和宣布俄罗斯诏书的日子相吻合，这一状况会让我产生极为忧虑和奇怪的想法吧！？"

这里亚历山大·亚历山德罗维奇用了惊叹号和问号。这无疑是标点上的错误。没有必要使用惊叹号，也不必对明明知道的问题发问。本来只用一个普通常用的句点就可以。自由主义的田园诗结束了。反动开始了。

看来，在俄罗斯国家的历史上，没有比亚历山大三世皇帝统治的三十年更加缺乏生气的了。60 年代和 70 年代狂热的兴奋，突然变成了对一切都漠然视之的怪现象。仿佛整个俄国都在打瞌睡，像一个懒散的大块头婆婆，懒得刷洗那些盆盆罐罐，自己躺在烤炉上，对什么都不管不问。

这种消沉的、懒散的、唤不醒的平静，是符合亚历山大·亚历山德罗维奇心意的。无论如何也要让纷扰冲动的俄罗斯缓和一下。君主本人也无力承受如此重负。原本必须说话，施加影响，迷惑这种狂暴的自发势力，但是，为此必须有某种内在力量。笨重肥胖的亚历山大·亚历山德罗维奇根本没有这样的力量。需要有另外的人，需要一个魔法师。于是找到了这样的魔法师。此人就是康斯坦丁·彼得罗维奇·波别多诺斯采夫。

在亚历山大二世统治的末期，每逢星期六，在做过彻夜祈祷之后，费奥多尔·米哈伊洛维奇·陀思妥耶夫斯基总来找他倾心畅谈。他们有共同的主题。他们俩都仇视西方资产阶级的文明。他们俩辛辣地嘲笑国会，嘲笑自由主义的报刊、道德和人物……他们说的一些词语都有多种含意，例如，"俄罗斯人"或者"正教"，他们没有发现，他们说这些词的时候，却赋予它们各种不同的含意。激动的费奥多尔·米哈伊洛维奇经常像被火烧火燎，却没发现似乎与他同感的对谈者却是冰一样的冷漠。康斯坦丁·彼得罗维奇当时还经常与阿克萨科夫和一般的斯拉夫主义者保持某种联系，他当时还没有下决心说出自己最后的话，自己最后的带魔力的诅咒。陀思妥耶夫斯基后来去世了，并不知道他的朋友比《可怕的复仇》里的果戈理的魔法师更厉害。

但是，波别多诺斯采夫明白陀思妥耶夫斯基具有什么样的力量。他认为，陀思妥耶夫斯基可加以利用，以期达到自己的目的。他曾对当继承人时的亚历山大·亚历山德罗维奇说过这件事，在得知费奥多尔·米哈伊洛维奇去世之后，他写信给自己的学生说，陀思妥耶夫斯基很可惜，他是"不可替代的"。可能他们两人都错了。要知道，阿·谢·苏沃林在日记中记述，似乎在姆洛德茨基暗杀洛里斯－梅利科夫当天，陀思妥耶夫斯基对苏沃林说，尽管他讨厌恐怖行为，但如果他碰巧得知准备暗杀的事，也不会提醒当局的。好像他对苏沃林说过，他想写一部长篇小说，其中主人公是个类似阿廖沙·卡拉玛佐夫的修士，此人离开寺院投身革命，为的是寻找真理。苏沃林说起此事无论真假都无关紧要——假如陀思妥耶夫斯基活过3月1日，无论如何，波别多诺斯采夫会听到自己的夜谈朋友发表这番出乎意料的言论，这也许会迫使他谢绝进行彻夜祈祷后的周六谈话。

不过，康斯坦丁·彼得罗维奇没有立刻下决心表达自己最后的"波别多诺斯采夫式"的定式。他毕竟不久前还让自己的学生阅读萨玛林和阿克萨科夫的作品。从温和的斯拉夫主义到严峻的燧石般坚硬的真正"事业"，需要有某种过渡期。

过渡时期需要斯拉夫派的大臣伊格纳季耶夫[①]。在这个统治时期的第一年，在他的协助下，财政大臣本格进行了两项农民改革——降低赎金和取消人头税。但这些事做得胆小谨慎，缺乏力度，也并非没有反抗，当然，贵族地主方面他们感觉到街上有节庆迹象了。成立了农民银行，不过成效甚微。曾试图整顿农民迁移事务，最后不得不关注工人问题。虽然有贵族和地主的政府规划，各种工厂还是有所增加，城市出现了新阶级——无产阶级。有些地方发生了罢工。政府根据西欧的经验知道，这些工人的骚动

---

① 尼古拉·巴甫洛维奇·伊格纳季耶夫（1832—1908），伯爵，1881—1882年任内务大臣，继续推行洛里斯－梅利科夫纲领，主要是涉及农民问题的部分。

意味着什么，又走向何方，试图缓和工厂主和工人之间的冲突，尽管不是很坚决。曾经对女工和童工的工作时间有所限制，出台了有关工厂劳动条件的规定……以为用家庭经济的家族的方法就可能规避政治，排除社会问题。但是，甚至斯拉夫派的大臣不问政治也难以有所作为。伊格纳季耶夫向陛下提出将地方（缙绅）会议和登基大典同时举行的方案。当时的斯拉夫派的领袖、曾经是波别多诺斯采夫朋友的伊·谢·阿克萨科夫，也主张这样做。这是"复兴"俄罗斯的最后尝试。这是向那些"穿灰大衣的"①发出号召，波别多诺斯采夫的夜间谈话人费奥多尔·米哈伊洛维奇·陀思妥耶夫斯基曾对他们抱有希望。"穿灰大衣的"本应向沙皇讲出"自己的真理"。但是，陀思妥耶夫斯基已躺在坟墓里。一般说来，黑魔法师的手已松绑。他奔向沙皇，警告有危险。

"读过这些文件，"波别多诺斯采夫写道，"想起如果实行伊格纳季耶夫伯爵的建议可能产生的后果，我就害怕……""只要出现这样的诏书和圣谕，便会在全俄罗斯引起骚动和混乱……""如果自由和管理由政府转给无论什么样的人民会议——这将是革命，是政府的毁灭和俄罗斯的毁灭！"

在5月6日的信里，波别多诺斯采夫进言沙皇说，伊格纳季耶夫应当被解职，亚历山大·亚历山德罗维奇虽然曾读过萨玛林和阿克萨科夫的作品，但根本不赞成斯拉夫派的幻想，于是赶走了那个"缙绅会议"的过分拥护者。

波别多诺斯采夫命令沙皇召季·安·托尔斯泰②参与执政。此人并非空想家。如今波别多诺斯采夫可以不受干扰地玩自己的魔术了。

---

① "穿灰大衣的"，"灰大衣"指农民穿的无领粗呢大衣，此处意指农民代表。

② 季米特里·安德烈耶维奇·托尔斯泰（1823—1889），伯爵，反动的政治活动家，主教公会检察长（1865—1880），人民教育大臣（1886—1880），内务大臣（1882—1889），宪兵队长，制定"反宗教改革"的领导者，查封《祖国纪事》的倡导者。

4

梅谢尔斯基公爵①1882年写信给自己不久前的朋友康·彼·波别多诺斯采夫说："害怕来找您，您成了十分了不起的伟人……"实际上，在这之前波别多诺斯采夫已成为"了不起"的人了，而在某种意义上说，他也可以称之为"伟人"。不仅对梅谢尔斯基公爵而言，波别多诺斯采夫成为"了不起"的，对全俄罗斯也是如此。除掉了洛里斯－梅利科夫之后，又除掉伊格纳季耶夫伯爵，践踏了所有不慎重的自由主义者——西方派和斯拉夫派，如他所愿，也镇压了暴乱，波别多诺斯采夫彻底掌握了亚历山大三世的心意。

是时候了，应该摒弃有关这位倒数第二个皇帝的传说。正如许多人的看法，亚历山大不是强人。这个大块头胖男人的确不是"智力欠缺的君主"，或者"戴皇冠的傻瓜"，像忠诚的官僚 B. Π. 拉姆兹多夫在回忆录中对他称呼的那样，但是，他也不是那种富有洞察力的明智君主，像谢·尤·维特说的那样。亚历山大三世并不笨。然而，他的头脑有些懒惰，而且杂乱无章，没什么用处。作为一个团队的统领，这种头脑是足够的，但是，对皇帝而言，则需要另外一种。亚历山大三世甚至没有意志，也缺乏那种把人坚定引向指定目标的内在想象力。没有大智慧，又缺乏意志——这是什么强人！但这个沙皇有另外一种特点——惰性的大隐秘。这完全不是意志，是因循守旧的本性，是一成不变地趋向某遥远迷茫世界的盲目诡秘的自发势力。他仿佛实心实意地告诉大家：我什么也不想要，我什么也不需要，我现在睡觉，以后还要睡。你们不要幻想得到什么，像我一样睡吧……

---

① 弗拉季米尔·彼得罗维奇·梅谢尔斯基（1839—1914），公爵，作家和政论家，不仅反对革命运动，也反对自由主义的改革；接近宫廷和政府人士，是《公民》杂志的出版者，宣传俄国专制制度不可动摇，反对任何先进的改革。

惰性！这就是波别多诺斯采夫的思想。他是幸运的——为自己特别喜爱的思想找到了令人称奇的体现。为达到这一目的，不可能找到比亚历山大·亚历山德罗维奇更合适的人了。波别多诺斯采夫像个忠实的哺育者，怀抱这个没有任何独立思想的长胡子的大婴儿。他教育他，相信他会听话，随心所欲地利用他。这个专制者没有察觉这些，自己变成了驮载动物，波别多诺斯采夫把自己沉重的思想负荷装载在它身上。驾车人并不急于赶自己的骡子。沙皇慢步缓行，在路上打盹儿。他的眼睛是闭着的。他没有必要向远处探望。他的身后总有引导人——康斯坦丁·彼得罗维奇在看着。

波别多诺斯采夫成了皇上的鼓舞者——这是毫无疑问的。只要读读他们之间大量的往来信札，就会清楚看到，这位奇人在孜孜不倦地指导沙皇。所有旨在缩小亚历山大二世时所获自由的政府举措，都是在他波别多诺斯采夫的主使下制定的。他怀着嫉恨关注每一次政权的转折。他不仅干预所有大臣和部门的事务——特别是警察部门，而且紧盯着沙皇、皇后和皇室子女的行动。曾有位密友汉姆贝特女士来彼得堡，仿佛寻求机会与皇后见面。波别多诺斯采夫急急忙忙禁止这次见面，陛下安抚他说，一切都会平安无事——却未能见面。所有琐细小事都是这样。

亚历山大三世经常在一切事情上都赞同康斯坦丁·彼得罗维奇的意见。波别多诺斯采夫告诉他，他们在思想、感情和信念上完全一致，是何等的神奇。亚历山大·亚历山德罗维奇信以为真。真是好啊！现在可以什么也不去考虑了，现在他有康斯坦丁·彼得罗维奇为他这个沙皇操心。

这样一来，治理国家的规划便有了保障。这是一个什么样的规划？我们记得这些年的"改革"。这些改革从破除万能的自治开始。这为清除那位失败的波别多诺斯采夫的对手米·尼·卡特科夫① 提供了理由。毕竟卡特科夫也

---

① 米哈伊尔·尼基福罗维奇·卡特科夫（1818—1887），政论家，《俄国信使》杂志出版人。1880 年赞同反动的政府政策，是"反改革"鼓动者之一。

想指导沙皇。1884年条例对大学生、对教授来说乃是"刺猬手套"①。惩治屡教不改的青少年则更简单——送去当兵。在中学里培养假古典主义。青少年能把《上尉的女儿》翻译成拉丁文，却不了解古希腊罗马文化。在交给至圣俄罗斯正教院管理的初级民众学校里，建议实行"精神－道德"教育，但从这些"教育"民众的官方实验中却没有产生任何好处。这是第一项"改革"。而在外省地方生活中，众所周知，所有措施都会导致增加贵族议员人数，千方百计减少农民的代表权。最终，农民的地方自治会议员由总督指定，当然是地方长官推荐的。众所周知，地方长官制是由贵族－地主政权监护那些农民的原则确定下来的，也就是说，这是走向农奴依附方面的明显的一步。这是第二项"改革"。

在诉讼条例方面，政府通过一系列追加法律来限制陪审员法庭，千方百计恢复改革前的行政权和司法权相结合的原则。这是第三项"改革"。新的检查制度断然扼杀了持反对立场的报刊，在三十年的统治期间，社会甚至对于亚历山大二世时代残缺不全的自由也不习惯了。这是第四项"改革"。

这些"改革"的意义何在？我们在亚历山大三世本人的计划中寻找他的政治纲领的思想体系是枉费心机的。这里什么也没有。但是，在波别多诺斯采夫的书信里，主要的——在他著名的《莫斯科文集》里却是有的。这是另一类奇妙的纲领。康斯坦丁·彼得罗维奇是个很聪明的人。他的暴躁、凶狠而尖刻的头脑，容许他以无情的批判攻击一切所谓民主的原理。没有谁像他那样嘲笑资产阶级议会的幕后阴谋、交易所的奸计、议员们受贿、客套雄辩词的虚伪、公民的冷漠和职业政客的热情。这些——全是可怜的清谈馆。我们的地方自治政府就是按照这种原则建立的。必须消除地方自治政府。波别多诺斯采夫嘲笑陪审员法庭，嘲笑人民法庭的偶然性和缺乏准备，嘲笑律师不讲原则，会不可避免地煽动所有参与公开诉讼的人，另外一些败坏社会的罪行则不受法律制裁……他得出相应的结论：必

---

① 意指严厉的制裁政策。

须取消自由的公开的人民法庭。波别多诺斯采夫尖刻地嘲笑所谓实科学校的功利主义，恶毒地批判大学自治，嘲弄全民义务教育思想。这样一来，则必须取消大学和一般的民众教育。

这是对民主原理的绝妙批判。但是请问，波别多诺斯采夫本人想要什么呢？在那本深为忧虑和悲观的《莫斯科文集》里，波别多诺斯采夫坚持闭口不谈，他作为可行的纲领提出来的是什么。我们不能从他的书里，而是要从事实来了解这个纲领。没有创造出任何地方生活的、法庭的和学校的新形式，愚蠢地尝试转向地方上等级特权制，转向改革前的收取贿赂、道德彻底败坏的法庭，在高等学校推行老式警察管理原则，在中等和初级学校实行官方的僵化教育制度……没有任何创造！没有任何完整的、实质的和振奋人心的东西！难道他波别多诺斯采夫会要求"实质性"……毫无生气和因循守旧的彼得堡公务制度被确定下来，取代了那种所期望的完整生活。

波列多诺斯采夫妖术的结果就是这样。这位至圣俄罗斯正教院总监，要让俄罗斯人习惯于其前辈连做梦都没想到的犬儒虚无主义，以取代他在这个领域一再向沙皇进言的"精神"原则。一旦触及这种虚无主义，所有漂亮言辞都绝对变得丑陋。说到波别多诺斯采夫的伪善，俄罗斯人已很久不再相信这类花言巧语了。这个可怜的撒谎者嘴里说着好人的事，实际上是在维护特权者的利益……他的书似乎写得条理分明，但缺乏新鲜气息。每一页都显得死气沉沉。这是灰暗阴冷的墓穴。波别多诺斯采夫有激情，但这是某种奇怪的、淡漠的、冰冷的、源源不断的仇恨激情。他周围的一切都濒临死亡。他像一只怪异的蜘蛛，把自己致命的蛛网布满整个俄罗斯，甚至梅谢尔斯基公爵都感到害怕，说他是"可怕的"。

旧制度的维护者和波别多诺斯采夫的崇拜者，以他是"正教的人"而骄傲。但这是谎言。绝妙的是，波别多诺斯采夫既不懂正教精神，也不了解它的活动方式。如果他了解正教，就不会传播那本多愁善感、从正教观点看值得怀疑的福马的小册子①；他就不会像对待自己的奴仆那样对付主教；也不会用官僚习气扼杀神学院。顺便提及，这些神学院当时正在我国培植纯理性的德国神学。他的真正领域不在教会，而是警察局。宪兵和奸细是他的常务通信员。有一次，一位教学机构的督学抱怨一位身为神父的教员说，在他看来，此人"既不道德也不信教"。对此波别多诺斯采夫回答说："因此他政治上才可靠！"于是神父留下了。

波别多诺斯采夫不仅干预所有政治的领域，他还紧紧盯着国内的经济和财政生活。对每一个问题他都有自己的看法。例如，他对粮仓事务感兴趣未必不甚于教会事务。他就此问题给沙皇写信和呈送文书。当然这不是此类事情的唯一一件。到1887年1月1日仍在职的财政大臣尼·赫·本格，应该是不止一次地反映过波别多诺斯采夫的攻击，当然，这些攻击往往是间接的，而不是直接的，例如，这还连带着斯米尔诺夫著名的《呈文》。最终，他应当是离开了，由投机分子兼教授伊·阿·维什涅格拉德斯基取代了他的位子。维什涅格拉德斯基执政时，限制了他的前任推行的自由主义的措施——首先是工厂监察活动小组。应当支持发展中的工业，但在那里会伴随出现不安定的现象——工人运动。波别多诺斯采夫心怀恐惧关注着它的发展。它的最初阶段已令这个国内反动势力的看门狗心惊胆战。他知道1883年成立了"劳动解放"小组，普列汉诺夫、阿克谢罗德、扎苏里奇、杰伊奇在这里工作。他知道1885年在奥列霍沃-祖耶沃的莫罗佐夫工厂的罢工，并且关注着在工业危机已过去的1887年短时间趋于平静的罢工浪潮。1890年，他得悉在普季洛夫工厂有关社会-民主的宣传，1891年——彼得堡的第一次劳动节集会，1893年——梁赞省叶戈里耶夫斯克的赫鲁多夫纺织厂罢工，在顿河-罗斯托夫的铁路车间发生骚乱，最后，在统治时期的最后一年——彼得堡、

---

① 福马·肯姆皮斯，真名托马斯·麦肯（1380—1471），德国天主教神父，著名宗教图书《论仿效基督》的作者，但图书是否出自他的手，一直存在争议。此处指正教会副总监雅·巴·米罗夫写的小册子《我们的财务状况，其衰落原因及改善我们国家经济的措施》，其中作者站在反动立场批判了亚历山大二世的改革，并认为这些改革是国内财务状况不良的原因。

莫斯科、舒亚、明斯克、维尔纳、梯弗利斯发生罢工。

波别多诺斯采夫所寄予厚望的那种巨大"惰性"背叛了他。在死气沉沉的自发势力中突然开始了某种奇怪的运动。他倾听某些地下波涛的涌动，不知道它们来自何处。于是在寻找看不见的敌人时，波别多诺斯采夫和亚历山大三世的目光投向了犹太人。莫非他们是引发这可怕混乱的危险酵母？显然，亚历山大和他的宠臣持这种意见并不孤立。在全俄罗斯掀起了蹂躏犹太人的巨浪——有时还得到警察的协助。军队不愿镇压屠犹者，当时古尔科将军就此事向沙皇申诉，亚历山大·亚历山德罗维奇却说："要知道，犹太人挨打，我本人挺高兴。"沙皇总觉得有阴谋。这是有根据的。他想起，在继位后的第三年，苏杰伊金^①被害。当时沙皇在报告上批示："难以弥补的巨大损失！现在谁能担此重任！"他还记得逮捕薇拉·菲格内尔的情况。沙皇获悉她被捕后，大声嚷道："谢天谢地！这个可怕的女人被捕了！"给他送来了她的相片，他看了很久，不理解，这样一个面孔甜蜜娴静的女孩子怎么会参与血腥的阴谋活动。随后是那个令人难忘的 1887 年 5 月 8 日，那天绞死了五个恐怖分子，其中就有亚历山大·乌里扬诺夫^②，他的妈妈到处奔走，要在行刑前和他见上一面……

有些人以为，亚历山大三世在外交政策上是独立自主的，认为吉尔斯大臣^③与其说是我们外交政策的独立领导者，不如说是他的个人秘书。然而我们当时的外交政策走向何方？这一政策完全是消极的。如果说，在这三十年的统治期间我们没受到任何损失，那么这也根本不能证明亚历山大三世有高度的智慧。很可能是，即便皇上能活到 1903 年，他也不得不进行对日战争，其结果可能也会和尼古拉二世时一样。毕竟

---

① 格奥尔基·佩尔菲利耶维奇·苏杰伊金（1850—1883），俄国宪兵中校，1882 年任彼得堡保安局督察，组织破获所谓"杰加耶夫密谋案"。被民意党人杀死。

② 亚·伊·乌里扬诺夫（1866—1887），民意党恐怖派领导人之一，列宁的哥哥，参加 1887 年 3 月 1 日刺杀亚历山大三世的准备活动，在施吕瑟尔堡要塞被处绞刑。

③ 吉尔斯（1820—1895），俄国外交官，俄国外交部部长（1882—1895），国务秘书，名誉院士。

制度和人都是同样的。我们难以控制的远东指向（应当说这是自然趋势），开始于亚历山大三世时期，当时它已孕育着后果了。至于说斯科别列夫在中亚的成功和攻占梅尔夫，可以说，做这些事丝毫没有亚历山大·亚历山德罗维奇的参与。战役开始于亚历山大二世时期。如果说亚历山大·亚历山德罗维奇这时能够避免与英国人、这个阿富汗方面的危险而妒忌的近邻发生冲突，那么爱好和平的格拉斯顿[①]的功绩并不比亚历山大三世要小。如果说伦敦当时执政的是保守派，我们就会和英国开战。我们冷静对待亚历山大·巴滕贝克大公[②]在保加利亚的意外事件，未必能视为伟大的外交定力。最后，把我们最终引向世界大战的法俄同盟，现在无论如何也不能认为是具有重大政治远见的行为。不，我们在亚历山大三世时期的外交政策，和当时国内政治生活一样，也是消沉的、僵化的和盲目的。

5

亚历山大·亚历山德罗维奇·罗曼诺夫的生活枯燥无味。似乎一切安排得像他想要的，像他和康斯坦丁·彼得罗维奇想要的那样，不过，几乎沙皇本人所了解的一切，都在他那张大胡子宽脸上显露出沮丧的印记。皇上感到沮丧。他试图为自己找些欢乐，时而是吹小号，时而去打猎，看戏，参观画展，但都是枉费心机——最终，这些娱乐都不能消除他心中的郁闷。有他在场，有俄罗斯和他这个皇帝本人介入的那场梦境绝对不是轻松的。

① 威廉·格拉斯顿（1809—1898），英国政治家和作家，第 41、43、45 和 47 任英国首相。

② 亚历山大·巴滕贝克（1857—1893），德国亲王和保加利亚大公，试图使国家成为德奥势力在巴尔干的支柱，但在保加利亚亲俄派军官的压力下被迫退位。

心脏跳动不正常，呼吸也困难。

1888年10月17日，亚历山大·亚历山德罗维奇乘车从塞瓦斯托波尔到彼得堡。在博尔吉车站附近，当时沙皇一家人正在餐车用早餐，已送来古里耶夫粥，却突然出现可怕的震动，传来噼啪响声，亚历山大·亚历山德罗维奇以为路基发生了爆炸，大家全完了。①他闭上眼睛。霎时间，一块沉重坚硬的东西砸在他的肩上。这是车厢的顶盖。当他睁开眼睛时看到，所有人都在周围的碎屑当中爬动。一个轨道工向沙皇喊："陛下！往这边爬，这里有空地！"玛丽娅·费奥多罗夫娜已倒下，正抓住波西耶塔的鬓发，看见皇上还活着，她想起了孩子，便恐惧地嚷嚷："Et nos enfants！"② 但是，孩子们还活着。克谢尼娅穿一件连衣裙站在路基上。下着雨，发电报的官员把自己带铜纽扣的大衣递给她。灾难发生时给沙皇送李子酱的仆人，现在倒在铁轨上，一动不动，灰眼睛也停止了转动。下着倾盆大雨。刺骨的冷风把伤残的人冻僵了，现在他们躺在山沟的湿泥地上。亚历山大·亚历山德罗维奇命令生篝火。一些不幸的人转动着冻僵的舌头，恳求把他们移到暖和的地方。亚历山大·亚历山德罗维奇觉得腰部和右腿发疼，正好是在裤子口袋里放大香烟盒的地方，在受伤者中间走起来稍微有点瘸，他惊异地发现，竟没有人注意到他，仿佛他不是沙皇。他想，他这个有权势的人，现在就可能无助地躺在这里，满身血污，像1881年3月1日他父亲那样。

这件事提醒亚历山大·亚历山德罗维奇，我们的生活经常处于死亡的前夕。波别多诺斯采夫对他解释说创造了奇迹。"我们经受着什么样的日子，有什么样的感受，"波别多诺斯采夫写道，"上帝判定我们成为那种奇迹、恩惠的见证人。我们高兴并由衷地感激上帝。但是，我们的快乐是和某种战栗相联系的，某种恐惧会落在我们身后，用黑影吓唬我们！所有人心里都有一个真正可怕的想法，那就是，什么事真的能发生或不发生，

---

① 这次沙皇列车事故由著名的律师阿·费·科尼进行调查，事故的原因是严重违反技术－运行规程。

② 法语：我们的孩子。

全都是因为上帝没宽恕我们的罪孽。"对民众的诏书也是用这种思想和笔调写的。陛下本人也正式承认，自己得救是神奇的。

不久便明白了，不是暗杀，不幸事件的发生，是因为亚历山大·亚历山德罗维奇要求列车加快速度，而拖动沉重的沙皇列车的两个运货机车承受不了这种速度。

在这一灾难之后，生活又归于单调和无聊。陛下越发肥胖了，他的神经出了问题，常常哭泣。周围没有人能唤起他对生活的乐趣。他只尊重波别多诺斯采夫一个人，但是和他在一起也是无聊。另外还有谁呢？情况竟然是，一切有独立思想的人都离开了，有时，甚至想让某人引起争论或者持反对意见，但所有的事做得都如康斯坦丁·彼得罗维奇所愿，就是说，没有必要进行争论。像1887年1月吉尔斯反对限制诉讼公开的方案那样，这种情况不复存在了。而这一情况看来是通常的误会，康斯坦丁·彼得罗维奇却故意认为是"造反"。吉尔斯在会上不慎读了外交部法律顾问马登斯的意见，他提醒说，限制审讯的公开性将对欧洲产生不良影响，对于签订相互移交罪犯的条例会有妨碍。

第二天吉尔斯来向陛下报告。沙皇怒气冲冲地在屋里来回走动，气得脸色灰白，下肢颤动不止。他很少有这样的发作。

"所有这些审判机构当然是想干点什么，"他冲着吉尔斯当面嚷道，"有人想夺取已故父亲的所有权力和诉讼问题上的影响力……您不知道，而我知道，这是阴谋……"

不过，现在一般说来没有什么阴谋。只是在莫斯科、彼得堡和哈尔科夫的大学生发生了动乱……提出的要求也是最无恶意的。而这竟然引起了愤怒。沙皇在机密案卷的报告上批示："坏蛋！""畜生！""大胆的坏小子！"这些都涂了漆。

他并不为自己批语的表达方式感到羞愧。沙皇在一份国务会议的报告上写道："他们以为在哄骗我，但他们不会得逞。"国务会议的议员感觉受到侮辱，决定就此问题加以解释。沙皇大为吃惊："他们想干什么？""不要在那些字上涂漆，陛下！"这一次陛下乐了："真是胡说八道！这些简直都该抹掉！"实际上，这些毕竟都是些家里事，值得为这个翻旧账吗？

沙皇周围都是些什么人？一位与社会各界接近的当代女士，在自己1890年5月20日的日记里写道："吉尔斯——至少是真诚的人；菲利波夫——是骗子，没有原则的人；维什涅格拉茨基——老奸巨猾；奇哈乔夫——并非无可非议的商人；杜尔诺沃——笨蛋；久别涅特——无耻之徒，妄自尊大而且片面；沃龙佐夫——蠢蛋和酒鬼；马纳谢因——关于此人只听说是个傻瓜，没有其他。这些就是决定俄国命运的人。"

需要说明的是，这篇札记的作者也是一位在各方面均受到质疑的夫人。

这个时期的回忆文字说明统治阶层的深刻衰败。这些人物彼此并不尊重。在亚历山大三世专制的冠冕堂皇的外表后面，藏匿着这些大臣显贵的深刻的堕落。他们之中没有谁还相信君主政体思想，更不相信独裁政治。只有一个波别多诺斯采夫坚定捍卫这种思想。

在这样的条件下，在这些人中间，亚历山大·亚历山德罗维奇的日子过得并不轻松，而且还有诸多不愉快的事。特别令人不快的是1891年。一个日本人用马刀碰了一下在远东旅行的皇太子尼古拉的头……那一年是荒年。记者们当然在撒谎，但实际上某些情况也是令人不快的。喀山总督发布告示，劝说用玉米煮粥，要车臣人吃黄油代替面包，但在喀山既没有玉米也没有车臣人。维亚特的总督禁止乡与乡之间的粮食流通和卖粮。库尔斯克省的总督也在做此类怪事。据一般反映，红十字会没起到好作用——有偷盗行为。到处都在舞弊。各地都反映民间饥荒严重。"感觉到沉重和压抑，仿佛在等待灾难降临……"

1891年1月1日，波别多诺斯采夫给在利瓦吉亚的沙皇写了一封例行的恶毒告密信，其中没有放过哲学家"完全失去理智的索洛维约夫"。"现在这些人，"波别多诺斯采夫写道，"表现出一些新的幻想，对饥荒时期民间的行动抱有新的希望。在国外，俄罗斯的仇人，其人数数不胜数，包括各类社会主义者和无政府主义者，针对饥荒制订了极为怪异的计划和建议——一些人想派间谍过来，以便在民间制造混乱，煽动民众反对政府。这不足为奇，他们根本不了解俄罗斯，却想着这事很容易。而我们国内也有不少人，虽然不是直接有如此恶意的打算，但已丧失理智，他们打算趁饥荒时期以援助为托词，在民间推行自己的信仰和自己的社会幻想。托尔斯泰就此题目写了一篇缺乏理智的文章，当然未被允许在应刊出的杂志上发表，但此文自然是力图通过日记加以传播。""非常困难的一年，面临更加难熬的冬天，上帝保佑，也许，我们终会过去，恢复常态。陛下，请原谅，打扰您在利瓦吉亚的休憩……"

读了这封来信，让本来就感到疲惫的君主更加觉得不快和痛苦。一般来说，康斯坦丁·彼得罗维奇是个卖力干活的人。当然，应当高度评价他忠于专制政权，但有时他对自己的进言也表现得非常固执，以致让亚历山大·亚历山德罗维奇觉得自己是个中学生，尽管自己已四十五岁。这样，有时便想赶走这个对君主制太过聪明的拥护者。在这种情况下，亚历山大·亚历山德罗维奇转而寻求与切列温①将军交往。这位将军头脑昏庸，但忠诚可靠。让沙皇感到高兴的是，将军比他还笨。这位是心腹和酒友，和他在一起轻松而且简单。

以前亚历山大·亚历山德罗维奇曾充当保护人、珍品收藏家、绘画爱好者的角色。他有位值得信赖的顾问、画家阿·彼·博戈柳博夫②，这是沿袭父辈和祖父辈的家庭传统派到他身边的，经三位皇帝定制，此人精心绘出了所有的军用舰船。应该说，亚历山大·亚历山德罗维奇买了不少漂亮的绘画，但是——唉！——不好的更多一些。少年时代他就自认是收藏家。给博戈柳博夫的信里全是通报他的收藏情况："2月26日之前，"还是在

---

① 彼得·亚历山德罗维奇·切列温（1837—1896），侍从将官，1880—1883年的内务部副大臣，亚历山大三世的警卫长官。

② 阿列克谢·彼得罗维奇·博戈柳博夫（1824—1890），阿·尼·拉吉舍夫的孙子，巡回展览派画家，萨拉托夫俄罗斯艺术博物馆的奠基人。

1872 年 3 月时，他写道，"皇太子送给我两只极妙的嵌丝珐琅花瓶和两只彩绘花瓶，这样，我的藏品便有所增加。"实际上，在他的宫廷办公处，有些房间已成了博物馆，除了好东西之外，这里也摆了些令人难堪的垃圾，但沙皇没有察觉这一点，并以此为骄傲，以为他是个艺术行家。他盼望振兴俄罗斯的风格，但缺乏真正的趣味，并为粗俗的东西所包围，身后留下了一些古建筑，如果它们完整保留下来，那将永远是渺小粗俗和伪造的样板——在莫斯科由舍武德设计的历史博物馆、按照奇哈托夫院士的方案建筑的莫斯科杜马大厦、波梅兰采夫教授的莫斯科的顶层建筑群以及其他。现在，克里姆林宫内庸俗的亚历山大二世纪念碑已被毁掉——它也是这位倒数第二皇帝之平庸乏味的实际例证。

亚历山大三世的"俄罗斯风格"是虚假而空泛的，如同这个似乎是"人民"沙皇的全部统治。大概在自己的血脉里没有一滴俄罗斯的血，娶的是丹麦女子，接受的是著名正教院总监灌输的宗教理念，不过，他却想成为"民族的正教的"，像一些俄罗斯化的德国人所经常向往的那样。这些彼得堡和波罗的海沿岸的"爱国者"不懂俄语，却常常真的以为自己是"真正的俄罗斯人"：吃黑麦包和小萝卜，喝格瓦斯和伏特加，以为这就是俄罗斯风格。亚历山大三世也吃小萝卜，喝伏特加，鼓励使用绘有著名"小公鸡"的艺术"家具"，却不能正确地用俄文书写，还以为他是俄罗斯精神的表现者和保护人。

在统治的最后一年，这种艺术也未能让寂寞无聊的沙皇得到宽慰，腰部越发经常疼痛。在那次奇迹般获救后不久即前来探视皇上的格鲁别教授发现，皇上正是在灾难发生的当天开始有病：车顶落下时可怕的震颤触到了肾脏部位。陛下仍觉得自己有劲儿，有一次他试着像年轻时那样折弯一片马蹄铁，却未能办成。沙皇的外貌也有变化：脸色发暗；目光曾是慈善的，也变得忧郁了。

现在只有一个人让皇上感兴趣，这便是——忠诚于陛下的切列温将军。从早晨七点开始的那艰难的一天之后，陛下喜欢上了玩牌和饮酒。但医生禁止他喝酒，妻子米妮也对此严加监督。不得不要个花招。他和切列温定制了高筒皮靴，把事先装好的袋装白兰地平放在里面。找到机会后，陛下便向酒友挤挤眉眼说："穷则思变吧，切列温？""思变，陛下！"于是他们畅饮而光。过了两个小时，陛下不再玩牌便躺在地毯上，摆动着两只大脚，突然说些醉话吓唬妻子和孩子。但是这种寻开心的做法也越来越少，因为腰疼，胃口不好，心跳也不正常。

于是，又发生一件不愉快的大事。陛下从一封信得悉，沙皇视为忠实奴仆的康斯坦丁·彼得罗维奇竟然放言藐视他，与地下传单的作者比较起来，此言论有过之而无不及。沙皇决定不外露他所了解的情况。不过，在专制沙皇和最忠诚的专制制度拥护者之间的友谊开始出现了裂痕。在写给沙皇的最后一封信里，这位受到侮辱的宠臣波别多诺斯采夫，坚持撤销一项业经沙皇签署但事先未告知他的旨令，意味深长地写道："以前您给予我信任，当时，我敢于向您提醒一些事，我深信那些乃是因误解和错失而为害陛下认知的事。现在，请勿因此信而见怪。"

这是波别多诺斯采夫写给沙皇的最后一封信。他没有得到回复。

1894年1月，陛下病了。医生诊断为流行性感冒。沙皇与病患进行了抗争却于事无补。他总是要求看报告，但报告的都是各种令人不快的事。在下塔吉尔工厂，工人发生动乱。总督亲自带四个排到场，"施以鞭笞严刑，为省内所罕见"。在托尔马佐夫胡同发现一个地下印刷所，在列施图科夫胡同发现甘油库房和制造炸药的粉末。可是，沙皇的精神有所好转。秋天，他一时兴起去别洛维热丛林打猎，在那里得了感冒，不得不放弃打猎回家。医生指定做温水浴，他偏要凉一些。喉咙咯血，当时从柏林请来莱登教授。经查明，沙皇患严重肾病——肾炎。

亚历山大·亚历山德罗维奇常常想到死亡。他难以用他那"杂乱无章"的头脑来理解生活、事件以及他个人命运的意义……

假如不是波别多诺斯采夫在少年时代向他灌输——他，亚历山大·亚历山德罗维奇是"最有权势的"和"最虔诚的"，现在他倒是会轻松一些死去。难道他真的是坏人？他没有欺负孩子和妻子，不淫逸放荡，不对谁有私人恩怨，不偷懒，常去寺庙朝拜，奉送僧人香火……他曾想住在外省，率领一个团——那该是多么好。而如今呢？唉，当君主难啊！原来君主也会有肾病，咯血……沙皇的双腿发肿，呼吸困难。他瘦了，鬓角和双颊凹陷，他整个人变得干瘦。只竖着两只耳朵。

医生说，皇上睡的房间里空气不好，因为有四只狗和沙皇住在一起，总弄脏东西。扎哈林叹了口声，走进卧室见沙皇，要求把他从宫廷转移到有新鲜空气的南方。

于是，他被转移到雅尔塔，1894 年 10 月 20 日，他在那里，在小利瓦吉亚宫去世。

译后记

　　俄国作家格奥尔吉·丘尔科夫所著《皇帝》一书（中译本书名《俄国皇帝》），写的是俄国历史上罗曼诺夫王朝五位沙皇的故事，包括保罗、亚历山大一世、尼古拉一世、亚历山大二世和亚历山大三世，同时也涉及叶卡捷琳娜二世的活动。他们的统治从 18 世纪末开始，跨越整个 19 世纪，经历了俄罗斯帝国专制制度从衰落走向灭亡的百余年。书中记述的重要历史人物和事件，既不是"演义"和"戏说"，也不同于一般的传记或评传。诚如作者所言，是"心理写照"，换句话说，就是依据大量史料，通过展示人物的思想情感和精神状态来表现那个时代，探求俄罗斯帝国衰败的内在原因。这里对诸多历史人物的描写，侧重他们作为普通人的特点和心理，但凡这一时期的重大历史事件，书中均有详尽的记述，为理解那个时代的历史发展进程提供了生动的背景资料，这些资料几乎囊括那段俄国历史的全部的重要史实。例如，保罗的神秘身世、怪异性格和被害经过；亚历山大一世与拿破仑的恩怨和抗法卫国战争取得胜利的曲折历程；尼古拉一世亲临参政院广场镇压十二月党人起义后自行登基；被称为"解放者"的亚历山大二世的大起大落及其被民意党人炸死；亚历山大三世的"惰性"傀儡政策等。本书还叙及保罗和亚历山大一世与共济会的瓜葛，那个时代的著名文人如拉吉舍夫、卡拉姆津、茹科夫斯基，乃至普希金、赫尔岑、克罗泡特金、车尔尼雪夫斯基、陀思妥耶夫斯基等与皇室的牵连。当然，作者也没有忘记叙述诸皇帝的宫闱秘事……

本书原著俄文本在 1928 年问世，当时俄国十月革命胜利不久，此后它便从读者的视野中消失了，时隔六十余年，直到苏联解体的 1991 年，才由俄罗斯的莫斯科工人出版社再版重印。出版者在内容简介中指出："今天的读者中已很少有人知道这位俄国作家的名字了，而这个名字曾经广为人知。丘尔科夫的创作曾引起柯罗连科、布留索夫、勃洛克等著名作家的关注。"本书重返读者视野后，无论在知识性方面还是可读性方面，都得到了读者的认可，至今在俄罗斯已有多家出版社重印，并于 2015 年推出社交媒体的电子书。俄罗斯学者 B.巴斯卡科夫发表《格·伊·丘尔科夫——作家，学者，革命者》一文作为序言，对本书及其作者做了较为客观的介绍。现将该文摘要转述如下：

20 世纪前十年的俄国文学史至今没有得到充分研究，这段历史的许多史实和作家被遗忘了。格·伊·丘尔科夫，就属于这些被遗忘和几乎排除在文学史之外的作家。他是十月革命前的著名诗人和作家、文学评论家，在革命之后，则是文学理论家和历史学家，俄罗斯经典文化遗产的出版者、回忆录作者。

格奥尔吉·伊万诺维奇·丘尔科夫（1879—1939），出生于莫斯科一个文学气氛浓厚的贵族家庭。在他们的庄园和沙龙里，年轻的丘尔科夫结识了一些文学家，特别是戏剧家，如斯坦尼斯拉夫斯基、梅耶尔霍德等。1898 年，丘尔科夫在莫斯科古典中学毕业后，进入莫斯科大学医学系学习，但是，他在自传里写道："……在自然知识、哲学方面我是个涉猎者，文学却难以遏止地吸引着我。"他说："两个恶魔是我少年时代的伴侣——诗歌恶魔和革命恶魔。" 1902 年，为了组织保卫工人的政治游行，丘尔科夫被捕，并被流放到远离铁路三千俄里的西伯利亚雅库特地区。

丘尔科夫的处女作是 1899 年发表在莫斯科《信使报》的短

篇小说《走向彼岸》。后来成为职业文学家，已是从西伯利亚流放归来之后的事了。当时他是《下哥罗德报》的特约撰稿人，这一时期他写诗歌和小说，也写文学批评和政论文章，开始展露其文学才华。

1905年，丘尔科夫与诗人梅列热科夫斯基和吉皮乌斯合作，出版《新路》杂志，他担任秘书。丘尔科夫被认为是知识广泛的多面手，作为诗人和作家，他属于以勃洛克为代表的"小"象征主义者团体。

1906—1907年，丘尔科夫在关注当代文学发展的同时，提出了所谓"神秘主义的无政府主义"的理论，这是象征主义与实践激进主义相结合的不成功的实验，后来丘尔科夫本人承认，"神秘主义的无政府主义"不具积极性，然而，围绕它进行的争论成了当时标志性的文学生活现象。丘尔科夫的名字经常出现在报刊上，引起普遍关注。

1910年，"神秘主义的无政府主义"的争论平静下来之后，丘尔科夫全力从事叙事作品的创作。十月革命前的时期，他的小说有一定的影响，如长篇小说《魔鬼》《暴风雪》《谢廖沙·涅斯特罗夫》，以及短篇小说集《雾中人》《蒙羞的魔鬼》。他的许多短篇小说是自传性的，属于作家生活中的革命篇章。这一时期，丘尔科夫的文学创作开始转向历史课题。他孜孜不倦地从事俄国历史的研究，顽强而富有成果，因而在学术圈内也颇有名气。

在十月革命之后的几年，丘尔科夫的创作转向历史叙事作品，发表了有关十二月党人的中篇小说、心理特写、历史政论随笔，如《1825年的暴乱》（1925）、《鲍里索夫兄弟》（1929），以及关于雷列耶夫的传记等。

丘尔科夫从事俄国历史的研究，并不只限于它的革命枝节，而是在广泛的背景下观察俄国历史的发展。他对历史的兴趣，也表现为精心研究俄罗斯三百年来以罗曼诺夫家族为代表所体现的权力问题，《俄国皇帝》就是表现这个问题的。本书于1928年出版，但为它收集资料和掌握心理特写的文体却用去作者数年的时间。

还在十月革命之前，俄国君主制的历史已成为探索和研究的对象。从政治、社会甚至生活方面揭示俄国君主制度的史料和研究，在十月革命后大量涌现，但这些都是针对专业对象的。长期以来，这一课题对大众读者没有完全公开，有时甚至是禁止的。丘尔科夫是对这一课题进行艺术探讨的首创者之一。他从事《俄国皇帝》写作时，查阅了能够说明罗曼诺夫王朝历史真相及其代表人物活动的大量资料，书中采用了历史文献、罗曼诺夫家族成员的书信往来、同时代人的回忆、历史研究和文学作品，有时则是作者个人对事件的印象。

建立在广泛历史资料基础上的《俄国皇帝》一书，虽然是一部学术著作，但不如说是艺术作品。其中艺术超过了历史，印象多于事实。在书中，丘尔科夫不愿把沙皇的形象政治化，主张多方面、不只是从负面表现他们的生活和活动。在丘尔科夫看来，沙皇等历史人物也是普通人，具有人的优点和缺点。他们诚然压迫人民，有时却也有善良的行为，采纳有益的甚至明智的意见；他们既忧愁忍让，又愤怒发狂，祈求赎罪，生病怕死。就是说，在读者面前走过的不是一长串政治傀儡，而是体现俄罗斯帝国高级梯队的活生生的人，是经作者公正地描写出来的，具有历史的准确性。从历史和艺术的观点看，丘尔科夫这本书在复杂的时代满足了读者的需要，享有很大的声誉。侨民俄文杂志《俄罗斯意志》曾发表文章指出，丘尔科夫的书"没有大的差错，能要求他做到的就是这点"。这样的评价也许是对本书的好评，今天看来，《俄国皇帝》一书不仅具有历史知识价值，而且有艺术价值。

除以上评述外，B. 巴斯卡科夫还对本书做了注释。中译本里有一部分是引用他的注释，但根据国内读者需要做了相应的改动，特此说明，并向 B. 巴斯卡科夫表示感谢。

本书根据俄文本：Чулков Г.И. ИМПЕРАТОРЫ：Психологические портреты—Московский рабочий，1991，译出。

鲁民

2020 年 2 月